红色文化研究书库

历史虚无主义批判文选

周兵◎主编

红旗出版社

红旗出版社
RED FLAG PRESS
推动进步的力量

图书在版编目(CIP)数据

历史虚无主义批判文选／周兵主编．—北京：
红旗出版社，2018.8
ISBN 978-7-5051-4770-6

Ⅰ．①历… Ⅱ．①周… Ⅲ．①虚无主义—史学—批判—
中国—文集 Ⅳ．①K092.7-53

中国版本图书馆 CIP 数据核字(2018)第 194367 号

书　　名	历史虚无主义批判文选		
主　　编	周　兵		
出 品 人	唐中祥	责任编辑	张明林
总 监 制	李仁国	封面设计	云　畅
出版发行	红旗出版社	地　　址	北京市沙滩北街 2 号
邮政编码	100727	编 辑 部	010—84049774
E — mail	hongqi1608@126.com		
发 行 部	010—57270296		
印　　刷	三河市新新艺印刷有限公司		
开　　本	710 毫米×1000 毫米　1/16		
字　　数	400 千字	印　　张	30
版　　次	2018 年 11 月北京第 1 版		2018 年 11 月北京第 1 次印刷
ISBN 978-7-5051-4770-6		定　　价	88.00 元

欢迎品牌畅销图书项目合作　联系电话　010—57274627
凡购本书，如有缺页、倒页、脱页，本社发行部负责调换。

习近平总书记论反对历史虚无主义

古人说："灭人之国，必先去其史。"国内外敌对势力往往就是拿中国革命史、新中国历史来做文章，解禁攻击、丑化、污蔑之能事，根本目的就是要搞乱人心。

苏联为什么解体？苏共为什么垮台？一个重要原因就是意识形态领域的斗争十分激烈，全面否定苏联历史、苏共历史，否定列宁，否定斯大林，搞历史虚无主义，思想搞乱了，各级党组织几乎没任何作用了，军队都不在党的领导之下了。最后，苏联共产党偌大一个党就作鸟兽散了，苏联偌大一个社会主义国家就分崩离析了。这是前车之鉴啊！

国内外敌对势力往往就是拿中国革命史、新中国历史来做文章，竭尽攻击、丑化、污蔑之能事，根本目的就是要搞乱人心，煽动推翻中国共产党的领导和我国社会主义制度。

一些人认为共产主义是可望而不可及的，甚至认为是望都望不到、看都看不见的，是虚无缥缈的。这就涉及是唯物史观还是唯心史观的世界观问题。我们一些同志之所以理想渺茫、信仰动摇，根本的就是历史唯物主义观点不牢固。要教育引导广大党员、干部把践行中国特色社会主义共同理想和坚定共产主义远大理想统一起来，做到虔诚而执着、至信而深厚。

事实一再告诉我们，马克思、恩格斯关于资本主义社会基本矛盾的分析没有过时，关于资本主义必然消亡、社会主义必然胜利的历史唯物主义观点也没有过时。这是社会历史发展不可逆转的总趋势，但道路是曲折的。资本主义最终消亡、社会主义最终胜利，必然是一个很长的历史过程。

习近平《在新进中央委员会的委员、候补委员学习贯彻党的十八大精神研讨班开班式上的讲话》(2013 年 1 月 5 日)

历史虚无主义的要害，是从根本上否定马克思主义指导地位和中国走向社会主义的历史必然性，否定中国共产党的领导。要警惕和抵制历史虚无主义的影响，坚决抵制、反对党史问题上存在的错误观点和错误倾向。

习近平《在主持中共中央政治局第七次集体学习时的讲话》

（2013 年 6 月 25 日）

对我们来讲，每到井冈山、延安、西柏坡等革命圣地，都是一种精神上、思想上的洗礼。每来一次，都能受到一次党的性质和宗旨的生动教育，就更加坚定了我们的公仆意识和为民情怀。历史是最好的教科书。对我们共产党人来说，中国革命历史是最好的营养剂。多学习多重温，心中会增添许多正能量。

习近平《在西柏坡考察时的谈话》（2013 年 7 月 11 日）

一个政权的瓦解往往是从思想领域开始的，政治动荡、政权更迭可能在一夜之间发生，但思想演化是个长期过程。思想防线被攻破了，其他防线也就很难守住。我们必须把意识形态工作的领导权、管理权、话语权牢牢掌握在手中，任何时候都不能旁落，否则就要犯无可挽回的历史性错误。

在一些人那里，有的以批评和嘲讽马克思主义为"时尚"、为噱头，有的认为共产主义是虚无缥缈的幻想，"不问苍生问鬼神"，热衷于算命看相、求神拜佛，迷信所谓的"气功大师"；有的信念动摇，把配偶子女移民到国外、钱存在国外，给自己"留后路"，随时准备"跳船"；有的心为物役，信奉金钱至上、名利至上、享乐至上，心里没有任何敬畏，行为没有任何底线。

习近平《在全国宣传思想工作会议上的讲话》（2013 年 8 月 19 日）

对历史人物的评价，应该放在其所处时代和社会的历史条件下去分析，不能离开对历史条件、历史过程的全面认识和对历史规律的科学把握，不能忽略历史必然性和历史偶然性的关系。不能把历史顺境中的成功简单归功于个人，也不能把历史逆境中的挫折简单归咎于个人。不能用今天的时代条件、发展水平、认识水平去衡量和要求前人，不能苛求前人干出只有后人才能干出的业绩来。

习近平《在纪念毛泽东同志诞辰 120 周年座谈会上的讲话》

（2013 年 12 月 26 日）

历史是最好的教科书，也是最好的清醒剂。

令人遗憾的是，在中国人民抗日战争和世界反法西斯战争胜利近70年的今天，仍然有少数人无视铁的历史事实，无视在战争中牺牲的数以千万计的无辜生命，逆历史潮流而动，一再否认甚至美化侵略历史，破坏国际互信，制造地区紧张，引起了包括中国人民在内的全世界爱好和平人民的强烈谴责。

历史就是历史，事实就是事实，任何人都不可能改变历史和事实。付出了巨大牺牲的中国人民，将坚定不移捍卫用鲜血和生命写下的历史。任何人想要否定、歪曲甚至美化侵略历史，中国人民和各国人民绝不答应！

习近平《在纪念全民族抗战爆发77周年仪式上的讲话》(2014年7月7日)

历史是最好的老师。治理国家和社会，今天遇到的很多事情都可以在历史上找到影子，历史上发生过的很多事情也都可以作为今天的镜鉴。中国的今天是从中国的昨天和前天发展而来的。要治理好今天的中国，需要对我国历史和传统文化有深入了解，也需要对我国古代治国理政的探索和智慧进行积极总结。

我们共产党人是坚定的马克思主义者，我们党的指导思想就是马克思列宁主义、毛泽东思想和中国特色社会主义理论体系。同时，我们不是历史虚无主义者，也不是文化虚无主义者，不能数典忘祖、妄自菲薄。一个国家的治理体系和治理能力是与这个国家的历史传承和文化传统密切相关的。解决中国的问题只能在中国大地上探寻适合自己的道路和办法。

习近平《在中共中央政治局第十八次集体学习时的讲话》(2014年10月13日)

把红色资源利用好、把红色传统发扬好、把红色基因传承好。

习近平《在视察南京军区机关时的讲话》(2014年12月14日)

深入开展中国人民抗日战争研究，必须坚持正确历史观、加强规划和力量整合、加强史料收集和整理、加强舆论宣传工作，让历史说话，用史实发言，着力研究和深入阐释中国人民抗日战争的伟大意义、中国人民抗日战争在世界反法西斯战争中的重要地位、中国共产党的中流砥柱作用是中国人民抗日战争胜利的关键等重大问题。

要坚持用唯物史观来认识和记述历史，把历史结论建立在翔实准确的史料支撑和深入细致的研究分析的基础之上。要坚持正确方向、把握正确导向，准确把握中国人民抗日战争的历史进程、主流、本质，正确评价重大事件、重要党派、重要人物。

我们不仅要研究七七事变后全面抗战8年的历史，而且要注重研究九一八事变后14年抗战的历史，14年要贯通下来统一研究。要以事实批驳歪曲历史、否认和美化侵略战争的错误言论。

习近平《在主持中央政治局第二十五次集体学习时的讲话》
（2015年7月31日）

我们要发扬光荣传统、传承红色基因，不忘初心、继续前进。

习近平《在纪念刘华清同志诞辰100周年座谈会上的讲话》
（2016年9月28日）

目录

CONTENTS

第一辑

第二辑

第三辑

第四辑

第五辑

第一辑

坚持唯物史观
旗帜鲜明地反对历史虚无主义

王伟光

唯物史观是迄今为止对人类社会进行认识的唯一科学的历史观。以唯物史观为指导的历史认识理论体系，在科学地认识人类历史，推翻和改造旧世界、建设新世界，推进世界社会主义和中国特色社会主义伟大事业中发挥了重要指导作用。

在今天新的形势下，坚持唯物史观基本原理和科学方法，反对历史虚无主义，是党在思想战线上的一项重要政治任务。当前，意识形态领域的主流是向好的，但也存在着一些较为严重的问题，尤为突出的是历史虚无主义泛滥。历史虚无主义的某些鼓吹手们不断利用某些讲坛、论坛、文坛、网坛，散布极其错误的历史观和价值观，歪曲并攻击主流意识形态与核心价值观，裹挟民意，影响民众，毒害青少年，严重威胁我国意识形态安全。如：有的宣扬错误的历史观、价值观，肆意解构历史、曲解历史；有的打着“重新评价”“重写历史”的幌子，做翻案文章，设置“理论陷阱”，为一切反面、错误的历史事件、历史人物翻盘；有的以“学术研究”的面目出现，违背史学研究实事求是的原则，在理论逻辑上以个别替代一般，以细节否定整体，以所谓“反思”和“创新”歪曲历史事实；有的丢掉了20世纪以来几代人不懈努力创建的中国马克思主义史学理论，鹦鹉学舌西方话语体系或全盘复古，贬损科学的史学理论，不仅使史学研究脱离了中国历史实际，也远离了党、国家和人民的要求；更有甚之的是，有的肆意颠倒历史事实，抹黑中国共产党，抹黑中国革命史和共和国史，抹黑社会主义制度，抹黑英雄、抹黑领袖、抹黑人民……值得注意的是，这股思潮仍有愈演愈烈之势，绝不可低估。

所谓历史虚无主义，就是虚无自己对立面的历史功绩，放大或聚焦自己对立面的失误，夸大或美化自己的历史、现在和未来，以达到自己的某种不可告人的政治目的，即打着“反思历史”“还历史以真实”“将真相告诉人”“告别革命”的旗号，行否定中国历史和中国共产党历史、否定中国革命、否定中国共产党、否定社会主义、否定马克思主义、抹黑党的领袖、抹黑英雄人物、抹黑人民群众之实，用以消解主流意识形态、主流价值观，适应敌对势力分化、西化、“和平演变”我社会主义国家制度的战略图谋，从根本上改变社会主义中国的立国之本和强国之路，以达到颠覆中国特色社会主义制度的目的。历史虚无主义并不虚无，只是虚无工人阶级的、人民大众的、中国共产党的、革命英雄的、革命领袖的和社会主义中国的历史。历史虚无主义并不虚无，它只是无限放大敌对势力的、反马克思主义的、反社会主义的、反中国共产党的、反人民民主专政的反历史之实。历史虚无主义直接反对的就是唯物史观，挑战的就是我们共产党人的马克思主义理论底线。历史虚无主义实质上就是反动的唯心史观。历史虚无主义是唯心史观在今天的典型表现，是一剂置入社会主义中国腹内的剧毒剂。反对历史虚无主义是当前意识形态斗争的重要任务，必须拿起马克思主义的思想武器，打一场反击历史虚无主义的舆论争夺战。

历史虚无主义思潮是当前巩固马克思主义在意识形态领域指导地位所面临的一个重大挑战。从历史观上讲，历史虚无主义思潮出现和蔓延的理论根源就在于放弃了唯物史观指导，陷入唯心史观的窠臼。阶级观点和无产阶级专政学说是马克思主义唯物史观的重要内容，是唯物史观的核心观点。历史虚无主义攻击唯物史观的一个集中表现，就是否定阶级观点和无产阶级专政学说，否定人类历史上的阶级斗争和社会革命，否定阶级斗争和社会革命在人类社会发展中的重大作用，否定中国共产党领导的中国革命和人民民主专政的社会主义制度。列宁在《国家与革命》中指出：“只有承认阶级斗争、同时也承认无产阶级专政的人，才是马克思主义者。”如果把阶级的观点和无产阶级专政的理论从唯物史观中割裂出去，实质上也就阉割了唯物史观，唯物史观也就不成其为唯物主义的历史观，不成其为马克思主义了。

其实早在马克思主义诞生以前，“法国复辟时代就出现了这样一些历史学家（梯叶里、基佐、米涅、梯也尔），他们在总结当时的事变时，不能不承认阶级斗争是了解整个法国历史的锁钥”。历史虚无主义者对历史的认知水平还不如几百年前的资产阶级历史学家。列宁早就指出：“马克思主义提供了一条指导性的线索，使我们能在这种看来扑朔迷离、一团混乱的状态中发现规律性。这条线索就是阶级斗争的理论。只有研究某一社会或某几个社会的全体成员的意向的总和，才能科学地确定这些意向的结果。其所以有各种矛盾的意向，是因为每个社会所分成的各阶级的地位和生活条件不同。”

马克思主义活的灵魂，就是具体地分析具体的问题。对阶级观点和阶级分析方法的实际运用，应针对不同的历史条件具体的问题作具体的分析，得出符合具体实际的结论，而不能一概而论。

在我国，社会主义基本经济制度和政治制度已经确立，阶级矛盾和阶级斗争已经不是我国社会的主要矛盾了，大规模的、疾风骤雨式的阶级斗争已经过去了，我国社会的主要矛盾是人民日益增长的物质文化需要同落后的社会生产力之间的矛盾。在人际关系上，人民内部矛盾成为我国社会现阶段的主要矛盾。如果再“以阶级斗争为纲”去处理我国社会的人民内部各种矛盾和各类社会问题，显然是错误的，在实践上会造成重大的损失，“文化大革命”失误就已经证明了这一点。但是就此否定阶级差别、阶级矛盾、阶级斗争的存在，认为“阶级斗争完全熄灭”，进而否定马克思主义阶级观点和阶级分析方法，也是不对的。党章明文判断：“在现阶段，我国社会的主要矛盾是人民日益增长的物质文化需要同落后的社会生产之间的矛盾。由于国内的因素和国际的影响，阶级斗争还在一定范围内长期存在，在某种条件下还有可能激化，但已经不是主要矛盾。”我国宪法也清楚断言：“在我国，剥削阶级作为阶级已经消灭，但是阶级斗争还将在一定范围内长期存在。中国人民对敌视和破坏我国社会主义制度的国内外的敌对势力和敌对分子，必须进行斗争。”习近平总书记认为，马克思主义政治立场，首先就是阶级立场，进行阶级分析。改革开放以来，我们党在这个问题上的认识一直是明确的。因此，既要反对“以阶级斗争为纲”的错误观点，又要反对“阶级斗争完全熄灭”的错误认识，坚持马克思主义阶级观点和阶级分析方法，实事求是地运用于具体问题的具体分析，这才是正确的态度，才是实事求是的态度，才是马克思主义的态度。

批判、遏制、反击历史虚无主义思潮是一场严肃的政治战斗，这场斗争的核心问题就是要在意识形态领域中始终坚持唯物史观，捍卫唯物史观，发展唯物史观。习近平总书记强调，要坚持用唯物史观来认识和记述历史，把历史结论建立在翔实准确的史料支撑和深入细致的研究分析的基础之上。要做到这一点，就必须以科学的态度对待唯物史观，坚持不懈地以唯物史观为武器，大力开展对历史虚无主义的批判斗争，在斗争中坚持、发展和创新唯物史观，让唯物史观在党员干部中间，在党员中间，在人民中间深深地扎下根来。只有这样，即彻底注入抗击历史虚无主义的唯物史观抗生素，才能从根本上取得反对历史虚无主义斗争的胜利。

（作者单位：中国社会科学院）

（原载《实践：思想理论版》2017 年第 7 期）

学习党史国史　增强“三个自信”

张全景

我们党走过了93年苦难辉煌的历程，新中国成立已有65年。我们认真学习研究党史国史，增强中国特色社会主义道路自信、理论自信、制度自信，对于推进改革开放事业具有深远意义。

党史国史是资政育人、治党治国的大道，关系党和国家的前途命运。党的十八大以来，习近平同志高度重视学习党史国史，深刻指出“历史是最好的教科书”，“要认真学习党史、国史，知史爱党，知史爱国”，“对我们共产党人来说，中国革命历史是最好的营养剂”，“学习党史、国史是坚持和发展中国特色社会主义、把党和国家各项事业继续推向前进的必修课”，等等。这些重要论述为我们搞好党史国史的研究、学习和宣传、教育，坚定“三个自信”具有重要的指导意义。

一、学习党史国史是一项刻不容缓的任务

历史连接着现在和未来。中国人民经过长期探索和实践，已经满怀信心地走在了一条通往实现国家富强、民族振兴和人民幸福的光辉大道上，这条道路就是中国特色社会主义道路。然而前进的道路并不平坦，还会有高山峻岭的阻拦，惊涛骇浪的考验。尤其现在，世情、国情、党情都发生了深刻变化，我国改革已经进入攻坚期和深水区，各种矛盾叠加，各种思潮激荡，“四大考验”“四种危险”尖锐地摆在了全党面前，每前进一步都需要更大的政治勇气和智慧。“历史是最好的教科书”，深入学习90多年的党史，60多年的国史，可以使我们从中汲取战胜各种艰难险阻的智慧和力量，这应当成为每个共产党员的自觉行动。

党员干部队伍目前的构成和思想状况，迫切要求我们学好党史国史。

从党员队伍构成看，在全党8668.6万名党员中，1949年9月及以前入党的只有43.9万人，占总数的0.5%，这说明，现在大多数党员没有经历过战争年代的考验，对党史国史缺乏切身的感受，也缺乏老一辈党内严格政治生活的锤炼。从党员干部队伍的思想状况看，在新的历史条件下，有些党员干部忘记了我们党艰苦奋斗的历史，想的不是为共产主义理想奋斗终身，而是“理想理想，有利就想；前途前途，见钱就图”；有的贪污几百万、几千万，乃至上亿，手段恶劣，令人发指；有的作风漂浮，官僚主义、形式主义严重，甚至弄虚作假，欺上瞒下；有的奉行享乐主义，沉醉于灯红酒绿，奢侈浪费等等。据有关资料披露，十八大以来已查处省部级及以上干部48人，2014年前5个月，检察机关立案侦查各类职务犯罪案件19854件26523人，查办县处级以上国家工作人员1577人，同比上升33.1%。在这种情况下，深入开展党史国史教育显得非常紧迫。学好党史国史，才能知道创业之艰，坚定理想信念、牢记党的宗旨；才能自觉抵制歪风邪气，弘扬正气，更好地肩负起新的历史重任。对于年轻党员来说，不了解党史国史会严重影响他们的健康成长和进步。通过学习，可以了解党和国家的历史，继承党的光荣传统，与时俱进、开拓创新、夺取新的胜利。

牢固树立理想信念、坚定不移走有中国特色社会主义道路的任务，迫切要求我们必须学好党史国史。

习近平同志指出：“中国特色社会主义这条道路来之不易，它是在改革开放30多年的伟大实践中走出来的，是在中华人民共和国成立60多年的持续探索中走出来的，是在对近代以来170多年中华民族发展历程的深刻总结中走出来的，是在对中华民族5000多年悠久文明的传承中走出来的，具有深厚的历史渊源和广泛的现实基础。”中国革命的历史必然性，中国走上社会主义道路的历史必然性，都蕴藏在党和新中国的历史之中。只有认真学习党史国史，才能深刻把握中国社会的发展规律，增强道路自信、理论自信、制度自信；才能从我们党领导革命、建设和改革开放的辉煌历史中，深切体会到党的伟大、光荣和正确，深切体会到马列主义、毛泽东思想和中国特色社会主义理论体系，是指导中国革命和建设不断取得一个又一个胜利的根本保证，深切体会到中国特色社会主义道路是适合我国国情的正确选择，从而进一步坚定理想信念，不断增强为中国特色社会主义事业而奋斗的信心和决心。

西方敌对势力加紧对我进行思想侵袭的形势，迫切要求我们学好党史国史。

学习研究党史国史，不仅是一个学术问题，更关系着兴邦治国，关系着党和国家的前途命运。历史的经验告诉我们，欲灭其国者，必先灭其史。苏东剧变就是鲜活的教材，在诸多教训中最重要的一条就是否定党的历史，否定党的领袖，否定社会主义建设的成就，给全党和全国各族人民造成了极大的思想混乱。我们一定要清醒地看到，西方敌对势力是绝不会甘心让一个社会主义中国强大起来的，他们对我搞和平演变、颜色革命的图谋和举动从来就没有停止过。目前，社会上有一种思潮，就是抹黑党的历史，否定毛主席、毛泽东思想，否定中国共产党的领导。有的人鼓吹历史虚无主义，宣扬“普世价值”、民主社会主义，以回顾历史、研究学术为名，凭空编造“历史事件”，歪曲新中国的历史，特别是前30年的历史，根本目的就是想瓦解我们的信仰，改变中国特色社会主义道路。加强意识形态领域的工作要敢于“亮剑”，加强对党史国史的学习宣传教育是一个最有力的武器，要用摆事实、讲道理的方法，理直气壮地批驳种种谬论，教育广大党员干部和人民群众明辨是非，筑起牢固的思想防线。从中国历史特别是近现代史来看，毛主席是最伟大的领袖，由他带领全党全国各族人民改变了任人宰割的历史命运，结束了半殖民地半封建社会，走上社会主义道路。毛泽东思想理论的核心和本质是人民性和实践性，是马克思列宁主义与中国实际相结合，与优秀历史文化相结合。从其思想内容的丰富、理论体系的科学完整来说，无一人可以企及。如果否定了毛主席、毛泽东思想，中国必然亡党亡国。

开展历史经验教训的总结，迫切要求我们学好党史国史。

任何事物都是一分为二的，正确与错误相伴，优点与缺点共存。我们党在探索中国革命和社会主义建设道路中，经历过大大小小的失误和挫折，包括像大革命失败、五次反“围剿”失利后被迫进行战略转移，以及新中国成立后的建设和政治运动中，都有这样那样的失误。正确的要继承发展，错了的就要纠正，汲取教训。要看到，我们开创的是前无古人的伟大事业，没有成功经验可以借鉴，对那些挫折失误要放在当时特定的历史条件下来看待。我们更要看到，这些挫折失误都是由我们党自己纠正的，而且从对失误的反思、纠正中，更加壮大成熟。前车之鉴，可以为师。在全面深化改革，奋力实现伟大中国梦的历史进展中，用活用好党史国史，有助于我们更好地把握哪些是必须坚持的，哪些是需要极力避免的，从而使我们前进的步伐更加稳健、从容。

二、学习党史国史要紧扣时代主题

我们党在革命、建设和改革开放的各个历史时期都留下了丰厚的历史积淀。对党史国史的学习，要从实际出发，与我们党正在进行的伟大事业紧密结合起来，与党员干部队伍的思想实际结合起来，与我们要解决的主要问题紧密结合起来，增强学习的针对性和实效性。

注重学习党的基本理论，以更好地理解习近平同志的重要讲话精神。

我们党是一个用马克思主义武装起来的政党。在 90 多年艰苦卓绝的奋斗中，我们党之所以能够战胜各种艰难险阻，不断从胜利走向胜利，一个根本原因就是始终高度重视思想理论建设，坚持科学理论指导，大力推进理论创新，善于把马克思主义基本原理同中国具体实际和时代特点相结合。老一代革命家为我们树立了学习的典范，是党的宝贵经验。党的十八大以来，习近平同志提出了许多治国理政的新思想新观点新要求，贯穿着马克思唯物史观和辩证法，是我们实现“两个一百年”奋斗目标、实现中华民族伟大复兴中国梦的行动指南。深刻理解、全面把握习近平同志重要讲话精神的一个重要方法，就是要把学习马列毛主席的著作与学习中国特色社会主义理论体系、习近平同志系列重要讲话结合起来。学习好前者，就会为学习好后者打下良好的基础，从而在深刻理解的基础上，把思想统一到中央要求上来。

注重学习党的群众路线，以更自觉地践行党的宗旨。

群众路线是我们党的生命线和根本工作路线，是毛泽东思想活的灵魂的三个基本方面之一，是党长期历史经验的总结。群众路线既充分体现了党的性质和宗旨，又是实践党的宗旨的根本途径。离开群众路线，就不可能有正确的思想路线、政治路线和组织路线。我们党的历史反复证明：凡是成功和胜利，无一不是依靠群众取得的；凡遭受失败和挫折，无一不是脱离群众的恶果。1947 年毛主席转战陕北时说，哪里群众拥护，那里就最安全。当时我们只有2万多部队，最终粉碎了胡宗南20万大军的进攻。解放战争时期，蒋介石先后有800万军队，有先进的装备，但由于人心丧尽，结果在我们党领导的人民战争面前土崩瓦解。进入社会主义革命和建设时期，我们也是依靠群众而不断取得胜利的。现在，有的领导干部不懂党的群众路线，不会或不愿做群众工作，对群众疾苦漠不关心，对群众诉求置若罔闻。有些地方的干群关系不是鱼水关系，而是油水关系、火水关系。一些群众反映，现在交通方便了，干部和群众反而疏远了；通讯发达了，干部与群众交流反而减少了；文化水平提高了，做群众工作的本领反而降低了；电脑多了，与群众直接接触反而少了。我们党清醒地认识到，密切联系群众是我们党的最大政治优势，脱离群众是党执政后最大的危险。正在全党开展的以为民务实清廉为主要内容的党的群众路线教育实践活动非常及时和必要，要以此为契机，以史为鉴，用好我们的“传家宝”，切实强化党员干部的宗旨意识，大力克服脱离群众的危险。

注重学习党的艰苦奋斗的传统，以纠正和清除“四风”。

我们党是靠艰苦奋斗起家的。因为艰苦奋斗，我们战胜了常人难以想象的困难，取得了辉煌成绩。我们党的领袖把全部精力用在革命事业和为人民服务上，从不计较个人生活。毛主席一生粗茶淡饭，睡硬板床，穿粗布衣，生活极为简朴，一件睡衣竟然补了73次，穿了20年。转战陕北时，李银桥看到他洗脸洗脚用同一条毛巾，就又领了一条。毛主席说，现在用脚多，用面子少，一条就行了。李银桥又说，不管用脚用脸，要讲卫生啊。毛主席说，如果全军每人多用一条毛巾，这些钱买子弹，可以打两个沙家店战役，坚持让他退回。延安时期，著名的华侨领袖陈嘉庚回国慰问抗日将士，蒋介石在重庆花800大洋请他吃山珍海味；而到了延安，毛主席则请他吃战士们自己种的蔬菜和房东大娘专为贵宾送来的一只母鸡。对比之下，陈嘉庚先生含着眼泪感慨地说：共产党一定会取得胜利。当年，美国作家斯诺到延安采访，从毛泽东住窑洞、周恩来睡土炕等平凡小事上，洞察出共产党人作风的伟大力量，并动情地把它称之为“东方魔力”“兴国之光”。他们正是透过党的作风，看到了共产党人的崇高精神和巨大力量。新中国成立后又不断涌现出了“两弹一星”精神、红旗渠精神、雷锋精神、铁人精神、载人航天精神等。今天我们各方面的条件虽然比过去好了，但艰苦奋斗的作风不能丢，要看到现在我们面临的任务光荣而艰巨，现在还有些农村和城市人口处于贫困状态，还有许多社会矛盾需要解决，还面临复杂多变的国际环境，还有许多预想不到的困难，“赶考”远未结束。因此，在新的形势下，要大力弘扬我们党的优良作风。好的作风是极其重要的政治资源，是一种无声的巨大力量，是我们凝心聚力，扶正祛邪，清除“四风”之害的一剂“良药”。

三、学习党史国史要坚持唯物史观

学习党史国史首先要坚持正确的立场、观点和方法，对同一个事物，立场、观点不同，看问题的方法相左，结论肯定不会一样。唯物史观是我们认识党史国史唯一正确的思想理论指针，是我们深入总结历史经验教训、把握历史发展规律与特点的“金钥匙”。

学习党史国史要坚持实事求是的原则。陈云同志讲过一句话，“不唯上、不唯书、只唯实”，“交换、比较、反复”。改革开放初期，面对社会上大肆否定新中国历史，否定毛主席、毛泽东思想的错误思潮，陈云同志强调要实事求是地对待历史，要看到党中央和毛主席为中国革命和建设所作出的丰功伟绩。第二个若干历史问题决议的第一部分，就是陈云同志建议写上的。他还说：在延安时，我们哪一个人不是毛主席的学生？这就是实事求是的态度。我们要把尊重实际放在第一位，不能主观片面，不能随意化，更不能以个人得失和个人情绪去分析判断事物。个人的主观立场、思想意识总是打着自身历史的烙印，受到局限。必须走出个人的小天地，从社会历史发展的趋势和最广大人民群众的利益出发，观察问题，分析问题，这样才能得出正确的结论。

学习党史国史要自觉抵制历史虚无主义。历史虚无主义的实质是唯心主义，他们形而上学地对待历史，片面使用史料，立足自身政治诉求随意解释历史，甚至编造和歪曲历史，用以迷惑不明真相的人。反对历史虚无主义，必须坚持唯物史观，正确认识历史发展的客观规律，尤其要认清资本主义必然灭亡、社会主义必然胜利这一历史发展的总趋势，这是社会历史发展的基本规律，是不以人的意志为转移的。我们党成立 90 多年来，领导人民把一个半殖民地半封建、积弱积贫的国家，建设成为一个独立自主、欣欣向荣、和谐稳定的国家，经济总量名列前茅，各方面建设取得显著成就，人民生活水平大幅提高，这是多么了不起的成绩啊！历史虚无主义者不顾事实，故意贬低新中国的伟大成就，必将在现实面前碰得头破血流。要善于从比较中学习，通过建党前后的比较、新旧社会的比较、组织起来前后的比较、改革开放前后的比较，体会党的先进性和社会主义制度的优越性，揭穿历史虚无主义的谬论。加强党史国史教育要突出青少年这个重点，引导他们正确认识和对待历史，特别是中国革命的历史，这是我们红色江山代代相传的根本保证。

学习党史国史要将其放到世界历史的坐标中。学好党史国史要立足自身也要立足世界，有时需要站在世界历史的视角回望，在横向对比中，有助于我们更清晰地认识到中国特色社会主义的生机与活力。近几十年来，与我国经济社会蓬勃发展相比，一些国家却在走下坡路，苏联解体、东欧剧变、日本经济萧条、拉美经济崩溃、美国金融海啸、欧洲一些国家陷入主权债务危机等等，曾号称“日不落”国的英国，现在不已是风光不再了吗？不仅如此，而且后院起火，苏格兰要独立，这种风刮到了许多资本主义国家，德国的巴伐利亚州、意大利的撒丁岛、法国的科西嘉、西班牙的加泰罗尼亚，不都在闹独立吗？有的一时难于实现，但资本主义毕竟要灭亡，这是社会发展的基本规律。日本某些专家最近指出“资本主义将在21世纪终结!”事实胜于雄辩，与我们所遇到的挫折、失误相比，成绩是主要的，是九个指头和一个指头的关系。不能只见树木不见森林，妄自菲薄、自我否定。我们的自信是科学的自信、理性的自信、符合客观实际的自信。现在国际上不是有越来越多的国家在关注研究和借鉴“中国模式”“中国道路”吗？正确的道路来之不易，要倍加珍惜，任何时候都要毫不动摇，这是党史国史也是世界历史给予我们的深刻教益。

学习党史国史要联系党的群众路线。毛主席深刻地指出：人民，只有人民，才是创造世界历史的动力。马克思主义认为，历史活动是群众的活动，历史是人民群众创造的。群众是真正的英雄，是真正的铜墙铁壁，是我们党的力量源泉和胜利之本。人民群众是先进生产力和先进文化的创造主体，是推动科学发展的主体，是社会主义现代化建设事业的最终决定力量。我们党的根基在人民、血脉在人民、力量在人民。要大力开展马克思主义唯物史观的教育，批判各种否定、贬低人民群众在社会发展中的地位和作用的历史唯心主义观点，只有站在党和人民群众的立场上，正确认识人民群众在历史上的作用，才能对重大事件、重要人物作出实事求是的分析，把握历史规律，认清历史形势，正确总结经验教训。我们要实现党的十八大确定的奋斗目标和中国梦，必须紧紧依靠人民，坚持一切从人民的利益出发，相信群众，依靠群众，尊重群众的首创精神，这样才能以13亿中国各族人民的大团结汇集起不可战胜的磅礴力量。

（作者单位：中共中央组织部）

（原载《中华魂》2015年第1期）

马克思主义是历史虚无主义吗?

张海鹏　龚　云

历史虚无主义思潮是自20世纪90年代中期所谓“告别革命”论发表以来，在中国社会，尤其是学术理论界具有很大影响的政治思潮。学术理论界按照“百花齐放、百家争鸣”的方针，对其进行了长期的批评。最近，某杂志发表了三篇文章，试图重新阐述历史虚无主义思潮的内涵、来龙去脉和表现，重新界定历史虚无主义。这些文章的核心观点，颠覆了人们以往对历史虚无主义的正确认识，提出马克思主义就是历史虚无主义，把马克思主义历史认识体系当作教条主义历史虚无主义来批判。这就使我们纳闷：该杂志要把矛头指向哪里？是指向历史虚无主义还是指向马克思主义？

一、批判历史虚无主义已不再是单纯的学理探讨

唯物主义历史观的创立，是人类认识史上的伟大革命。列宁认为，唯物主义历史观是唯一科学的历史观，在我们还没有看见另一种科学地解释某种社会形态的活动和发展的尝试以前，它始终是社会科学的同义词。[①] 以马克思主义为指导的历史认识体系，实现了历史认识的伟大革命，使人类可以最大程度地实现还原历史真相，科学地探究历史的规律。

但是，三篇文章的作者将马克思主义指导下的历史认识体系称之为教条主义历史虚无主义，并且说：“历史虚无主义在理论上也源远流长。自19世纪末以降，一百多年来它以庸俗社会学为理论根基，穿着‘革命’的外衣，在理论上以‘马克思主义’的面目出现，实际上却是一种小资产阶级左倾幼稚病的根源之一。”很显然，文章作者直接把批判历史虚无主义的矛头指向

---

① 参见《列宁专题文集·论辩证唯物主义和历史唯物主义》，人民出版社2009年版，第163页。

了马克思主义。

上述文章作者不仅把马克思主义说成是历史虚无主义，而且把中国共产党历史上个别时期的“左”倾错误与正常的思想文化运动搅合在一起，把新民主主义革命时期左翼文化运动和新中国成立后的思想文化批判运动也歪曲为历史虚无主义。其中一位作者说：“从中国20世纪初否定一切传统文化的‘虚无党’，到20年代以‘太阳社’为代表的一批上海‘亭子间’文人，再到解放后的一系列思想文化批判运动，最后发展到‘无产阶级文化大革命’的虚无主义思潮，这其中历史虚无主义的传承脉络是十分清晰的。”

他们认为，马克思主义理论历史认识体系“把一个不存在的、仅仅是想象中的共产主义作为评判事务的唯一标准，不仅否定了奴隶社会、封建社会、资本主义社会这个漫长的人类历史，也否定了现实世界中的文明榜样。它自信地宣布，从原始社会解体后人类历史上就没有好的事物，充满了剥削、压迫、不平等和阶级斗争，只有到共产主义社会后才会获得彻底解放。这就把马克思主义历史观完全解释成了基督教神学的历史观，陷入极端的历史虚无主义。”

他们认为，这种教条主义历史虚无主义“严重地扭曲了社会历史观，使人们不能对历史和现实做出恰当的理解和判断，从而构成改革开放和社会进步的巨大思想动力。”

上述观点表明，这些作者批判历史虚无主义的目的，就是要公开挑战中国共产党的指导思想——马克思主义，公开挑战中华人民共和国的主流意识形态，从而达到否认中国革命史和新中国建国史的政治意图。

历史已经证明，马克思主义是认识人类社会的科学的世界观和方法论，它揭示了人类社会发展的规律性，是无产阶级和劳动人民追求解放的思想武器。以马克思主义为指导，使历史研究发生了革命性的变革，不仅科学正确地认识人类历史成为可能，而且在推动世界进步和中国人民翻身解放中发挥了重要理论指导作用。对于马克思主义历史理论的贡献，英国著名历史学家杰弗里·巴勒克拉夫这样总结道：“马克思主义作为哲学和总的观念，从五个主要方面对历史学家的思想产生了影响。首先，它既反映又促进了历史学研究方向的转变，从描述孤立的，主要是政治的事件转向对社会和经济的复杂而长期的过程的研究。其次，马克思主义使历史学家认识到需要研究人们生活的物质条件，把工业关系当作整体的而不是孤立的现象，并且在这个背景下研究技术和经济发展的历史。第三，马克思主义促进了对人民群众历史作用的研究。第四，马克思的社会阶级结构观念以及他对阶级斗争的研究不仅对历史研究产生了广泛影响，而且特别引起了对研究西方资产阶级社会中阶级形成过程的注意，也引起了对研究其他社会制度——尤其是奴隶制社会、农奴制社会和封建制社会中出现类似过程的注意。最后，马克思主义的重要在于它唤起了对历史研究的理论前提的兴趣以及对整个历史理论的兴趣。”“马克思主义在包括美国在内的绝大多数国家的历史学家当中是产生了最大影响的解释历史的理论。”① 巴勒克拉夫对马克思主义的评价，是对那种认为马克思主义是历史虚无主义的有力回击。

历史唯物主义是人类历史观的伟大变革。马克思主义是与时俱进的，历史在前进，马克思主义也不会停滞。马克思主义指导下的历史认识体系虽然在以往的实践过程中存在过公式主义、教条主义、简单化，但其主流随着人类实践的发展而在不断丰富和发展。对马克思主义及其指导下的历史认识体系扣上“历史虚无主义”帽子，无视《共产党宣言》发表160多年以来马克思主义在世界史上无与伦比的巨大影响和马克思主义预言的社会历史的巨大变动，这本身就是最大的历史虚无主义。

在当下中国，历史虚无主义思潮有着特定的内涵。其观点集中表现为：一是否定革命，认为革命是一种破坏性力量，只起到破坏作用，五四运动以后救亡压倒了启蒙，只有资产阶级性启蒙才具有建设性作用；二是把五四以来中国人民选择社会主义方向视为偏离了人类文明主流并走上了歧路；三是认为经济文化落后国家没有资格搞社会主义，新中国建设的社会主义是“农业社会主义”、“封建社会主义”和空想社会主义；四是认为中国共产党的历史是一系列错误的延续和堆积。一句话，历史虚无主义思潮对中国近现代史进行“两个否定”和“一个肯定”：否定中国人民反抗外国侵略和封建压迫的革命斗争历史；否定中国共产党领导中国人民进行的革命斗争史和社会主义建设史；肯定近代中国剥削阶级的统治。历史虚无主义之所以着重在中国近代史、中华人民共和国史、中共党史上大做文章，并非“发思古之幽情”，

---

① 《当代史学主要趋势》，上海译文出版社1987年版，第27、3页。

而是打着“重新评价”和“还原历史”为旗号，攻击、否定中国共产党的历史，试图以历史为切入口，来质疑、削弱中国共产党执政的历史合法性，从历史依据和逻辑前提上否定马克思主义在当代中国的指导地位，否定中国共产党在现实政治中的执政地位，否定中国的社会主义制度。其名在历史，其剑锋却指向当今社会现实。

反对历史虚无主义思潮，并不是反对学者对历史进行全盘研究，提出新的认识。我们从来不否认不以马克思主义为指导的历史学者可以在历史研究中得出有价值的认识，也从来没有把学者通过建立在事实基础上的严肃的历史研究称之为历史虚无主义。我们反对的是对近现代中国历史、中国共产党的历史和中国走上社会主义道路的历史的本质、主流进行的否定。

二、提出“共产主义终结历史”是一种毫无根据的攻击

马克思主义是在欧洲资本主义发展旺盛的时候产生的，是对人类思想发展的总结。马克思高度评价了资本主义对人类社会的贡献，认为资本主义生产关系曾经极大地推动了生产力的发展，指出：“资产阶级在它的不到一百年的阶级统治中所创造的生产力，比过去一切世代创造的全部生产力还要多，还要大。自然力的征服，机器的采用，化学在工业和农业中的应用，轮船的行驶，铁路的通行，电报的使用，整个整个大陆的开垦，河川的通航，仿佛用法术从地下呼唤出来的大量人口——过去哪一个世纪料想到在社会劳动里蕴藏有这样的生产力呢？”[①]

马克思主义认为，资产阶级生产关系的基础是生产资料的资本家所有制。资本主义生产方式是以生产剩余价值为目的的生产方式，它的存在以两个社会阶级的存在为前提，一方是占有生产资料的资本家阶级，另一方则是失去生产资料、仅有自己的劳动力可以出卖的无产阶级。资本和雇佣劳动的关系决定着这种生产方式的全部性质。剩余价值的占有是资本主义剥削的实质，因而资本主义生产关系是对抗性的生产关系。这种对抗从本质上说不是个人的对抗，而是个人生活于其中的社会关系的对抗。生产的社会性和生产资料的资本主义占有之间的矛盾是资本主义生产方式固有的基本矛盾，它包

---

① 《马克思恩格斯文集》第2卷，人民出版社2009年版，第36页。

含着资本主义社会中一切阶级冲突的萌芽，决定了资本主义的历史命运。

马克思主义认为，资本主义社会生产力发展到一定阶段，就不可避免地同狭隘的资本主义私有制发生冲突，达到与它们的资本主义外壳不能相容的地步，并要求炸毁这个外壳。虽然资产阶级可以在资本主义生产方式容许的范围内通过对生产关系作某些局部的调整来缓和矛盾，但终究不能从根本上克服这种矛盾和对抗。在资产阶级社会的胞胎里发展起来的强大的社会化的生产力，为全社会占有生产资料和共同组织社会化生产准备了物质条件；同时，资本主义越发展，无产阶级的力量就越壮大，资产阶级社会造就了置自身于死地的社会力量。因此，资本主义生产方式固有的矛盾决定了它的历史过渡性质，它必然为社会主义社会所代替。

资本主义一定会被共产主义取代，这种取代是资本主义经济规律发展的合乎逻辑的结果，是否定之否定，是历史规律性决定的否定。它与通常所说的历史虚无主义是毫无关联的。这正如资本主义社会代替了封建主义社会，封建主义社会代替了奴隶社会一样，既是基本的历史发展轨迹，也代表人类历史发展的方向，是历史发展的基本规律。

马克思主义没有终结历史，更从来没有说过历史终结在共产主义社会。马克思主义通过探究人类社会发展的规律，认为人类社会是在不断发展进步的，是在否定之否定中不断向前发展的。人类即使到了共产主义社会，也还要不断向前发展。同样，“历史唯物主义不同于历史进化论，也不同于历史循环论。历史唯物主义关于历史螺旋性前进的理论既包括历史进步的客观必然性，又包括历史仿佛复归的辩证现象。”“历史唯物主义关于社会进步的观念是充满辩证法的历史进步的观念，社会发展从社会形态演变看是进步的上升的过程，而不是循环运动。”“无论是社会五形态论或三形态论都是前进运动，社会形态更替中包括曲折、退步、反复、复辟甚至向后的倒退，而且有些现象仿佛回归。”“实际上是更高基础上的回归。我们称之为‘历史辩证法’，用这种方法观察历史是历史的辩证思维。历史辩证法是历史自身具有的，而不是研究主题强加于历史的。”[①] 那种认为马克思主义把历史终结于

① 《谈谈历史唯物主义的方法论问题——访中国人民大学一级教授陈先达》，《马克思主义研究》2014年第6期。

共产主义的观点，是对马克思主义的严重歪曲。

马克思主义本身也是要发展的。与时俱进是马克思主义的鲜明特点。但是发展马克思主义是在坚持其基本原理基础上的发展，任何推倒马克思主义基本原理的所谓重建、重构，不是发展，而是修正，是对马克思主义的虚无。

同样，马克思主义指导下的历史认识也是要发展的。随着马克思主义本身的发展，随着社会主义和共产主义运动的不断发展，随着人们对历史规律认识的更清楚，马克思主义历史认识体系还要不断发展。这种发展不是否定过去的基本认识，不是简单地“翻案”，而是在坚持基本认识基础上的发展。马克思主义对历史的规律性认识，揭示了历史的本质和主流，是必须坚持的。否则，就是历史虚无主义。

三、历史发展是有规律性可循的

历史发展是有规律性的。历史进程受内在规律性支配，按照历史的逻辑由低级向高级发展。唯物史观的目的就是要发现那些在人类社会历史上起作用的一般运动规律。正是在人类社会发展规律的作用下，人类历史从低级向高级发展。唯物史观就是发现、揭示和阐明人类历史规律性的历史认识论。

通俗地说，唯物史观对历史的认识，首先是唯物主义的。它认为，有史以来的人类历史，是客观存在的，不是主观形态的。历史现象虽然千姿百态、纷繁复杂，却不是虚无缥缈的，人们虽然不能像研究自然科学那样在实验室里重复制造历史过程，但在掌握了尽可能多的历史资料以后，是可以对以往的历史过程加以描述，并获得对往史的较为近真的影像的，因此历史是可以认识的，不是不可知的。历史现象是可以理出头绪的，我们可以看到人类社会历史显示了一种由低级到高级的发展过程，人们从茹毛饮血到今天享受现代化的网络工具，很自然地说明了这个过程。而马克思、恩格斯指出的五种社会发展形态，则是对这一过程的最一般的描绘：人类的经济生活是社会生存的基本方式，社会依生产力的发展而发展，生产力和生产关系的矛盾运动推动着社会的前进，决定着人们依赖其中的社会政治、经济、阶级关系和文化的基本面貌。物质生产和精神生产是社会运行的主要内容，物质生产的状况决定了精神生产的状况，劳动者是物质生产的主体，是决定历史前进方向的终极力量。人们（包括劳动群众和社会精英）创造了一定的历史环境，一定的历史环境反过来又决定了生活于其中的人们的面貌。这就是唯物史观告诉我们的基本东西。它所概括出来的人类社会发展的基本规律虽未穷尽真理，却指出了人类社会发展的一般趋势及其未来走向。应该说，它只是提出了社会发展的一般方向和未来走向，并没有给出各地区各国家历史发展的具体方向。各个地区各个国家不一定都要按照五种社会形态的先后演进，像中国的历史，就没有经历过纯粹的资本主义社会时期。

然而，前述三篇文章的作者不承认历史是前进的，认为资本主义终结了历史，把现代资本主义当作“现实世界中的文明榜样”。这些学者断言：“马克思的历史图式与基督教历史图式十分相似。他虽然肯定了资本主义的成就，也认为资本主义是目前世界文明高峰，但他最终还是以一个设想中的未来社会阶段把资本主义的历史否定了。在他的历史观中，从奴隶社会、封建社会到资本主义社会都是‘阶级社会’，是人的本性的堕落；资本主义社会无论取得了怎样的成就也是异化的，它的政治制度、经济制度、社会组织与道德观念等等都将被彻底抛弃，陷入历史虚无主义了。”

基督教神学认为，世界是上帝创造的，上帝创造了亚当、夏娃，才有了人类。马克思主义则认为，劳动使猴子变成了人，劳动创造了人，创造了世界，世界是由人民创造的。显然，基督教神学与马克思主义在认识论上没有任何相似之处。

所谓“马克思的历史图式”，应该是指马克思主义的社会形态学说，即历史唯物主义对人类历史的规律性发展的阐述。人类社会从原始社会到奴隶社会，再到封建社会、资本主义社会，再到社会主义、共产主义社会，这种“历史图式”显然也与上帝造人、造世界的“历史图式”没有任何相似之处。

马克思主义的社会形态学说阐明了人类社会从低级到高级发展的规律性，而不是简单的否定论。也就是说，奴隶社会否定了原始社会，封建社会否定了奴隶社会，资本主义社会否定了封建社会；同时也是奴隶社会肯定了原始人类社会对于生物界的进步，封建社会肯定了奴隶社会对于原始社会的进步，资本主义社会肯定了封建社会对于奴隶社会的进步。

社会主义运动500年的历史证明，其过程虽然出现过许多波折，甚至是重大波折，但这一运动的潮头始终是向前的，没有力量可以阻挡历史规律的作用。今天，世界上已经存在多个社会主义国家。苏联作为第一个社会主义国家虽然崩溃了，但是70年的存在毕竟是一个历史事实。而中国特色社会主义正在欣欣向荣地发展，并且取得经济总量世界第二的巨大成就。对社会主义、共产主义运动在世界和中国的实践及其所取得的伟大成就怎么能视而不见？中国特色社会主义怎么可以被说成是“一个设想中的未来社会阶段”或者“仅仅是想象中的共产主义”呢？

毋庸讳言，有些学者特别是一些历史亲历者发表回忆性的文章，有助于我们重新认识历史，有利于总结历史教训。但是，也有一些学者否认历史规律的存在，把自己亲历的历史细节当作历史的真实，并试图用这些细节去否定中国共产党历史、新中国历史的主流，进而否定历史规律的存在。真实的历史细节可能是历史发展环节中的一个点，并不等于历史的真实，也不能代表历史的本质，因而无法揭示历史的规律性。对于中国共产党在探索革命和建设过程中所犯的错误，必须结合历史条件进行具体分析。那种打着“反思历史”的旗号，从暴露、控诉、攻击的目的出发，把中国共产党的历史和新中国的历史描绘成“错误的堆积”，显然是十分错误的，也是对社会发展有害的。

有的学者脱离客观历史事实，以自己的价值尺度，尤其是政治的价值尺度对历史进行任意剪裁甚至重塑，背离了最起码的客观性标准，是典型的实用主义和唯心主义，是与马克思主义唯物史观根本对立的。他们标榜“价值中立”，强调史学应该与政治保持距离，谩骂马克思主义史学是政治史学，攻击马克思主义史学家为“御用文人”，实际上是否认马克思主义史学对历史规律性的探索。自古以来哪里有离开政治的史学呢？历史虚无主义者自己就并不客观，也不中立。他们把中国近代历史上人民群众的斗争污蔑为“暴乱”，对于敢于反抗的人民英雄、爱国志士一味地苛求，甚至用今天的标准来要求。他们离开阶级分析法，对待统治阶级的人物，采取“善待先人”的态度，对其行为给予“同情式理解”，把统治阶级对人民的镇压视为维护社会秩序之举。爱憎如此分明，本身就彰显了他们的政治立场、政治诉求。他们的政治诉求，就是在现代中国反对“四项基本原则”这一立国之本，力图扭转中国特色社会主义现代化建设和改革开放的正确发展方向，把中国纳入到西方资本主义体系中去。

总体来看，历史虚无主义的目的不在于总结历史教训，而在于通过否认中国共产党执政的历史合法性，离间民众对中国共产党的认同，消解对马克思主义、社会主义的信心。当然，历史虚无主义者也并不是对所有历史都采取虚无的态度。相反，他们从自身的政治需求出发，随意否定扭曲他们想要否定的历史。他们的共同特点就是否定中国历史上、特别是近现代史上的一切进步事物和正面人物，否认中国近现代历史发展规律，把历史统统颠倒过来。比如，他们重点否定革命是近代中国社会矛盾的产物，否定人民革命的历史，把革命说成是“破坏”，主张告别“革命”。集中攻击中国共产党执政后的历史，把新中国说成一团漆黑，进而否认新中国走社会主义道路是中国历史的抉择、人民的抉择。中国近现代历史与现实息息相关，特别是中国革命史、中共党史，更是直接关系到中国共产党执政的历史依据。显然，直接否定中国共产党的领导，宪法是不允许的，人民是不答应的。所以，他们就从与现实密切相关的中国近现代历史着手，企图以此为突破口，进而颠覆中国共产党的领导、社会主义道路、马克思主义的指导思想和人民民主制度。

历史虚无主义思潮假借客观公正、还原历史真相之名，对民众具有一定迷惑性和欺骗性，在社会上造成了很坏的影响。其颠倒是非判断标准，不仅在社会上造成思想混乱，而且削弱了民众对马克思主义的信仰、对共产党的信任和对社会主义的信心。苏联解体前民众的冷漠态度，就是历史虚无主义思潮造成的恶果。党的十八大提出要坚持中国特色社会主义的道路自信、理论自信、制度自信，而历史虚无主义思潮恰恰是要破坏这种自信，以阻碍中国特色社会主义的发展。

鉴于历史虚无主义思潮的严重政治危害，我们既要重视对其进行学理批判，通过说理，让群众看清事实的真相；同时也要对极少数具有明显政治意图的历史虚无主义者，特别是公开以马克思主义理论作为攻击对象的人，进行必要的党纪国法的惩处。对于那些公开制造违背宪法和法律的舆论，并给干部群众造成极大思想混乱的人，要严格依照法律进行惩处。在这个问题上，我们要敢于“亮剑”，不能做“开明绅士”。

（作者单位：中国社会科学院）

（原载《红旗文稿》2014年第16期）

历史唯物主义与历史虚无主义

田心铭

中国近代以来的历史虚无主义思潮，是同20世纪出现的否定中华民族文化和历史的“全盘西化”论相伴而生的。中国人民革命的胜利和新中国巨人般前进的步伐遏止了历史虚无主义思潮的蔓延。在我国社会主义事业遭受“文化大革命”的严重挫折后，历史虚无主义作为资产阶级自由化的重要表现之一，在新的历史时期重新泛起。它的主要表现是，否定中国共产党的历史，否定社会主义新中国的历史，否定中国革命史。它的政治实质是，煽动推翻中国共产党的领导和我国社会主义制度。历史虚无主义在学术研究中也表现出来，但它从本质上说主要不是一种学术思想，而是一股政治思潮。反对历史虚无主义，首先必须揭露其政治实质和政治危害性①。

反对历史虚无主义，需要深入揭露和清除其历史观基础。从社会历史观的层面看，历史虚无主义是一种唯心主义历史观，它用唯心主义和形而上学的观点观察世界、认识历史、评价社会历史现象。本文就如何坚持历史唯物主义，剖析历史虚无主义的历史观、世界观基础做一些讨论。

一、两种对立的历史研究方法论：社会形态论与“一般社会”论

人们研究社会历史必须采用一定的方法。在不同的方法背后，存在着不同的方法论。历史唯物主义的社会形态论和历史唯心主义的“一般社会”论，是社会历史研究中两种根本对立的方法论。在历史虚无主义的言论背后，我们可以清楚地看到以臆造的“一般社会”为尺度去衡量社会历史现象、评价历史事件和历史人物的方法论。

---

① 田心铭．识别历史虚无主义要透过现象看本质［J］．红旗文稿，2015，（9）：10～13．

1894年，列宁在他的《什么是“人民之友”以及他们如何攻击社会民主党人?》（以下简称《什么是“人民之友”》）这部成名作中，针对俄国自由主义民粹派的理论家米海洛夫斯基在社会学研究中的主观唯心主义方法，十分深刻地阐述了马克思的社会形态论与“一般社会”论的对立，显示出他对马克思唯物主义历史观的深刻理解。列宁的这些思想至今仍然是我们坚持历史唯物主义、反对历史唯心主义以及批判历史虚无主义的强有力武器。

社会科学究竟是研究什么的？列宁指出，“……马克思以前的所有经济学家都谈论一般社会”①。他们“……争论的是一般社会是什么，一般社会的目的和实质是什么等等”②。他们由此得出的理论，“都是一些关于什么是社会、什么是进步等等纯粹先验的、独断的、抽象的议论”③。他们如何去研究“一般社会”呢？米海洛夫斯基说：“社会学应从某种空想开始。”列宁指出，“主观方法的首创者之一米海洛夫斯基先生的这句话绝妙地说明了他们的方法的实质”④。米海洛夫斯基用来衡量“一般社会”中各种社会现象的标准，是所谓的“人的本性”。米海洛夫斯基说：社会学的根本任务是阐明那些使人的本性的这种或那种需要得到满足的社会条件。在米海洛夫斯基看来，事物既有合乎心愿的，也有不合乎心愿的，社会学研究的任务就是“……找到实现合乎心愿的事物，消除不合乎心愿的事物的条件”，即“找到实现如此这般理想的条件”。总之，从“空想”开始，以先验的“人的本性”和主观“愿望”为尺度，去研究他们自己虚构出来的“一般社会”，寻找实现“理想”的条件，这就是以米海洛夫斯基为代表的主观社会学给自己规定的研究对象、研究任务和研究方法。在列宁看来，这也是马克思以前所有的社会学家、经济学家研究社会历史的方法。本文把表现于这种研究中的方法论称为“一般社会”论。

马克思的社会形态论是同“一般社会”论根本对立的。社会形态论是马克思创立的唯物主义历史观的基本理论，也是马克思研究社会历史的基本方法论。1867年，当马克思一生中最重要的著作《资本论》第1卷出版时，

---

① 列宁全集：第1卷［M］．北京：人民出版社，1984：105.
② 列宁全集：第1卷［M］．北京：人民出版社，1984：106.
③ 列宁全集：第1卷［M］．北京：人民出版社，1984：113.
④ 列宁全集：第1卷［M］．北京：人民出版社，1984：106～107.

他在“序言”中明确写道，“本书的最终目的就是揭示现代社会的经济运动规律”①。马克思还明确宣示：“我的观点是把经济的社会形态的发展理解为一种自然史的过程。”② 列宁对《资本论》第1卷第1版“序言”中的这两句名言给予极大重视，认为这两句名言集中表达了贯穿《资本论》始终的“基本思想”。列宁在《什么是“人民之友”》中强调：“只要把序言里引来的这两句话简单地对照一下，就可以看出《资本论》的基本思想就在于此，而这个思想，正像我们听说的那样，是以罕见的逻辑力量严格地坚持了的。”③笔者认为，列宁所说的“基本思想”，就是马克思在《资本论》中得出的基本结论和马克思研究问题的基本方法论。列宁指出，马克思所说的“现代社会”，就是资本主义社会经济形态，“他研究的只是这个形态而不是别的形态的发展规律”④。当所有的经济学家都在谈论“一般社会”时，马克思却抛弃了对“一般社会”的虚构，创立了“社会形态”这个范畴，专门去研究资本主义社会形态，从而实现了社会历史研究方法上的根本变革。通过这样的研究，马克思揭示了资本主义社会的运动规律，进而揭示出经济的社会形态的发展是一种如同自然史那样的历史过程，从而证明了他所发现的人类社会历史运动的规律。恩格斯指出，正是马克思的这两个伟大发现——“……发现了现代资本主义生产方式和它所产生的资产阶级社会的特殊的运动规律”以及“……发现了人类历史的发展规律”⑤，使社会主义从空想变成了科学。马克思用科学理论武装工人阶级政党，指导工人阶级和亿万人民群众开辟了人类历史的新时代。

列宁深入阐述了马克思社会形态论的研究方法与主观社会学“一般社会”论的研究方法的对立。列宁指出：“既然你连任何一个社会形态都没有研究过，甚至还未能确定这个概念，甚至还未能对任何一种社会关系进行认真的、实际的研究，进行客观的分析，那你怎么能得出关于一般社会和一般进步的概念呢？”⑥ 如同形而上学的化学家不实际研究化学过程，却臆造出

---

① 马克思恩格斯文集：第5卷［M］. 北京：人民出版社，2009：10.
② 马克思恩格斯文集：第5卷［M］. 北京：人民出版社，2009：10
③ 列宁全集：第1卷［M］. 北京：人民出版社，1984：106.
④ 列宁全集：第1卷［M］. 北京：人民出版社，1984：106.
⑤ 马克思恩格斯文集：第3卷［M］. 北京：人民出版社，2009：601.
⑥ 列宁全集：第1卷［M］. 北京：人民出版社，1984：113.

什么“化学亲和力”的理论，形而上学的心理学家不分别说明各种心理过程，却议论“什么是灵魂”，形而上学的生物学家谈论“什么是生命力”一样，这样的研究方法是荒谬的。关于“一般社会”的种种议论，“就其基本方法，就其彻头彻尾的暗淡无光的形而上学性来说，也是无用的”[①]。这样的理论毫无用处，丝毫不能促进人们对现实社会关系的理解，只能像肥皂泡一样，化为乌有。而“马克思在这方面大大前进了一步：他抛弃了所有这些关于一般社会和一般进步的议论，而对一种社会（资本主义社会）和一种进步（资本主义进步）作了科学的分析”[②]。这是社会历史研究方法上的一场革命。

列宁对“一般社会”论方法的分析、批判体现了深刻的唯物辩证法思想。正如后来列宁在《哲学笔记》中所指出的：“一般只能在个别中存在，只能通过个别而存在。……任何一般都是个别的（一部分，或一方面，或本质）。”[③] 历史和现实中真实地存在着的，是各具特点的这一个或那一个社会，即具体的或“个别的”社会，没有什么“一般社会”。每一个具体的或“个别的”社会都在其个性中包含着共性，在特殊性中包含着普遍性。人类社会的一般特征、共同本质只能存在于具体的或“个别的”社会之中，只有通过对具体社会的分析、研究才能被揭示出来。因此，由认识个别的和特殊的事物，逐步地扩大到认识一般的事物，这是人类认识运动固有的规律。“人们总是首先认识了许多不同事物的特殊的本质，然后才有可能更进一步地进行概括工作，认识诸种事物的共同的本质”[④]。“从某种空想开始”的“一般社会”论的研究方法，根本颠倒了人类认识运动的正常秩序。列宁指出，不研究具体的社会形态，而是“从什么是社会，什么是进步等问题开始，就等于从末尾开始”。在认识社会历史的方法上本末倒置，就只能“……先验地臆造一些永远没有结果的一般理论”。相反，马克思的方法是“从研究个别的、历史上一定的社会关系开始，而不从什么是一般社会关系的一般理论开始”[⑤]。马克思如果没有实现这种研究方法上的根本变革，就

① 列宁全集：第1卷［M］. 北京：人民出版社，1984：113.
② 列宁全集：第1卷［M］. 北京：人民出版社，1984：114.
③ 列宁全集：第55卷［M］. 北京：人民出版社，1990：307.
④ 毛泽东选集：第1卷［M］. 北京：人民出版社，1991：309～310.
⑤ 列宁全集：第1卷［M］. 北京：人民出版社，1984：114～115.

不可能创建恢宏的理论大厦。

不过，人们的任何思想观念都不可能是凭空产生的，只能是对物质世界的这样的或那样的反映。发生在人们头脑中的思想过程，归根到底是由人们在现实中所处的物质生活条件决定的。“一般社会”论者所臆造出来的种种理论，并不是他们头脑中固有的或从天上掉下来的，而是一定社会中的现实生活在他们头脑中的反映。这个社会，就是“一般社会”论者生活于其中的资本主义社会。列宁指出，“一般社会”论的那些理论，“不过是把英国商人的资产阶级思想或俄国民主主义者的小市民社会主义理想充作社会概念罢了。……不过是当时社会思想和社会关系的象征”[①]。列宁还指出，资产者最大的特点，就是把现代制度的特征硬套在一切时代和一切民族身上[②]。资产阶级学者关于“一般社会”的种种议论，实际上是把资本主义社会形态下的范畴普遍化、永恒化，将其夸大为“一般社会”普遍适用的永恒的范畴。

列宁的分析使我们很自然地想到了“普世价值”论。“普世价值”论和历史虚无主义都是近年在我国意识形态领域引起关注的社会思潮。这两种错误思潮之间存在着内在的本质性关联。“普世价值”论的主要表现，是把西方资本主义的自由、民主观念和体现这些观念的多党制、三权分立等政治制度普遍化、永恒化、神圣化，把它们说成是任何国家都必须遵循的“普世价值”，并以此为标准来衡量中国近代以来的革命和社会历史变迁，评价我们的政治道路和社会制度，提出现实的政治诉求。历史虚无主义的观点和政治主张，正是在这样的思想理论基础上提出和论证的。有人宣扬，西方资本主义、帝国主义对中国侵略有理、侵略有功，“鸦片战争一声炮响，给中国送来了近代文明”，而反帝反封建的人民革命则是“令人叹息的百年疯狂与幼稚”；以五四运动为开端的中国新民主主义革命是“歧路旁出”，是从“以英美为师”的“近代文明主流”走上了“以俄为师的歧路”，革命的胜利使“中国陷入了现代极权主义的深渊”，1949年建立的新中国“实际上是‘党天下’”；东欧剧变、苏联解体是向文明发展主流的“回归”，我国坚持中国特色社会主义道路、坚持中国共产党的领导则是背离“历史的潮流”，背离

① 列宁全集：第1卷［M］. 北京：人民出版社，1984：114.

② 列宁专题文集：论辩证唯物主义和历史唯物主义［M］. 北京：人民出版社，2009：174.

“普世价值”；中国要实现现代化，就得“认同普世价值，融入主流文明”，实行西方式的“宪政”民主，如此等等。不难看出，所有这些说法都内在地包含着资产阶级社会是永恒的“一般社会”这个观点，都以此作为逻辑推理的大前提。在激烈的意识形态斗争中，“普世价值”论充当了历史虚无主义否定中国共产党的历史、否定社会主义新中国的历史、否定中国革命史，煽动推翻中国共产党的领导和我国社会主义制度的思想武器；而这种“普世价值”论，就其社会历史观和方法论的基础来说，不过是历史唯心主义的“一般社会”论的新的表现形式而已。那些被推崇的“普世价值”，其实就是被当作“一般社会”的思想和原则推销的资本主义社会的理念和制度。

因此，反对历史虚无主义，在社会历史研究方法论上，必须坚持历史唯物主义的社会形态论，深入揭露“一般社会”论的谬误和危害。

二、反对历史虚无主义必须把握人类社会发展规律

考察围绕历史虚无主义的意识形态论争，不难发现在对各种重大社会历史问题和历史现象的不同评价背后，存在着对人类社会发展规律的不同看法。这是历史唯物主义和历史唯心主义两种历史观根本对立的又一集中表现。

如果说抛弃“一般社会”论、坚持社会形态论是马克思在《资本论》中研究社会运动的基本方法论，那么，“……把经济的社会形态的发展理解为一种自然史的过程”① 就是马克思经过研究得出的基本结论。这一基本结论是对马克思所发现的社会发展客观规律的集中表达。马克思不仅确认了社会发展与自然界的发展一样，具有一定的客观规律，而且揭示了社会发展的客观规律。

马克思的这一发现经历了一个长期探索的过程。考察和理解这个过程，对于我们学习和运用历史唯物主义、剖析历史唯心主义和历史虚无主义是必要的、有益的。

毛泽东说：马克思主义所以成为革命的科学知识，就是因为它正确地反映了客观世界的实际规律，它是客观真理②。唯物主义不过是朴素地按照客

① 马克思恩格斯选集：第 2 卷［M］. 北京：人民出版社，1995：101～102.
② 毛泽东著作专题摘编：上［M］. 北京：中央文献出版社，2003：78.

观世界的本来面貌去反映世界，不增添外来的成分。为什么在马克思之前，一旦进入社会历史领域，即使是费尔巴哈那样伟大的唯物主义哲学家，也陷入了唯心史观，成为半截子的唯物主义者呢？一个重要原因是，在社会历史中活动的都是追求自觉目的的人，而以往的唯物主义者一看到人们的行动受思想支配，就停留下来，不去追溯思想动机背后的物质原因，把精神的力量当成历史的最终原因，因而不能发现历史运动的规律性，结果在他们笔下，“……历史至多不过是一部供哲学家使用的例证和图解的汇集罢了”①。

1859 年，当马克思第一次发表自己创立的政治经济学成果时，他在《政治经济学批判》“序言”中说明了自己研究政治经济学的经过。这一经过同时也就是他的唯物主义历史观形成和运用的过程。马克思在《莱茵报》的工作中“第一次遇到要对所谓物质利益发表意见的难事”②。这促使他去研究经济问题，并通过对黑格尔法哲学的批判认识到国家与法都根源于物质生活关系。由此开始，他用了一生中黄金时代的 15 年时间潜心致力于政治经济学的研究，终于在《政治经济学批判》尤其是它的“序言”中“……第一次科学地表述了关于社会关系的重要观点”③。马克思在《政治经济学批判》“序言”中说，“我所得到的，并且一经得到就用于指导我的研究工作的总的结果，可以简要地表述如下”④。接下来用 800 多字概括的这个“总的结果”，就是马克思本人对他所创立的唯物主义历史观所做的最完整、最简明的经典性表述⑤。

列宁在《什么是“人民之友”》中完整地引用了马克思的这一段论述。他正是以这段经典论述为主要依据来阐述马克思的历史观的。马克思于 1859 年在《政治经济学批判》“序言”中所表述的，是他形成于 19 世纪 40 年代并指导了他此后研究工作的历史观。列宁指出，“社会学中这种唯物主义思想本身已经是天才的思想”，但“这在那时暂且还只是一个假设”⑥。马克思在 19 世纪 40 年代提出这个假设后，花费数十年时间根据大量材料实际

① 马克思恩格斯文集：第 4 卷［M］. 北京：人民出版社，2009：283.
② 马克思恩格斯文集：第 2 卷［M］. 北京：人民出版社，2009：588.
③ 马克思恩格斯文集：第 10 卷［M］. 北京：人民出版社，2009：167.
④ 马克思恩格斯文集：第 2 卷［M］. 北京：人民出版社，2009：591.
⑤ 田心铭. 马克思对唯物主义历史观要点“扼要的阐述”——读马克思《〈政治经济学批判〉序言》［J］. 红旗文稿，2015，(5)：19～23.
⑥ 列宁全集：第 1 卷［M］. 北京：人民出版社，1984：109.

地研究“现代社会”，即资本主义社会。他和恩格斯还在1848年到来的欧洲革命风暴中成功地运用历史唯物主义总结、阐述法国、德国革命的经验，验证了自己的历史观。对资本主义这个最复杂的社会形态的实证研究使唯物主义历史观经受了历史与现实的检验。列宁指出：“自从《资本论》问世以来，唯物主义历史观已经不是假设，而是科学地证明了的原理。”① 自那时以来，包括恩格斯、列宁、毛泽东在内的一代又一代马克思主义者无不依据马克思本人在《政治经济学批判》“序言”中的经典表述来解读和阐述、坚持和发展历史唯物主义的基本原理。

恩格斯在《资本论》第1卷英文版“序言”中写道：“一门科学提出的每一种新见解都包含这门科学的术语的革命。”马克思在《政治经济学批判》“序言”中提出的新见解，包含了他创造的一系列新的术语、范畴。他运用这些术语、范畴阐明了历史唯物主义的基本原理，揭示了人类社会发展的规律。

笔者认为，对于这些基本原理和它们所揭示的社会发展规律，可以从两个层面去理解。第一，马克思揭示了构成一个社会形态的基本结构和它的发展规律。他运用生产力和生产关系、经济基础和上层建筑这四个基本范畴，勾画出社会有机体的基本结构，揭示了社会基本矛盾运动的规律，确立了物质生活资料的生产方式制约着整个社会生活的过程、社会存在决定社会意识、社会基本矛盾运动导致社会革命和社会形态的更替等基本原理。第二，马克思从整体上考察人类社会历史的总趋势，揭示了不同社会形态演进的历史进程。他当时的表述是：“大体说来，亚细亚的、古希腊罗马的、封建的和现代资本主义的生产方式可以看做是经济的社会形态演进的几个时代。资产阶级的生产关系是社会生产过程的最后一个对抗形式……人类社会的史前时期就以这种社会形态而告终。”② 1877年摩尔根的《古代社会》和1884年恩格斯的《家庭、私有制和国家的起源》出版后，“序言”中的这一思想发展成为历史唯物主义的五种社会形态理论。1992年邓小平在南方谈话中说，马克思主义是科学，“它运用历史唯物主义揭示了人类社会发展的规律。封

① 列宁全集：第1卷［M］. 北京：人民出版社，1984：112.

② 马克思恩格斯文集：第2卷［M］. 北京：人民出版社，2009：592.

建社会代替奴隶社会，资本主义代替封建主义，社会主义经历一个长过程发展后必然代替资本主义。这是社会历史发展不可逆转的总趋势”[①]。这是中国化马克思主义对马克思发现的社会历史发展总趋势的明确表达。马克思的历史观具有严谨的内部逻辑结构，上述两个层面的基本原理是统一在一起的。马克思独创的社会形态范畴，在这个新历史观的构成中起着关键作用。列宁用“两个归结”概括和阐述了马克思创立社会形态范畴并运用它揭示社会发展规律的方法和逻辑。列宁指出，在马克思之前，社会学家们对社会的考察局限于政治法律形式和人们的思想，所以不能发现各国社会现象中的重复性和常规性，而马克思“……所用的方法，就是从社会生活的各种领域中划分出经济领域，从一切社会关系中划分出生产关系”[②]。一旦着手分析生产关系，就有了一个客观的标准，立刻就有可能看出各国社会现象中的重复性和常规性，把重复性这个“一般科学标准”应用到对社会的研究上来，“把各国制度概括为社会形态这个基本概念”。这样就“……使人有可能从记载（和从理想的观点来评价）社会现象进而以严格的科学态度去分析社会现象”[③]，从而第一次把对社会的认识提高到科学的水平。列宁总结说，“……只有把社会关系归结于生产关系，把生产关系归结于生产力的水平，才能有可靠的根据把社会形态的发展看作自然历史过程。不言而喻，没有这种观点，也就不会有社会科学”[④]。

马克思在方法上抛弃“一般社会”论而致力于剖析资本主义社会形态的变革，与他在理论上揭示人类社会发展客观规律的创新，这二者是内在统一的。在科学研究中，理论与方法是密不可分的。理论揭示对象的本质和规律，而当理论被运用于研究事物时，便转化为方法。理论如果不作为方法运用于对实际事物的研究，就是无用的理论；方法如果不以符合客观对象的理论为依据，就是无根据的错误方法。虽然马克思在19世纪40年代形成的关于社会历史运动的“天才的思想”当时暂时是一个假设，但马克思“……一经得到就用于指导我的研究工作……”[⑤]，把它转化为自己研究资本主义社

① 邓小平文选：第3卷［M］．北京：人民出版社，1993：382～383.
② 列宁全集：第1卷［M］．北京：人民出版社，1984：107.
③ 列宁全集：第1卷［M］．北京：人民出版社，1984：110.
④ 列宁全集：第1卷［M］．北京：人民出版社，1984：110.
⑤ 马克思恩格斯文集：第2卷［M］．北京：人民出版社，2009：591.

会形态的方法。而他研究资本主义的成果特别是《资本论》，验证了他的唯物主义历史观，使其得以确立为科学原理。在这里，理论转化为方法，又通过方法的运用经受检验而确立为真理。唯物史观和马克思主义政治经济学的创立史告诉我们，马克思在社会历史理论上的创新和他在历史研究方法上的创新是内在统一、不可分离的。历史唯物主义的创立，同时实现了社会历史观和社会历史研究方法论这两方面的根本变革。笔者认为，列宁之所以说只要把他从《资本论》第1卷第1版“序言”中引来的两句话“……简单地对照一下，就可以看出《资本论》的基本思想就在于此”[①]，正是因为马克思的这两句话既概括了他研究社会的基本方法论，又概括了他经过研究得出的基本结论，体现了《资本论》研究中历史观与方法论的统一。

马克思创立的唯物主义历史观，标志着“……他在整个世界史观上实现了变革”[②]，使“历史破天荒第一次被置于它的真正基础上”[③]。恩格斯在其于1877年写的《卡尔·马克思》这篇传略中，在1883年3月马克思逝世后其所发表的墓前讲话中，都把这一发现推崇为使马克思的名字永垂科学史册的两个伟大发现之一。列宁在《什么是“人民之友”》中用达尔文的进化论做类比来说明马克思的这一发现对于社会历史研究的划时代意义。列宁说，正如达尔文第一次把生物学放在完全科学的基础之上一样，马克思“探明了作为一定生产关系总和的社会经济形态这个概念，探明了这种形态的发展是自然历史过程，从而第一次把社会学放在科学的基础之上”[④]。

自从十月革命一声炮响给我们送来了马克思列宁主义，中国的先进分子就用它作为观察国家命运的工具。中国共产党90多年的历史，就是马克思主义基本原理同中国具体实践日益结合的历史。中国的革命、建设和改革之所以能取得举世瞩目的辉煌成就，归根到底是因为我们走过的道路既符合中国具体国情，又符合人类社会发展规律。历史唯物主义同中国人民的实践相结合，转化成了改变中国命运的巨大物质力量，同时在中国实践中接受了检验，进一步确证了它的真理性，并得到了丰富和发展。

---

① 列宁全集：第1卷［M］. 北京：人民出版社，1984：106.

② 马克思恩格斯文集：第3卷［M］. 北京：人民出版社，2009：457.

③ 马克思恩格斯文集：第3卷［M］. 北京：人民出版社，2009：459.

④ 列宁全集：第1卷［M］. 北京：人民出版社，1984：111～112.

社会历史现象是极为丰富、错综复杂的，历史前进的道路是充满矛盾、艰难曲折的。只有以历史唯物主义为指导，以是否符合社会发展客观规律和人民根本利益为标准，才能正确地认识社会、评价历史。习近平指出：“不论发生过什么波折和曲折，不论出现过什么苦难和困难，中华民族五千多年的文明史，中国人民近代以来一百七十多年的斗争史，中国共产党九十多年的奋斗史，中华人民共和国六十多年的发展史，都是人民书写的历史。”习近平还强调：“历史总是向前发展的，我们总结和吸取历史教训，目的是以史为鉴、更好前进。”[①] 我们在评价各种历史事件和历史人物时，都应该坚持这样的科学态度和科学方法。中国近代以来的历史进程是把一个贫穷落后、四分五裂的半殖民地半封建的中国变成社会主义新中国，并且开创出中国特色社会主义道路的进程；是人民群众在中国共产党领导和马克思主义指导下，遵循社会发展客观规律创造历史、推动历史前进的进程。这一历史性变革带来了国家的繁荣富强和人民的幸福安康，迎来了中华民族伟大复兴的光明前景。要运用马克思主义的历史观和方法论评价中国近现代历史，就必须把各种历史事件和历史人物都放到这一基本历史进程中去考察，看其是促进还是阻碍了中国历史的进步，是维护还是损害了中国人民的根本利益。离开这一历史进程，就不可能获得科学的认识，也不可能作出正确的评价。对于人民群众和他们的领袖人物在创造历史的前进道路上不可避免地犯的错误和经历的挫折，也只有将其放到这一总的历史进程中去分析，才能作出实事求是的科学评价。背离社会发展客观规律和历史总趋势去评价历史事件和历史人物，就会得出是非颠倒的错误结论。

从社会历史观层面看，历史虚无主义否定中国共产党党史、中华人民共和国国史、中国近代以来的革命史，否定中国特色社会主义道路，是以背离社会发展客观规律的历史观和方法论为基础的。无论是鼓吹“告别革命”，否定推翻帝国主义、封建主义和官僚资本主义统治并创建新中国的历史伟业，还是割裂改革开放前后两个历史时期，否定改革开放前的历史时期或否定改革开放后的历史时期；无论是否定毛泽东的历史地位和毛泽东思想，还是抹黑中华民族和中国人民的历史英雄人物和先进模范人物，都是用了颠倒

---

① 十八大以来重要文献选编：上［M］. 北京：中央文献出版社，2014：694.

了的历史观充当度量衡，都是唯心主义和形而上学的方法论在起作用。在有些人看来，中国根本就不应该通过革命走上社会主义道路，因而也不该坚持走中国特色社会主义道路，只有被这些人标榜为“普世价值”或“人类文明主流”的西方资本主义制度才是他们追求的理想社会。对于历史虚无主义的种种手法，无论是无限夸大党和人民在创造历史的前进道路上不可避免地犯的错误和经历的挫折，抹杀历史的主流和本质，还是离开社会历史条件，用个人私利、个人恩怨、个人性格乃至反面历史人物的自我吹嘘和表白来说明历史，或是离开历史的主线，摈弃所谓“大叙事”，用细节否定本质，掩盖和歪曲历史的本来面目，只要我们站在人民的立场上，认清历史前进的方向，坚持历史的辩证法，就不难识破其谬误所在，辨析是非曲直，作出正确判断。

在以往各个历史时期，历史唯物主义指引我们把握和运用客观规律，使我们取得了革命、建设和改革的胜利；今天，我们仍然需要不断接受马克思主义哲学智慧的滋养。习近平指出：马克思主义哲学深刻揭示了客观世界特别是人类社会发展的一般规律，在当今时代依然有着强大的生命力，依然是指导我们共产党人前进的强大思想武器。他强调，推动全党学习和掌握历史唯物主义，更好认识规律，更加能动地推进工作[①]。为此，我们应该原原本本地学习和研读马克思主义经典著作，掌握看家本领，运用历史唯物主义指导实践，也运用历史唯物主义去剖析历史虚无主义，分清思想上、理论上的是非曲直。

（作者单位：教育部高等学校社会科学发展研究中心）

（原载《学习论坛》2016 年 4 月第 32 卷第 4 期）

① 习近平在中共中央政治局第十一次集体学习时强调推动全党学习和掌握历史唯物主义更好认识规律更加能动地推进工作［N］. 人民日报，2013－12－05.

识别历史虚无主义要透过现象看本质

田心铭

反对历史虚无主义是当前我国意识形态领域斗争的一个重要课题。近年来，有些宣扬历史虚无主义的人变换手法，在对“历史虚无主义”概念的解释上做文章，企图把水搅混。我们反对历史虚无主义，必须透过现象揭示它的实质，确立正确的评判标准，明确回答“什么是历史虚无主义”的问题。

一、历史虚无主义是一股“煽动推翻中国共产党的领导和我国社会主义制度”的政治思潮

反对历史虚无主义，是我们党在改革开放新时期，针对新出现的否定党和人民的历史的错误思潮而提出来的。“历史虚无主义”这个概念，是对这一错误思潮的概括。

党的十一届三中全会后不久，邓小平在 1979 年 3 月党的理论工作务虚会上提出“坚持四项基本原则”。这是因为，他敏锐地观察到“社会上有极少数人正在散布怀疑或反对这四项基本原则的思潮”，党内也有人支持。他要求“用巨大的努力”同这个思潮“作坚决的斗争”。他身体力行，明确表示：“现在，我想着重对从右面来怀疑或反对四项基本原则的思潮进行一些批判。”[①] 1980 年至 1981 年，邓小平主持起草中共中央关于建国以来党的若干历史问题的决议期间，针对否定毛泽东的历史地位和毛泽东思想的错误观点，他强调指出，丢掉了毛泽东思想这个旗帜，“实际上就否定了我们党的光辉历史。总的来说，我们党的历史还是光辉的历史。”[②] 他指出：“如果真

① 《邓小平文选》第 2 卷第 166 页。
② 《邓小平文选》第 2 卷第 298—299 页。

搞‘非毛化’，那就要犯历史性的错误。”[①] 后来邓小平回顾说：“中国在粉碎‘四人帮’以后出现一种思潮，叫资产阶级自由化”。“中国要搞现代化，绝不能搞自由化”。“搞资产阶级自由化，就是走资本主义道路”。[②]

自从这股思潮出现后，我国经历了一场又一场坚持四项基本原则、反对资产阶级自由化的斗争。如何评价中国共产党的历史、中国社会主义事业的历史、中国人民革命的历史，是斗争的一个焦点，构成了其中一个重要方面。1989 年春夏之交的政治风波是矛盾和斗争的一次集中爆发。因此，党的十三届四中全会后，党中央在回顾这场斗争时，明确使用了“历史虚无主义”这个概念，把“历史虚无主义的滋长”列为“一个时期以来，资产阶级自由化思潮的泛滥”的表现。[③] 当时在总结反对资产阶级自由化的历史经验时，有学者（如李文海教授）已经指出：“民族虚无主义与历史虚无主义是资产阶级自由化反对共产党、反对社会主义的理论依据”。[④] 还有评论指出：“对历史的评价决不是单纯的学术问题，其间存在着严重的政治斗争，甚至关系到党和国家的生死存亡。”“一些国家社会主义阵地的丧失，正是从全盘否定党和社会主义事业的历史、全盘否定党的领袖人物的历史功绩开始的，这种否定成了敌对势力进攻的突破口”。“围绕着历史问题的思想理论斗争和政治斗争，今后仍将长期存在，并随着客观历史过程的发展而不断发展。”[⑤] 从那时以来，已过去了 20 多年，围绕着对历史的评价的斗争一直没有停止，“历史虚无主义”成了表征这个斗争的关键词。

习近平总书记深刻揭示了围绕历史问题的斗争的政治性质和“历史虚无主义”的实质。他尖锐地指出：“古人说：‘灭人之国，必先去其史。’国内外敌对势力往往拿中国革命史、新中国历史来做文章，竭尽攻击、丑化、污蔑之能事，根本目的就是要搞乱人心，煽动推翻中国共产党的领导和我国社会主义制度。”他用“搞历史虚无主义”来概括、总结苏联解体和苏共垮台的惨痛经验，指出：“苏联为什么解体？苏共为什么垮台？一个重要原因就

---

① 《邓小平年谱〈1975—1997〉》（下）第 725 页。

② 《邓小平文选》第 3 卷第 123、124 页。

③ 《江泽民文选》第 1 卷第 94 页。

④ 李文海：《在“如何正确对待中国传统文化”座谈会上的发言》，《高校理论战线》1991 年第 1 期，第 29 页。

⑤ 《高校理论战线》1991 年第 2 期评论员文章：《必须正确评价党和社会主义事业的历史——五论反对资产阶级自由化的历史经验》。

是意识形态领域的斗争十分激烈，全面否定苏联历史、苏共历史，否定列宁，否定斯大林，搞历史虚无主义，思想搞乱了，各级党组织几乎没任何作用了，军队都不在党的领导之下了。”他感叹说：“苏联共产党偌大一个党就作鸟兽散了，苏联偌大一个社会主义国家就分崩离析了。这是前车之鉴啊！”

可见，关于“什么是历史虚无主义”的问题，从我们党反对这股思潮开始时起就是十分明确的。它是“文化大革命”结束后出现的资产阶级自由化的重要表现之一，是一股否定中国共产党的历史，否定中国革命史，否定社会主义新中国的历史，进而否定中华民族文明史和优秀传统文化的错误思潮。这几个否定，就是历史虚无主义的主要表现。习近平总书记所指出的“煽动推翻中国共产党的领导和我国社会主义制度”，就是历史虚无主义的实质和目的。历史虚无主义虽然也存在于学术领域，表现于学术问题上，但它从本质上说不是一种学术思想，而是一股政治思潮。反对历史虚无主义，必须抓住它的实质。

二、否定革命是历史虚无主义的惯用手法和重要表现

意识形态领域的斗争是复杂的、曲折的。随着斗争的深入，有人接过了反对历史虚无主义的口号，对这一概念做出另一种解释。他们把马克思主义的科学理论攻击为“历史虚无主义”，把以马克思主义为指导的人民革命攻击为“教条主义的历史虚无主义”。这就使反对历史虚无主义的斗争出现了新的复杂形势。

中国共产党是以马克思主义为指导思想的党。建党 90 多年来，党领导中国人民进行革命、建设和改革的全部理论和全部实践，党的一切历史成就和历史经验，都是建立在马克思主义理论基础之上的。把历史虚无主义的帽子扣在马克思主义头上，以此来“虚无”马克思主义，就从根本上否定了中国共产党和中华人民共和国的全部历史。因此，这是历史虚无主义的一种改头换面的新形式，是它在改变了的社会舆论环境下演化成的新变种，是一种危害极大的错误思潮。对此，我们必须保持高度警惕。

把马克思主义说成历史虚无主义是毫无根据的。只要我们按照党中央的指示精神认清历史虚无主义的实质，认真学习、深入理解马克思主义的理论，不难看清这一观点的荒谬不实。但是，我们也不可低估历史虚无主义的

这一新变种在干部群众中产生的影响。不难发现，受其影响，一些人对“什么是历史虚无主义”的认识已经变得模糊不清了。有些人离开对历史的具体分析，以为只要是对历史事物的某种否定，只要是反对或破坏历史上某种事物的观点或行动，就是历史虚无主义。有的人把五四运动对中国封建文化的批判指责为历史虚无主义。还有的人把中国共产党和社会主义新中国历史上发生的错误批评为历史虚无主义。显然，上述观点已经偏离了“历史虚无主义”的本来含义，混淆了不同性质的问题，表现出思想上理论上的混乱。我们批判历史虚无主义，并不指望说服散布错误思想的极少数人改变自己的观点，而是要面向广大干部和群众揭露历史虚无主义的实质和危害，引领社会思潮健康发展。因此，要把反对历史虚无主义的斗争引向深入，就要回答干部群众提出的问题，提高识别历史虚无主义的能力，澄清思想上理论上的混乱。

必须明确指出，人民群众在马克思主义政党领导下进行的批判旧制度、旧思想，推翻腐朽的旧制度的革命决不是什么“历史虚无主义”；恰恰相反，种种否定、反对革命的观点正是历史虚无主义的表现。当社会的物质生产力发展到一定阶段，现存生产关系变成生产力的桎梏时，社会革命的时代就到来了。随着经济基础的变更，全部庞大的上层建筑也或慢或快地发生变革。因此，革命的发生是历史的必然，革命是历史的火车头。标志着人类社会从低级向高级发展的社会形态的演进，都是经过革命而实现的。中国共产党领导中国人民进行新民主主义革命，推翻帝国主义、封建主义和官僚资本主义的统治，建立起人民当家作主的中华人民共和国，进行社会主义革命，通过没收官僚资本和对农业、手工业、资本主义工商业的社会主义改造，建立起社会主义制度，为当代中国的发展进步奠定了根本政治前提和制度基础。这是人民群众在马克思主义指导下遵循社会客观规律推动历史前进、创造历史的伟大功绩，决不能因为革命同传统的观念和传统的所有制关系实行彻底决裂，以暴风骤雨之势摧毁旧制度而视之为“历史虚无主义”。人民群众在成就自己历史伟业的进程中，不可避免地会发生这样那样的缺点和失误，马克思主义的政党及其领袖人物也难免犯错误，甚至严重错误。我们必须揭露和批评错误，总结经验教训，并改正错误。中国共产党正是这样以严肃的光明磊落的态度对待自己的错误的。党在 1945 年和 1981 年分别做出的两个关于党的历史问题的决议就是证明。党和人民在前进中发生的错误，同历史虚无主义有根本性质上的不同。夸大这些错误，抹黑党和人民的历史，否定革命，正是历史虚无主义的惯用手法和重要表现。

把五四运动指责为历史虚无主义，也是完全错误的。1919年发生的五四运动，是“彻底地不妥协地反帝国主义和彻底地不妥协地反封建主义”[①]的爱国运动，它表明中国反帝反封建的资产阶级民主革命发展到了新民主主义革命的阶段。而“五四运动成为文化革新运动，不过是中国反帝反封建的资产阶级民主革命的一种表现形式”。[②] 五四运动所进行的文化革命，是彻底地反对封建文化的运动。正如毛泽东所指出的，自有中国历史以来，还没有过这样伟大而彻底的文化革命。当时以反对旧道德提倡新道德、反对旧文学提倡新文学为文化革命的两大旗帜，立下了伟大的功劳。五四新文化运动使中国人民的思想获得了解放。没有这种解放，中国就不会有自由独立的希望。五四运动之成为新文化运动，是为中国资本主义发展所决定、所要求的，反过来又推动了中国资本主义的发展。五四运动是在俄国十月革命的号召之下发生的。十月革命一声炮响，给我们送来了马克思列宁主义，使中国人民在精神上由被动转为主动。五四运动在思想上和干部上为1921年中国共产党的成立奠定了基础，也为北伐战争、为第一次大革命准备了舆论，准备了人心。五四运动本身是有缺点的。那时中国还没有马克思主义政党，许多领导人物还没有掌握马克思主义的批判精神，使用的还是形式主义的方法。“他们对于现状，对于历史，对于外国事物，没有历史唯物主义的批判精神，所谓坏就是绝对的坏，一切皆坏；所谓好就是绝对的好，一切皆好。”[③] 这是五四运动中的消极因素，它影响了这场运动后来的发展。但是，这些缺点的存在，并没有改变五四运动的本质和主流，不能抵消其彻底地反对封建文化的伟大历史功绩。无论是1919年5月4日发生的反帝反封建爱国运动，还是以1915年《青年杂志》（后改名为《新青年》）创刊为起点的新文化运动，都是人民群众创造历史的活动。把它们指责为“激进主义”、“历史虚无主义”而予以否定，正是历史虚无主义的表现。有人指责说，从

---

① 《毛泽东选集》第2卷第699页。
② 《毛泽东选集》第2卷第558页。
③ 《毛泽东选集》第3卷第832页。

五四运动以来，一种从苏俄传入的“外来文化”造成了中华民族文化的断裂和民族精神根基的缺失。这就从根本上颠倒了五四运动和马克思列宁主义的传入在中国历史和中国文化发展中的作用，暴露了其历史虚无主义的实质。

历史虚无主义通常是以否定的形式表现出来的。它表现为对历史上某些人物、事件、思想等等的否定。识别和批判历史虚无主义，不能不注意到它在表现形式上的这个特点。但是，我们更要透过现象看清它煽动推翻中国共产党的领导和我国社会主义制度的实质。如果忘记了这个实质，仅仅从一种思想或行为是否具有否定的形式来识别它，那就难免做出错误的判断，甚至完全颠倒事物的性质。

这是因为，历史中存在着不同性质的事物，也就有不同性质的否定。

否定的形式是事物发展中的普遍形式。马克思说：“一切发展，不管其内容如何，都可以看做一系列不同的发展阶段，它们以一个否定另一个的方式彼此联系着。”“任何领域的发展不可能不否定自己从前的存在形式。”[①] 唯物辩证法不承认任何最终的、绝对的、神圣的东西，它指出所有一切事物的暂时性。它认为一切依次更替的历史状态都只是人类社会由低级到高级的无穷发展进程中的暂时阶段。毛泽东说：“新陈代谢是宇宙间普遍的永远不可抵抗的规律。”[②] 世界总是不断新陈代谢、除旧布新或推陈出新的。共产党人的任务，就在于宣传事物的本来的辩证法，促成事物的转化，达到革命的目的。因此，遵循社会发展客观规律，破坏旧世界、创造新世界，决不是什么“历史虚无主义”。

但是，事物的运动、变化又具有连续性和相对稳定性。人类的认识和社会的一定阶段对它那个时代和那种环境来说都有存在的理由。否定其合理性、必然性的观点是非历史的观点。马克思主义的历史唯物主义揭示了人类社会发展的规律，邓小平将其概括为：“封建社会代替奴隶社会，资本主义代替封建主义，社会主义经历一个长过程发展后必然代替资本主义。”[③] 评价人们的思想和行为的尺度，归根到底是看其是否符合社会发展的客观规律和人民群众的根本利益。历史虚无主义的错误，就在于它背离了社会发展客

---

① 《马克思恩格斯全集》第4卷第329页。
② 《毛泽东选集》第1卷第323页。
③ 《邓小平文选》第3卷第382页。

观规律，诋毁社会历史中合理的、具有必然性的事物，否定体现了历史必然趋势的社会制度和思想理论、历史事件和历史人物，因而也同最广大人民的根本利益相对立。

对一定事物的否定，总是内在地包含着对另一些事物的肯定。任何肯定都是否定，任何否定也都是肯定。历史学家龚书铎教授曾指出："历史虚无主义并不是对历史完全虚无，而是有所虚无，有所不虚无。"它虚无的是中国革命的历史、中国共产党的领导、马克思列宁主义的指导、社会主义制度和人民民主专政，"但对叛徒、汉奸、反动统治者则不虚无，而是加以美化，歌功颂德，把已被颠倒过来的历史再颠倒回去，混淆是非。"① 另一方面，革命绝不仅仅是破坏。它既是破坏，也是建设。诚如毛泽东在中国革命胜利前夕所言："我们不但善于破坏一个旧世界，我们还将善于建设一个新世界。"② 中国人民已经看到，自从中国人民经过革命把中国的命运操在自己手里，中国就如太阳升起在东方那样，以自己辉煌的光焰普照大地，建设成了一个崭新的强盛的人民共和国。

因此，对于一种思想或行为，仅仅根据其是否具有否定性的表现形式，不足以弄清它是不是"历史虚无主义"，重要的是弄清它否定的是什么，肯定的又是什么。围绕历史虚无主义问题的争论，实质上是中国走什么道路，坚持还是否定中国共产党的领导和社会主义制度之争。只有认清历史虚无主义"煽动推翻中国共产党的领导和我国社会主义制度"这个实质，以是否符合社会发展客观规律和人民根本利益为标准，去衡量人们的思想和行为，才能识别历史虚无主义，在意识形态领域深入开展反对历史虚无主义的斗争。（本文是教育部重大课题攻关项目"马克思主义学习型政党建设研究"［11JZD001］的阶段性成果）

（作者单位：教育部高等学校社会科学发展研究中心）

（原载《红旗文稿》2015年第9期）

---

① 龚书铎：《历史虚无主义二题》，《高校理论战线》2005年第5期。

② 《毛泽东选集》第4卷第1439页。

唯物史观视角下的历史虚无主义辨正

武　力

针对近年来我国出现的历史虚无主义思潮，已经有不少商榷和批驳的文章，也产生了一些效果。但是应该看到，历史研究和历史知识传播中的这种思潮有着深刻的国际、国内背景，有其存在的经济和文化土壤，彻底消除它将会是一个较长的过程。笔者认为，为了更有效地应对和消除历史虚无主义，我们需要更多地从历史观和方法论的角度来正本清源、拨乱反正。

一、用唯物史观研究中国历史

庄子在《秋水》篇中曾经说："井蛙不可以语于海者，拘于虚也；夏虫不可以语于冰者，笃于时也；曲士不可以语于道者，束于教也。"即是说，一个人的见识受到他所认识的时空和所掌握的理论方法的制约。

近些年来，在辛亥革命和民国史研究的热潮中，对改良与革命、国民党与共产党的关系以及一些历史人物的评价中，出现了怀疑民主革命、怀疑中国共产党领导的新民主主义革命、赞颂改良，甚至为封建社会的糟粕、为半殖民地半封建社会唱赞歌的声音，而忽视了整个世界自1840年以来所显示出来的资产阶级民主革命的大潮流、大趋势，以及在这个潮流背后的工业文明取代农业文明这种生产方式大转变的趋势。资产阶级革命家孙中山先生也看到了这种"弱肉强食"的资本主义丛林法则，提出"世界潮流浩浩荡荡，顺之则昌，逆之则亡。"由于这种趋势和转变是以西方资本主义列强用"坚船利炮"侵略、压迫其他国家和民族的方式进行的，因此这些被侵略、被压迫国家和民族的资产阶级革命就同时遇到外国资本主义和本国封建主义两大敌人的反对，中国作为一个封建历史悠久的大国，更是如此。我们从这个大的世界历史趋势和社会进步去反观中国古代社会和文化，去认识中国近代以来的革命，就会准确把握近代以来的各种事件和历史人物。

中国自1840年鸦片战争以来的近代历史，是中华民族在遭遇西方资本主义列强的侵略压迫、面临亡国灭种危机下不断进行反抗和追求现代化的历史。而外国资本主义和国内封建势力则压迫、阻碍这种进步，使得中国几乎每次改良都以失败告终。在这个过程中，不是中国不需要和平改良，也不是没有改良的机会，而是反动势力不愿意接受改良，不给先进阶级和阶层以改良的机会。从戊戌变法到清末立宪，从辛亥革命后孙中山向袁世凯妥协到“国民会议运动”的失败，都证明改良道路走不通；又如1927年“四一二大屠杀”、抗战时期的三次反共高潮，以及1946年国民党撕毁“双十协定”等，都证明国民党不能容忍共产党与其分享政权，不允许以和平方式共同推进社会进步，而是要消灭共产党。整个近代历史，特别是辛亥革命以来的历史证明，随着世界进入帝国主义时代，由于资产阶级的软弱性，使得领导中国民主革命的任务落到了无产阶级政党中国共产党的肩上，只有中国共产党能够动员和领导中国最广大的农民来推翻阻碍现代化的“三座大山”。

20世纪前半期，当世界资本主义发展到帝国主义阶段，即帝国主义列强依靠武力来重新瓜分世界资源和世界市场的时候，社会主义作为制止这种资本主义灾难的一种新生力量应运而生。如果从世界范围看，到第一次世界大战前，资本主义制度只是在少数国家取得胜利，资本主义生产方式和工业化只是在少数几个国家得以实现，而大多数国家仍然处于这些资本主义国家的剥削和奴役下，国内的资本主义经济没有处于主导地位，资产阶级也没有获得统治地位。一句话，资本主义经济基础和上层建筑都还没有在这些落后国家建立起来。在这种状况下，当帝国主义国家发动重新瓜分世界资源和市场的世界大战时，由于这些帝国主义国家同时又是发达的资本主义国家，是资本主义生产方式和社会制度的代表，因此，无论是殖民地、半殖民地人民，还是帝国主义国家的人民，其反对帝国主义的斗争和革命就必然包含有反对和否定资本主义的因素，这也是列宁为什么将帝国主义时代的民主革命纳入社会主义世界革命范畴的原因。正因为在殖民地、半殖民地国家的民主革命中具有了反对资本主义的因素，并且与世界无产阶级革命相呼应，所以，这些国家软弱的资产阶级在革命中就表现出对无产阶级革命因素的防范甚至镇压，资产阶级的两面性表现得远比1848年欧洲革命时更为明显。这是中国近代社会变革的世界背景。

如果说19世纪末至20世纪初世界进入帝国主义和无产阶级革命时代，那么在1949年新中国建立前的一个世纪里，中国则处于备受欺凌、社会动荡的危亡时期。马克思在《资本论》第一版序言中说："在其他一切方面，我们也同西欧大陆所有其他国家一样，不仅苦于资本主义生产的发展，而且苦于资本主义生产的不发展。除了现代的灾难而外，压迫着我们的还有许多遗留下来的灾难，这些灾难的产生，是由于古老的、陈旧的生产方式以及伴随着它们的过时的社会关系和政治关系还在苟延残喘。"①

中国在甲午战争中的失败，实际上宣告了"中学为体，西学为用"观念和政策的破产，随后掀起的戊戌变法及其失败，则反映出封建顽固势力仍然把持着政权，不愿意全面学习西方资本主义制度。辛亥革命以后，中国名义上建立了资产阶级共和国，但是这个政权却把持在带有封建性质的军阀手中。以巴黎和会成为帝国主义列强的"分赃会议"和中国政府外交失败引发的五四运动为标志，中国先进的知识分子开始寻找比资本主义市场经济和资产阶级共和制更有效的制度，寻找一条可以使中华民族走向独立富强的道路。在这种背景下，俄国十月革命的胜利对中国产生了巨大的影响，不仅促成了中国共产党的诞生，也最终促成孙中山"以俄为师"和国共合作。

毛泽东曾经形象地说"十月革命一声炮响"给中国送来了马克思列宁主义，使中国的先进分子得出"走俄国人的路"这个结论。这是因为：一方面，马克思列宁主义的理论、制度和方法，不仅可以帮助中国完成反帝反封建的民主革命任务，同时还可以避免资本主义社会已经暴露出来的对外侵略、对内压迫人民和周期性经济危机的弊病，即为中国人民指出了一条超越西方现有制度的更加民主、自由、平等的制度。另一方面，十月革命为中国提供了动员、领导最广大民众参加革命的组织和办法，这是近代以来中国进步力量一直没有解决的问题。因此，一生追求中国独立富强的民主革命家孙中山先生晚年提出："今后之革命非以俄为师断无成就。"② 十月革命实质上就是无产阶级政党领导的革命，新中国的建立则证明了只有中国共产党才能

---

① 《马克思恩格斯选集》第2卷，北京：人民出版社，2012年，第82—83页。

② 转引自陈红军、赵波：《缅怀伟人传承友谊》，《人民日报》2011年4月26日，第22版。

顺应世界历史潮流，带领中国人民完成最彻底的民主革命任务。

二、历史的复杂性决定了研究视角的多重性

马克思在《〈政治经济学批判〉序言》中曾经指出："我们判断一个人不能以他对自己的看法为根据，同样，我们判断这样一个变革时代也不能以它的意识为根据；相反，这个意识必须从物质生活的矛盾中，从社会生产力和生产关系之间的现存冲突中去解释。"① 中国古人既说过"管窥蠡测"，也说过"以管窥天，以锥刺地，所窥者大，所见者小，所刺者巨，所中者少"。这都提醒我们在研究历史时，要从多重视角观察问题，用多种方法分析问题，切忌只知其一，不知其二。

例如：中国为什么在20世纪50年代会建立起计划经济？是怎样建立起来的？这是照搬苏联经济模式的结果吗？怎样评价新中国前30年的计划经济？新中国成立时，一百多年的战乱、帝国主义的侵略掠夺以及封建主义和官僚资本主义的压迫剥削，使得中国本来就落后的经济更加残破。以旧中国最好的发展时期1931－1936年为例，其消费率和投资率如下：1931年为104.1％和－4.1％，1932年为97.5％和2.5％，1933年为102.0％和－2.0％，1934年为109.1％和－9.1％，1935年为101.8％和－1.8％，1936年为94.0％和6.0％。这说明当时的投资率极低，6年之中4年为负数。② 因此，抗日战争胜利前后，中国经济学界在探讨战后恢复和发展经济时，几乎一致认为仅靠中国自己不能解决资金匮乏问题。新中国成立时，人口众多、经济落后是基本国情之一，中国是一个经济落后的农业国，5.4亿人口中有4.8亿是农民，靠传统农业吃饭。当时中国的人均粮食产量仅209公斤（毛粮）。第一产业就业人员占总经济活动人口的比例高达83.5％，而且农业人均生产资料非常缺乏。1954年全国农户收支调查时，户均耕畜0.6头，犁0.5部，多数家庭即便独立从事简单再生产都很困难。因此，农业能够为工业化提供的剩余非常少。这种积累能力极低、剩余高度分散的情况，使得成立之初的新中国很容易陷入发展经济学所说的"贫困陷阱"。

---

① 《马克思恩格斯选集》第2卷，第3页。

② 转引自汪海波：《我国投资和消费比例关系的演变及其问题和对策》，《汪海波文集》第10卷，北京：经济管理出版社，2011年，第361页。

计划经济的形成，还与这个时期的国际环境有很大关系。1950 年爆发的朝鲜战争，以及后来的台湾海峡危机、越南战争、中印边界冲突、中苏边界冲突，都使得中国共产党在选择中国经济发展战略时，不得不将国家安全放到首位来考虑。美国阻止中国统一和直接威胁中国安全的行径，都是建立在中美之间相差悬殊的武器装备基础上，进一步说，是建立在相差悬殊的工业化水平上。正如党在过渡时期总路线宣传提纲所说："因为我国过去重工业的基础极为薄弱，经济上不能独立，国防不能巩固，帝国主义国家都来欺侮我们，这种痛苦我们中国人民已经受够了。如果现在我们还不建立重工业，帝国主义是一定还要来欺侮我们的。"① 而要建立独立强大的国防工业，就必须优先发展投资规模大、建设周期长的重工业。

国家有限的财力与即将开始的经济建设所需要的巨额资金之间，存在着巨大的缺口，而朝鲜战争、越南战争以及第一次台海危机又使得新中国必须加快工业化的步伐，这个时候，苏联答应全面援助中国经济建设，特别是尖端科技和国防工业，这也是一个难得的历史机遇。在这种形势下，西方国家政治与经济上的孤立和封锁，以及与苏联、东欧社会主义国家的经济同构，决定了中国必须主要依靠自身积累来启动工业化进程，而十分有限又非常分散的农业剩余几乎是我们获取积累的主要来源。为了加速工业化，中国就需要建立起一个高度集中的计划经济体制，以确保国家拥有强大的资源动员和配置能力，而新民主主义经济体制不能满足这样的要求。所以，新中国很快开始了由新民主主义经济向计划经济过渡。正如著名历史学家黄仁宇所指出："过于注重上层结构，很少涉及低层"，是中国百余年来多次社会变革表现出的一个重要特征，但毛泽东和中国共产党恰恰"改革了中国的农村，创造出一个新的低层结构，使农业上的剩余能转用到工商业"。②

三、历史研究需要细节但不能碎片化

庄子曾经说："夫自细视大者不尽，自大视细者不明。"在历史研究中，

---

① 《为动员一切力量把我国建设成为一个伟大的社会主义国家而斗争——关于党在过渡时期总路线的学习和宣传提纲》，中共中央文献研究室编：《建国以来重要文献选编》第 4 册，北京：中央文献出版社，1993 年，第 705 页。

② 黄仁宇：《资本主义与二十一世纪》，北京：三联书店，2006 年，第 510、536 页。

存在着如何避免两种有违科学精神的倾向问题，一种倾向是只重视宏观历史和大事叙述，仅仅停留在历史概念的推演而不肯深入研究历史细节，正如恩格斯批评过的那种拿着理论和分析框架四处套用，自以为掌握了历史的规律和全景的人们；另一种倾向则是完全忽视甚至否定历史观和对整体历史的把握，只注重历史细节和个案研究，并以此为标榜来否定马克思主义的历史观和方法论。前者失之疏阔和空谈，很难推进历史研究的深入；后者则容易囿于细节和个案，失之偏颇，陷入以偏概全、盲人摸象的境地。这两种研究历史的态度都是不可取的。近些年来，随着所有制结构和利益的多元化、经济发展和教育水平的提高、文化产业的繁荣，以及信息化带来的便捷，越来越多对历史感兴趣的非专业者进入历史研究领域。作为非专业的研究者或传播者，他们往往更多地关注与自己有关的历史，关注具体人物研究、关注专业历史研究者因“轻重缓急”而没有顾及的历史细节和个案发掘，甚至为了吸引关注和牟取名利，故意标新立异，以个别事例来否定成说。后一种倾向越来越突出，这种倾向又为历史虚无主义提供了产生的土壤和蔓延的机会。需要指出的是：在这种倾向中，有些专业和非专业的研究者是带有明显的否定中国特色社会主义道路、理论和制度的政治目的，以及非马克思主义的世界观。他们试图通过有选择的个案和口述者历史，来颠覆或改写目前已经广泛传播和被接受的中国近现代历史和中共党史的结论。

以近些年来对土地改革的研究来说，随着社会史和田野调查的普遍开展，个案研究越来越多，历史细节也越来越清晰，但是正如庄子所说的“自细视大者不尽”，从这些个案中看到了革命的残酷、斗争的无情，但是没有看到土地改革的背景是解放战争，没有看到几千年来农民受到地主阶级残酷压迫和剥削，没有看到从孙中山1924年在国民党“一大”上提出到1949年国民党统治垮台，和平的、改良式的“耕者有其田”一直没有实现，甚至连“二五减租”（即将地租由50％减低至37.5％）都没有做到，农村当政的地主阶级愿意改良、让步吗？

从横向上看，在外部先发的强大资本主义列强的侵略下，后发国家如何解决从农业文明向工业文明转变的难题之一，即解决传统社会留下的占人口大多数的农民问题，这是一个世界性的难题。传统的农民战争和农民革命无法解决中国近代的发展问题，资产阶级也无法将占人口大多数的农民由落后的、被动的阶级改变为推动社会进步的力量。而中国共产党做到了这一点，其中最重要的一条就是彻底的土地改革。在土地改革过程中，由于环境的严峻、政策的不成熟、干部队伍能力不高以及各个地区发展的不平衡，土地改革的确出现了一些偏差，出现了乱打、乱斗、乱划阶级成分的现象，但是这些毕竟是支流和运动初期的现象，甚至可以说是革命的代价。革命与改良相比，是残酷的、流血的，是一个阶级推翻另一个阶级的暴烈行动。但是当改良走不通时，革命又是必要的和不可避免的。历史事实也是如此。例如抗日战争胜利以后，国共和谈就是想走一条和平改良的道路，但是国民党不愿意，率先挑起了内战。

如何避免历史研究和知识传播中的历史虚无主义，除了上述方面外，还应该提倡"走进历史"与"走出历史"。所谓"走进历史"，就是以历史主义的态度，进入那段历史的场景，换位思考，看到历史的局限性，看到在当时条件下这个人、这件事是有利于社会进步的还是阻碍社会进步的，看到其主观动机与客观条件、客观结果的关系。正如马克思在《（政治经济学批判）序言》中所说："所以人类始终只提出自己能够解决的任务，因为只要仔细考察就可以发现，任务本身，只有在解决它的物质条件已经存在或者至少是在生成过程中的时候，才会产生。"① 所谓"走出历史"，就是不要为历史细节和对人物、事件的感情所迷惑和制约，缺乏大视野、是非观，凭个人好恶来评价历史，将历史作为一个可以任人打扮的小姑娘，甚至像北齐史学家魏收那样写"秽史"，对历史人物"举之则使上天，按之则使入地"。

（作者单位：中国社会科学院当代中国研究所）

（原载《历史研究》2015年第3期）

① 《马克思恩格斯选集》第2卷，第3页。

坚持历史唯物主义　批判历史虚无主义思潮

龚　云

历史唯物主义是人类历史观的伟大变革，但不会是结束变革的变革。历史唯物主义是一个发展的、开放的体系，不是一种僵化的、封闭的学说。这决定了，我们只有学习和运用历史唯物主义，坚持和发展历史唯物主义，才能从认识上有效遏制历史虚无主义。

党的十八大以来，以习近平为总书记的党中央旗帜鲜明地反对历史虚无主义思潮，同时指出，要高度重视学习和运用历史唯物主义，只有坚持历史唯物主义，我们才能不断把对中国特色社会主义规律的认识提高到新的水平，不断开辟当代中国马克思主义发展新境界。当前，学习贯彻习近平总书记系列重要讲话精神，批判、遏制历史虚无主义思潮的重要思想武器，就是在历史研究中坚持历史唯物主义。

坚持历史唯物主义正确立场

坚持历史唯物主义，批判历史虚无主义思潮，首先要坚持人民立场，批判历史虚无主义替剥削阶级辩护的立场。

历史唯物主义认为，人民是历史的创造者。“历史活动是群众的活动，随着历史活动的深入，必将是群众队伍的扩大。”“以往的理论从来忽视居民群众的活动，只有历史唯物主义才第一次使我们能以自然科学的精确性去研究群众生活的社会条件以及这些条件的变更。”英国著名历史学家杰弗里·巴勒克拉夫评价说：“马克思主义促进了对人民群众历史作用的研究，尤其是他们在社会和政治动荡时期的作用。”但历史唯物主义肯定人民群众创造历史，并不否认杰出人物的作用。因为，“历史必然性的思想也丝毫不损害个人在历史上的作用：全部历史正是由那些无疑是活动家的个人的行动构成的。”历史唯物主义又确认，英雄、杰出人物，只有当他们能在不同程度上正确理解社会发展条件、理解应当如何改变这些条件时，才能在社会生活中起重大的积极作用。

历史虚无主义者表面以“客观公正”相标榜，宣称要摆脱历史研究的意识形态属性，实际上为近代历史上的统治者进行辩护。他们就像列宁指出的，“历史必然性的思想也丝毫不损害个人在历史上的作用：全部历史正是由那些无疑是活动家的个人的行动构成的。”历史虚无主义者为了自己的名利需要，或迎合市场的需求，或与所谓国际接轨，任意歪曲历史、戏说历史，将历史变成商业化的消费品，随意歪曲历史、伪造历史、解释历史。他们就像恩格斯批判的那样：“资产阶级把一切都变成商品，对历史学也是如此。资产阶级的本性，它生存的条件，就是要伪造一切商品，因而也要伪造历史。伪造得最符合资产阶级利益的历史著作，所获得的报酬也最多。”

客观来讲，坚持历史唯物主义人民立场，一点也不影响历史研究的客观性、科学性。“科学越是毫无顾忌和大公无私，它就越符合工人的利益和愿望。”“唯物主义者贯彻自己的客观主义，比客观主义者更彻底、更深刻、更全面。他不仅指出过程的必然性，并且阐明究竟是什么样的社会经济形态提供这一过程的内容，究竟是什么样的阶级决定这种必然性。”相反，历史虚无主义思潮由于站错了立场，所以使历史科学成为一种儿戏，成为“伪科学”。

坚持历史唯物主义基本观点

坚持历史唯物主义基本观点，当前主要是在历史研究中坚持历史唯物主义关于革命的基本观点，坚持阶级斗争学说，批判历史虚无主义思潮贬损革命和阶级斗争的错误观点。

第一，关于革命的基本观点。

否定革命是历史虚无主义的惯用手法和重要表现，他们攻击革命使人发狂，把革命看作是情绪化的产物、一种破坏力量。历史唯物主义关于革命的基本观点主要包括：（1）革命是一种历史发展的必然现象，不是人的主观意志的产物。恩格斯早就指出：“把革命的发生归咎于少数煽动者的恶意那种迷信的时代，早已过去了。现在每个人都知道，任何地方发生革命动荡，其背后必然有某种社会要求，而腐朽的制度阻碍这种要求得到满足。”（2）革命是历史发展的火车头。“正是旧的复杂的社会机体中阶级对抗的这种迅速而剧烈的发展，使革命成为社会进步和政治进步的强大推动力。”因而，革命既是破坏，也是建设。正如毛泽东所说：“我们不但善于破坏一个旧世界，我们还将善于建设一个新世界。”（3）革命的方式包括暴力革命和非暴力的和平过渡。暴力并不是绝对的坏事，暴力在历史中还起着另一种作用：革命的作用。用马克思的话说，暴力是“每一个孕育着新社会的旧社会的助产婆；它是社会运动借以为自己开辟道路并摧毁僵化的垂死的政治形式的工具”。特定的革命采取哪种方式，不以革命者的意志为转移。它取决于社会政治文化传统、革命主客观条件的成熟程度和革命与反革命的力量对比等诸多因素，其中政治力量的对比是决定性的因素。从人类历史发展的实践来看，暴力革命是一种主要的变革方式。（4）革命的主体是人民群众。革命是一种大规模的群众性运动，不是少数人的政治密谋，更不是政治恐怖。革命把广大人民群众的利益同革命的目标紧紧联系在一起，具有极大的感召力。革命者用暴力摧毁了陈腐的政治权力，造成了使新的经济状况能够存在和发展的政治状态，这就必然会带来人们思想上的极大解放，带来人们在道德上和精神上的巨大跃进，把人们引向新的精神境界。

上述分析表明，坚持历史唯物主义关于革命的基本观点，就可以有力驳斥历史虚无主义思潮对中国近代革命、特别是新民主主义革命的污蔑。革命是中国近代史的主题，是近代中国的首要任务。美国著名中国学专家费正清在《观察中国》一书中指出：“帝国主义的侵略使中国人民蒙受了耻辱，正是这种耻辱唤起了中国的民族主义并激发了二十世纪中国革命”，“革命是近代中国的基调，美国人要想了解这一点，必须首先要懂得中国的历史。”

第二，阶级斗争学说。

历史虚无主义思潮极力贬损、否定阶级斗争学说。阶级斗争学说是马克思主义唯物史观的重要内容。历史唯物主义关于阶级斗争学说的基本观点可以概括为以下几点。

首先，原始社会解体以来的历史都是阶级斗争的历史。“当文明一开始的时候，生产就开始建立在级别、等级和阶级的对抗上，最后建立在积累的劳动和直接的劳动的对抗上。没有对抗就没有进步。这是文明直到今天所遵循的规律。到目前为止，生产力就是由于这种阶级对抗的规律而发展起来的。”

其次，阶级斗争是历史发展的直接动力。“我们一贯强调阶级斗争，认为它是历史的直接动力，特别是一贯强调资产阶级和无产阶级之间的阶级斗争，认为它是现代社会变革的巨大杠杆；所以我们决不能和那些想把这个阶级斗争从运动中勾销的人们一道走。”

再次，阶级斗争必然导致无产阶级专政。“（1）阶级的存在仅仅同生产发展的一定历史阶段相联系；（2）阶级斗争必然导致无产阶级专政；（3）这个专政不过是达到消灭一切阶级和进入无阶级社会的过渡。”

历史唯物主义关于阶级斗争的学说，对于认识阶级社会现象具有重大意义。正如列宁所指出的，“马克思主义提供了一条指导性的线索，使我们能在这种看来扑朔迷离、一团混乱的状态中发现规律性。这条线索就是阶级斗争的理论。只有研究某一社会或某几个社会的全体成员的意向的总和，才能科学地确定这些意向的结果。其所以有各种矛盾的意向，是因为每个社会所分成的各阶级的地位和生活条件不同。”

坚持历史唯物主义科学方法

坚持历史唯物主义科学方法，特别是要坚持阶级分析法、历史分析法和辩证分析法。

其一是阶级分析法。历史唯物主义认为，人类是划分为阶级的。“个人隶属于一定阶级这一现象，在那个除了反对统治阶级以外不需要维护任何特殊的阶级利益的阶级形成之前，是不可能消灭的。”因此，辨清阶级利益是阶级分析的核心所在。“马克思主义者对这些问题的提法应该完全不同。他们必须到生产关系中间去探求社会现象的根源，必须把这些现象归结为一定阶级的利益。”在这个意义上，阶级分析法是分析阶级社会现象的有效钥匙。没有这个方法，就会得出一些肤浅、错误的结论。历史虚无主义思潮以统治阶级自己的言辞乃至日记作为评价依据，得出一些停留在表象的言论。历史唯物主义阶级分析法要求在评价历史人物时，不能仅看言辞，更要看行动。“要弄清政党斗争中的情况，就不要相信言辞，而要研究各政党的真实历史，主要不是研究各政党关于自己所说的话，而是研究它们的行动，研究它们是怎样解决各种政治问题的，是怎样处理与社会各阶级即与地主、资本家、农民和工人等等的切身利益有关的事情的。”

其二是历史分析法。历史唯物主义要求研究历史时，把研究对象置于一定的历史关联环节中考察，用具体的历史的方法对研究对象做出评价。习近平总书记在纪念毛泽东同志诞辰120周年座谈会上的讲话中指出，对历史人物的评价，应该放在其所处时代和社会的历史条件下去分析，不能离开对历史条件、历史过程的全面认识和对历史规律的科学把握，不能忽略历史必然性和历史偶然性的关系。列宁提出：“马克思主义要求我们一定要历史地来考察斗争形式的问题。脱离历史的具体环境来谈这个问题，就是不懂得辩证唯物主义的起码常识。”“不详细考察某个运动在它的某一发展阶段的具体环境，要想对一定的斗争手段问题作肯定或否定的回答，就等于完全抛弃了马克思主义的立脚点。”他进而强调，“在社会科学问题上有一种最可靠的方法，它是真正养成正确分析这个问题的本领而不致淹没在一大堆细节或大量争执意见之中所必需的，对于用科学眼光分析这个问题来说是最重要的，那就是不要忘记基本的历史联系，考察每个问题都要看某种现象在历史上怎样产生、在发展中经过了哪些主要阶段，并根据它的这种发展去考察这一事物现在是怎样的。”因此，没有观察社会现象的历史观点，历史科学就会无法存在和发展，因为只有这样的观点才能使历史科学不致变成偶然现象的糊涂账，不致变成一堆荒谬绝伦的错误。列宁指出：“在分析任何一个社会问题时，马克思主义理论的绝对要求，就是要把问题提到一定的历史范围之内。”因而，只有历史地去看待历史，才能正确认识历史，真正探究历史发展的规律指导现实，总结历史经验教训为现实服务。

其三是辩证分析法。习近平总书记在纪念毛泽东同志诞辰120周年座谈会上的讲话中指出，要透过现象看本质，从零乱的现象中发现事物内部存在的必然联系，从客观事物存在和发展的规律出发，在实践中按照客观规律办事。历史唯物主义辩证分析法要求对历史现象：（1）采取一分为二的方法，反对那种“要么全面肯定，要么全面否定”的形而上学方法。马克思指出，“辩证法在对现存事物的肯定的理解中同时包含对现存事物的否定的理解，即对现存事物的必然灭亡的理解；辩证法对每一种既成的形式都是从不断的运动中，因而也是从它的暂时性方面去理解；辩证法不崇拜任何东西，按其本质来说，它是批判的和革命的。”（2）抓住历史的本质、主流、主线，把握研究对象的内在本质，辨清内容与形式。“正如在日常生活中应当把一个人对自己的想法和品评同他的实际人品和实际行动区别开来一样，在历史的斗争中更应该把各个党派的言辞和幻想同它们的本来面目和实际利益区别开来，把它们对自己的看法同它们的真实本质区别开来。”（3）坚持联系的全面的观点，科学地搜集全部事实，确定事实之间的联系和相互依附性。历史学是建立在客观历史事实的实证研究基础上的。马克思就提出，“研究必须充分地占有材料，分析它的各种发展形式，探寻这些形式的内在联系。只有这项工作完成以后，现实的运动才能适当地叙述出来。”

但遗憾的是，历史虚无主义思潮恰恰背离了历史唯物主义辩证分析方法的要求。毛泽东曾说：“他们对于现状，对于历史，对于外国事物，没有历史唯物主义的批判精神，所谓坏就是绝对的坏，一切皆坏；所谓好就是绝对的好，一切皆好。”他们对统治阶级采取了全盘肯定的态度，对代表人民利益和社会发展趋势的历史人物和历史事件采取了形式主义的否定方法。列宁早就指出：“马克思主义教导我们，要从发展中观察一切现象，不要只满足于作表面的描述，不要相信漂亮的招牌，要分析各个政党的经济基础和阶级基础，要研究预先决定这些政党的政治活动的意义和结果的客观政治环境。”

发展历史唯物主义

为了有力地批判历史虚无主义思潮，把历史的内容还给历史，在坚持历史唯物主义立场、观点和方法的同时，我们也需要结合当代实际与时俱进地发展历史唯物主义。

历史唯物主义揭示了社会发展的一般规律，但对一般规律的理解和对历史发展总趋势的预见不能代替对具体历史过程的认识和把握。唯物史观的诞生决不是认识历史的任务的完成，而是新的重新研究的开始，决不能将唯物史观当作现成的公式或教条套用。恩格斯在致保尔·恩斯特的信中指出，“如果不把唯物主义方法当做研究历史的指南，而把它当做现成的公式，按照它来剪裁各种历史事实，那它就会转变为自己的对立物。”

与时俱进是马克思主义的鲜明的特点。唯物史观需要随着历史的发展演变而发展。发展历史唯物主义是在坚持基本原理基础上的发展，任何推倒历史唯物主义基本原理的所谓重建、重构，不是发展，而是修正，是对历史唯物主义的虚无。

历史唯物主义是人类历史观的伟大变革，但不会是结束变革的变革。历史唯物主义是一个发展的、开放的体系，不是一种僵化的、封闭的学说。这决定了，我们只有学习和运用历史唯物主义，坚持和发展历史唯物主义，才能从认识上有效遏制历史虚无主义。

（作者单位：中国社会科学院马克思主义研究院）

（原载《中国社会科学报》2015 年 8 月 27 日）

马恩对历史虚无主义的批判

吴　英

当前，一些对历史研究持虚无主义观的人对唯物史观展开新一轮攻击，妄图否定以唯物史观为指导的历史研究的科学性。为了更好地辨识历史虚无主义，有必要扼要回顾马克思恩格斯对历史虚无主义的批驳。

唯物史观不是阶级斗争决定论

在唯物史观基本原理的逻辑体系中，阶级斗争隶属于上层建筑的政治范畴。当生产力发展受到生产关系的严重束缚，以致不改变生产关系就无法继续推进生产力发展时，通过阶级斗争来改变生产关系能够发挥提升生产力的作用。为此，马克思将阶级斗争所能发挥的作用界定为“助产婆”。他对向资本主义过渡的阐述称：“所有这些方法都利用国家权力，也就是利用集中的、有组织的社会暴力，来大力促进从封建生产方式向资本主义生产方式的转化过程，缩短过渡时间。暴力是每一个孕育着新社会的旧社会的助产婆。”

马克思在谈到向共产主义社会的过渡时也明确指出，“如果还没有具备这些实行全面变革的物质因素，就是说，一方面还没有一定的生产力，另一方面还没有形成不仅反抗旧社会的个别条件，而且反抗旧的‘生活生产’本身、反抗旧社会所依据的‘总和活动’的革命群众，那么，正如共产主义的历史所证明的，尽管这种变革的观念已经表述过千百次，但这对于实际发展没有任何意义”。试问依据什么说马克思是阶级斗争决定论者？又怎么会视唯物史观为“革命史观”呢?!

唯物史观不是宿命论式的经济决定论

“经济”的概念既可以指生产力，也可以指生产关系。首先需要厘清所谓的“经济决定论”是指“生产力决定论”还是“生产关系决定论”。很明显，据唯物史观基本原理来理解，它讲的是“生产力决定论”。生产能力的提高本身是发挥主体能动性的结果。为什么自然和人文条件大体相当的社会却屡屡出现生产力发展截然不同的结果？这是“宿命论”式的经济决定论所无法解释的。

恩格斯曾直击攻讦者的荒谬。他指出：“根据唯物史观，历史过程中的决定性因素归根到底是现实生活的生产和再生产。无论马克思或我都从来没有肯定过比这更多的东西。如果有人在这里加以歪曲，说经济因素是唯一决定性的因素，那么他就是把这个命题变成毫无内容的、抽象的、荒诞无稽的空话。经济状况是基础，但是对历史斗争的进程发生影响并且在许多情况下主要是决定着这一斗争的形式的，还有上层建筑的各种因素：阶级斗争的各种政治形式及其成果——由胜利了的阶级在获胜以后确立的宪法等等，各种法的形式以及所有这些实际斗争在参加者头脑中的反映，政治的、法律的和哲学的理论，宗教的观点以及它们向教义体系的进一步发展。”

可见，“历史不过是追求着自己目的的人的活动而已”。唯物史观怎么会成为“宿命论”式的“经济决定论”呢?!

唯物史观不是“历史终结论”

历史虚无主义强加于唯物史观的又一罪名是所谓“历史终结论”。恩格斯在回答法国《费加罗报》记者提问时指出：“我们没有最终目标。我们是不断发展论者，我们不打算把什么最终规律强加给人类。关于未来社会组织方面的详细情况的预定看法吗？您在我们这里连它们的影子也找不到。”唯物主义辩证法强调历史发展的永恒性，马克思认为，“辩证法在对现存事物的肯定的理解中同时包含对现存事物的否定的理解，即对现存事物的必然灭亡的理解；辩证法对每一种既成的形式都是从不断的运动中，因而也是从它的暂时性方面去理解”。

马克思恩格斯承认每个社会形态存在的必然性和它相对于前一个社会形态的进步性。恩格斯指出，“马克思了解古代奴隶主，中世纪封建主等等的历史必然性，因而了解他们的历史正当性，承认他们在一定限度的历史时期内是人类发展的杠杆”。对资本主义社会，马克思也给出了相当高的评价，“资产阶级在它的不到一百年的阶级统治中所创造的生产力，比过去一切世代创造的全部生产力还要多，还要大”。

当然，马克思也有很多对资本主义生产关系进行严厉谴责的论述。可见，马克思对每一种社会制度的评价都不是全盘肯定或全盘否定，而是既肯定它的进步性，同时也指出它的退步性，这也是该社会制度必然被新的社会制度所取代的根本缘由。那么，又何来“历史的终结论”之说呢？

唯物史观不是抽象的社会学公式

对历史的演进持虚无主义观点的人从来不承认人类社会的历史演进在宏观上有其特定演化规律。他们对马克思恩格斯创建的唯物史观持根本否定态度。马克思恩格斯则予以回击。

马克思恩格斯多次强调唯物史观是实证科学，他们对社会历史发展阶段的划分，既不是先验的抽象规定，也不是宿命论式的公式。马克思对俄国可能不经过资本主义“卡夫丁峡谷”的论证，突出证明了他反对把历史发展规律的观点变成抽象公式的科学态度。

俄国在1861年农奴制改革后面临走资本主义还是社会主义道路的选择，当时米海洛夫斯基发表文章断言，根据马克思提出的发展图式，俄国应该走资本主义道路。马克思愤怒地回答：“他一定要把我关于西欧资本主义起源的历史概述彻底变成一般发展道路的历史哲学理论，一切民族，不管它们所处的历史环境如何，都注定要走这条道路，——以便最后都达到在保证社会劳动生产力极高度发展的同时又保证每个生产者个人最全面的发展的这样一种经济形态。但是我要请他原谅。（他这样做，会给我过多的荣誉，同时也会给我过多的侮辱。）”

马克思强调人的主体能动作用，认为，俄国当时具备跨越资本主义“卡夫丁峡谷”的一些条件，但能否跨越则取决于俄国人民主体能动性的发挥。

他指出，“如果俄国继续走它在1861年所开始走的道路，那它将会失去当时历史所能提供给一个民族的最好的机会，而遭受资本主义制度所带来的一切灾难性的波折”。

从以上马克思恩格斯诸多观点可见，现今历史虚无主义对唯物史观的攻讦毫无新意。这又一次警醒我们要提高识别能力，捍卫唯物史观对历史研究的科学指导地位。

（作者单位：中国社会科学院世界历史研究所）

（原载《中国社会科学网》2015年01月16日）

毛泽东如何批判历史虚无主义

——以五评白皮书为例

蒋明伟

新中国成立前夕，面对援蒋反共失败的现实，美国杜鲁门政府发表《美国与中国的关系——着重于1944—1949年时期》白皮书。随白皮书一同发表的还有时任美国国务卿艾奇逊写给杜鲁门的《附信》。白皮书及艾奇逊的信中大谈"对华友谊论""否定革命论""西方催化论""极权政府论"等，以撇清罪责，为其对华政策进行美化和辩护。有鉴于此，毛泽东亲自撰写了《丢掉幻想，准备斗争》《别了，司徒雷登》《为什么要讨论白皮书?》《"友谊"，还是侵略?》《唯心历史观的破产》五篇文章①，不仅深刻批判了白皮书中的历史虚无主义，也帮助广大人民正确认识了中美关系史。

一、批判"对华友谊论"

白皮书开篇着重介绍了1840年以来的中美关系，以模糊语句渲染美国"很早"就关注和关心中国，并借助宗教传播、慈善救济和文化教育等方式，团结中美两国人民和加深中美两国友谊。为了增强"真实性"和"说服力"，白皮书列举了几个实例，如利用庚子赔款培养中国学生、二战期间废除治外法权和二战时及二战后大量"援助"中国等，继而编造了美国始终维持对华"友好"外交政策的所谓"三项基本原则"，"包括门户开放主义，尊重中国行政和领土的完整，以及反对任何外国控制中国等等"。总之，反复强调近代美国对待中国非常"友好"而不是侵略和压榨中国，

① 参见《毛泽东选集》第4卷，人民出版社1991年版，第1483—1517页。本文所有引文均出自这五篇文章。

即所谓“对华友谊论”。

然而，这一论调的实质是美国为了改变对华形象而美化侵略。针对“对华友谊论”，毛泽东不仅深刻揭穿其真实意图和欺骗本质，更对其所谓的“对华友谊”事件逐条批判以还原历史真相。

毛泽东立足中华民族和人民大众立场指出，在半殖民地半封建社会的中国，美帝国主义尽管采取了有别于其他帝国主义国家的侵略手段和压榨方式，但并没有改变其侵略中国和压榨人民的客观现实，仍然在侵害中华民族和中国人民利益，阻碍中国近代社会发展，仍然是中国革命和中国人民倾力打倒的对象。近代百年的中美关系无非就是美帝国主义与殖民地的关系，以及侵略与反侵略的关系。所谓“中美友谊”，不过是美帝国主义为了维护其在华利益和长远目标，以干涉中国内政外交和欺骗中国广大民众而实施的“国际责任”和“对华友好传统政策”。其实质是美帝国主义与其代理统治集团之间的交易关系，是被美化的美国侵略论。因此，毛泽东指责“艾奇逊当面撒谎，将侵略写成了‘友谊’”，“干涉就叫做担负国际责任，干涉就叫做对华友好”。

针对白皮书中列举的所谓“对华友谊”事件，如《望厦条约》、庚子赔款、治外法权和对华援助等，毛泽东一一进行了批判：《望厦条约》不是平等友好地对待中国而是强迫“中国接受五口通商”和美国人传教等；庚子赔款源于美国“参加八国联军打败中国”，培养中国留学生旨在为美国侵华提供更多服务；治外法权虽名义上被废除但仍然使“强奸沈崇案的犯人回到美国”而逍遥法外；对华援助不是为了推动中国发展和满足中国人民利益而是为了“帮助蒋介石杀死几百万中国人”和实现美国在华利益。针对白皮书中的“三个基本原则”，毛泽东暗讽道“只有广州、台湾等处一小片地方”仍然保持着对华的“三项基本原则”，其他地方门户被封锁、行政被击碎、国土被控制，这都说明了所谓“三个基本原则”不过是美国推行的对华殖民政策。

二、批判“否定革命论”

为否定中国革命的重要意义并强调中国社会发展对美国的依赖，白皮书首先强调中国革命主要是由人口增多所致。他们声称，由于“中国人口在十

八、十九两个世纪里增加了一倍，因此使土地受到不堪负担的压力”，导致中国在19世纪以来爆发了此起彼伏的大规模革命运动。无论晚清政府、国民党政府，还是中国共产党的政府都着力解决中国人民的吃饭问题，但“一直到现在没有一个政府使这个问题得到了解决”。他们进而认为，既然任何中国政府都无法解决中国人民的吃饭问题，那么中国人民单纯依靠革命运动来推翻失职政府，或迫使新政府努力寻求解决吃饭问题的可行路径都是无济于事。因此，中国人民的革命运动其实是“毫无意义”的，中国只有靠美国的面粉才有出路。

“否定革命论”实际目的是强调和渲染依附美国，迫使中国重新成为美国殖民地。对此，毛泽东的批判直指问题要害：中国爆发革命不是因人口增多而是帝国主义和封建势力残暴统治所致，并强调中国共产党领导中国人民正是以革命方式推翻三座大山，依靠人民大力发展生产，才解决了吃饭问题。

毛泽东指出，近代中国的革命与其他国家的革命都是由统治阶级对被统治阶级的残暴压迫所致。无论美国的反英革命，还是中国的辛亥革命皆是如此。因此，近代中国爆发革命的根由并非“食物增加赶不上人口增加”，而是“帝国主义、封建主义、官僚资本主义和国民党反动政府的残酷无情的压迫和剥削的结果”。近代历次革命没能解决中国人民吃饭问题，根源在于“没有推翻帝国主义和封建主义的压迫和剥削”。所以中国革命不是毫无意义而是非常重要，只有以革命方式彻底推翻统治阶级的残酷压榨，才能真正解决中国人民的吃饭问题。毛泽东还批判了白皮书中“中国共产党解决不了自己的经济问题”的错误说法，自信地强调：中国共产党领导人民大众，不靠美国救济，也能自行解决人民吃饭问题。

那么，如何解决吃饭问题呢？毛泽东旗帜鲜明地给出了解决方案——“革命加生产即能解决吃饭问题”。只有重视和依靠革命才能实现人民群众当家作主，才能更好地发展生产。中国共产党领导中国人民正是以革命的方式推翻帝国主义、封建主义和官僚资本主义的残暴统治，建立了属于人民自己的政权，进而集中力量大力发展生产，最终解决了吃饭问题。毛泽东反问：“西北、华北、东北、华东各个解决了土地问题的老解放区，难道还有如同艾奇逊所说的那种‘吃饭问题’存在吗？”他用铁一样的事实说明，那些否定中国共产党领导的人民革命的一切悲观论调，都是完全错误的。

三、批判“西方催化论”

为了强调“西方的影响”对中国发展的“重要作用”，白皮书高谈“西方催化论”，认为中国自古以来始终“驯服和融化侵入者”，“把自己当作世界的中心”和“文明人类的最高表现”，以高傲姿态忽略或歧视其他国家文明，即使19世纪中叶以后，当西方大国借助工业革命蓬勃发展之时，中国仍然保持夜郎自大姿态和闭关锁国政策，而中国民众得以觉悟并爆发革命，正是因为西方大国打破了中国的孤立状态，“带来了进取性，带来了发展得盖世无双的西方技术”及先进文化。因此它得出结论：中国近代发展主要由西方大国带来的先进文化、先进技术和进取性所推动。

毛泽东一针见血地揭穿了“西方催化论”将西方的侵略、剥削美化为推动中国发展的本质。“他（指艾奇逊）将帝国主义的侵略，说成‘外来者带来了进取性’。”造成中国半殖民地半封建社会积贫积弱的悲惨景象的，不仅是采取闭关锁国的晚清政府，更是采取残暴方式入侵和剥削中国人民的帝国主义。帝国主义入侵中国的根本目的，不是为了促进中国社会发展而是变中国为殖民地，实质是“西方资产阶级按照自己的面貌用恐怖的方法去改造世界”。因此，“西方的影响”即西方大国传入的先进技术和高度文化，根本目的不是为了满足中国发展所需，而是为帝国主义侵略和霸占中国提供服务。毛泽东还深刻指出，“西方的影响”不仅催生了为帝国主义服务的大量洋奴，还锻造了“反抗帝国主义的工人阶级、农民阶级、城市小资产阶级、民族资产阶级”。正是这些深受帝国主义压迫的阶级推动了近代中国的变革和发展。因此，毛泽东强调，“不是什么西方思想的输入引起了‘骚动和不安’，而是帝国主义的侵略引起的反抗”。

毛泽东还指明，真正启发中国民众和推动中国发展的是发源于西方的马克思主义。毛泽东强调，五四运动以前，面对帝国主义的残暴侵略和无情压榨，中国人民不断寻求救亡图存的真理和方法，但是中国封建主义、旧三民主义、西方进化论和天赋人权论等思想，“软弱得很，又是抵不住，败下阵来，宣告破产了”。幸而俄国十月革命的胜利使“中国人学得了一样新的东西，这就是马克思列宁主义。中国产生了共产党，这是开天辟地的大事变”。

因此，毛泽东指出，马克思主义比“被艾奇逊们傲视为‘高度文化’的那种西方资产阶级的文化”，“不知要高出几多倍”。

四、批判“极权政府论”为了诋毁中国共产党的领导以及当时在解

放区建立的人民政权形象，白皮书炮制了“极权政府论”。一方面，借助国民党对中国共产党的诬蔑，把中国共产党领导的人民政权抹黑为独裁残暴、灭绝人性、毫无自由的极权政府，批判中国共产党领导的人民政府没给国民党在解放区自由活动的权力，不仅封闭和禁止其新闻出版、言论集会、公开活动等自由权利，更集中军事力量予以打击。另一方面，将苏联政府定性为“赤色帝国主义”的“极权政府”，将中国共产党领导的人民政府污蔑为受苏联控制的“极权政府”或“共产国际的第五纵队”。可见，所谓“极权政府论”实质是为了打倒中国共产党领导的人民政府权威进而重塑美国对华“友好”形象。

毛泽东采取了先破后立的方式来批判。破，即有理有据地阐明中国共产党领导的人民民主专政的政府的实质和中苏之间的真实关系，正面回击了“极权政府论”的刻意曲解。一方面，毛泽东以马克思主义为指导，全面正确地阐释了人民民主专政的政府的科学内涵。他指出，人民民主专政的政府是在中国共产党领导下，对人民实行民主和对帝国主义、国内反动派实行专政的政府。其本质是为人民服务、确保人民当家作主和维护人民大众根本利益，坚决打击危害人民利益的一切反动势力。白皮书颠倒人民民主专政的政府的本质，是为美国侵华失败寻求借口，同时为恢复美国在华利益而“招收中国的所谓‘民主个人主义’分子，组织美国的第五纵队，推翻中国共产党领导的人民政府”。另一方面，毛泽东指出，中苏关系的实质是主权国家之间的友好交往，主要表现为中国共产党领导人民大众向苏联学习马列主义的“科学的宇宙观和社会革命理论”，在苏联友好帮助下，推翻三座大山的残暴统治并建立人民政权。同时鉴于帝国主义对新生人民政权的敌视和破坏，中国人民政府选择与苏联建立外交关系。因而，中苏关系不是中国受制于苏联而是友好交往。美国捏造的“受苏控制论”，是以挑拨中苏关系和激化中国内部矛盾来实现自己称霸世界的险恶目的。毛泽东一针见血地指出，白皮书“装作坦白，是为了作战的目的”。立即指明帝国主义才是真正的极权政府。

毛泽东立足人民立场指出，白皮书中所指的右派极权政府，不是中国共产党领导的人民政府而是“一切资产阶级的政府”。一切资产阶级的政府，虽然表面宣传全民民主，但是真正享受民主的只有资产阶级，而普通民众不仅不能享受同等民主权利，还遭受资产阶级的残酷压榨和剥削，甚至当国内阶级斗争紧张时，“政府取消了或者索性不用那片资产阶级内部民主的幕布”，赤裸裸地镇压人民大众。资产阶级统治实质是实行了资产阶级对无产阶级和其他人民的一个阶级的独裁制度，一个阶级的极权主义。因此，毛泽东强调，不管是美、英、法等所谓民主政府，还是德、意、日等法西斯政府，都是对人民大众实行专政和危害人民利益的极权政府。

毛泽东对白皮书中错误论断的全面批判，展现了自鸦片战争以来中国近代史的真实图景，澄清了近代百年来中美之间关系的实质，不仅帮助当时的中国人民认清了美国侵略中国的历史与援蒋反共的政策，也警醒了对美帝国主义和国民党反动派抱有幻想的人，促进了全国各族各界人民的团结斗争，为中国共产党和中国革命赢得了群众基础。

纵观毛泽东的批判过程，有三条原则贯穿始终。第一，以唯物史观批驳唯心史观。毛泽东深刻认识到唯心史观是白皮书中历史虚无主义论调的思想根源，只有唯物史观才能将其批判驳倒。他运用阶级矛盾论，揭示近代中国的主要矛盾是帝国主义及国内反动派与人民大众之间的矛盾，进而严格区分了代表腐朽落后的帝国主义及国民党反动派与代表历史发展潮流的人民大众对待中国近代史及中美关系的不同态度，指明只有代表历史发展方向的人民大众的认知才符合历史真相和发展规律。基于此，毛泽东全面批判了白皮书对中国近代史及中美关系的捏造和歪曲，还原了中国近代史及中美关系的事实真相及本质。第二，以集体主义批驳个人主义。毛泽东指出白皮书中的历史虚无主义论调代表帝国主义及国民党反动派的狭隘利益，带有浓厚的个人主义或小团体主义色彩，不仅不能代表更是严重损害了中华民族和中国人民的整体和长远利益。因此，毛泽东将白皮书中的种种历史虚无主义论调置于近代以来中国人民和中华民族的整体利益诉求及历史发展过程的情境中加以审视，彻底拆穿和批判了其经过美化的“友谊”和为维护狭隘利益而损害中华民族整体利益的实质。第三，思想批判与中心工作相结合。当时党的中心工作是广泛团结人民群众以争取革命最终胜利并建立新中国，因此，毛泽东在批判白皮书中的历史虚无主义时，不仅注重揭示和批判其本质意图，也积极消除其可能引起的思想混乱，以提高人民大众的政治认知来团结一切可以团结的力量，从而为中国共产党领导人民大众夺取中国革命最终胜利和建立新中国发挥重要作用。这些原则与方法对于当前批驳历史虚无主义思潮，仍具重要意义。

（作者单位：百色学院）

（原载《党的文献》2017 年第 2 期）

坚决将反击历史虚无主义思潮的斗争进行到底

——学习习近平总书记关于揭批历史虚无主义思潮的论述

朱继东

对于历史虚无主义思潮的危害，党的十八大以前较长的一个时期内，不少人看得不清楚，还有的人模模糊糊，甚至有的人比较糊涂，更有的人为虎作伥，导致历史虚无主义思潮言行一度蔓延、泛滥、肆虐。但令人欣慰的是，不少真正的共产党人、马克思主义者数十年如一日地坚持与历史虚无主义思潮进行坚决斗争。尤其是党的十八大以来，在以习近平同志为核心的党中央坚强领导下，全党、全军和全国人民一起发起了一场对历史虚无主义思潮的反击战，扒掉了历史虚无主义者的画皮。正如习近平总书记所强调："中国共产党人不是历史虚无主义者，也不是文化虚无主义者。"① 无论历史虚无主义者采用什么伎俩负隅顽抗，但在无数优秀的共产党人的坚决斗争下，历史虚无主义思潮正在成为人人喊打的过街老鼠，其彻底失败的命运已经无法避免。

一、以习近平同志为核心的党中央发起了一场对历史虚无主义思潮的反击战

党的十八大之前，在历史虚无主义思潮泛滥、肆虐的那些日子里，一些历史虚无主义者打着"还原历史真相""深刻反省历史""重新评价历史"等旗号，通过肆意夸大事实、随意裁剪历史、支流取代主流甚至完全无中生有、捏造事实等手段，发表了大量诋毁、抹黑、丑化毛泽东主席等开国领袖

---

① 习近平．在纪念孔子诞辰2565周年国际学术研讨会上的讲话［EB/OL］．http：//news．xinhuanet．com/politics/2014－09/24/c＿1112612018．htm/2014－09－24/2017－06－23。

和刘胡兰、董存瑞、黄继光、邱少云、雷锋等英雄模范人物，肆意攻击、篡改党史、国史、军史等，甚至为早有定论的汉奸、反动派、卖国贼等翻案的言论，不仅在互联网上流传甚广，有的甚至在报刊上公开发表，掀起了一股否定中国革命、否定马克思主义、否定中国共产党的领导、否定社会主义制度的历史虚无主义思潮逆流。而面对这些历史虚无主义思潮言论，有的人虽觉得这些言论有问题，却又说不出哪些地方有问题；有的人半信半疑，觉得他们说得虽然不全对，但有时候也说得比较有道理；还有的人竟然觉得这些言论才是“还原了真正的历史”、“写出了历史的真实”，认为这些历史虚无主义者“有说真话的勇气”、“体现了学者的良知”等；更有的人受错误言论的误导，竟然主动加入历史虚无主义者的行列中，成为制造、传播历史虚无主义思潮言论的人。而那些敢于坚持真理、勇于挺身而出批驳历史虚无主义思潮的亮剑者，却被诬称为“保皇党”、“五毛党”、“毛左”、“极左”、“阶级斗争复辟”、“文革余孽”等，不仅在互联网上遭到围攻，在现实生活中也承受着巨大压力。历史虚无主义思潮言行的蔓延、泛滥、肆虐，不仅使得意识形态领域极其混乱，更动摇了不少党员干部、专家、群众、学生和解放军官兵对党和社会主义的信心，甚至严重危害着党的执政根基和国家意识形态安全，其巨大危害不容忽视。

随着党的十八大的胜利召开，以习近平同志为核心的党中央发起了一场对历史虚无主义思潮的反击战，通过报刊、电台、电视台、网络等多种媒体形式，综合运用集中批判、具体驳斥、理论宣讲等多种手段，揭露了历史虚无主义思潮的表现、危害、本质等。对历史虚无主义思潮泛滥的巨大危害性，习近平总书记用苏共亡党、苏联解体的前车之鉴对全党进行警示。他不仅强调指出：“苏联为什么解体？苏共为什么垮台？一个重要原因就是意识形态领域的斗争十分激烈，全面否定苏联历史、苏共历史，否定列宁，否定斯大林，搞历史虚无主义，思想搞乱了，各级党组织几乎没任何作用了，军队都不在党的领导之下了。最后，苏联共产党偌大一个党就作鸟兽散了，苏联偌大一个社会主义国家就分崩离析了。这是前车之鉴啊！”① 还特别指出了当时苏共党内存在的混乱局面和严重危害：“苏联解体前，在所谓‘公开

① 十八大以来重要文献选编，上［M］．北京：中央文献出版社，2014．第113页。

性’、‘民主化’的口号下……一些苏共党员甚至领导层成员成了否定苏共历史、否定社会主义的急先锋，成了传播西方意识形态的大喇叭，苏共党内从思想混乱演变到组织混乱。最后，这样一个有着90多年历史、连续执政70多年的大党老党就哗啦啦轰然倒塌了。”[①] 深入剖析可以发现，习近平总书记这些话一针见血地揭露了历史虚无主义思潮对一个政党、国家的危害之大，指出了正是历史虚无主义思潮的泛滥导致苏共意识形态大厦的崩塌，最终导致苏共亡党、苏联解体。历史有时候是那么惊人相似，这种相似本身就是一个大大的惊叹号，也是习近平总书记给全党敲响的警钟。用历史对照现实，越来越多人从苏共亡党、苏联解体的前车之鉴中看到了历史虚无主义思潮否定党和国家历史、否定领袖和英雄等巨大危害。

2013年1月，习近平总书记在新进中央委员会委员、候补委员学习贯彻党的十八大精神研讨班上的讲话中一针见血地指出："国内外敌对势力往往就是拿中国革命史、新中国历史来做文章，竭尽攻击、丑化、污蔑之能事，根本目的就是要搞乱人心，煽动推翻中国共产党的领导和我国社会主义制度。"[②] 2013年6月，他在主持中央政治局第七次集体学习时进一步强调指出："历史虚无主义的要害，是从根本上否定马克思主义指导地位和中国走向社会主义的历史必然性，否定中国共产党的领导。"[③] 习近平总书记带头揭批历史虚无主义思潮，不仅让更多党员干部乃至全党、全军和全国各族人民对历史虚无主义思潮的本质有了更清醒的认识，认识到历史虚无主义思潮本质上是一种由国内外敌对势力故意制造、散布，以搞乱社会主义国家人心、摧毁社会主义国家意识形态大厦的根基、否定共产党领导和社会主义制度、颠覆社会主义国家政权为目的的政治思潮，是意识形态领域里的阶级斗争，更大大鼓舞、激励着更多人加入反击历史虚无主义思潮的斗争中来，不仅有不少坚信马克思主义的专家学者纷纷撰文，还有很多被称为"自干五"的爱国网友自发行动起来在微博、微信、论坛等新媒体阵地上进行揭批，更有越来越多的领导干部开始行动起来。越来越多的人深刻认识到，面对以否

① 习近平总书记重要讲话文章选编［M］. 北京：中央文献出版社，党建读物出版社，2016. 第23页。

② 十八大以来重要文献选编，上［M］. 北京：中央文献出版社，2014. 第113页。

③ 中共中央党史研究室. 历史是最好的教科书——学习习近平同志关于党的历史的重要论述［N］. 人民日报，2013年7月22日.

定马克思主义和共产主义、诋毁党的领袖和民族英雄、歪曲中国革命史和党史国史为主要表现的历史虚无主义思潮言行，每一名共产党人乃至所有真正的中国人都应该旗帜鲜明地加以反对和批驳，决不能做作壁上观的所谓“理性”旁观者，更不能为虎作伥、助纣为虐。

在全党上下形成一致共识后，作为意识形态工作责任制的重要内容，作为打赢意识形态反击战的关键战役，一场反击历史虚无主义思潮的斗争在全国更大范围内展开，很多历史虚无主义思潮言行受到批驳，一些长期宣扬历史虚无主义思潮的网站、微博、微信公众号等被关闭、销号，一些宣扬历史虚无主义思潮的言论一出来就会马上遭到有力批驳甚至严厉处置，不少批驳历史虚无主义思潮言论、揭露历史虚无主义思潮本质、宣扬历史唯物主义思想的文章在报刊、电台、电视台和互联网上广为传播，越来越多的党员干部、群众、学生自觉加入到与历史虚无主义思潮进行坚决斗争的行列中来，那些表面上看起来依然嚣张的历史虚无主义思潮言行其实已经是强弩之末，一些曾经宣扬历史虚无主义思潮的人也开始醒悟、悔改……并且，四年多来，全党、全军和全国各族人民一直在坚持与历史虚无主义思潮进行坚决斗争，不仅没有停止，反而战斗力越来越强。

二、新的较量凸显反击历史虚无主义思潮斗争的长期性、复杂性、艰巨性

正如习近平总书记所强调：“历史就是历史，历史不能任意选择，一个民族的历史是一个民族安身立命的基础。”[①] 在以习近平同志为核心的党中央率领全党、全军和全国人民的坚决、有力反击下，被剥掉学术和理论外衣的历史虚无主义思潮越来越暴露出其作为一种政治思潮的真面目，不少曾经被其蒙骗的人变得清醒起来。但是，历史虚无主义思潮的本质决定了其决不会自动退出历史舞台，那些历史虚无主义者也决不会自甘失败，历史虚无主义者一定会继续反抗并发动新的攻击。事实也正是如此。近年来，一些曾被广为揭批的历史虚无主义者依然通过变换手法、手段、面目等形式发动新的进攻，围绕历史虚无主义思潮展开的新的较量不仅再次警示我们不能掉以轻

① 十八大以来重要文献选编，上［M］. 北京：中央文献出版社，2014. 第 694 页。

心，更让大家看到了反击历史虚无主义思潮斗争的长期性、复杂性、艰巨性。

首先，历史虚无主义者继续把进攻的矛头对准全党、全军和全国各族人民的伟大领袖毛泽东，继续制造新的谣言抹黑、诋毁、否定毛泽东和毛泽东思想。2016 年是中国共产党成立 95 周年、红军长征胜利 80 周年、“文化大革命”开始 50 周年、“文化大革命”结束 40 年等重大历史事件的重要时间节点，也是毛泽东、周恩来、朱德等老一辈无产阶级革命家逝世 40 周年，历史虚无主义者就以“彻底否定文化大革命”为幌子大量发表虚假言论，虚构毛泽东、周恩来、朱德等老一辈无产阶级革命家之间明争暗斗、相互否定等所谓“历史揭秘”言论，继续制造新的谣言来攻击、否定红军长征、新中国成立后的前三十年的成就和历史等，目的就是抹黑、诋毁、否定毛泽东同志和毛泽东思想。2017 年是反右派斗争发生 60 周年、中国人民解放军建军 90 周年、十月革命 100 周年等重大历史事件的重要时间节点，历史虚无主义者更是打着“彻底为右派翻案”、“彻底否定十月革命”等旗号举办各种纪念活动、论坛、讲座等，不仅攻击、否定毛泽东，而且通过宣扬邓小平是中央“反右”运动领导小组组长来制造毛泽东和邓小平两位伟人的对立，编造毛泽东和邓小平两位伟人之间的所谓矛盾甚至相互否定而企图同时否定两位伟人。这些历史虚无主义思潮言论造成了不小的恶劣影响，误导了不少民众尤其是年轻人对毛泽东和毛泽东思想的认知，使他们对我们党的历史和中国革命历史的真实性产生怀疑。

其次，历史虚无主义者通过提起诉讼来打压反击历史虚无主义思潮的敢于亮剑者，以意识形态斗争法律化的方式来宣扬历史虚无主义思潮。近年来，以围绕狼牙山五壮士名誉的一系列诉讼是最有代表性的。2015 年 5 月 12 日、13 日，《炎黄春秋》原执行主编洪振快、黄钟起诉《国企》杂志社前研究部主任郭松民、商务部研究院研究员梅新育侵犯名誉权案分别在北京海淀区、丰台区人民法院开庭审理，并很快引起众多网民的关注。2015 年 12 月 21 日、22 日，北京海淀区、丰台区人民法院分别作出一审宣判，洪振快、黄钟二人的所有诉讼请求被全部驳回。与前面案件形成对比的是，2015 年 8 月 25 日，“狼牙山五壮士”中葛振林和宋学义的后人葛长生、宋福保分别以洪振快的文章侮辱、诽谤“狼牙山五壮士”的名誉为由，将洪振快起诉至北京市西城区人民法院。2016 年 6 月 27 日，西城区人民法院对此案作出一审宣判，判决被告洪振快立即停止侵害葛振林、宋学义名誉、荣誉的行为；判决生效后三日内，被告洪振快在媒体上刊登公告，向原告葛长生、宋福保赔礼道歉，消除影响。虽然两起诉讼都以反击历史虚无主义思潮的敢于亮剑者胜诉结束，但是在整个诉讼过程中，洪振快、黄钟一直没有真正认错，并且还利用庭审现场发言、网络传播等多种形式继续宣扬历史虚无主义思潮。更值得注意的是，由于反击历史虚无主义思潮的敢于亮剑者大都是自发、自觉地行动，一旦被起诉，不仅要支付诉讼费，而且还要耗费不少的人力、财力等，并被抹黑、诋毁甚至威胁，使得正常的学习、工作和生活受到影响。而企图挟持司法为历史虚无主义思潮开路的历史虚无主义者则绝大多数是有人在背后支持，不仅有经济上的支持，还有政治、法律以及人财物等多方面的支持，其起诉反击历史虚无主义思潮的敢于亮剑者不仅很少耗费自己的人力、财力等，而且不少时候还可以得到某些人或势力的资助、奖励等，可以说是名利双收。在这种情况下，一些不堪压力的敢于亮剑者打起了退堂鼓，也使得历史虚无主义者更加猖狂。

再次，与苏联解体类似，历史虚无主义思潮越来越重视与新自由主义配合，企图实现一破一立，最终达到用新自由主义解构全面深化改革的目的。历史虚无主义者之所以利用纪念抗日战争胜利 70 周年、社会主义改造完成 60 周年、长征胜利 80 周年、反右派斗争发生 60 周年等时机大做文章，目的就是要攻击中国共产党的历史都是不真实甚至造假的，使人们误认为中国共产党以往所有的宣传都是不可信的，从而使人们不再相信中国共产党所说的任何话、所做的任何事，最终使中国共产党丧失人民群众的信任和支持。历史虚无主义思潮的目的就是破除中国人民对社会主义意识形态的坚信、对中国共产党的信任和拥护。几乎与此同时，中国的新自由主义势力已经紧紧跟上，就像当年推动苏共亡党、苏联解体一样，一些历史虚无主义者近年来极力鼓吹让意识形态从经济领域退出去，目的就是让社会主义意识形态从经济领域退出去，进而用本质上是资本主义意识形态的新自由主义来误导中国经济发展。历史虚无主义思潮与新自由主义紧密配合，新自由主义的目标是要用资本主义意识形态取代社会主义意识形态，达到用新自由主义解构全面深化改革的目的，从而达到推翻中国共产党的领导和社会主义制度的根本目的。面对这些错误思潮，我们应认真总结苏共亡党、苏联解体的深刻教训，避免重蹈覆辙。

第四，鼓吹文艺作品的“去意识形态化”“去政治化”，通过小说等文艺作品宣扬历史虚无主义思潮，否定中国共产党的领导和中国革命。在2014年10月15日举行的文艺工作座谈会上，习近平在讲话中明确指出了“在有些作品中，有的调侃崇高、扭曲经典、颠覆历史，丑化人民群众和英雄人物”①等借助文艺作品来宣扬历史虚无主义思潮的问题，引发了人们对文艺作品中的历史虚无主义思潮问题的关注。但是，一些作家、出版社并没有认真学习贯彻习近平总书记的讲话精神，一些宣扬历史虚无主义思潮的文艺作品不仅出版而且得到热捧。湖北省作协主席方方创作的长篇小说《软埋》以“还原历史真相”“恢复历史记忆”等为幌子，对中国革命史上那场波澜壮阔的土地改革运动进行歪曲、丑化、诋毁，抹黑参加土地改革运动的广大革命干部、劳动人民，把土地改革运动描写成惨无人道的“灭门运动”，为地主阶级鸣冤、翻案，从而达到抹黑、否定在中国共产党领导下进行的这场伟大斗争的目的，进而否定中国共产党的领导和中国革命。而这部长篇小说不仅在2016年第2期《人民文学》杂志上发表，而且在2016年8月由人民文学出版社出版发行，成为宣扬历史虚无主义思潮的一部“力作”，造成了不小的思想混乱。面对文艺界的这些问题，2016年11月30日，习近平总书记在中国文联十大、中国作协九大开幕式上的讲话中再次强调：“坚定文化自信，离不开对中华民族历史的认知和运用。”“文学家、艺术家要结合史料进行艺术再现，必须有史识、史才、史德。”并进一步语重心长地告诫指出：“历史给了文学家、艺术家无穷的滋养和无限的想象空间，但文学家、艺术家不能用无端的想象去描写历史，更不能使历史虚无化。文学家、艺术家不可能完全还原历史的真实，但有责任告诉人们真实的历史，告诉人们历史中最有价值的东西。戏弄历史的作品，不仅是对历史的不尊重，而且是对自己创作的不尊重，最终必将被历史戏弄。只有树立正确历史观，尊重历史、按照艺术规律呈现的艺术化的历史，才能经得起历史的检验，才能立之当世、

① 十八大以来重要文献选编，中［M］. 北京：中央文献出版社，2016. 第124页。

传之后人。"[①] 习近平总书记不仅期望广大文艺工作者要学好历史、尊重历史，必须有史识、史才、史德，树立正确历史观，而且再次给文艺界的历史虚无主义思潮敲响了警钟，告诫文艺工作者决不能虚无历史、戏弄历史。但没想到的是，2017 年 4 月，《软埋》竟然获得第三届"路遥文学奖"。虽然"路遥文学奖"是一个由个人发起的文学奖项，但由于其打着著名作家路遥的旗号，具有较大的迷惑性和欺骗性，被不少读者误以为是一个官方荣誉。面对这些问题，越来越多的专家学者、党员干部加入到对《软埋》的揭批斗争中来，也让更多人看到了《软埋》通过抹黑、否定土地改革运动来否定中国共产党的领导和中国革命的本质。面对批评，方方等人不仅没有反省自身的问题，反而攻击批评者是"'左'""极左""文革余孽""阶级斗争阴魂""阶级斗争复活"等，使得《软埋》事件成为 2017 年上半年意识形态领域最受关注的事件之一。虽然这个事件最终以《软埋》被下架、停售结束，但通过文艺作品宣扬历史虚无主义思潮的问题并没有真正得到解决，这是个不该被忽视的问题。

最后，通过微博、微信公众号、直播平台等否定屈原、岳飞等民族英雄来否定消解民族精神，并通过歪曲古代、近代历史来以古讽今、映射现实。近年来，随着以习近平同志为核心的党中央高度重视意识形态工作，历史虚无主义者无法再像党的十八大以前那样在一些报刊、电台、电视台和网站公然发表历史虚无主义思潮言论，于是就改变策略，在一些网络平台的帮助下，把微博、微信公众号作为宣扬历史虚无主义思潮的最主要阵地，不仅利用一些"公知""大 V"的知名度把此前一些一直宣扬历史虚无主义思潮的微博、微信公众号尽快做大，形成了一批有影响力、煽动力的传播阵地，而且在某些人或势力的背后支持下开通了更多历史类、文化类的微博、微信公众号、直播平台等，尤其是培育了一大批颇具影响力的历史类微信公众号。这些历史类的微信公众号，表面上不涉及现实问题，但实际上却经常通过歪曲古代、近代历史来以古讽今、映射现实，用历史上的隋炀帝、崇祯皇帝等来映射攻击、诋毁我们党和国家的领导人，并通过否定屈原、岳飞、文天

---

① 习近平．在中国文联十大、中国作协九大开幕式上的讲话［EB/OL］．http：//news．xinhuanet．com/politics/2016－11/30/c＿1120025319．htm，2016－11－30/2017－06－23．

祥、林则徐等民族英雄来消解民族精神，打着“还原历史真相”“深刻反省历史”“重新评价历史”等旗号为秦桧、李鸿章、慈禧、袁世凯等卖国贼翻案，还在2017年端午节之际推出一批文章质疑甚至否定历史上有屈原这个人物，误导、煽动民众怀疑一切历史，成为宣扬历史虚无主义思潮的新阵地，并造成了较大的恶劣影响。

以习近平同志为核心的党中央对反击历史虚无主义思潮斗争的长期性、复杂性、艰巨性有着清醒的认识，并多次提出警醒。习近平总书记不仅强调：“马克思列宁主义、毛泽东思想一定不能丢，丢了就丧失根本。”[①] 而且引用邓小平的话来警示全党：“毛泽东思想这个旗帜丢不得，丢掉了实际上就否定了我们党的光辉历史；任何时候都不能动摇高举毛泽东思想旗帜的原则，我们将永远高举毛泽东思想的旗帜前进。”[②] 并在此基础上进一步指出：“对历史人物的评价，应该放在其所处时代和社会的历史条件下去分析，不能离开对历史条件、历史过程的全面认识和对历史规律的科学把握，不能忽略历史必然性和历史偶然性的关系。不能把历史顺境中的成功简单归功于个人，也不能把历史逆境中的挫折简单归咎于个人。不能用今天的时代条件、发展水平、认识水平去衡量和要求前人，不能苛求前人干出只有后人才能干出的业绩来。”[③] 习近平总书记不仅告诫全党要深刻认识、永远铭记敬仰毛泽东、高举毛泽东思想伟大旗帜的极端重要性，而且要坚持用历史唯物主义的态度来评价历史人物、历史事件，决不能被历史虚无主义思潮牵着鼻子走。特别是在2017年3月，习近平总书记针对意识形态领域斗争强调指出，意识形态领域斗争会长期存在，不以人的意志为转移，只要国内不是清一色，只要国际上仍有敌对势力，意识形态领域斗争就不会停止。这就是要求全党清醒认识到意识形态领域斗争的长期性、复杂性、艰巨性，进一步行动起来，同历史虚无主义思潮等错误思潮继续进行坚决斗争。

三、让历史虚无主义思潮成为人人喊打的过街老鼠

习近平总书记强调指出，一个政权的瓦解往往是从思想领域开始的，政

① 习近平谈治国理政［M］．北京：外文出版社，2014．第9页。
② 十八大以来重要文献选编，上［M］．北京：中央文献出版社，2014．第692页。
③ 十八大以来重要文献选编，上［M］．北京：中央文献出版社，2014．第693页。

治动荡、政权更迭可能在一夜之间发生，但思想演化是个长期过程。思想防线被攻破了，其他防线就很难守得住。我们必须充分认识意识形态工作的极端重要性，把意识形态工作的领导权、管理权、话语权牢牢掌握在手中，任何时候都不能旁落，否则就要犯无可挽回的历史性错误。深入学习领会习近平总书记的重要讲话精神，我们不仅要自觉守好意识形态的阵地、认清历史虚无主义的巨大危害性，而且要继续将反击历史虚无主义思潮的斗争坚决进行到底，让历史虚无主义思潮成为人人喊打的过街老鼠。

首先，要让历史虚无主义思潮成为人人喊打的过街老鼠，就必须进一步认清历史虚无主义思潮的本质。什么是历史虚无主义思潮？它就是在各种以唯心主义历史观为哲学基础的错误思潮影响下，为适应资本主义国家对中国等社会主义国家实施和平演变战略的政治需要而产生，并和国内反社会主义势力企图在我国推行“颜色革命”的策略相呼应而兴起并在21世纪开始泛滥的一股政治思潮。因此，从兴起的那一天起，历史虚无主义思潮就不是一种学术思潮，而是一种伪科学，其所反映的也不是历史问题或文化问题，而是地地道道的政治问题，是阶级斗争在意识形态领域的体现，我们同历史虚无主义思潮的斗争就是意识形态领域的阶级斗争。历史虚无主义思潮用所谓现代化史观取代唯物史观，宣扬所谓人性史观，不仅要抹杀马克思列宁主义、毛泽东思想和中国特色社会主义理论体系，而且要抹黑、解构中国革命乃至国际共产主义运动的历史，甚至抹杀中华民族的一切优秀传统文化和光荣历史，从而使我们丧失民族自尊心、自豪感，消解我们的共产主义信仰、革命理想和民族精神，从根基上瓦解我们的道路自信、理论自信、制度自信、文化自信，从根本上摧毁我们的历史自信、价值自信、政治自信，从而达到推翻中国共产党的领导和社会主义制度的根本目的。

其次，要让历史虚无主义思潮成为人人喊打的过街老鼠，就必须坚决维护习近平总书记的核心地位。习近平总书记一针见血地指出历史虚无主义思潮煽动推翻中国共产党的领导和我国社会主义制度的政治目的，就是警示全党、全军和全国各族人民，历史虚无主义者是资本主义意识形态在中国的代言人、代理人，其虽然打着历史研究的旗号，但矛头却直指现实，有着鲜明而强烈的政治目的。同时也在告诫我们，中国共产党人决不能做历史虚无主义者，也决不能放任历史虚无主义思潮蔓延甚至泛滥，必须坚决打击一切历史虚无主义思潮言行。越来越多的事实表明，历史虚无主义思潮已经成为西方的宪政民主、新自由主义、民主社会主义、“普世价值”论等错误思潮传播的最主要工具，成为资本主义对中国进行意识形态渗透、和平演变的最主要手段。如果任其继续蔓延甚至泛滥，被抹黑、诋毁的将不仅仅是领袖和英雄，被虚无、否定的将不仅仅是近代中国革命历史和中国社会主义革命、建设的历史，而是将导致人民对马克思主义的科学性、先进性、真理性和中国共产党执政的必然性、合理性产生怀疑和动摇，甚至引发“颜色革命”。正是历史虚无主义思潮的巨大危害，决定了我们必须坚决维护习近平总书记的核心地位，始终与以习近平同志为核心的党中央保持高度一致，在以习近平同志为核心的党中央英明领导下，坚决地同历史虚无主义思潮进行毫不妥协、毫不动摇的斗争。我们坚信，只要全党团结一致、举国齐心协力，历史虚无主义思潮必然成为人人喊打的过街老鼠。

再者，要让历史虚无主义思潮成为人人喊打的过街老鼠，就必须旗帜鲜明地敢于亮剑、敢于斗争。党员干部能否真正起到先锋模范作用，是反击历史虚无主义思潮的斗争能否取得胜利的关键所在。而党员干部要真正起到先锋模范作用，就必须做严守政治纪律和政治规矩的模范，做旗帜鲜明讲政治的楷模，做敢于亮剑、敢于斗争的典范。党的十八大以来，习近平总书记多次要求广大党员干部要在意识形态斗争中敢于亮剑、敢于斗争，但不少人并没有真正做到。党的十八届六中全会审议通过的《关于新形势下党内政治生活的若干准则》和《中国共产党党内监督条例》给全体党员划出了遵守政治纪律和政治规矩的底线、红线，其中《关于新形势下党内政治生活的若干准则》明确要求：“全党必须坚决捍卫党的基本路线，对否定党的领导、否定我国社会主义制度、否定改革开放的言行，对歪曲、丑化、否定中国特色社会主义的言行，对歪曲、丑化、否定党的历史、中华人民共和国历史、人民军队历史的言行，对歪曲、丑化、否定党的领袖和英雄模范的言行，对一切违背、歪曲、否定党的基本路线的言行，必须旗帜鲜明反对和抵制。”[①] 我们党把旗帜鲜明地反对和抵制历史虚无主义思潮言行作为全面从严治党的重

① 关于新形势下党内政治生活的若干准则（全文）[EB/OL]. http://news. xinhuanet. com/politics/2016－11/02/c_1119838382_2. htm，206－11－02/2017－06－19。

要内容摆在了全党面前，要求全体党员对历史虚无主义思潮必须旗帜鲜明地敢于亮剑、敢于斗争。再加上从2016年1月1日起开始施行的《中国共产党纪律处分条例》也已经明确把“丑化党和国家形象，或者诋毁、诬蔑党和国家领导人，或者歪曲党史、军史”[①] 确定为违反政治纪律的行为，并会视情节给予相应的纪律处分。这使得越来越多的党组织、党员干部深刻认清了历史虚无主义思潮是一种错误政治思潮，看到了历史虚无主义思潮的巨大危害性，增强了反对和抵制历史虚无主义思潮言行的自觉性和紧迫性。2016年12月26日至27日，习近平总书记主持中共中央政治局召开民主生活会并发表重要讲话强调，面对新形势新挑战，要发扬斗争精神，既要敢于斗争，又要善于斗争。[②] 而要在反击历史虚无主义思潮等意识形态领域斗争中敢于斗争、善于斗争自然是发扬斗争精神的重要内容，也是习近平总书记对全党的期待。只要广大党员干部牢记习近平总书记的教导，牢固树立、不断增强“四个意识”，真正做到在反击历史虚无主义思潮的斗争中敢于亮剑、敢于斗争，就一定能让历史虚无主义思潮成为人人喊打的过街老鼠，并最终走向灭亡。

最后，要让历史虚无主义思潮成为人人喊打的过街老鼠，就必须坚定历史虚无主义思潮必然破产的信心。正如习近平总书记所强调：“历史是最好的教科书，也是最好的清醒剂。”“历史就是历史，事实就是事实，任何人都不可能改变历史和事实。”[③] 虽然历史虚无主义思潮言行具有很大的迷惑性、欺骗性，但在以习近平同志为核心的党中央打响对历史虚无主义思潮的反击战并连续取得多次胜利后，在今天的中国，提起历史虚无主义思潮，包括不少不从事理论研究、历史研究的网友在内的很多人都可以对其胡诌、造谣等骗人伎俩如数家珍。因此，今天不仅是那些爱党爱国的专家学者、“自干五”、“网络义勇军”在继续与历史虚无主义思潮进行坚决斗争，越来越多已经觉醒的党员干部乃至普通网友也纷纷自发行动起来勇敢地与其进行不懈斗争。而历史虚无主义者对一些勇于挺身而出批驳历史虚无主义思潮的敢于亮

---

① 十八大以来重要文献选编，中［M］. 北京：中央文献出版社，2016. 第739页.

② 中共中央政治局召开民主生活会习近平主持会议并发表重要讲话［EB/OL］. http：//news. xinhuanet. com/2016－12/27/c_1120199912. htm，2016－12－27/2017－06－20.

③ 习近平. 在纪念全民族抗战爆发七十七周年仪式上的讲话［EB/OL］. http：//news. xinhuanet. com/2014－07/07/c_1111497611. htm，2014－07－07/2017－06－23.

剑者的围攻看似疯狂，也误导、欺骗了不少人，但其实是一种垂死挣扎。并且，在与历史虚无主义思潮进行坚决、彻底斗争的同时，以习近平总书记为表率，全党、全军和全国各族人民掀起了一股认真学习、自觉运用历史唯物主义和辩证唯物主义的热潮，这在某种意义上已经切断了历史虚无主义思潮的后路和退路。而正是站在这样一个历史转折点上，越来越多人清醒地看到，今天中国的历史虚无主义者之流，他们对于马克思主义、中国历史和当代中国的认识水平，远远在一名普通群众的水平之下，已经走到了穷途末路。当一种错误思潮的骗人画皮被扒下，并越来越没有市场的时候，不就是已经成为人人喊打的过街老鼠了吗，不就是已经走向破产了吗？历史虚无主义思潮在当代中国正是如此！我们要看清这个趋势，坚定这个信心！

当然，我们也要看到历史虚无主义者不会甘心失败，不愿也不会就此退出历史舞台，他们仍在进行的反抗、进攻就是最好的证明。因此，无论是意识形态主管部门，还是爱国爱党的专家学者，以及曾为打击历史虚无主义思潮作出不小贡献的“自干五”、“网络义勇军”等，还有更多已经觉醒起来的共产党人、爱国群众，大家都不要停止对历史虚无主义思潮的战斗，而是要在以习近平同志为核心的党中央坚强领导下，进一步努力学好党史、国史、军史，进一步学好历史唯物主义、辩证唯物主义等，进一步坚定唯物史观、坚定阶级立场，继续对历史虚无主义思潮穷追猛打，坚决将反击历史虚无主义思潮的斗争进行到底，使其无论在互联网上还是现实社会中都没有任何藏身之地，使其彻底破产，将其彻底消灭。

（作者单位：中国社会科学院马克思主义研究院）

（原载《思想理论教育导刊》2017 年第 8 期）

历史唯物主义视阈下的历史虚无主义批判

李　岚

历史虚无主义是当下最值得关注的社会思潮之一。根据《人民论坛》公布的2015年值得关注的十大思潮调查报告，历史虚无主义首次超越新自由主义，成为关注度、活跃度、影响力排名第二的社会思潮。[①] 对历史虚无主义这股思潮的分析与研判，对新时期国家意识形态的建构有重要的理论和现实意义。

一、历史虚无主义的西式前身

历史虚无主义作为一种社会思潮，是资本逻辑的产物。对于这一点，马克思在《共产党宣言》中已经给出过深刻的剖析：资产阶级破坏了人与人之间的“封建的、宗法的和田园诗般的关系”，代之以“赤裸裸的利害关系”与“纯粹的金钱关系”，用利己主义的个人主义原则替代“宗教虔诚、骑士热忱”，用“变革”“不安定与变动”替换旧有的一切价值。[②] 在这样的大背景下，血缘、等级、情感联系等以往维系传统社会的因素都失去了价值，人与人的关系被物化，并且通过新的经济形式即工商业固定了下来，由此造成了传统与现代之间的断裂，斩断了两者间的历史延续，亦切断了个体获取意义的来源，造成了现代人的虚无感。并且，资本主义的物化逻辑又不断加剧了历史虚无主义。如黑格尔所言，资本成了主体与实体，原本作为主体的人反倒成了绝对精神的一个环节，进而，资本通过对物的支配，实现了对人的支配。

历史虚无主义率先在古老的欧洲———俄国和德国这两个在18世纪仍

① 潘丽莉，周素丽．2015值得关注的十大思潮调查报告［J］．人民论坛，2016第一期。
② 马克思，恩格斯．马克思恩格斯选集：第1卷［M］．北京：人民出版社，2012．第402—403页。

保有农奴制的旧世界国家中诞生，对两者而言，资本主义皆属于后发外生的新兴文明。19世纪中叶，俄国加大开放力度，随之兴起的理性主义、科学主义与功利主义风气被当时的贵族斥责为“虚无主义”。俄国的陀思妥耶夫斯基评价资本主义为“金钱至上、自我至上以及奴性十足”的文明，而德国的思想家桑巴特则感慨于旧世界引以为傲的英雄主义将被“自由、平等、博爱”的商人理想所替代。旧世界的文化与价值在与新世界的财富与速度的对抗中败下阵来，可以说，后发资本主义国家与和现代化了的西方，前现代与现代之间的冲突，是西方的历史虚无主义问题产生的核心所在。可以说，资本主义本身的弊端，资本化大生产所造成的人的异化以及价值理性的缺失，也是触发马克思深入到资本主义社会内部研究资本运动的规律的最初动因。

二、历史虚无主义的中式语境

在当下的中国，历史虚无主义指向了一种价值层面的无意义的颓废情绪的蔓延。这一点在时下文艺创作方面表现得尤为突出，对红色经典的娱乐化改编、对历史人物的戏说、对英雄人物的戏谑等都离不开市场逐利原则的驱动以及“去政治化”的倾向。比如电视剧《红色娘子军》，制片人明确表示定位于“青春偶像剧”，要以青春美和时尚感为主旨，以“女人和战争”为卖点，在情感戏上下工夫；又比如，由样板戏改编的小说《沙家浜》中，阿庆嫂被塑造成周旋于两个男人间的潘金莲式的风流人物。此类对英雄人物进行去神圣化、庸俗化甚至桃色化的处理方式，究其根本，都能找到资本逻辑的支撑，即为追逐商业利益，有意迎合某些低级的大众文化趣味。它同时宣扬一种物质主义的、享乐主义的生活方式，催生出“宁可坐在宝马车里哭，也不坐在自行车上笑”等扭曲的人生观与价值观以及对“人生苦短，及时行乐”的片面化解读。从更深层次上说，对严肃历史的否定，指向了社会、文化存在的精神基础的消解。时下流行语中“神马都是浮云”、“别跟我谈理想，戒了”、“混吃等死”等消极的态度都是此类虚无主义的反映。“价值虚无主义是现代社会精神文化的深层危机，它表明生命自身超验价值的放逐与整体意义的丧失。”[①] 在原有的崇高的、具有某种超越性的价值体系瓦解之

① 刘宇．马克思对价值虚无主义的批判及其当代意义［J］．科学社会主义，2012年第5期。

后，依赖于原有价值确立的历史话语体系也面临着被解构的命运。从某种程度上说，历史虚无主义是价值虚无主义的具体体现。

然而，中国语境下的历史虚无主义的产生却并不完全根源于此。中国在向现代社会转型的过程中首先遇到的不是古今的问题，即前现代与现代的问题，而是中西的问题，是救亡图存背景下“中国往何处去”的问题，从根本上说，是走西化道路还是走中国自己的道路的问题。

历史虚无主义在不同的历史时期有其不同的变种。大体上，可以分为两个历史阶段：新文化运动时期与改革开放之后的历史时期。首先，中国的历史虚无主义脱胎于五四新文化运动中的“全盘西化论”。中国近代向西方学习的进程经由器物层面、制度层面，最终导向了一种对传统文化价值的某种激烈地否定。事实上，新文化运动一开始便呈现出了一边倒的历史虚无主义，其最激进的口号就是“打倒孔家店”。知识分子与革命志士先后选取了英美自由主义、法国启蒙运动的路径，都未能解决中华民族的根本出路问题。历史和人民最终选择了苏俄的马克思主义作为救亡的路径，之后又走上了马克思主义中国化的道路，马克思主义在中国的扎根与进一步发展有其历史必然性。究其根本，如马克思所说，理论在一个国家实现的程度，总是取决于理论满足这个国家的需要的程度。[①] 不可否认，马克思主义在传播的早期也受到了全盘西化模式的影响，马克思主义在本土化过程中也存在着否定中国传统文化的倾向。但是中国共产党是勇于从偏差中吸取教训的党，习近平总书记在2014年9月25日人民大会堂举办的“纪念孔子诞辰2565周年国际学术研讨会”上发表重要讲话时指出，“中国共产党人不是历史虚无主义者”[②]，强调了中国共产党对于继承和发扬传统文化的使命和责任。“全盘西化论”在抗日战争中随着民族主义的高涨，逐渐销声匿迹。但这一思潮并未偃旗息鼓，而是形成了一股暗流，在国内政治、经济、文化领域产生问题的时候，重又涌现出来。在改革开放以后，尤其是在面对西方资本主义发达国家经济社会的繁荣与社会主义国家在改革过程中产生的道德滑坡、腐败问题、诚信问题等的落差时，这股思潮再次凸显出来，并以纪录片《河殇》为

① 马克思，恩格斯．马克思恩格斯选集：第1卷［M］．北京：人民出版社，2012．第11页。

② 习近平．在纪念孔子诞辰2565周年国际学术研讨会暨国际儒学联合会第五届会员大会开幕会上的讲话［R］．北京：人民出版社，2014：13.

标志，达到了顶峰。该纪录片以地理环境决定论为论调，反对历史唯物主义，认为中国传统孕育的内陆文明、黄土文化是保守与封闭的象征，中国要走现代化的道路，唯一的出路就是融入西方的“蓝色海洋文明”，无条件地接受“全盘西化”。

而在中国进入到改革开放之后的新的历史时期，中国化的马克思主义则日益成为虚无的对象。具体包括以改革开放前三十年否定后三十年，即认为时下社会的种种弊端，如诚信缺失、官员腐败、社会不公等皆为改革开放带来的结果，以及以改革开放后三十年否定前三十年，即认为我国不该过早地搞社会主义，而应该让资本主义充分地发展等错误看法。总的来说，随着改革进入攻坚期和深水区，道路问题的政治指向愈发明显，那就是以马克思主义为指导的中国共产党领导的社会主义革命与建设道路。对于这个问题，邓小平同志早就提出：“中国走资本主义道路不行，中国除了走社会主义道路没有别的道路可走。一旦中国抛弃社会主义，就要回到半殖民地半封建社会，不要说实现’小康’，就连温饱也没有保证。”[①]

综上，从一个大的历史维度而言，任何一种文明皆非无根的产物，历史是文明从之而来，并且依此而去的根据。它创造了一个民族共同的记忆，构成了一个民族安身立命的基础。可以说，人类本身就是历史性的，并且，人类就是其所创造的历史本身。中国近现代革命史、社会主义建设史、改革开放发展史三者间并不存在着断裂，而是历史发展的阶段性和连续性的统一。抹杀和歪曲历史，就会陷入历史虚无主义的迷津。如钱穆先生所言，浅薄狂妄或是文化自遣，都是对本国已往历史缺乏一种温情与敬意。

三、当下中国的历史虚无主义的实质与成因剖析

作为一种文化思潮，历史虚无主义与资本逻辑的兴起紧密相关。如上文所指出的那样，历史虚无主义本是西方现代化进程中以自身的传统对抗资本兴起的产物，并非中国内生的社会思潮。诚然在中国传统中有“无”的传统，但更多地与人生境界相关，这就决定了中国哲学不会走上一条西方式的存在论意义上的从“有”到“无”的道路，加之文化传统本身关注现世、关

---

① 邓小平. 邓小平文选：第3卷［M］. 北京：人民出版社，1993. 第205页。

注实际的倾向，客观上也遏制了历史虚无主义的产生。故而，中国的历史虚无主义最初的产生与近代“向西方学习”的进程紧密相关，属于“西化现象”的衍生品。

可以说，当下中国存在的以娱乐对抗严肃、以享乐主义替代奋斗进取、以物质主义对抗精神向往等等虚无价值、虚无历史的现象，就是这种资本逻辑占据信仰真空的产物，其从根本上反映了资本“脱域”[①] 的现象，具体言之，在人类从农业社会向工商业社会转型的过程中，资本最初仍受到政治、文化的约束，韦伯在《新教伦理与资本主义精神》中便描述了资本主义发展早期，必须依赖于宗教提供的精神支撑的案例。但是随着资本主义的进一步发展，资本天然的逐利性驱使其打破既有的一切束缚，试图走向一种对政治和文化的全面控制。如是，就造成了资本“脱域”的现象，即资本脱离了原有的轨道，企图影响和控制社会生活的其他方面。比尔·盖茨曾设想的一种“无摩擦资本主义”正在变成现实。实际上，对于资本的“脱域”现象，马克思早有预见，在《1857—1858 经济学手稿》中，他指出资本的发展趋势必然是“一方面要力求摧毁交往即交换的一切地方限制，征服整个地球作为它的市场，另一方面，它又力求用时间去消灭空间，就是说，把商品从一个地方转移到另一个地方所花费的时间缩减到最低限度”[②]。换言之，马克思在对资本逻辑的分析中看到了历史虚无主义兴起的必然趋势。

然而，当下流行的历史虚无主义并非一种单纯的文化思潮，而是一种文化思潮与政治思潮的混杂物，并且从根源上说，它是“在西方各种以唯心主义历史观为哲学基础的思潮的影响下，适应西方国家对我实施和平演变战略的政治需要和国内反社会主义势力的策略变化，重新泛起的一种政治思潮”。[③] 可以说，中国特色社会主义与新自由主义之争、左右之争、前三十年与后三十年之争等都是“中国走什么道路”问题上尖锐对峙的表现。而否定中国共产党执政的合法性，否定社会主义制度，改变我国改革开放的社会主义方向是历史虚无主义最终的政治诉求。因而，政治一维的历史虚无主义问题的实质是关乎国之根本的道路与路线之争。

---

① 丰子义．马克思主义社会发展理论研究［M］．北京：北京师范大学出版社，2012 年．第 315 页。
② 马克思，恩格斯．马克思恩格斯全集：第 30 卷［M］．北京：人民出版社，1995．第 538 页。
③ 梅荣政，杨军．历史虚无主义重新泛起的透视［J］．马克思主义研究，2005 年第 5 期。

应该客观地看到，历史虚无主义在政治领域的兴起是社会分化与利益多元化的反映。中国社会正经历着从以一元政治为导向的社会向以多元经济为导向的社会的转变。随着社会主义市场经济的进一步发展，经济结构、利益结构与生活方式的多元已成现实，思想领域的多元趋势不可遏制，而以往的意识形态建设在内容与方法上却相对滞后，这既体现为曾经简单化、公式化，脱离社会存在去谈论社会意识的思想建设方法难以为继，如片面地要求“以公克私”、“改造主观世界”等。对于这一点，马克思、恩格斯就曾批评唯心史观只知道用人“怎么想、怎么说”去理解人，而不知道要从人“怎么生活、怎么做”去理解人。亦表现在主流意识形态对一些新问题、新现象的解释力不足：一方面，作为一个后发外生的处于现代化初期的国家，资本主义世界经济社会的繁荣与社会主义国家的相对落后和陷于低潮的社会主义运动之间的落差易于在民众中滋生历史虚无主义的情绪；另一方面，国内改革开放过程中出现的两极分化、官员腐败、公平缺失等社会问题与社会主义优越性之间的差距，也造成了理论与现实的脱节。

同时，历史虚无主义在政治领域的体现也与改革开放以后，对于鱼龙混杂的西方社会思潮缺乏良好的分析研判能力相关。随着人类文明的发展，不同意识形态国家间的政治、军事层面的赤裸裸的斗争更多地以“文化霸权主义”的形式表现出来，各种良莠不齐的西方思潮如新自由主义、消费主义以及后现代主义等大量涌入，呈现出学术与政治相混合的状态。事实上，设法鼓励别国的经济与政治层面的自由化，是历届美国政要的共识。尼克松在《真正的和平》中就曾明确表达过“要进行争取民心的竞赛”、制造民众的不满，促成和平演变等类似的企图。当下主流意识形态如何应对新自由主义、消费主义以及后现代主义等西方思潮的挑战，维护传统精神与中国化的马克思主义的正统地位，构建具有中国特色的哲学社会科学话语体系，是亟需解决的问题。

网络社会的兴起与通讯传媒手段的进步也为历史虚无主义的泛滥提供了载体。新媒体的个体化、碎片化的叙事方式对传统宏大的历史叙事的信度造成了极大的挑战，而网络作为一个高度动态开放的系统，亦表现出了诉求多元化、表达平面化、非理性因素强化、主动认同强化等一些新的特点，深刻影响了传统的金字塔形的政治权力架构。这客观上也对完善和创新网络媒介主流意识形态研究，深化马克思主义的意识形态微观理论范式提出了更高的要求。

总的来说，当下中国历史虚无主义问题的复杂性，根本上是由于中国的现代化是个高度时空浓缩的产物，呈现出前现代、现代与后现代三个论域杂糅的状况。相较于西方历经二百多年的现代化建设历程，中国在政治、经济与社会领域的现代化建设才刚刚起步。可以说，现代化的硕果初显，但是矛盾和弊端却已呈叠加态势。这其中既有市场经济发展早期的罔顾道德、一心逐利现象一定程度的呈现，又有资本主义世界如今盛行的宣扬去中心化、多主体，反对一切宏大的严肃的叙事方式，强调解构、娱乐化、虚无情绪的后现代主义的影响，这一切都导致了历史虚无主义的沉渣泛起。

四、坚持历史唯物主义，超越历史虚无主义

在历史虚无主义的克服与超越的问题上，我们仍然需要回到马克思主义中去获取思想资源。

历史虚无主义问题一直是德国古典哲学关注的焦点。呼告“虚无主义在欧洲降临”的尼采率先揭开了“无”的潘多拉之盒，从价值论角度给出了剖析，启蒙以来的现代本身孕育着虚无主义的种子，虚无主义是现代化的必然结果——虚无主义的根源在于理性主义和精密计算，那背后的推手则是现代科学。对人类理性的自信，超验的外在力量的不可证伪，使得自我规定的人类面临着最高价值丧失、缺乏目标以及寻求“为何”的答案而未果的险境。然而，更要命的是，理性主义并非虚无主义的最终归罪，理性的高扬不仅仅是现代化的产物，而几乎就是西方自柏拉图以来的理性－彼岸说的命数。[①] 整个西方形而上学的历史就是虚无主义的发展史，海德格尔深刻洞见了这一西方历史的内在逻辑，“虚无主义在西方民族的命运中以一种几乎尚未为人们所认识的基本过程的方式推动了历史”[②]，并试图超越形而上学之思，从“无”出发，让“存在”如其所是，重新为西方人找到一个存在的家园。然而，海德格尔对现代人异化状态的揭示，并不能使个体摆脱孤独的生存论境遇，“形而上学从抽象的‘存在’出发，又以‘存在’为终极目标，

① 尼采．权力意志［M］．北京：商务印书馆，1996 年第 675 页。
② 海德格尔．海德格尔选集［M］．上海：上海三联书店，1996 年第 872 页。

势必造成一种脱离现实的思辨轮回”[①]，其吊诡之处正如熊十力先生所言，西方文明“全副精神外驰，不务反己收敛以体认天道不言而时行物生之妙，不言者，虚寂之至”。[②]

可以说，真正破解历史虚无主义问题，并掀起存在论层面上的哲学变革的是马克思。如果说，“形而上学就是一种超出存在者之外的追问，以求回过头来获得对存在者之为存在者以及存在者整体的理解”[③]，意味着个体受抽象的统治，那么形而上学的克服必须首先从“现实的历史”出发，从立足于感性经验世界的现实的个体出发，从作为感性对象性活动的实践出发。马克思发现的历史唯物主义，“正是通过具体的感性活动在感性世界和超感性世界之间保持了必要的张力，才避免了形而上学与虚无主义的厄运”。[④] 并且，马克思发现解释世界与改造世界的现实结合点，那就是资本驱动的物化与人类感性活动的异化即物化与虚无之间的关联，而他破解资本运行逻辑的目的，并不在于描述现实，而是通过“政治经济学批判”指向一条存在论意义上的人类的解放与全面发展的现实路径。诚如海德格尔所言，共产主义决不仅仅是“党派”或“世界观”，而是一种具有世界历史意义的人类解放运动。这才是真正意义上克服历史虚无主义的根本力量。

同俄国、德国一样，作为外生后发的现代化国家，中国这个拥有数千年历史传统的大国，如何能够在坚守自己的历史文化命脉的基础上，走出一条超越资本主义文明的新路？这是马克思曾经思考过的问题，也是当下中国不可回避的问题。如果说，对于马克思而言，克服历史虚无主义首要的是要揭示资本和资本主义意识形态之间的共谋关系；在社会主义的中国，历史虚无主义的应对就具体落到了两个问题之上：政治权力如何驾驭和引导资本，让资本在合理的范围内运行以及在新的历史时期，如何再塑国家意识形态以凝聚共识。

假使我们将历史虚无主义问题置于政治、经济、文化相互关系的维度当中进行分析，我们就会发现历史虚无主义是这三者耦合的产物：就政治与资

① 唐忠宝．虚无主义及其克服：马克思的启示［D］．北京：中共中央党校，2013.

② 熊十力．中国历史讲话：中国哲学与西洋科学［M］．上海：上海书店出版社，2008 年第 133 页。

③ 海德格尔．路标［M］．北京：商务印书馆，2001 年第 137 页。

④ 宋友文．重新理解马克思与形而上学问题——兼驳海德格尔对马克思“达到了虚无主义的极致”的批评［J］．中国人民大学学报，2012 年第 1 期。

本的关系而言，一方面，资本的“脱域”必然会产生一种试图摆脱政治权力束缚的“去政治化”的倾向，甚至大有打破国界的限制，弱化消解国家主权的趋势[①]；但与此同时，资本的流动也离不开权力的支持。消除政治障碍并得到政治权力的保护，是资本运行的必备条件，形成资本与权力相结合的现象。就资本与文化价值的关系而言，马克思早已揭示了资本的运行本身必然孕育着虚无主义的力量，崇高与神秘在资本逻辑主导的商品的神化中被荡涤殆尽，资本逻辑与价值虚无是现代性问题的一体两面。就政治与文化价值的关系言之，在传统政治意识形态与社会结构同构的中国，一方面，政治风气无疑对社会风气的形成有着重要影响，政治伦理是社会道德伦理的核心组成部分；另一方面，国家意识形态的重塑离不开政治的主导力量。由上述分析可以得出，文化一维的历史虚无主义的产生根源于资本逻辑，提高驾驭社会主义市场经济的能力，是克服历史虚无主义的关键；而作为一种政治思潮的历史虚无主义则依赖于一种国家意识形态层面的统合。具体言之：

首先，正确看待历史，坚持唯物史观。必须坚持和发展历史唯物主义，以唯物史观来评价中国的近现代史，巩固和加强马克思主义在意识形态领域的指导地位，特别警惕以学术思潮的面貌出现的“输入型的历史虚无主义”。

其次，正确看待文化传承，践行“社会主义核心价值观”。主流意识形态是民族精神与文化的具体体现，构成了一个民族国家的中枢与灵魂。文化价值领域的虚无主义的克服，有赖于执政党对融合中国传统文化、各民族的核心价值在内的国家意识形态的重塑与超越。[②] 中华民族有其独特的精神标识，既包括了五千多年文明发展中孕育的中华优秀传统文化，又包括了党和人民在伟大斗争中孕育的革命文化和社会主义先进文化，而社会主义核心价值观就是这一文化的高度凝练。我们要弘扬社会主义核心价值观，归根到底就是要坚定文化自信。

再次，正确看待资本，提高驾驭社会主义市场经济的能力。追求价值增值永远是资本的本性。必须合理地调控和引导其作用的范围，防止资本向人类其他领域渗透。要进一步提高国家驾驭市场经济的能力，遏制与防范资本

---

① 辛向阳，王珊珊. 论国家虚无主义思潮的危害及应对策略［J］. 马克思主义研究，2016年第7期。
② 郑永年. 再塑意识形态［M］. 北京：东方出版社，2016年第139页。

“脱域”，尤其是资本与权力相结合的现象。扩大国家的公共职能，维护基本的公平正义，实现国家的型治、善治与法治，是国家治理体系和治理能力现代化的题中之意。作为一个社会主义大国，中国的现代化不应只满足于建立一种西方式的商业文明，重建一种既能够遏制资本主义商业文明的负面效果，又能体现出中国文化、价值与道德的现代文明，才是中国特色社会主义的价值旨归，亦是克服历史虚无主义的最终途径。

（作者单位：中共浙江省委党校）

（原载《贵州省党校学报》2017 年第 5 期）

唯物史观：批判历史虚无主义的根本武器

陈海龙　程慕青

近年来，“历史虚无主义”再次成为中国学术界的一个热门话题。在不到一年的时间里，我们根据知网学术期刊数据库提供的数据查询发现，以“历史虚无主义”作为文章标题一部分发表的学术期刊论文有80多篇，以“历史虚无主义”作为文章关键词发表的学术期刊论文更多，将近150篇（截止到2015年11月14日）。然而仔细阅读这些文章就可以得知，一些学术论文在批判历史虚无主义时并没有击中其要害，甚至流于痛恨和指责，没有认清历史虚无主义的本质，当然其本身也就无法真正打倒历史虚无主义，反而自己有可能会滑到历史虚无主义的深渊中去。比如一概把发现新史料、廓清过去历史失误、重新修正和评价一些历史事件和历史人物等的活动作为历史虚无主义的代表来批判，本身就是一种历史虚无主义，不能以实事求是的态度来看待历史，来看待社会历史研究。我们过去对历史的看法和总结未必都是完全正确的，人不是“上帝”也不是“神仙”，我们的历史结论和评价不是绝对的真理。即使过去是正确的，是真理性的认识，随着社会历史的发展，也许它的局限性就会暴露出来。按照马克思主义的理解，真理是一个过程，真理也具有相对性①。我们认为，造成这种结果的根本原因就在于没有深刻把握唯物史观，没有能够自觉地和正确地运用唯物史观这一科学武器来批判历史虚无主义。其实，历史虚无主义的本质和实质只有一个，那就是历史唯心主义，以唯心史观来看待社会历史现象②。唯心史观是一种非科学的社会历史观，它以社会意识决定社会存在为基本立场，对社会历史事件和人物的分析往往流于“现象”，流于对人物动机的考察，而没有深入到其背

① 马克思恩格斯选集：第3卷〔M〕. 北京：人民出版社，2012：463.

② 李艳艳. 当前历史虚无主义思潮的新特征〔J〕. 思想教育研究，2015（7）：35－38.

后的物质生产方式。由于没有看到人类社会发展的基本矛盾及其运行规律，也就把握不了人类社会历史发展的客观性及其规律性，更无法对社会历史作出正确的结论和价值评价。当然，唯心史观在否定社会历史发展客观性和规律性的同时，也无法科学确定社会历史的真正创造者——人民群众。基于此，唯物史观就是批判历史虚无主义的根本武器，也是我们批判历史虚无主义应该持有的根本立场①。

一、唯物史观认为人类社会历史具有客观性，不能任意解构和虚无化

在传统史学看来，历史的客观性原本是一个“不证自明”的概念，历史就是对人类过去实践活动的真实记录，因为它们确实发生过，我们才把它们载入史册。历史原本就不可能是主观的猜测，而必须有历史事实作为“原本”，否则就不能叫“历史”，只能叫“神话”“传说”“戏说”等。但随着19世纪新史学理论运动的出现，随着人类自身主体性的觉醒，这种对历史的素朴实在论理解便瓦解了，怀疑史学开始出现。如果非要找出这种瓦解历史的素朴实在论理解源头的话，克罗齐可以算作一个。在克罗齐看来，“只有现在生活中的兴趣方能使人去研究过去的事实。因此这种过去的事实只要和现在生活的一种兴趣打成一片，它就不是针对过去的兴趣而是针对一种现在的兴趣的”②。克氏的口号就是“一切历史都是当代史”。很显然，在克氏看来，历史不可能是绝对客观的，它要灌输当代人的“兴趣”和“爱好”，一切时代的人都是在其世界观和价值观的主导下去“写作历史”的，因此历史不免会有一定的主观性。

这原本是没有什么问题的理解，一切时代的人在为过去的时代“修史”时，在评价历史事件和历史人物时，都难免会受到自己的价值观和时代精神的影响，但这并不影响历史的客观性。历史客观性本身不能用素朴实在论来解释，只是人们把克氏的这一思想放大化，就走向了主观历史论。历史虚无主义就是从这场史学运动中生发出来的，是它的“意外之物”。可以说，历

① 刘雄伟．论唯物史观对历史虚无主义的内在超越〔J〕．社会主义研究，2015（5）：31—37.
② 克罗齐．历史学的理论和实际〔M〕．北京：商务印书馆，1982：2.

史虚无主义是“嫁接”于历史主观主义之上的，它决然地否定历史的客观性，任意歪解过去的历史，不断地解构人类对过去的认知，从而要否定过去，使过去的历史虚无化。

当然，这场19世纪的史学运动以及历史虚无主义的产生并非无缘无故，它和那个时代人们反思素朴实在论以及现代主义的兴起密不可分。过去的历史观秉承一种素朴实在论立场，也是一种实证主义，它认为历史就是对过去发生的历史事件的一种真实资料的汇编，历史是独立于我们之外的，是一种客观存在，人们在历史面前，要祛除自己的价值观念，历史学家有责任完全客观地去记载这种历史。以“捍卫历史的真实性”为使命的历史学家理查德·艾文斯的观点，可以算作这种立场的当代回音，他说：“一个历史事实是一个在历史中发生的，并且可以通过历史留下来的痕迹去加以证实的事实。不论史学家有没有作出这种证实的行为，和历史事实的实在性是没有关系的——它完全是独立于历史学家之外而存在的。”[①] 当然，这种实证主义历史观和实在论有其重要意义，但是这和人们对历史价值的理解有着显著的差距，尤其是对于19世纪的人们来说更是如此。人们进行历史研究，创建历史学科，不仅仅是要保存历史资料，更是为了“照亮未来”，培根的“读史可以使人明智”的说法即体现出这种思想。只是过去事实资料堆积的“历史”是无法满足人们这一需要的，必须对历史进行总结，找出历史发展的规律性方可如此。19世纪是人的解放的世纪，在当时的欧洲，文艺复兴、启蒙运动刚刚结束它们的历史使命，在等待着“黄金果”的丰收，也即人类“政治革命”的到来，这场革命要终结“黑暗”的传统和过去，开辟“光明”的现代和未来。伴随着“现代时代”到来的是现代主义，同时还有后现代主义，这是一个很奇怪的现象，现代主义的出世却带来了它的孪生兄弟后现代主义的降临，可以说后现代主义就是现代主义本身带来的。伴随着现代主义和后现代主义到来的，就是要求人们同“神圣世界”的分离，回归世俗世界。用马克思的话说，就是“真理的彼岸世界消逝以后，历史的任务就是确立此岸世界的真理”[②]，就是要废除最高价值，给这个世界进行“祛魅”。而

① 理查德·艾文斯．捍卫历史〔M〕．桂林：广西师范大学出版社，2009：75．

② 马克思恩格斯选集：第1卷〔M〕．北京：人民出版社，2012：2．

最高价值的自我废除，这个世界的“祛魅”就意味着虚无主义的到来，在尼采看来，“虚无主义意味着什么？最高价值的自行贬黜”[①]。这种虚无主义进入社会历史观领域就是历史虚无主义，它要摧毁基督教的历史观。在中世纪的基督教看来，历史的发展有着终极的目标，那就是上帝的救赎，人类重新回到自己的“伊甸园”，历史发展本身有着客观的程序，程序是上帝设计的，我们只需要一步步走下去，终会实现历史的目标。历史虚无主义发现了基督教历史观所悬设的这一终极目标具有虚假性，从而展开了对基督教历史观的解构，历史在它们看来就是“一地鸡毛”，没有自己的目标，也毫无规律性。

当然，唯物史观反对历史虚无主义，同时也不支持实证主义和素朴实在论的历史观。唯物史观把历史的研究变成了一种科学，一种历史科学。在唯物史观看来，历史既不是客观的资料堆积、纯粹客观的历史事件的叠加，也不是虚无，社会历史有其物质性、规律性、逻辑性，历史的客观性就体现在它的物质性、规律性、逻辑性上，而不是素朴实在上。首先是历史的物质性。历史不是一种精神性的东西，至少主要不是精神性的东西。人类的历史不是像黑格尔历史哲学所描述的那样为一种绝对精神的自我演化史，它具有物质性。其次是历史的规律性。人类社会的发展是否有规律可循，人类的历史发展过程是否存在着一定的规律性，这一点是唯物史观和各种唯心史观争论的重要焦点。历史虚无主义当然要在唯心史观的立场上否认历史的规律性，否则就不能虚无历史和过去，就不能把历史主观化。列宁就曾经对唯心史观的这一点进行过批判，他认为：“以往的历史理论至多只是考察了人们历史活动的思想动机，而没有研究产生这些动机的原因，没有探索社会关系体系发展的客观规律性，没有把物质生产的发展程度看作这些关系的根源。”[②] 列宁的这段话说明了三点：一是人类社会历史的发展具有规律性，二是人类社会历史发展的规律性主要是人类社会关系的发展具有规律性，三是这种社会关系发展的规律性根源在于人类物质生产发展的规律性。人类社会的发展、人类社会的生产力发展具有规律性，那就是不断地向前发展，由低级向高级跃迁。从原始社会我们祖先使用各种石器，到今天我们使用各种

---

① 尼采．权力意志：上卷〔M〕．北京：商务印书馆，2007：399．

② 列宁选集：第2卷〔M〕．北京：人民出版社，1995：425．

机械动力、电气动力及智能产品，中间经过了多次的变革和发展。随着生产力的变革和提升，人类的社会关系也不断地由不自由走向自由、由不合理走向合理、由束缚走向解放。人类的历史，就是一部人类不断地走向自由、实现自我解放的历史。最后是历史的逻辑性。历史的逻辑性也叫历史的理性，历史的就是过去的，不是当下的东西。过去的东西不会自己向人们敞开自身，它需要借助逻辑或者理性来讲述自己。没有逻辑，历史就是一堆堆的材料，就是一个个人物和一个又一个的历史事件，这在严格意义上来说还不能叫“历史”，也不能“使人明智”，它们要真正变为“历史”，还必须把逻辑注入其中，实现逻辑和历史的统一。

二、唯物史观科学地解答了人类历史之谜，发现了人类社会历史发展的规律性，对主观唯心主义历史观造成了致命的打击

历史是客观的，其中最主要的一点就在于历史的发展有规律可循，这也是唯物史观成为科学的基础，因为唯物史观第一次找到了人类社会历史发展的这种规律性。既然历史虚无主义奠基在唯心史观之上，它也必然要抹杀人类社会历史的规律性。如果它承认了人类社会历史的规律性，它就不能采取主观的方式来解读历史，把历史看作一个任人打扮的小女孩，从而也不能虚无过去和历史。因此，要彻底驳倒历史虚无主义，我们必须深入分析唯物史观对人类历史发展规律的分析。

按照传统的理解，唯心史观一般分为两个类型，其一是唯意志论。唯意志论把某些英雄人物、帝王将相等的意志看作历史发展过程的决定性力量，历史的发展以他们的意志为转移，他们的意志发生改变，历史也会改变自己的运行轨迹。并且，在唯意志论看来，这些英雄人物和帝王将相的意志是主观的，甚至可能是不可捉摸的，可能会因为喜欢某个女人而改变自己原有的意志，也可能会因为一顿早餐吃得不美而临时起意发起一场战争。其二是宿命论。宿命论主张用天命、绝对精神来解释历史，认为是这些东西在创造人类的社会历史，而它们是神秘的，是我们人类所无法把握的，对我们人类来说，我们只能听命于天命和绝对精神的安排，我们无法知道自己未来的命运。当然，历史的发展也无规律可循，即使天命和绝对精神有它们自己的“计划”，由于“天机不可泄露”，我们也无从知晓，也相当于无。

而唯物史观把对社会历史的认识变成了一种科学，摆脱了以往历史观的神秘主义和唯心主义成分，把对历史的认识奠基在科学的唯物主义之上。唯物史观之所以是一种科学，就在于它发现了人类社会历史的“秘密”，解答了“人类历史之谜”，把唯心主义赶出了社会历史领域。“人类历史之谜”的答案，即人类社会历史的发展有规律可循。马克思在《〈政治经济学批判〉序言》中对人类社会历史的发展规律性进行了完整的叙述，那就是：“不是人们的意识决定人们的存在，相反，是人们的社会存在决定人们的意识。社会的物质生产力发展到一定阶段，便同它们一直在其中运动的现存生产关系或财产关系发生矛盾。于是这些关系便由生产力的发展形式变成生产力的桎梏，那时社会革命的时代就到来了。随着经济基础的变更，全部庞大的上层建筑也或慢或快地发生变革。”①

马克思的这段话除了提出了唯物史观的基本立场，即认为社会存在决定社会意识、社会意识是社会存在的反映外，还提出了人类社会历史发展的两大规律。其一，生产力和生产关系的矛盾运动规律，或生产关系的状况一定要适合生产力状况的规律；其二，经济基础和上层建筑之间的矛盾运动规律，或上层建筑的状况一定要适合经济基础状况的规律。

首先，生产力和生产关系的矛盾运动规律。这种矛盾运动具体来讲就是生产关系的状况一定要适合生产力的状况，生产力决定生产关系，有什么样的生产力，就会有什么样的生产关系，尤其是生产力中生产工具的状况对生产关系的性质具有重要作用。通过对人类社会历史发展的考察我们就可以发现：原始的生产工具，如石刀、石斧、石镰等，带来的是原始社会的生产关系，所以我们把原始社会又叫做人类的“石器时代”（旧石器时代和新石器时代）；随着青铜器被人们制造出来，并广泛应用于生产实践，人类进入了奴隶社会，奴隶社会又叫做人类的“青铜时代”；随着炼铁铸造业的出现，铁器被广泛应用于生产实践中，人类社会开始迈进封建社会，封建社会又叫做人类的“黑铁时代”；而最终近代的蒸汽动力的出现和在生产领域的广泛应用，资本主义时代就来临了，这是一个“蒸汽动力”时代。人类社会历史的这种演变状况不是个别的、特殊的现象，而是一般的、普遍的情形，有它

① 马克思恩格斯选集：第2卷〔M〕. 北京：人民出版社，2012：2.

的内在规律性。

其次，经济基础和上层建筑之间的矛盾运动规律。这种矛盾运动具体来讲就是上层建筑一定要适合经济基础的状况，经济基础决定上层建筑，上层建筑要反映经济基础的要求，并对经济基础具有一定的反作用。其实，这一规律和前一历史规律有着密切的联系，前一规律的"终点"就是这一规律的"起点"，因为"经济基础是指由社会一定发展阶段的生产力所决定的生产关系的总和"①。当经济基础也就是根本的生产关系发生改变时，旧有的上层建筑就很难再存在下去了，它要按照经济基础的要求进行变革。我们以资本主义战胜封建主义为例，当蒸汽动力被人们发现并广泛应用后，机器大工业生产就取代了工场手工业，资产阶级开始掌握了整个社会的大部分生产资料，积累了大量的财富，这时候封建国王和封建贵族的统治就要结束了，资产阶级要求在政治上也占主导地位，要求按照自己的经济利益建构起自己的社会意识形式、政治制度、政治组织和机构，也即完整的上层建筑。

生产力和生产关系之间的矛盾运动规律以及经济基础和上层建筑之间的矛盾运动规律就是人类社会历史的两大规律。掌握了这两大规律，我们就可以科学地看待社会历史现象，拨开人类社会历史的重重迷雾，对社会历史中的事件和人物进行科学评价，并预测未来社会的发展趋势，从而更好地指导当下的社会实践。

在历史的规律性上，我们必须正确理解其与历史决定论的关系问题。一提到历史的发展有规律可循，人们往往会为其打上"历史决定论"的烙印。其实，唯物史观的历史规律论和历史决定论有一定联系，但又有区别。"历史唯物主义是历史决定论者，但它是辩证决定论，因为它把社会作为一个整体，从必然性与偶然性、规律与人的活动相关联中考察历史决定论问题"②，也即唯物史观既承认社会历史发展的规律性，也坚持人的历史选择性，人在历史规律面前不是被动的，他的目的和意志都对历史的发展有着十分重要的影响。恩格斯曾经借助平行四边形不稳定的特性对历史的规律性和人的选择性的辩证关系进行过说明。平行四边形的对角线是朝前的，但人们的意志可

---

① 本书编写组. 马克思主义基本原理概论〔M〕. 北京：高等教育出版社，2015：115－116.
② 陈先达. 历史唯物主义的史学功能〔J〕. 中国社会科学，2011（2）：42－52.

以组成合力，使四边形的对角线发生变形，向上或者向下弯曲，也即改变历史发展的具体过程和状况，但历史向前发展的指向不会改变。历史发展的方向是一种合力的结果，但这种历史合力又受当时人们的社会生活状况所决定和影响[①]。

三、唯物史观申明了人民群众是社会历史的创造者，在历史的创造过程中，英雄人物和普通个人都有着独立的作用，他们的意志形成了历史的合力

历史虚无主义在否定历史的客观性和人类社会发展的规律性的基础上，开始对历史进行肆意解构和否定，其中一个惯用手法就是通过放大某个历史人物的缺点或者错误，从而否定整个历史和历史事件。比如，有些人通过放大毛泽东在社会主义改造和建设时期所犯下的一些错误，从而否定整个社会主义革命和建设，进而否定整个中国人民的革命和解放事业。这显然是没有正确看待人民群众和个人在社会历史发展中的作用。而在唯物史观看来，“人民群众是社会历史的主体，是历史的创造者”[②]。

在马克思主义产生之前，由于在社会历史观领域一直是唯心史观占主导地位，在社会创造者问题上，就是英雄史观一统天下。在唯心史观看来，正是英雄人物创造了历史，没有英雄人物，人类的社会历史就是灰色的，正是英雄人物使千万年的人类历史生色，英雄人物就是照耀人间的星辰。而人民群众都是供英雄人物使用的材料，是他们创造历史的工具。一部人类历史就是英雄人物改天换地的活动事迹的记载，“实质上也就是在世界上活动的伟人的历史”[③]。

而唯物史观的创建，第一次申明了人民群众对社会历史的创造作用，是社会历史的真正创造者。真正对人类社会历史产生影响并为历史注入人的选择性、人的意志的不是某个英雄人物，而是英雄背后的人民群众，即广大的普通人。虽然拿破仑被黑格尔视为“马背上的时代精神”、“绝对精神的执行人”，但是，那并不是因为拿破仑很强大，而是因为他的士兵很强大，也是

① 马克思恩格斯文集：第10卷〔M〕. 北京：人民出版社，2009：592—593.
② 本书编写组. 马克思主义基本原理概论〔M〕. 北京：高等教育出版社，2015：140.
③ 托马斯·卡莱尔. 论英雄、英雄崇拜和历史上的英雄业绩〔M〕. 北京：商务印书馆，2005：1.

因为当时的法国民众对拿破仑很支持。

如此一来，我们考察历史，考察历史的规律，就不能把全部的注意力，甚至大部分的注意力放在英雄人物的身上，而应该放在那个时代最大多数的那部分人即人民群众的身上。是他们在创造历史，用行动在“书写”人类的历史。历史不会因为我们对某个英雄人物的看法的改变而改变，历史规律是人民群众谱写的，即使否定英雄人物的某些过去，甚至否定整个英雄人物本身，也不等于可以否定历史和人类过去的实践。

历史虚无主义之所以敢于明目张胆地通过否定某些英雄人物的过去来否定历史，来否定整个中华民族的革命史、奋斗史、解放史，也和我们过去对个人地位的认识出现偏差有关。某些人及某些理论过去过于强调英雄人物的作用、夸大英雄人物的地位，而对普通的个人往往视而不见，重视不够。如某些高校所使用的马克思主义基本原理概论课教材就是如此，在介绍“个人在社会历史发展中的作用”时，只介绍了杰出人物在社会历史发展中的作用，根本就没有提到普通的个人在社会历史中有什么作用[①]，好像普通个人根本就不存在，也没有什么作用一样。这样就逐渐滑向了英雄史观，历史就失去了客观性，“文革”期间“个人崇拜”的出现就与此不无关系。

不可否认，杰出的历史人物确实在人类社会历史发展中有着独特的作用，不然他们也不会被称为杰出人物。但唯物史观在肯定作用的同时并不否定普通个人的作用，相反，对其作用同样给予了肯定和重视。恩格斯在谈到人民群众对历史的创造性作用时就指出，普通个人的意志绝不等于零，“每个意志都对合力有所贡献”[②]。在考察人民群众对社会历史的创造性作用时，我们决不能只看到人民群众作为一个整体和少数的杰出人物在社会历史发展中的作用，而忽视普通个人的地位和作用。否则，我们就无法避免历史虚无主义的“侵入”。我们必须承认每个人都有其独立人格，都具有主体性和创造性。

一般来说，普通个人在社会历史发展中的作用有以下三种：其一，普通个人直接参与了社会历史的创造，他们是人类历史洪流中的涓涓细流，没有

① 本书编写组．马克思主义基本原理概论〔M〕．北京：高等教育出版社，2015：144－147.
② 马克思恩格斯文集：第10卷〔M〕．北京：人民出版社，2009：593.

他们的不断汇入，人类历史的洪流就不能形成，更不会那么丰富多彩和雄伟壮观。其二，普通个人是英雄人物成长的“母体”，真正的杰出人物都是从普通个人中成长而来的，也是一个又一个的普通个人支撑起来的，没有千万个普通个人的共同实践和协作，杰出人物就不会出现。其三，随着现代社会的发展，普通个人对社会历史的影响会更大，甚至会产生超常性影响。在我们的现实生活中，就有一大批普通人成为了科学家、企业家、艺术家等。

总之，历史虚无主义并不可怕，只要我们能够真正掌握唯物史观，学会正确运用唯物史观来分析社会历史及其发展规律，就完全可以看透历史虚无主义的本质和有关伎俩，从而有力批驳历史虚无主义。唯物史观解答了困惑人类长久以来的“历史之谜”，“拨开”了覆盖在人类社会历史之上的“迷雾”，“摘掉”了它那“神秘的面纱”，我们第一次有了看待人类社会历史的科学立场和科学方法，它就是我们批判和终结历史虚无主义的根本武器，一切马克思主义者都应该正确掌握和运用好它。

（作者单位：河南理工大学马克思主义学院）

（原载《中共山西省委党校学报》2016 年 2 月第 39 卷第 1 期）

第二辑

历史虚无主义思潮的泛起、特点及其主要表现

梁　柱

历史、现实、未来是相通的。历史是过去的现实，现实是未来的历史。只有正确地认识历史，才能正确地认识现实，并以史为鉴，察往知来，创造更加美好的明天。晚清著名思想家龚自珍说过："欲知大道，必先为史"；而"灭人之国，必先去其史；隳人之枋，败人之纲纪，必先去其史；绝人之材，堙塞人之教，必先去其史；夷人之祖宗，必先去其史"[①]。古往今来，一切民族和国家在进步发展中都重视自己的历史，都善待自己的历史遗产。在新的历史时期，随着国内外环境的深刻变化，在我国社会出现了各式各样的社会思潮，其中，以对自己国家的历史、民族的文化采取轻蔑的、否定的态度，甚至把历史特别是把中国革命和社会主义建设的历史说得一无是处的历史虚无主义的泛起，为害甚烈，引起了一切关心党和国家命运的人们的关注和忧虑。

一、历史虚无主义思潮的泛起及其特点

在近代中国，历史虚无主义是作为同"全盘西化"论相呼应而出现的一种错误思潮。持"全盘西化"论者往往对民族文化、历史遗产采取轻蔑、虚无的态度，表现为民族文化虚无主义。在20世纪30年代首先提出"全盘西化"主张的陈序经就声称："西洋文化无论在思想上，艺术上，政治上，教育上，宗教上，哲学上，文学上，都比中国的好。就是在衣、食、住、行的生活上，我们也不及西洋人的讲究。"他提出："今后中国文化的出路，唯有

① 《龚自珍全集》(上)，北京：中华书局，1959年，第22页。

努力去跑彻底西化的途径。”① 胡适同样主张以“西方化”作为中国文化的出路，而他的具体方案则是要求仿照“美国模式”。这种“全盘西化”论、民族文化虚无主义同文化复古主义一样，都不能正确反映近代中国文化发展的要求，同近代中国历史发展的方向相违背的，因而理所当然地受到了抵制和批判。随着马克思主义在中国的广泛传播，特别是人民革命的胜利，使民族自尊心、自信心和自豪感得到极大增强，因而在一个长时期内，这种错误思潮受到了抑制。

进入新的历史时期，在我们党拨乱反正、转入现代化建设和改革开放这一特定历史条件下，历史虚无主义作为资产阶级自由化的一种表现形式，开始在中国泛起。一些人以“反思历史”为名，歪曲“解放思想”的真意，从纠正“文化大革命”“左”的错误，走到“纠正”社会主义，认为我国不该过早地搞社会主义，而应该让资本主义充分地发展；从纠正毛泽东晚年的错误，走到全盘否定毛泽东的历史地位和毛泽东思想；从诋毁新中国的伟大成就，发展到否定中国革命的历史必然性：从丑化、妖魔化中国共产党领导的革命和建设的历史，发展到贬损和否定近代中国一切进步的、革命的运动；从刻意渲染中国人的落后性，发展到否定五千年中华文明，等等。改革开放30多年来，历史虚无主义思潮时隐时现，但从未止息和退落，特别是每当我们坚持四项基本原则不一贯的时候，它就会以极端的、尖锐的形式表现出来。

应当看到，历史虚无主义思潮的泛起，是世界社会主义运动处在低潮、西强东弱态势明显的形势下出现的一种历史现象。以苏东剧变为标志的世界社会主义运动急剧转入低潮，这不能不深刻地影响人们的思想走向。应当肯定，苏联解体的原因是多方面的、综合的，但其中起决定作用的，是戈尔巴乔夫为首的苏共中央推行一条自我否定、自我丑化的机会主义路线。它的发展有一个过程，而否定十月革命的道路、抹杀苏联社会主义的历史成就则起了先行的作用。前有赫鲁晓夫全盘否定斯大林，后有戈尔巴乔夫推行的“新思维”，使得颠倒历史、混淆是非的种种歪理邪说大行其道。戈尔巴乔夫的

① 《中国文化之出路》，引自罗荣渠主编：《从“西化”到现代化》，北京：北京大学出版社，1990年，第363—364页。

所谓“改革”，实际上是自觉的改制。他认定，已建立的社会主义制度存在着政治上、经济上和思想上的垄断，是“极权的”、“专横的”、“官僚专制的”社会主义，改革就是要“告别过去”，“形象地说，应该炸毁一切”，这就是要“根本改造社会大厦：从经济基础到上层建筑”[①]。这就是说，他要从根本上改造社会主义制度，取而代之的就是他所鼓吹的民主社会主义，即按照西方模式重新创立所谓新的社会制度。他们制造了所谓十月革命不如二月革命，二月革命不如斯托雷平改革，使革命不如改良、苏联不如沙俄、社会主义不如资本主义的谬说，甚嚣尘上。历史被糟蹋到如此地步，现实的社会制度也就失去了它的依据。这样，整个党和社会的理想信念就动摇了。全面否定苏联历史、苏共历史，否定列宁、否定斯大林，一路否定下去，搞历史虚无主义，思想完全搞乱了。最后“城头变幻大王旗”只是一夜之间。这是以戈尔巴乔夫为首的苏共领导层中叛徒集团自上而下掀起的一场否定苏共和苏联的革命历史的恶浪，导致人心涣散，信念破碎，最终使雄居世界的第二强国、为人类进步作出重大贡献的社会主义苏联毁于一旦。值得注意的是，在苏联演变过程中，不但可以看到西方反共势力的作用，而且他们也极力利用这一历史事件，制造马克思主义、社会主义的“失败论”、“死亡论”、“终结论”。布热津斯基的《大失败》和福山的《历史的终结》就成了这股世界范围的“告别革命”思潮的代表作。这一惨痛的历史悲剧，深刻说明在社会主义遭遇困难和挫折，历史的列车急转弯的时候，会有一些人丧失信心，悲观失望，企图另找出路。历史虚无主义在中国重新泛起，正是同这样的国际背景相关联的。

正是在这样国际大背景下，有些人利用我国改革开放这场深刻的社会变革，要把中国引向适合西方需要的资本主义发展方向。他们在“反思历史”的名义下，利用我们党经历的曲折，任意夸大党和毛泽东晚年的错误，蓄意歪曲历史，制造思想混乱。改革开放以来，从北京“西单墙事件”到1989年的政治风波，以及这些年来出现的“告别革命”思潮，可以说都贯穿着资产阶级自由化的改革要求。其基本主张是：在经济上根本否定社会主义公有制，要求全面彻底地实行私有化；在政治上鼓吹多元化，要求实行多党制、

① 米·戈尔巴乔夫：《社会主义思想与社会性改革》，《真理报》1989年11月26日。

议会制；在意识形态上要求取消马克思主义的指导地位。很显然，这种改革观的实质，就是资本主义化，就是与国际反共势力的“和平演变”战略相呼应，并按照西方的模式和价值观，把中国纳入西方资本主义体系。

在新的历史条件下重新泛起的历史虚无主义思潮，也带有自身的特点，这主要表现在如下几个方面。

第一，它的一个突出表现，就是竭力贬损和否定革命，诋毁和嘲弄中国人民争取民族独立和人民解放而进行的反帝反封建斗争，诋毁和否定我国社会发展的社会主义取向及其伟大成就。而所谓“告别革命”论，既是这种思潮的集中表现，又是它不加隐讳的真实目的。在他们看来，革命只起破坏性作用，没有任何建设性意义。一些人拼命渲染革命的“弊病”和“祸害”，在一本名为《告别革命》的书中，对革命作了这样的描述：“革命容易使人发疯发狂，丧失理性”，“革命残忍、黑暗、肮脏的一面，我们注意得很不够”。“革命是一种能量的消耗，而改良则是一种能量积累”。“改良可能成功，革命则一定失败”。“中国在20世纪选择革命的方式，是令人叹息的百年疯狂与幼稚”。在反对所谓“激进主义”、推崇保守主义的名义下，否定革命，颂扬改良。他们把近代中国凡是追求变革进步的都斥为“激进”而加以否定，而维护封建专制统治的则被称为“稳健”而加以肯定，断言是“激进主义”祸害了中国，阻碍了中国现代化进程。他们否定近现代中国历史上农民运动的进步性，认为“每次农民革命都造成社会生产大规模的破坏”，“很难得出农民运动是推动历史前进的动力这个普遍的结论”。继而，抬高洋务运动，贬低戊戌变法，抬高清廷的“新政”，贬抑辛亥革命、五四运动和中国共产党领导的革命运动。有些人则对近现代史下了这样的断语：“谭嗣同是近代激进主义的开头”，“现在看来，它所带来的负面效应也相当大。这一效应影响到革命派，甚至可以说一直影响到现在”。“辛亥革命是搞糟了，是激进主义思潮的结果。清朝的确是腐朽的王朝，但是这个形式存在仍有很大意义。宁可慢慢来，通过当时立宪派所主张的改良来逼着它迈上现代化和‘救亡’的道路；而一下子痛快地把它改掉，反而糟了，必然军阀混战”。正是经过这样的“重新评价”，从鸦片战争到中华人民共和国成立的109年历史，因革命而走上社会主义道路并获得伟大成就的历史，就从根本上被否定了。从这里也可以使我们看到，历史虚无主义把“重新评价”的重点放在近现代史的原因，就是为了否定革命，为了否定现实的社会主义制度。

第二，它以“学术研究”的面目出现，在“重新评价”、“重写历史”的名义下，作翻案文章，设置“理论陷阱”。他们有的是通过赤裸裸的谩骂、恶毒攻击的方式，来丑化和否定革命历史和革命领袖，相对地说，这比较容易被人们识破，因而他们更多地是在学术的幌子下，贩卖他们的私货。比如，在中国近代史的研究中，有的论者否定近代中国是一个半殖民地半封建社会的性质，生造了一个所谓“半封建半资本主义”的提法，来取代半殖民地半封建的科学判断。表面上看，这是一个学术问题，实际上这是一个“理论陷阱”。因为对近代中国半殖民地半封建社会性质的定位，是中国革命，包括孙中山领导的民主主义革命和同社会主义相联系的新民主主义革命的前提，如果这个前提被否定了，革命的历史必然性和进步性也就不存在了，有关近代中国社会和中国革命的一系列结论也都要被改写，与此相关的重要历史人物的评价标准也就完全不同了。事实上这种提法，不但违背了判定社会形态的常识，否认“半殖民地半封建”是相互统一、不可分割的，是中国社会的二重性质交互作用的结果所决定的，而且把对半殖民地半封建社会性质的科学判断看作是产生“左”的错误的重要根源，在有的论者看来，近代中国应当用大力发展资本主义来取代“半封建”，而不应该采取社会主义的发展方向。这样就把纠正“左”的错误变成了“纠正”社会主义。又如，历史虚无主义在糟蹋、歪曲历史的时候，却声称自己是在进行“理性的思考”，是要实现所谓“研究范式”的转换，似乎只要戴上这种理性的光环，他们就会名正言顺地占据史坛的话语权了。实际上，历史虚无主义同理性思考完全背道而驰的。他们为了否定革命的正义性和必要性，就竭力美化帝国主义和封建主义，他们把推动历史前进的革命政党、领袖和革命的群众运动边缘化，甚至加以丑化，而对阻碍历史前进的反动势力及其代表人物则加以颂扬，把他们放到了历史舞台的中心位置。这从根本上歪曲、颠倒历史的做法，是不折不扣的反理性思考。

第三，它有着明确的政治诉求。改革开放以来相继出现了危害社会的各式各样的错误思潮，如新自由主义思潮、民主社会主义思潮、儒化中国思潮和普世价值观等等，虽然他们主张各异，表现形式不同，但却有共同的政治诉求，这主要表现在：反对四项基本原则这一立国之本，力图扭转现代化建设和改革开放的发展方向，把中国纳入到西方资本主义体系中去。历史虚无主义思潮则以它自身的特点来表达这一共同的政治诉求。其中最具代表性的，是1998年有学者为《北大传统与近代中国》一书所写的序言，竭力否定近代中国特别是五四以来的爱国的、革命的传统，而把自由主义说成是最好的、当今中国应当继承发扬的五四传统，并要求把它作为一种政治学说、经济思想和社会政治制度加以实现，这样才"会把一个自由的中国带入一个全球化的世界"。这就不加遮掩地把自由主义作为今天中国要加以实现的资本主义社会政治制度提了出来。事实上，持自由主义传统论者有着明确的政治诉求。他们认为，这种自由主义，"曾有九十年是中国社会上的主流思潮之一"，只是"一九四九年后"，被"持续地、彻底地、大规模'肃清''了，现在的任务就是使之"在今天的中国复兴"，使"中国由此而开始走向世界，走向现代化，走向全球化"。后来此人又明确地说"全球化就是美国化"。明白无误地把矛头指向了人民革命和中国的社会主义制度，而他们所要求的自由主义，正是资本主义的现代化和全球化。值得注意的是，这种自由主义的说教，今天又加上了一层"普世价值"的包装，具有很大的欺骗性，应该引起我们足够的重视、清醒的认识。

二、历史虚无主义的主要表现

历史虚无主义思潮不仅表现在史学研究中，而且也表现在涉及历史和历史人物的某些文学、艺术和影视等领域的作品中，影响面大，危害至深。现就它的主要表现，作一点分析。

其一，颂扬改良，否定革命的历史进步性。这个问题前面已经谈到。现就其所谓"研究范式"转换，用"理论创新"的名义，来达到否定革命，颂扬改良的目的，作一些分析。所谓"范式转换"，就是用所谓的"现代化史观"取代"革命史观"，把革命同现代化对立起来，借以否定中国近代史上的革命斗争。当然，从理论和实践上探讨中国现代化的源流、曲折和发展，不失为近代史研究的一种角度，但问题在于，持"现代化史观"论者往往是以否定争取民族解放和人民民主这一近代中国主旋律为前提的，这就从根本上违背了近代中国的历史实际和首要的历史要求。正因为这样，经过上述历史"研究范式"的转换，现代化就成为近代中国历史发展的唯一要求和唯一主题，而革命便成了破坏社会稳定、制造社会动荡、阻碍现代化的消极力量。其实，这种“现代化史观”并不是什么创新，早在1938年蒋廷黻在《中国近代史》一书中就说过，“近百年的中华民族根本只有一个问题，那就是：中国人能近代化吗？能赶上西洋人吗？能利用科学和机械吗？能废除我们家族和家乡观念而组织一个近代的民族国家吗？能的话，我们民族的前途是光明的；不能的话，我们这个民族是没有前途的。”[①] 他由此得出结论，以落后的中国抵抗西方列强的入侵必遭失败；“明智的选择”是放弃无益的抵抗，甘于认输，一心一意学习西方，去实现中国的现代化。而此时正是抗日烽火连天、全民族抗战之时，这样的论调对争取民族解放战争的消解作用是不言自明的。可以说，这是“现代化史观”的最早表述，而今天持此论的正是继承和发展了这样的观点。我们知道，争取民族独立和实现国家富强即现代化，是近代中国历史的两大要求。但在民族灾难深重，国家不独立，人民受压迫的情况下，是无法实现现代化的。近代中国有多少爱国者抱着科学救国的理想，苦苦追求和奋斗，结果都一一失败了。这就是因为当时的社会环境不容许。所以只有通过革命来解放生产力，才有可能实现国家的富强。那种用所谓的“现代化史观”取代“革命史观”，把革命同现代化对立起来，目的是为了否定中国近代史上的革命斗争。其实，所谓“革命史观”是他们否认革命而生造出来的一个概念，并不反映中国近现代史研究中的马克思主义历史观。对于中国革命和中国的现代化，我们都主张要用科学的历史观，即以唯物史观为指导加以研究。我们并不否认，改良和革命都是社会改造的途径。所谓改良，它不像革命那样最彻底最根本地摧毁旧的事物，而是缓慢地、渐进地改造旧的事物。在一定的历史时期这种改良具有进步的意义，像近代中国维新变法运动就有积极的历史作用。但又不能否认，近代中国的改良虽然取得了一定成绩，但最终都以失败告终，这是近代中国的社会历史条件使然的。而当革命条件成熟，把根本改造社会的任务提上日程的时候，继续鼓吹改良，反对革命，就会成为历史进步的阻碍者。事实表明，革命决不是同现代化相矛盾、相对立的，革命是现代化最重要、最强劲的推动力量；如果没有革命为现代化创造民族独立、人民解放这个前提条件，中国的现代

① 蒋廷黻：《中国近代史》，长沙：岳麓书社，1987年，第11页。

化就永无实现之日。

由上可见，这种所谓“研究范式”的转换，都是违背近代中国历史事实的，都是按照他们的主观愿望和政治诉求来剪裁历史的。这其实是他们设置的一种“理论陷阱”。正是在这样“研究范式”转换的基础上，和这种“现代化史观”相呼应的，就是有些学者所认为的，近代中国的主要问题，是“救亡压倒了启蒙”，所以现代化被耽误了。这成了他们诉说革命的一大罪状，也是某些人鼓吹“告别革命”的一个主要依据。毫无疑义，救亡是近代中国的主题；救亡需要思想启蒙，而救亡本身也是一场具有极大威力的思想启蒙，特别是中国共产党领导的人民大革命，彻底的反帝反封建斗争，对中国人民的觉醒并由此而组织起来，是前所未有的。这说明所谓“救亡压倒了启蒙”，只不过是某些人为了否定和反对革命而制造出来的一个伪命题。

其二，轻蔑黄土文明、颂扬海洋文明（蓝色文明），把西方的政治思想、政治制度、价值观念作为普世价值，反对共产党领导和社会主义制度。从历史虚无主义思潮的表现中，我们可以看到一个规律性的现象，这就是历史虚无主义和“全盘西化”论仍然如同难兄难弟一样，二者如影随形。这里要指出，历史虚无主义必然导致民族虚无主义和文化虚无主义，一些人不但歪曲近现代中国的历史，而且对我们以爱国主义为核心的民族精神，中华源远流长的灿烂文化也恣意抹杀。在一些人的笔下，我们的民族不仅“愚昧”、“丑陋”，而且充满“奴性”、安于现状、逃避现实，如此等等；而把中国优秀的文化和文化传统说成是走向没落的“黄色文明”，要现代化只有乞灵于西方的“蓝色文明”。华裔美籍著名物理学家李政道教授看了电视剧《河殇》后撰文指出：“中华民族文化发源于黄河。当黄土文化移入了长江流域，使长江居住的黄人结合了北方的黄人。黄河的黄水流入了大海，使海外的华人也永远连接了这伟大的河流。黄帝的儿女们，我们必须团结，发扬民族理想，建立自尊、自信。……一个只依赖过去的民族是没有发展的，但是，一个抛弃祖先的民族是不会有前途的。5000年的黄土文化值得我们骄傲，希望我们今后的创业，也能得到未来子孙们的尊敬。黄帝的儿女们，我们只要有志气，不必害怕目前的贫穷。盼能启新自兴，望弗河殇自丧。”[①] 这说得何等

① 李政道：《读〈河殇〉有感》，《光明日报》1988年11月4日。

好啊！他对这种民族虚无主义给我们民族可能造成的伤害表达了深刻的忧虑和不安。

其三，颂扬侵略有功，否定中国人民反侵略的救亡斗争。历史虚无主义的一些鼓吹者丧失了起码的民族良知，他们不但渲染民族失败主义情绪，而且公开走到称颂帝国主义侵略，称颂殖民统治的道路上去。在他们看来，像琦善、李鸿章这样主张妥协投降的人物，是实事求是的、明智的，是负责任的态度，是真正的爱国，而主张抵抗的林则徐等人则成了不负责任的蛮干。颠倒是非到如此地步，连起码的爱国之心，民族大义，都化为乌有。这种不可思议的言论，要在过去将会被看作是可耻的卖国言论，人人喊打的过街老鼠，而今天却成为某些人的“思想解放”的时髦话语。试举数例说明之。

有人说，鸦片战争后“资本主义终于打入了封建主义禁锢着的神圣天国”，是好事，应当“大恨其晚”，如果再早一点，“我们中国就远不是如此的面貌了”。还有文章说，“从根本意义上来说，是鸦片战争一声炮响，给中国带来了近代文明”。[①]

有人认为，无论是清王朝的抵抗，还是农民自发的三元里抗英斗争和义和团运动，“在形式上都是民族自己的斗争，而在实质上，都是站在维护本民族封建传统的保守立场上，对世界资本主义历史趋势进行本能的反抗，是以落后对先进，保守对进步，封建闭关自守孤立的传统对世界资本主义‘自由贸易’经济变革的抗拒”。[②]

还有人认为，过去“只是更多地从‘侵略与反侵略’、‘压迫与被压迫’、‘奴役与被奴役’这个正义与非正义的道德立场出发去审视，因此，见到的只是血与火的悲惨场面，想到了爱国保家，维护的是独立与尊严，表现的是愤怒与声讨，最终便是对‘世界走向中国’这一历史做出消极的、片面的、情绪化的彻底否定”。[③]

看了这些高论，真是“侵略有功，反抗有罪”了。连自己的脊梁骨都抽掉了，还有什么民族气节可言？从这里不难看出历史虚无主义思潮的实质究竟是什么。这使我们更深切理解邓小平的预言：如果中国复辟资本主义，就

---

① 郑炎：《打破束缚，更新观念》，《学术研究》1994 年第 4 期。

② 周清泉：《中国近代史应当提到世界史的历史范围内研究》，《成都大学学报》1985 年第 3 期。

③ 胡波：《走向世界：中国近代历史不可忽视的主题》，《学术研究》1994 年第 4 期。

只能成为某个大国的附庸。有那么一些人就是要心甘情愿地做别人的“附庸”，当“孙子”！这里还用得着一句老话：就是不能依了他们，若依了他们，就会亡党亡国。

其四，致力于做“翻案文章”，颠倒对历史人物功过是非的评价。历史虚无主义对待历史的态度，有哗众取宠之心，无实事求是之意。一些人越过了学术研究应有的底线，却在“学术研究”的名义下，不尊重历史事实，片面引用史料，根据他们的政治诉求，任意打扮历史、假设历史，胡乱改变对近现代历史中重大事件、重要人物和重要问题的科学结论；有的则以“客观”、“公正”的面貌出现，崇尚“坏人不坏”、“好人不好”的模式，要求按照人性论的原则治史，否则就是“脸谱化”、“扣帽子”；一些人还以“思想解放”、“理论创新”的名义糟蹋、歪曲历史。在一定意义上说，他们确是一种“研究范式”的转换，不过是转换到旧史学中常常能够看到的，维护封建正统，蔑视人民群众的力量，为统治阶级辩护的老路上去。这绝不是什么“创新”，而是历史观上的复旧。公正地说，他们比旧史学还不如，因为他们不是研究历史，而是玩弄历史。正因为这样，已经被历史判明属于反动的一些历史人物，像慈禧、曾国藩、李鸿章、袁世凯这样一些人，都被描述成为有功于现代化的、忧国忧时的“悲剧英雄”，甚至成了“改革的先驱者”；而对林则徐、洪秀全、谭嗣同、孙中山则加以非难、贬低。

近年来，有的论者仅仅根据蒋介石个人的日记，就武断地得出“可以改写中国近代史”，说我们对国共两党的斗争，对中国革命历史的阐述，诸如把国民党蒋介石集团说成是“大地主、大买办、大资产阶级利益的代表”等等，都是根据“土匪史观”和“内战思维”得出的“荒唐、谬误的观点”，要求人们要彻底摆脱这种“土匪史观”和“内战思维”，要“重写中国近代史”；声明“我的任务，找寻并告诉读者一个真实的蒋介石”。这就是说，我们史书上的蒋介石，人民群众所认识的蒋介石，都是不真实的，只有蒋介石日记中的蒋介石，才是真实的。这就自觉地站到了为蒋介石辩护的立场上去，这显然是很不严肃的，为一个正直的史学工作者所不取的轻浮的学风。当然，在历史研究中，个人的日记、信件和回忆录等，都是有价值的史料，是值得研究的。但同任何史料一样，都需要进行辨伪求真的考证，都要放到一定的历史背景下加以分析，特别是对于个人自己的言论，更要如此。中国是一个史学很发达的社会，而在史学研究中考据学又受到了高度重视，对史料采取什么态度，往往是对史学家史识、史德的一个评价标准。像蒋介石这样纵横捭阖于政治舞台，善于以权术消灭异己的人，又怎么能够把他自己的言论作为历史的主要的、甚至是唯一的依据呢？如果历史可以这样来写的话，那么，从秦桧到李鸿章、袁世凯、汪精卫，都可以被描绘成高大的爱国者形象。当下一些人做翻案文章不正是用这种手法吗？他们仅仅根据蒋介石在日记中写了自己的隐私，就断定所记述的内容是真实的，就以此为根据来评判历史事件，而不必去考察全部历史事实，无需考察中国社会性质和阶级关系的特点，无需考察蒋介石国民党的全部政策及其社会后果，以为经过这样轻轻一笔，就可以抹杀中国革命斗争的性质，就可以为蒋介石"脱帽加冕"了。这是对极其严肃的史学研究工作的亵渎。

马克思主义史学家刘大年在《方法论问题》一文中，曾针对英国出版的《中国季刊》上刊载的一篇研究性长文，发表评论。该文坚决反对说蒋介石是大地主大资产阶级的代表，他引用一些材料说明蒋介石在"四·一二"反革命政变后，为与武汉政权对抗需要款项，遂通过发行国库券强迫资本家认购，甚至采取逮捕、没收财产、绑票勒索等恐怖手段，逼迫资本家就范。文章作者因此得出结论："蒋介石国民党占统治地位的领导是反资本家的。"刘大年指出，"《季刊》所述事实不假，然而它的结论却是完全错误的。道理很简单：此时共产党领导的人民革命力量仍然强大存在，南京与武汉的斗争胜负未决。1928 年蒋再次上台，地位也不巩固。对于蒋介石只有两条道路可供选择：极力加强南京政权，把共产党进一步打下去，保住大地主大资产阶级统治，或者相反，看着人民力量发展，在全国出现一个'反资产阶级'政权。蒋选择了前者，即牺牲资产阶级局部的暂时的利益，换来保护大资产阶级的长远利益。这说明蒋确实是大地主大资产阶级最得力的代表人物。《季刊》作者眼光短浅，见不及此，而得出蒋介石'反资产阶级'的结论。根本原因仅在：拒绝对中国近代复杂的历史事变作基本的阶级分析，否认阶级分析。"[①] 这个分析无疑是十分正确、深刻的。然而，当年国外的这种错误观

---

① 沙健孙、龚书铎：《走什么路——关于中国近现代历史上的若干重大是非问题》，济南：山东人民出版社，1997 年，第 18 页。

点，却被今天国内的某些学者接受，并走得更远了。

其五，否定共产党领导的人民革命和社会主义建设的历史成就，竭力搞所谓的“非毛”、“反毛”。毛泽东是中国共产党和人民共和国的主要缔造者，他的伟大的历史功绩、思想理论和在人民群众中的崇高威望，成为国内外反共势力企图西化、分化中国的不可逾越的障碍，因而诋毁、诬蔑、攻击毛泽东和毛泽东思想就成为历史虚无主义的“重中之重”。他们任意夸大毛泽东晚年的错误，把毛泽东领导时期说得一无是处，企图以此打开缺口，全面否定党的领导和社会主义制度。新近流行的一本论述经济改革的畅销书，其中涉及党的历史问题的论断，把改革开放前30年的历史说成是“1949年以后的多次政治运动和‘大跃进’使普通工人、农民和知识分子受难”，“是一种‘国将不国’的深重危机”[①]，就是一个很典型的荒谬论断。对此，我们要依照历史的本来面目，给以有力的回答。

这里需要指出，评价一个国家、一个社会政策的效果，应该有一个共同的标准，这主要是：看它是不是促进了社会生产力的发展，是不是推动了社会进步，是不是为人们的生存和发展创造更加优越的条件。从这样的标准来看，只要比较一下旧中国，我们在毛泽东领导时期取得的是历史性的伟大成就，是极大地促进了经济发展和社会进步，在总体上带给人民的是福利而不是灾难。记得1964年我国第一颗原子弹爆炸时，远在美国的原国民党政府代总统李宗仁对友人感叹：我们不能不服气，我们搞了20多年连一辆像样的单车（自行车）都造不出来，不能不服气呀！这就是旧中国的现实，新中国就是在这样的基础上起步的。只有深刻理解新中国经济建设面临的巨大困难，才会真切体会到我们所取得的巨大成就是何等的可贵。比如，在国民经济恢复时期，我们是在经历20年战争（其中，从1931年日本帝国主义侵占东北开始进行了长达14年的抗日战争，3年的解放战争，再加上新中国成立后3年的抗美援朝战争），在短短的3年时间内，主要工农业产品产量大多数超过解放前最高年份（1936年）。正如陈云所说：“三年恢复，赶上蒋介石二十二年。”[②] 创造了二次大战结束后医治长期战争创伤、恢复国民经

① 吴敬琏、马国川：《重启改革议程》，北京：三联书店，2013年，第2页。

② 《陈云文选》第3卷，北京：人民出版社，1995年，第366页。

济和社会稳定的一个奇迹。从1956年开始了大规模的社会主义建设，虽然在这期间发生过像“大跃进”、“文化大革命”这样严重的失误，但在经济建设和社会进步方面取得的巨大成就是不能否定的。从1953年－1978年，工农业总产值年均增长率为8.2%．其中工业总产值年均增长率为11.4%，农业总产值年均增长率为2.7%。这个增长速度不但是旧中国无法比拟的，而且与当时世界各国相比也是不低的。在这期间建立了独立的、比较完整的工业体系和国民经济体系，填补了我国工业的许多空白，工业布局有了明显改善，内地和边疆地区都建起了不同规模的现代工业和现代交通运输业，基本上改变了旧中国工业畸形发展的局面；农田基本建设初见规模，效果明显，其间依靠农村集体力量修建了84000多座水库，至今仍在农业生产中发挥灌溉、发电、拦洪等方面的重要作用；科学技术水平有了显著提高，现已进入世界先进行列的我国航天技术，就是从1956年起步的，对于“两弹一星”的成就，邓小平明确指出：“如果六十年代以来中国没有原子弹、氢弹，没有发射卫星，中国就不能叫有重要影响的大国，就没有现在这样的国际地位。”① 这些成就，都为新时期的改革开放和现代化建设奠定了坚实的基础，这是任何人都否定不了的历史事实。

三、要充分认识历史虚无主义思潮的严重危害

应当说，历史虚无主义只是史学研究中的支流，但尽管是支流，我们也必须认真对待，因为持历史虚无主义态度的一些人，是有很强的现实目的性的，是按照他们对现实的要求，来“改造”历史的。当然，从学术研究的角度看，这些观点并没有什么学术价值可言，因为他们从根本上违背了历史事实；但从政治上看，这作为一种错误思潮，它的流传和泛滥，会造成人们思想的混乱，甚至导致严重后果，这是值得我们高度警惕和重视的。

我们首先要看到，历史虚无主义起到消解主流意识形态，搞乱人们思想的恶劣作用。历史虚无主义所散布的种种言论，不仅涉及史学领域的大是大非问题，而且还直接关系到做人立国的根本问题。这主要是：是维护历史本来面目，还是歪曲历史真相；是高扬民族精神，还是鼓吹妥协投降；是从历

① 《邓小平文选》第3卷，北京：人民出版社，1993年，第279页。

史主流中吸取精神力量，还是在历史支流中寻找负面影响；是坚持唯物史观，还是回到唯心史观。如果这些原则问题被颠倒、被消解，就会从根本上搞乱人们的思想，一个民族、一个国家就会失去自己的凝聚力和艰苦奋斗、发愤图强的精神动力，就会失去立足和发展的思想基础。同时我们还要看到，历史虚无主义是从根本上动摇社会主义中国的立国之本和强国之路。如前所述，历史虚无主义思潮攻击的主要方向，就是竭力贬损和否定革命，诋毁和嘲弄中国人民争取民族独立和人民解放而进行的反帝反封建斗争，诋毁和否定我国社会发展的社会主义取向，而新中国的诞生和社会主义制度的确立，正是中国共产党领导的人民大革命的产物，如果人民革命这个前提被否定了，社会主义制度也就失掉了存在的基础。我们知道，建设中国特色社会主义是中国人民的共同理想，这是近代中国的历史性选择，是实现国家富强、民族振兴的唯一正确道路，具有极大的凝聚力。然而，在历史虚无主义者那里，把中国革命和社会主义建设的历史，说成是"杀人食人"的历史，他们否定中国走上社会主义道路的历史必然性，散布社会主义失败论，颠倒是非，混淆视听，如果听任其发展下去，就会动摇中国人民的共同理想，摧毁近代中国所苦苦追求的国家富强、民族振兴的伟大事业，陷国家于万劫不复的境地。历史虚无主义思潮的终极目的，就是要否定四项基本原则，把中国历史拉向倒退。这不但会摧毁社会主义中国的立国之本，而且也会在实际上使强国之路归于破灭。这是历史虚无主义和其他错误思潮相配合，对我们国家和民族将会造成的严重危害，我们对此应该有清醒的认识。

历史是一面镜子。从苏联解体的过程中，我们可以清楚地看到乱史灭国的轨迹，看到历史虚无主义思潮所造成的严重危害。我们要认真记取这一沉痛的历史教训。

（作者单位：北京大学）

（原载《马克思主义研究》2013 年第 10 期）

历史虚无主义的政治诉求及其危害

梁　柱

近代中国在寻求国家出路的历史进程中曾出现过一些人迷误西方文明的“全盘西化”的主张，持这种主张的人往往对自己的祖国和民族采取轻蔑的态度，表现为民族文化虚无主义。在近代中国历史通过比较选择了社会主义的发展前途并取得辉煌成就的今天，一些人利用改革开放之机，一再鼓噪历史虚无主义的错误思潮，这股思潮集中表现为“告别革命”论，着力丑化、否定中国共产党领导的革命和社会主义事业，以此表达他们鲜明的政治诉求。这股思潮表面看是一种学术性的思潮，实质上是一种政治思潮，是毫无底线地违宪违法，企图改变中国的社会主义发展方向。这一点，在他们那里是并不隐讳的，这是值得我们密切注意并加以有力地抵制和反对的。

一

在改革开放新时期泛起的历史虚无主义思潮，虽然人数很少，但能量不可小视。他们之中，有的是属于一时迷误的盲从者，有的是属于学术研究中的错误观点，但就其主体部分来说，则是自觉地以中国共产党的领导和社会主义制度的反对派、“推墙派”自居，在“学术研究”的名义下，按照他们的政治诉求来进行所谓的“反思历史”“重写历史”，以推翻已被历史证明了的正确结论。而他们做历史翻案文章所采用的手法，根本违背历史研究应遵循的基本原则，以偏概全、断章取义、捏造事实，满纸谎言。可以说，在新时期泛起的历史虚无主义思潮，一开始就表现出这样的特点，而当他们遭到正义的谴责和反对时，特别是习近平总书记一再旗帜鲜明地对包括历史虚无主义在内的各种错误思潮亮剑时，他们仍然虚张声势地制造攻势。这种表现的一贯性、顽固性和疯狂性，达到了令人难以置信的地步。之所以出现这种现象，不是偶然的，而是有深刻的国际和国内的历史背景。

从国际上看，当我国进入改革开放新时期，实践中的社会主义正经历发展中的曲折并寻求改革的艰难时刻，特别是20世纪90年代初发生的苏东剧变，使世界社会主义运动陷入了低潮。加上这时在国际格局上出现的西强东弱、北强南弱的总体态势，也使得社会主义“失败论”、马克思主义“过时论”、共产主义“渺茫论”大有市场，考验着人们的理想信念。本来，革命的道路不是笔直的，经历暂时的挫折、失败是并不奇怪的历史现象，这对于真正的革命者来说，是不值得恐惧的，而是“大海横流方显出英雄本色”；但对那些历史的短视者来说，就有可能使他们惊慌失措，悲观失望，失落原来的理想，甚至改换门庭，另找出路。姑且把这叫做“低潮综合征”。应该看到，这种现象不但过去有，现在有，而且以后也还会有。他们往往把革命运动中出现的危机，看作是马克思主义理论和共产主义理想的危机，以为天从此要塌下来了。列宁在他的著作中就对这二者作了严格的区分，他认为，社会生活条件的异常剧烈的变化，反映到革命运动内部“就是深刻的瓦解、混乱、各种各样的动摇，总而言之，就是马克思主义运动的极端严重的内部危机”。[①] 第二国际后期，由于资产阶级策略的变化，出现了伯恩斯坦修正主义，列宁就把它看作是马克思主义革命运动的一次危机。但如果把这种革命运动的危机看作是“马克思主义的危机”，正如列宁所斥责的，这“不过是重复资产阶级下流文人无聊的议论，他们竭力想把社会党人之间发生的任何争论都加以夸大，以促成各社会党的分裂”。[②] 历史有惊人的相似之处，今天在世界社会主义运动处在低潮的情势下，一些人包括个别共产党员走到了党和人民事业的对立面，诅咒马克思主义的“失败”，丑化、抹黑党和人民的革命奋斗历史，就是这样一种历史现象。

事实上，因暂时的挫折而使一些人丧失理想信念、另找出路的情况，在我们党的历史上曾经不止一次地出现。像第一次大革命时期，我们党虽然还处在幼年时期，就以自己正确的政治纲领和对中国人民解放事业的忠诚，在

① 列宁选集，第2卷［M］. 北京：人民出版社，1995：281.
② 列宁选集，第1卷［M］. 北京：人民出版社，1995：266.

共产国际的帮助下，促进了国共两党合作，掀起了轰轰烈烈的工农运动和北伐战争。由于共产党在大革命中鲜明的政治领导作用和共产党人勇于牺牲的精神，使它在人民群众中获得很大的声誉。到1927年4月，党员人数发展到近6万人，与建党时的50多人相比，在不到7年的时间里扩大了1000多倍。但在这种情况下，“许多社会上投机分子”也均想加入中国共产党，不仅是“一般知识分子，小商人，大商人，甚至许多拥有重兵的高级军人也来敲C.P.（中国共产党的英文缩写）的门”。在他们看来，这时做一个共产党员乃是一种时髦，是表示自己已经是革命党的一种荣耀。但当白色恐怖到来，革命转入低潮的时候，便迅速出现这样两种情况：一方面，许多真正的共产党员为自己的理想继续战斗，仅从1927年到1928年上半年的不完全统计，共产党人被杀害的即达2.6万多人；另一方面，党内也不乏一些投机者和不坚定分子迅速作出了新的选择，离开了革命队伍，有的不惜用出卖灵魂和同伴的卑劣行径去同被他们看好的新的潮流接轨。当然，历史的情况有别，但这同今天的某些历史虚无主义者的脸面是否有某种相似之处呢？

这里还要指出，历史虚无主义是一种国际性的思潮，也是西方反共势力对社会主义国家进行和平演变的一种武器。在20世纪80年代世界社会主义运动出现危机的时候，1989年美国前总统国家安全事务助理布热津斯基在他的《大失败——20世纪共产主义的兴亡》一书中就宣称“这是一本论述共产主义的最后危机的书”，他预言“支配21世纪的将可能是民主政体，而不是共产主义”。福山的《历史的终结》，在描述资本主义的原则是永恒的同时，散布“社会主义历史终结论”。尽管历史的发展对这种论调进行了无情的讽刺，但这种思潮会像一切腐烂物的气体一样扩散开来，特别是他们在社会主义“失败论”的掩护下，大力输出西方的“普世价值”，通过各种途径在社会主义国家培植“第五纵队”。这样，“西化”“美国化”就成为包括历史虚无主义者在内的一些人另找出路的“极乐世界”。

从国内来看，我们党经历了“文化大革命”的挫折，十一届三中全会开启了改革开放的历史新时期。这一历史转折，目的是为了找到一条具有中国特色的建设社会主义的道路，完善、巩固和发展社会主义。但在一些人那里，则把这种转折看作是实现他们逆向要求的一个时机。所以，改革开放一开始就出现的资产阶级自由化思潮，首先表现了历史虚无主义的特点，以否定革命、抹杀社会主义建设的历史，来为他们的私有化、资本主义化的要求开道。一些人以“反思历史”为名，打着“解放思想”的旗号，从纠正“文化大革命”的“左”的错误，走到“纠正”社会主义的发展方向；从纠正毛泽东晚年的错误，走到全盘否定毛泽东的历史地位和毛泽东思想；从诋毁新中国的伟大成就，发展到否定中国革命的历史必然性；从丑化、妖魔化中国共产党领导的革命和建设的历史，发展到贬损和否定近代中国一切进步的、革命的运动；从刻意渲染中国人的落后性，发展到否定五千年中华文明；等等。从这里不难看到，新时期泛起的历史虚无主义，从一开始就具有鲜明的政治诉求。

对于这种鲜明的政治诉求，持历史虚无主义观点的一些人是并不隐讳的。早在1998年，有的学者为《北大传统与近代中国》一书所写的序言中，就竭力否定近代中国特别是五四以来的爱国、革命的传统，而把自由主义说成是最好的、当今中国应当继承发扬的五四传统，并明确要求把自由主义作为一种政治学说、经济思想和社会政治制度加以实现，这样才“会把一个自由的中国带入一个全球化的世界”。按照他们的判断：“世界经过工业化以来两三百年的比较和选择，中国尤其经过了一百多年来的人类历史上规模最大的试验，已经有足够的理由证明，自由主义是最好的、最具普遍性的价值。”并认为，“西方的自由主义者在所有制与经济体制问题上的立场一向是旗帜鲜明的”，要让人们认识到，“市场经济必须发展经济的自由主义，而经济的自由主义正是其他各种自由主义的基础”。他们把自己的经济政治主张说得如此直白而露骨，不加遮掩地把自由主义作为今天中国要加以实现的资本主义社会政治制度提了出来。诚然，在五四时期自由主义作为政治思潮确曾存在过，如五四时期新文化运动的统一战线，包括具有共产主义思想的知识分子、革命的小资产阶级知识分子和资产阶级知识分子这三部分人。五四运动后，随着斗争的深入，这个统一战线发生了分裂，一部分人继承了五四传统，并在马克思主义的指导下加以发展；另一部分人则向右发展，走所谓自由主义的发展道路，他们虽然在反封建斗争中起过一定作用，但最终走向了历史的反面。这两种思潮的不同发展趋势及他们之间的交锋，可以说是贯穿在五四以来历史发展的全过程，而人民革命的胜利则为它们作出了公正的结论。许多原来的自由主义者也放弃了自己的错误主张，加入到人民阵线中来，同广大人民一起迎接新中国的诞生。怎么能够把五四时期历史发展中非本质的方面，也即人民革命洪流中的逆向潮流，作为主流传统加以颂扬，并要求今天的中国加以复兴呢？有人认为，这种自由主义，“曾有九十年是中国社会上的主流思潮之一”，只是“一九四九年后”，被“持续地、彻底地、大规模地‘肃清’”了，现在的任务就是使之“在今天的中国复兴”，使“中国由此而开始走向世界，走向现代化，走向全球化”。在这里，把矛头指向了人民革命和中国的社会主义制度，而他们所要求的自由主义，正是资本主义的现代化和全球化，也就是这位学者明确无误地表达的：“全球化就是美国化。”

这些年来，像上述这样的言论，可以说不绝于耳。2015 年，某报同期发表了关于评价胡适的三篇文章，其中心思想是，颂扬“胡适是一面旗帜”，要求当代中国要以胡适为旗帜，认为“这对中国的健全发展具有决定性作用”。要求以胡适的思想为“动力”，“去把中国的现代建国事业、社会建设事业、文化建设事业顽强地推向现代境地”。他们称“适之先生作为现代中国思想的一个代言者，开启了现代中国新生的思想传统”，认为近现代中国“被激进主义纠缠”，“偏离了中国乃至世界的大传统，变得面目全非，越来越激进化、革命化和左倾化”，等等。这些言论，远远越出了学术研究的范围和底线，成为直接关系我们国家发展方向的政治诉求。

二

历史虚无主义作为主要针对共产党的领导和社会主义制度的一种政治思潮的真实面目，是通过其主要言论表现出来的，只要稍加梳理，就会清晰地体现出其矛头所指和明确的意图。

先是，历史虚无主义者通过所谓“研究范式”的转换，制造伪命题，设置“理论陷阱”，以实现其政治诉求。比如，他们在中国近代史研究中提出要用“现代化史观”取代“革命史观”，把现代化同革命对立起来，借以否定中国近代史上的革命斗争。应当肯定，从理论和实践上探讨中国现代化的源流和发展，不失为近代史研究的一种角度，是有学术研究价值的。但问题在于，持“现代化史观”者往往是以否定争取民族解放和人民民主这一近代中国主旋律为前提的，这就从根本上违背了近代中国的历史实际和首要的历史要求。正因为这样，经过上述历史“研究范式”的转换，现代化就成为近代中国历史发展的唯一要求和唯一主题，而革命便成了破坏社会稳定、制造社会动荡、阻碍现代化的消极力量。其实，这种“现代化史观”并不是他们的什么创新，早在1938年，蒋廷黻在《中国近代史》一书中就说过：“近百年的中华民族根本只有一个问题，那就是：中国人能近代化吗？能赶上西洋人吗？能利用科学和机械吗？能废除我们家族和家乡观念而组织一个近代的民族国家吗？能的话，我们民族的前途是光明的；不能的话，我们这个民族是没有前途的。”[①] 他由此得出结论，以落后的中国抵抗西方列强的入侵必遭失败；“明智的选择”是放弃无益的抵抗，甘于认输，一心一意学习西方，去实现中国的现代化。而此时正是全民族抗战之时，这样的论调对抗日民族解放战争的消解作用是不言自明的。而今天持此论调的正是继承和发展了这样的观点。众所周知，争取民族独立和实现国家富强，是近代中国历史的两大要求。但在民族灾难深重、国家不独立、人民受压迫的情况下，是无法实现现代化的。近代中国有不少爱国者抱着科学救国、教育救国、实业救国的理想，苦苦追求和奋斗，结果都一一失败了。这是因为当时的社会环境不容许。所以，只有通过革命来解放生产力，才有可能实现国家的富强。那种用所谓的“现代化史观”取代“革命史观”，把革命同现代化对立起来，目的是为了否定中国近代史上的革命斗争。有人说，如果没有康有为、梁启超的变法维新和孙中山的革命，“中国早就实现现代化了”。还有人说，慈禧太后在上世纪初推行“新政”，又搞了“立宪”，如果孙中山不革命，照这样慢慢进行下去，不仅军阀混战的局面不会出现，而且中国可以走上民主富强的道路。这真是历史的天方夜谭。在一些人眼里，革命成了破坏现代化的“万恶之源”。其实，所谓“革命史观”是他们为否定革命而生造出来的一个伪命题，并不反映中国近现代史研究中的马克思主义历史观。对于中国革命和中国的现代化，我们主张要用科学的历史观，即以唯物史观为指导加以研究。

---

① 蒋廷黻．中国近代史［M］．长沙：岳麓书社，1987：11．

事实表明，革命决不是同现代化相矛盾、相对立的，革命是现代化最重要、最强劲的推动力量；如果没有革命为现代化创造民族独立、人民解放这个前提条件，中国的现代化就永无实现之日。早在民主革命时期，毛泽东就在总结近代中国历史经验的基础上，反复指明："没有独立、自由、民主和统一，不可能建设真正大规模的工业。没有工业，便没有巩固的国防，便没有人民的福利，便没有国家的富强。"[①]"中国人民的生产力是应该发展的，中国应该发展成为近代化的国家、丰衣足食的国家、富强的国家。这就要解放生产力，破坏帝国主义和封建主义。正是帝国主义和封建主义束缚了中国人民的生产力，不破坏它们，中国就不能发展和进步，中国就有灭亡的危险。"[②]这是近代中国历史证明了的一个颠扑不破的真理。

由上可见，这种所谓"研究范式"的转换，是违背近代中国历史实际的，是按照他们的主观愿望和政治诉求来剪裁历史的。这其实是他们设置的一种"理论陷阱"。正是在这样"研究范式"转换的基础上，和这种"现代化史观"相呼应的，就是有些学者所认为的，近代中国的主要问题是"救亡压倒了启蒙"，所以现代化被耽误了。这成了他们诉说革命的一大罪状，也是某些人鼓吹"告别革命"的一个主要依据。正是从这样的伪命题出发，已经被历史判明属于反动的一些历史人物，像慈禧、曾国藩、李鸿章、袁世凯等，都被描述成为有助于、有功于现代化的、忧国忧时的"悲剧英雄"，甚至成了"改革的先驱者"；而对林则徐、洪秀全、谭嗣同、孙中山则加以非难、贬低。这正是他们颠覆历史的一个重要手法。

继之，历史虚无主义直接否定近代中国的历史选择和历史取向，贬损革命，颂扬改良，甚至有些人通过颂扬侵略者、否定中国人民的反侵略斗争，以乞求通向西化的道路。有些学者对革命作了这样的描述："革命容易使人发疯发狂，丧失理性"，"革命是一种能量的消耗，而改良则是一种能量积累"，"改良可能成功，革命则一定失败"，"中国在20世纪选择革命的方式，是令人叹息的百年疯狂与幼稚"。他们在反对所谓"激进主义"、推崇保守主义的名义下，否定革命，颂扬改良。把近代中国凡是追求变革进步的都斥为

① 毛泽东选集，第3卷［M］. 北京：人民出版社，1991：1080.
② 毛泽东文集，第3卷［M］. 北京：人民出版社，1996：432.

“激进”而加以否定，而维护封建专制统治的则被称为“稳健”而加以肯定，断言是“激进主义”祸害了中国。他们否定近代中国历史上的农民运动，认为“每次农民革命都造成社会生产大规模的破坏”，“很难得出农民运动是推动历史前进的动力这个普遍的结论”。继而，抬高洋务运动，贬低戊戌变法，抬高清廷的“新政”，贬抑辛亥革命、五四运动和中国共产党领导的革命运动。

这里应当指出，在历史上，改良和革命都是社会改造的途径。改良，不像革命那样彻底地摧毁旧的事物，而是缓慢地、渐进地改造旧的事物。在一定的历史时期这种改良具有进步的意义，像近代中国维新变法运动就有积极的历史作用。但又不能否认，近代中国的改良虽然取得了一些成绩，但最终都以失败告终。这是近代中国的社会历史条件使然。而当革命条件成熟，把根本改造社会的任务提上日程的时候，如果继续鼓吹改良，反对革命，就会成为历史进步的阻碍者。近代中国历史正是通过这样艰难而痛苦的比较和选择，最终走上中国共产党领导的与社会主义前途相连接的民主革命道路，国家才获得了新生。

令人痛心的是，历史虚无主义者为了否定革命，丧失了起码的民族良知，他们不但渲染民族失败主义情绪，而且公开走上称颂帝国主义侵略、称颂殖民统治的道路上去。有人说，鸦片战争是“好事”，应当“大恨其晚”，如果再早一点，“我们中国就远不是如此了”。有人认为，“从根本意义上来说，是鸦片战争一声炮响，给中国带来了近代文明”。还有人认为，无论是清王朝的抵抗，还是农民自发的三元里抗英斗争和义和团运动，“在形式上都是民族自己的斗争，而在实质上，都是站在维护本民族封建传统的保守立场上，对世界资本主义历史趋势进行本能的反抗，是以落后对先进，保守对进步，封建闭关自守孤立的传统对世界资本主义‘自由贸易’经济变革的抗拒”。这些“高论”连起码的爱国之心、民族大义都化为乌有，真是“侵略有功，反抗有罪”了。从这里使我们更深切地理解邓小平的预言：如果中国复辟资本主义，就只能成为某个大国的附庸。有的论者说：“如果中国当时执行一条‘孙子’战略（此人特别声明：不是孙子兵法的孙子，而是爷爷孙子的孙子），随便搭上哪一条顺风船，或许现在的中国会强得多。比如追随美国，可能我们今天就是日本。”有那么一些人就是要心甘情愿地做别人的“附庸”，当“孙子”！这里还用得着一句老话：就是不能依了他们，若依了他们，就会亡党亡国。

值得注意的是，他们在颠覆历史的同时，把矛头指向现实，反对中国共产党的领导和社会主义制度，特别是攻击、抹黑党和人民共和国的缔造者毛泽东，搞所谓的“非毛化”。这是他们虚无历史的重中之重。所以如此，不仅是他们的政治诉求决定的，而且更因为毛泽东及其思想是他们实现其政治诉求不可逾越的障碍。他们用“专制”“独裁”“希特勒”等恶毒的字眼来丑化毛泽东的伟大形象，用捏造事实、无中生有的卑劣手法来损害毛泽东的伟大人格，用无限夸大毛泽东晚年的错误来否定毛泽东领导时期的社会主义建设成就，等等。但是，新时期的历史发展说明了这样一个事实：尽管30多年来国内外有一些人竭尽全力搞“非毛化”，但在广大人民群众中表达怀念、铭记和继承遗志的“毛泽东热”始终没有消退。这深刻说明毛泽东的思想、历史功绩和人格魅力，是深深地扎根于中国人民之中的，是不可撼动的。这正是中国社会主义事业的希望所在。

这里要着重指出，历史虚无主义惯于捏造和歪曲史实，或取其一点无限夸大。他们任意夸大毛泽东晚年的错误，把毛泽东领导时期说得一无是处，企图以此打开缺口，全面否定党的领导和社会主义制度。一本论述我国经济改革的畅销书，其中涉及党的历史问题的论断，把改革开放前30年的历史说成是“1949年以后的多次政治运动和‘大跃进’使普通工人、农民和知识分子受难”，“是一种‘国将不国’的深重危机”，就是一个很典型的荒谬论断。对此，我们要依照历史的本来面目，给以有力的回答。这里需要指出，评价一个国家、一个社会政策的效果，应该有一个共同的标准，这主要是看它是不是促进了社会生产力的发展，是不是推动了社会进步，是不是为人们的生存和发展创造了更加优越的条件。从这样的标准来看，只要比较一下旧中国就可以得出，我们在毛泽东领导时期取得的是历史性的伟大成就，是极大地促进了经济发展和社会进步，在总体上带给人民的是福利而不是灾难。1964年我国第一颗原子弹爆炸时，远在美国的原国民党政府代总统李宗仁对友人感叹：“我们不能不服气，我们搞了20多年连一辆像样的单车

（自行车）都造不出来，不能不服气呀！”这就是旧中国的现实，新中国就是在这样的基础上起步的。只有深刻理解新中国经济建设面临的巨大困难，才会真切体会到我们所取得的巨大成就是何等可贵。比如，在国民经济恢复时期，我们是在经历20年战争（其中，长达14年的抗日战争，三年的解放战争，再加上新中国成立后三年的抗美援朝战争），在短短的三年时间内，主要工农业产品产量大多数超过解放前生产水平最高的1936年，创造了二次大战结束后医治长期战争创伤、恢复国民经济和社会稳定的一个奇迹。正如陈云所说：“三年恢复，赶上蒋介石二十二年。”① 从1956年开始了大规模的社会主义建设，虽然在这期间发生过像“大跃进”“文化大革命”这样严重的失误，但在经济建设和社会进步方面取得的巨大成就是不能否定的。从1953—1978年，工农业总产值年均增长率为8.2%，其中工业总产值年均增长率为11.4%，农业总产值年均增长率为2.7%。这个增长速度不但是旧中国无法比拟的，而且与当时世界各国相比也是不低的。在这期间建立了独立的、比较完整的工业体系和国民经济体系，填补了我国工业的许多空白，工业布局有了明显改善，内地和边疆地区都建起了不同规模的现代工业和现代交通运输业，基本上改变了旧中国工业畸形发展的局面；农田基本建设初见规模，效果明显，其间依靠农村集体力量修建了84000多座水库，至今仍在农业生产中发挥灌溉、发电、拦洪等方面的重要作用；科学技术水平有了显著提高，现已进入世界先进行列的我国航天技术，就是从1956年起步的。对于“两弹一星”的成就，邓小平明确指出：“如果六十年代以来中国没有原子弹、氢弹，没有发射卫星，中国就不能叫有重要影响的大国，就没有现在这样的国际地位。”② 此外，在涤荡旧社会留下的污泥浊水，惩治贪腐、廉洁奉公，反对封建迷信，发扬社会主义新道德，计划生育等方面，都取得了显著成绩。这里还要指出，一个国家的人均预期寿命，是反映这个国家的综合实力和社会进步状况的一个标志性的重要指标。毛泽东领导时期，人均预期寿命从35岁提高到65岁，而印度1952年人均预期寿命41岁，直到2011年人均预期寿命才达到65岁，比中国晚了整整35年。这些成就，都

---

① 陈云文选，第3卷［M］．北京：人民出版社，1995：366．

② 邓小平文选，第3卷［M］．北京：人民出版社，1993：279．

为新时期的改革开放和现代化建设奠定了坚实的基础，这是任何人都否定不了的历史事实。

以上表明，历史虚无主义是反历史、反科学的，而一切反科学的东西是注定要破产的。

三

历史虚无主义虽然只是史学研究中的支流，但绝对不能等闲视之，任其泛滥。这是因为它涉及的面大，不仅表现在史学研究中，还表现在与一定的历史事件、历史人物相关联的文学、影视和各种戏说中，而且它打着“还原真相”“反思历史”等旗号，具有很大的欺骗性、迷惑性和渗透力，因而要清醒地认识和揭露历史虚无主义的危害性。

历史虚无主义起到搞乱人们思想、消解主流意识形态和社会共同理想的恶劣作用。多年以来他们散布的种种言论，不仅涉及史学领域的大是大非问题，而且还直接关系到做人立国的根本问题。这主要是：是维护历史本来面目，还是肆意歪曲历史真相？是高扬民族精神，还是鼓吹妥协投降？是从历史主流中吸取精神力量，还是在历史支流中寻找负面影响？是弘扬社会的共同理想，还是拒绝崇高、蔑视英雄人物？如果这些原则问题被颠倒、被消解，就会从根本上搞乱人们的思想，撕毁一个社会赖以凝聚的共同信念，这样，一个民族、一个国家就会失去立足和发展的思想基础。

我们知道，中国共产党的领导和社会主义道路，这是近代中国的历史性选择，是实现国家富强、民族振兴的根本保证，具有极大的凝聚力。中国人民行进在社会主义道路上已经半个多世纪了。60多年来，中国社会发生了翻天覆地的变化，一个极度贫弱的、一盘散沙的、任人宰割的旧中国已经变成了一个初步繁荣昌盛、举世瞩目的新中国，谱写了中华民族五千年文明史上最辉煌的篇章。这是中国人民引以为豪的伟大成就，我们需要懂得珍惜这一历史的重大意义和伟大作用。然而，在历史虚无主义者那里，把中国革命和社会主义建设的历史说成是“杀人食人”的历史，说什么“我们读到众多的研究本世纪中国历史、共和国史的著作，但这百多年发生的无数杀人食人的事实都在历史叙述中消失了，只剩下不断从胜利走向胜利的一片‘光明'"。历史虚无主义的一些鼓吹者丧失了起码的民族良知，颠倒是非，混淆黑白，甚至连民族英雄、革命先烈都成了他们嘲弄、抹黑的对象。事实上，他们要洗涤、抹杀的是百多年来帝国主义杀戮中国人民的血腥历史，以及和帝国主义沆瀣一气的中国反动势力屠杀革命人民的血腥历史，而以阴暗、仇恨的心理看待人民革命和人民共和国的历史。他们把党和共和国历史上的许多重大事件都加上"左"的罪名，使之变成一部"左祸中国"的历史；他们利用我们历史上所经历的曲折，把错误无限扩大、上纲，借以否定中国共产党领导中国人民取得民主革命、社会主义革命、社会主义建设和改革开放伟大成就这一历史的主体。他们这样做，如果听任其发展下去，就会动摇中国人民的共同理想，摧毁近代中国所苦苦追求的国家富强、民族振兴的伟大事业，陷国家于万劫不复的境地。

由上可见，历史虚无主义不但颠倒了历史，而且也搞乱了人们的历史观。历史研究是史料和方法的结合，方法就是一定的历史观的运用和体现。历史观是人们对历史的根本观点，是对历史的理论认识，同时也是世界观的有机组成部分。每个人都会有自己的历史观，因此引导人们树立科学的历史观，使他们对纷繁复杂的历史现象能够作出正确的评价和判断，这对于他们确立正确的世界观、人生观和价值观关系极大。历史虚无主义是一种唯心史观，是回到旧史学研究上去，甚至连旧史学还不如。旧史学多数还是尊重史料，认真从事学术活动并作出自己的贡献的；而历史虚无主义则是玩弄史料、捏造史料，他们是从自己的政治诉求出发，有意地把史料碎片化、片面化、孤立化，甚至无中生有、凭空捏造。而这种对历史的颠倒，就必然会导致是非、美丑、荣辱标准的颠倒，那种所谓"躲避崇高""拒绝壮烈""告别革命"一类误导青年的低俗的、反历史的说法，就同历史虚无主义思潮有极大的关系。事实证明，这种是非判断标准的颠倒，必然会在社会上造成极大的思想混乱。清代著名思想家龚自珍说过："欲知大道，必先为史。"这很好地说明了"知史"和"明道"的内在关系，这对一个国家、一个人来说，都是这样。他又说："灭人之国，必先去其史；隳人之枋，败人之纲纪，必先去其史；绝人之材，堙塞人之教，必先去其史；夷人之祖宗，必先去其史。”[①] 这是对古往今来历史经验的深刻说明，指明能否正确对待历史是关系国家治乱兴亡的大问题。一个国家，一个民族，如果历史被否定、被抹煞，也就失去了存在的立足点。在苏联解体的过程中，否定和颠倒历史大行其道，他们制造了所谓十月革命不如二月革命，二月革命不如斯托雷平改革，使革命不如改良、苏联不如沙俄、社会主义不如资本主义的谬说甚嚣尘上。把社会主义说得一无是处，这是最终导致苏联解体的一个重要原因。这个惨痛的历史教训是值得我们认真记取的。

（作者单位：北京大学）

（原载《思想理论教育》2016 年第 2 期）

① 龚自珍全集（上）[M]. 北京：中华书局，1959：22.

反对历史虚无主义要讲清楚中国的大道理

张顺洪

求是网：历史虚无主义在上个世纪九十年代就曾经流行过，最近一些年它又泛滥起来了，首先还是请您来谈一谈，您觉得历史虚无主义主要的特点和表现是什么？

张顺洪：历史虚无主义的第一个表现是歪曲中国共产党的历史和国际共产主义运动的历史，首要表现在否定革命，尤其是否定中国的革命，认为中国搞社会主义革命没有必要。否定革命也包括否定十月革命，这是当前学术界一个比较突出的问题。有人认为：十月革命就不应该搞；二月革命是资产阶级革命，俄国只要继续搞资本主义，就能够发展，能够实现现代化。还有一种提法是十月革命搞早了，条件不成熟，不应该搞。

历史虚无主义第二个表现就是否定社会主义建设的成就，既否定苏联的社会主义建设成就，也否定中国的社会主义建设成就，特别是否定改革开放的前 30 年。在我们看来，改革开放前 30 年是社会主义的一个发展阶段，它为改革开放打下了坚实的基础。但是，有的人专门从改革开放之前中国共产党的历史中挑出很多刺，挑出很多问题。历史虚无主义强调的就是这些东西——不是社会主义建设的成就，而是社会主义建设过程当中出现的问题。

历史虚无主义的第三个表现就是矮化和丑化党和国家领导人。我们经常看到一些似是而非的文章，非议党和国家领导人。有的人是很有策略的，他就写你的短处，你所有的优秀品格他都不讲，哪个方面有短处他就揭哪，意在矮化和丑化党和国家领导人。这些人有目的地来做这样的事。不是说我们党犯的错误不能讲，但是你必须实事求是、全面客观地看待党的历史和党的领袖，历史虚无主义则偏重一个方面，把错误放大，以偏概全，脱离历史实际来评判人和事。

求是网： 您是在英国拿的硕士和博士学位，也长期研究英国的历史，所以我们想请您谈一谈，像英国这种西方国家，是不是也有自己的历史虚无主义，它们的政府或者学术界是怎么样来处理这个问题的？

张顺洪： 我觉得现在西方不存在严格意义上的、虚无自己的政党和自己的国家历史这样的历史虚无主义。但西方学术界确实有人大力虚无中国共产党的历史，虚无中国社会主义建设实践的历史，虚无国际共产主义运动的历史，特别是否定苏联，否定斯大林时期苏联的成就。这样的历史虚无主义在西方现在是很突出的——它不是虚无自己的历史而是虚无别人的历史。我们不能说得绝对，但可以讲，在一定意义上，这是西方学术界的主流学术思潮。

当然，西方国家对中国现在取得的成就是无法否定的，但它们不会大声宣扬和强调，而是不断渲染中国威胁论、中国崩溃论，它们总期待中国哪一天就垮了。这种现象从改革开放初期就有。另外，西方的一些学者不认为我们搞的是社会主义，说中国搞的是资本主义，渲染中国现在取得的成绩是学习资本主义、搞资本主义的结果。这可以说是一种肯定资本主义、虚无社会主义的做法。

求是网： 历史虚无主义首先是一种学术思潮，然后才发展成为社会思潮，影响到了社会大众。学术思潮应该由学术界来引领，您觉得我们高校的学者在这方面可以做一些什么？

张顺洪： 这是一个很复杂的问题。首先，我们的学术界在学风上存在的一些问题，如粗制滥造、食洋不化、照抄照搬，助长了历史虚无主义的势头。急功近利、粗制滥造，没有扎实地做研究，得出的结论自然就与历史事实不太相符。我觉得高校首先是要坚持严谨的、实事求是的学风，坚持论从史出，这也是中国历史学的传统。历史虚无主义和学风不严谨是有紧密的关系的。凭事实说话，你的观点符合历史实际，就有利于防止历史虚无主义，这是第一点。

第二点，我觉得也是很重要的，就是要有文化自信、民族自信、制度自信。对中国的文化要有一种自信，不能用一种自卑的心态去看西方的文化，这样容易出现照抄照搬、崇洋媚外的倾向。制度自信也是这样，对于社会主义国家、社会主义制度，我们要有自信，这样就能以平常的心态来看待资本主义国家的一些史学观点和著作。写得好的、写得对的那就借鉴，写得不好的甚至错误的，就要批评，就要反驳。现在确实有一些人对西方的学术观点不加分析，就以为是对的，这就是缺乏自信的表现，这样在学术观点上就容易出问题。

求是网：请您谈谈舆论宣传机构应该怎样应对历史虚无主义。我们怎么样来占领舆论的制高点，打赢这场意识形态保卫战？

张顺洪：要做的事情很多，但是首先我觉得要敢于论战。在坚持“双百”方针的同时，敢于对错误的观点亮剑，敢于批评错误思潮。而且对错误思潮的批评要敢于指名道姓，现在我们指名道姓的批评做得还不够。我觉得这一点非常必要，不仅要把错误思潮指出来，还要把宣扬错误思潮的人也点出来，让公众更好地知道真相。

与历史虚无主义作斗争，重在讲清楚大道理。中国现在最大的道理是什么？就是我们只能走社会主义道路，不能走资本主义道路。这个大道理要长期讲下去，过去讲了，现在也要讲，今后很长一个时期还得讲，一直讲到社会主义在世界上占主导地位。中国只能走社会主义道路，不能走资本主义道路，走资本主义道路不但不能实现中华民族的伟大复兴，反而会导致国家解体、垮台，这个是苏联的前车之鉴。我们党的领袖反复强调只有社会主义才能救中国，只有社会主义才能发展中国。这个大道理我们要深入地讲，讲得深入人心，把这个大道理讲清楚了，历史虚无主义就没有多少地方可以藏身了。

历史虚无主义不仅仅是个意识形态问题，它的根源存在于社会的经济基础之中。现在国际垄断资本对中国的影响比较大，外国资本需要在中国寻找代理人，宣扬代表其利益的意识形态。这是当前历史虚无主义存在的重要经济基础。历史虚无主义代表的是这些国外资本和国内一些利益集团的利益。

民营经济是中国特色社会主义经济的一部分，这是没有争议的，但是也是有条件的。就是当公有制主体地位巩固时，民营经济包括进入中国的国际资本，可以说是中国特色社会主义经济的一部分。但是，如果公有制主体地位丧失了，我国的民营经济和国际资本的性质就会发生变化，我国的整个经济基础的性质就会发生变化。

现在有不少经济学家鼓吹私有化，鼓吹私有化和历史虚无主义在本质上是一致的。那些鼓吹私有化的人就是在搞历史虚无主义，搞历史虚无主义的人就是想搞私有化，二者完全是一致的。历史虚无主义是为资本利益集团服务的一种错误思潮，包括新自由主义思潮、“公民社会”思潮等，本质上都是一致的，都是代表资本利益集团的，是想跟共产党分庭抗礼，甚至想取而代之。

现在国内外的资本势力也在利用我们的一些学者，学者们有时候没有意识到，有时候为了点小钱，为了点稿费和出场费，就为这种势力说话，这一点现在特别明显。我觉得媒体要把这一点写出来，提醒一些人，让他们不要被资本势力、被利益集团所利用——你本人属于工薪阶层，拿了利益集团的一点好处，你就为其说话。这是值得注意、值得反思的。

（作者单位：中国社会科学院世界历史研究所）

（原载《求是网》求是访谈第 96 期）

历史虚无主义思潮的泛起与危害

梅荣政　杨　瑞

一、历史虚无主义的泛起并受到多种错误思潮的青睐

近些年来在我国思想界蔓延泛滥的历史虚无主义，是以唯心主义历史观为其哲学基础，适应国内外敌对势力反对共产党、反对社会主义的政治需要而泛起的一股政治思潮。20世纪80年代欧美史学界出现了否定一切革命、鼓吹改良的思潮。它否定英国资产阶级革命、法国资产阶级革命，特别热衷于攻击十月社会主义革命是职业革命家精心策划的阴谋，犯了“原罪”，由此注定了苏东社会主义模式的失败。在20世纪80年代末90年代初东欧剧变、苏联解体过程中，这种思潮起到了攻心战的作用。他们认为，中国革命不仅未使中国实现现代化，反而强化了其前现代的状态。西方史学界这股否定革命的思潮，在20世纪80年代中期以后，泛滥于我国。在我国，一些人质疑马克思主义是否还具有生命力、中国特色社会主义道路究竟还能走多远，并以不同的方式散播社会主义“失败论”、马克思主义“过时论”、共产主义“渺茫论”。历史虚无主义就是在这种背景下沉渣泛起的。

历史虚无主义作为一种政治思潮，主要是指它对中国人民革命的历史，特别是中国共产党领导的反帝反封建的新民主主义革命、社会主义革命和建设以及改革的历史加以歪曲、否定。它从历史领域入手，妄图通过否定历史否定现实，除掉社会主义制度的历史依据，否定共产党执政的历史必然性和合法地位，以实现消解或取代马克思主义指导地位，推翻社会主义制度的目的。历史虚无主义这种否定革命、否定进步的性质，受到一切反社会主义思潮的青睐，使它成为多种错误思潮的一种思想基础。因为任何一种错误思潮要立自己的主张，必定要破此前的历史，这就是晚清著名思想家龚自珍所说

的："灭人之国，必先去其史；隳人之枋，败人之纲纪，必先去其史；绝人之材，堙塞人之教，必先去其史；夷人之祖宗，必先去其史。"① 这是人类社会历史发展中带规律性的现象。

二、历史虚无主义与新自由主义、民主社会主义沆瀣一气

新自由主义思潮和民主社会主义思潮是对我国改革开放和社会主义现代化建设干扰比较大的两股错误思潮。它们与历史虚无主义沆瀣一气地反对共产党、反对社会主义，反对马克思主义，而历史虚无主义也就成了推行新自由主义、民主社会主义的帮手。

历史虚无主义得以充当这种角色，首先在于它妄图从理论深层毁灭唯物史观关于历史规律性、中国走社会主义道路必然性的观点，这就弥补了新自由主义和民主社会主义的不足。因为新自由主义和民主社会主义这两种错误思潮侧重于从经济和政治领域、从现实的角度反对马克思主义和社会主义，而在文化领域、历史领域则显得力度不够。历史虚无主义正好弥补了这种不足。所以新自由主义、民主社会主义两种错误思潮乐意以历史虚无主义为其帮手。反过来说，历史虚无主义也乐意充当这种帮手，因为它要虚无社会主义革命和建设的历史也需要一种理论的支撑，来论证以往的历史为什么是不对的，以后按它们的意图写的历史为什么正确。新自由主义、民主社会主义的一整套理论正可以满足它们的这种需要。这是它们彼此沆瀣一气的政治原因。

应该说，三种错误思潮的联姻还有更深刻的原因，总体来说，它们在阶级性、哲学基础和价值观上都是同马克思主义根本对立的。

1. 它们都是资产阶级的意识形态

民主社会主义的发展经历了一个半世纪多，新自由主义自形成到现在近一个世纪，历史虚无主义在中国也已活跃了 20 余年。它们在本质上，都是资产阶级的意识形态。

经济基础决定上层建筑。任何社会的思想理论都是对一定社会经济基础以及由此决定的政治上层建筑的反映。在阶级社会和有阶级存在的社会里，

---

① 龚自珍全集，上册［M］. 北京：中华书局，1959. P22。

任何一种社会思潮都是一定阶级利益和意志的反映。占主导地位的、指导制定国家内外政策的思想理论，都是统治阶级的思想。阶级性是社会思潮的本质属性。马克思主义是无产阶级的意识形态，是为无产阶级服务的；而新自由主义、民主社会主义、历史虚无主义是资产阶级的意识形态，是为资产阶级服务的。它们的具体社会功能尽管不尽相同，但归根结底是为资产阶级的统治合理性作辩护的，是为抵制、削弱敌对阶级的意识形态，特别是为政治思想作宣传和论证的。马克思在《资本论》1872 年第 2 版跋中指出："资产阶级在法国和英国夺取了政权。从那时起，阶级斗争在实践方面和理论方面采取了日益鲜明的和带有威胁性的形式。它敲响了科学的资产阶级经济学的丧钟。现在问题不再是这个或那个原理是否正确，而是它对资本有利还是有害，方便还是不方便，违背警章还是不违背警章。不偏不倚的研究让位于豢养的文丐的争斗，公正无私的科学探讨让位于辩护士的坏心恶意。"① 在《资本论》1867 年第 1 版序言中，马克斯还举例说："英国高教会派宁愿饶恕对它的三十九个信条中的三十八个信条进行的攻击，而不饶恕对它的现金收入的三十九分之一的攻击。"② 可见，利益具有根本性，它决定一个学说的根本立场。

当然这不是说反映资产阶级利益的思想体系都是千孔一面的。事实上，由于各个时期资产阶级内部的种种矛盾的不同，以及思想、理论本身的相对独立性，资产阶级内部的不同的理论流派也会从不同角度提出不同治国策略和理论观点。这就使这些思想体系和流派所呈现的理论形态各有不同，在具体观点及其内容表达上也会有某些差异。历史虚无主义、新自由主义和民主社会主义之间的差异，可以说就是这样的差异。但是这种差异并不是在思想实质和根本精神方面的对立和排斥，因此它们往往从对方吸收对自己有用的思想，不断修正自己的思想体系，使之精细化，以期更加适合于本阶级利益的需要。如西欧民主社会主义思潮，有的受到新自由主义的深度渗透，有的已经新自由主义化了。这些错误思潮对当代中国的渗透，更表现出相互结合、相互补充、相互作用的特点（尽管它们有时在某些个别问题上也有争

① 马克思恩格斯选集，第 2 卷［M］. 北京：人民出版社，1995. P107。
② 马克思恩格斯选集，第 2 卷［M］. 北京：人民出版社，1995. P102。

论)。其根本原因在于，它们的阶级属性、根本利益、价值趋向和理论目的具有一致性。这些根源于资本主义生产方式的资产阶级意识形态，其根本职能在于为垄断资产阶级的经济和政治统治服务。今天在经济全球化条件下，它已成为西方垄断资产阶级向社会主义国家和第三世界国家进行思想侵蚀、实施和平演变战略的理论武器。

2. 它们都以唯心主义历史观为其哲学基础

唯物史观是马克思主义关于人类社会发展一般规律的科学。它以物质资料的生产为起点，揭示了人类社会发展的一般规律。“现代唯物主义把历史看作人类的发展过程，而它的任务就在于发现这个过程的运动规律。”① 它是指导我们获得对于历史正确认识的唯一科学的理论指南。唯物史观揭示了关于生产力与生产关系、经济基础与上层建筑、阶级社会与阶级斗争等基本原理及运用，消除了以往历史研究中的两个致命弱点：只是考察“人们历史活动的思想动机”和“忽视人民群众的活动”，为历史研究指明了一条“对各种社会经济形态的产生、发展和衰落过程进行全面而周密的研究的途径”，② 它是高于和优于以往一切社会历史观的“唯一科学的历史观”。③

与唯物主义历史观相反，新自由主义、民主社会主义和历史虚无主义这三种错误思潮都坚持唯心主义历史观。它们作出的一系列错误结论都是从唯心史观出发的。如民主社会主义否定历史发展的客观规律，否定马克思的科学社会主义学说关于社会主义是资本主义社会中社会生产力发展的必然结果，它从抽象的道德原则出发，把社会主义仅仅看作是一种价值目标。这是典型的唯心史观的表现。新自由主义以个人主义为核心，强调财产的个体所有制即主张全面私有化、自由化、市场化。历史虚无主义将历史运动视为随着权力人物的意志和愿望而改变、没有客观规律、受偶然性支配的事件堆积，随意涂改历史，歪曲历史，魔化历史。新自由主义、民主社会主义和历史虚无主义这三种错误思潮正是有这种唯心主义历史观作基础，所以它们能够相互为用，彼此联姻。

---

① 马克思恩格斯选集，第 3 卷 [M]]. 北京：人民出版社，1995. P364。
② 列宁选集，第 2 卷 [M]. 北京：人民出版社，1995. P425。
③ 列宁选集，第 1 卷 [M]. 北京：人民出版社，1995. P10。

3. 它们都是以个人利益为核心的价值观

马克思主义的价值观是为最广大人民的利益服务的价值观。从马克思主义价值观来看，只有为绝大多数人谋利益的价值观才是合理的价值观，因为人民群众是历史的主人，历史的创造者。坚持为绝大多数人谋利益就是走历史必由之路。而新自由主义、民主社会主义和历史虚无主义这三种错误思潮，都坚持以个人为本位的价值观，以自由、平等、人权等为基本价值诉求，以功利主义为鲜明特征，以实现个人的最大利益为目标，认为个人即是目的，而社会、集体、国家和他人都不过是达到个人目的的工具和手段。其中的个人不只是指社会中的个人，而主要是资本家及其集团。反映在政治主张上，要求实行多党政治、自由竞争、三权分立，等等。在发展趋势上，日益强化个人的内心自由，陷入非理性主义的迷阵。

邓小平曾指出："整个帝国主义西方世界企图使社会主义各国都放弃社会主义道路，最终纳入国际垄断资本的统治，纳入资本主义的道路。"① 显然这种现代西方价值观在当代中国的渗透，是与这种国际大背景紧相联系的。西方世界使社会主义各国放弃社会主义道路有多种手段，价值观的渗透是其中重要手段之一，藉以造就个人主义者作为其演变的"内应力量"。新自由主义、民主社会主义和历史虚无主义的联姻，历史虚无主义成为新自由主义、民主社会主义的帮手，也正是由于有这种共同的资产阶级价值观的基础。

三、认清历史虚无主义的危害性

认清历史虚无主义思潮的危害，首先要重视认真研究主要社会思潮之间的相互关系。因为研究某个思潮的起因、产生背景、思想实质、传播特点、演变规律、社会影响、发展趋势等，了解它们各自的特点，固然重要，但是仅仅如此还不够。须知，各种社会思潮之间的联系是一种客观存在，不作这种综合研究就不能全面地认识和把握我国意识形态的形势。在当代中国，各种错误的社会思潮为了实现它们的政治诉求，彼此之间的呼应、甚至贯通日益加强。这表现在一些代表人物身上，他们时而贩运新自由主义的观点，时

① 邓小平文选，第3卷［M］. 北京：人民出版社，1993. P311。

而又贩运民主社会主义的观点，时而又贩运历史虚无主义的观点；或者在同一时间内同时贩运多种错误思潮的观点。所以，我们只有从总体上对各种错误社会思潮的相互联系，在一定条件下的相互转化进行分析，才能把握意识形态领域斗争的全局，掌握各种社会思潮运动变化的规律，掌握意识形态领域的主动权、指导权、话语权。从右的方面说，新自由主义、民主社会主义和历史虚无主义是影响和干扰我国改革开放和社会主义现代化建设事业的主要社会思潮，更应该重视从它们之间的相互联系和相互支撑上观察它们对社会的影响和危害。在东欧剧变、苏联解体的过程中，它们这种联系所起到的破坏作用已经给我们提供了深刻的教训。对于这一点我们不能掉以轻心。

其次，要看到历史虚无主义的腐蚀性、渗透性危害。历史虚无主义常常以学术研究的面貌出现，或以文学、艺术作品特别是历史题材的影视作品等形式影响社会舆论，诱使人们重新认识某一历史事件或某个人物，达到篡改、歪曲历史的目的。这些特点从1988年播出的电视片《河殇》、20世纪90年代的《告别革命》，近年来一些大型历史剧诸如《走进共和》、《大国崛起》中都可以看得很清楚。它表明历史虚无主义本身是一种腐蚀性、渗透性、危害性很大的社会思潮。不仅如此，正是因为它具有上述那样一些特点，它对其他的错误社会思潮也起着推波助澜的作用。所以，我们要在批判新自由主义、民主社会主义等错误思潮中也要重视揭露历史虚无主义在其中所起到的助手作用。

社会思潮是极其复杂的，我们要看清它的实质和危害，必须借助于一条指导线索，这就是马克思主义的阶级分析法。正如江泽民曾经指出的："只要阶级斗争还在一定范围内存在，我们就不能丢弃马克思主义的阶级和阶级分析的方法。这种观点与方法始终是我们观察社会主义和各种敌对势力斗争的复杂政治现象的一把钥匙。在坚持改革开放、加强对外经济文化交流的同时，要十分注意警惕和防范敌对势力的渗透、颠覆活动。"① 这些论断是十分深刻而中肯的。

（作者单位：武汉大学）

（原载《思想理论教育导刊》2010年第1期）

---

① 江泽民文选，第3卷［M］. 北京：人民出版社，2006. P83。

历史虚无主义是政治思潮

王　广

历史是最好的教科书，教科书必须呈现真实的历史。

然而，近些年来，一股名为历史虚无主义的思潮正在学界和社会各界蔓延泛滥。这股思潮辱先烈、骂英雄、攻党史、咒国是、去本质、反规律，为卖国贼、反动派涂脂抹粉，对洋大人、民国范儿歌功颂德，在大是大非问题上颠倒黑白，在涉及党和国家根本的重大问题上混淆视听，严重干扰了人民群众的历史认知。

从根本上看，历史虚无主义抱有明确的政治意图，反对党的领导和中国特色社会主义制度，本质上是一种反动的政治思潮。尽管历史虚无主义打着学术的、尤其是历史学的旗号，但在研究方法上是根本错误和极其混乱的，它不是任何一种学术思潮，而是伪科学。当前，我们必须旗帜鲜明地坚持唯物史观的理论指导，同历史虚无主义进行坚决彻底的斗争，深刻揭露其错误和荒谬。

一、历史虚无主义有明确的政治目的，本质上是一种政治思潮

对一种事物的认识，要透过纷繁复杂的现象，把握其本质特征。历史虚无主义思潮为了博取关注，不断变换手法，翻新花样，但不管其形态如何变化，都指向一种共同的政治意图。这决定了历史虚无主义本质上是一种政治思潮。历史虚无主义政治目的的要害有二：

一是反对中国共产党的领导。历史虚无主义惯用的手法就是，借助一些精心挑选的历史细节来篡改历史，尤其是狂妄攻击中国共产党党史、中国革命史、中华人民共和国国史，其目的在于否定中国革命的历史必然性、否定中国共产党领导的合法性，从而达到推翻共产党领导的目的。稍加辨析就可

以看到，从新文化运动和五四运动以来马克思主义在中国的传播与中国共产党成立，直到共产党领导中国人民进行革命、建设、改革的伟大进程，几乎每一段历史中都有历史虚无主义挑选甚至伪造历史细节的拙劣表演。这些精心设置的陷阱虽然打着学术的、尤其是历史学的旗号，但在所谓“获取了新资料”、“还原历史真相”、“重评历史”的外衣下，都掩盖着一个隐秘的、深层的逻辑，这就是抹黑共产党，尤其是诋毁党的领袖，藉此取消党的领导。除此以外，历史虚无主义还极力为慈禧太后、李鸿章、袁世凯、汪精卫等反动派、卖国贼、汉奸洗地，以“重新评价历史人物”为名漂白他们的肮脏历史。历史虚无主义或攻或捧，看似为二，其实质一也，说到底就是互为表里，妄图推翻共产党在中国的领导地位。

二是反对中国特色社会主义制度。历史虚无主义是西方发达资本主义国家对我国发动意识形态攻势和“颜色革命”的桥头堡。以美国为首的西方发达国家从来没有放弃西化、分化我国的战略目的，军事进攻无法奏效，转而寻求“和平演变”之途，妄图在没有硝烟的战场上颠覆社会主义制度。事实上，这一图谋在苏联解体中已经得手。苏联解体之后，西方发达资本主义国家的主要目标转向中国，一方面大肆传播西方资产阶级的“宪政”民主、经济模式、价值观念和生活方式，宣扬“资本主义好”、“资本主义制度优越”；另一方面，不遗余力地对社会主义国家的历史和现实进行丑化、矮化、妖魔化，将任何问题都可以无限拔高到制度层面，以实现搞垮社会主义制度的目的。灭人之国，必先去其史，这是从古至今的一条显明规律。正基于此，历史虚无主义与新自由主义、西方“宪政”民主论、“普世价值”等错误思潮互相勾连，各有侧重，沆瀣一气，试图共同实现瓦解中国特色社会主义制度的图谋。

看清了这两点要害，就不难把握历史虚无主义的本质。毛泽东同志指出，“凡是要推翻一个政权，总要先造成舆论，总要先做意识形态方面的工作。革命的阶级是这样，反革命的阶级也是这样。”历史虚无主义正是站在反革命的阶级立场上，在“造成舆论”，在“做意识形态方面的工作”。因此，历史虚无主义决非是从事单纯的学术讨论，而本质上是一种政治思潮，企图从根本上颠覆共产党执政的合法性，改变中国的社会政治制度。无论它披上怎样新潮的学术外衣，抛出多么诱人的口号，都掩盖不了这一点。

二、历史虚无主义尽管打着学术旗号，尤其是历史学旗号，但不是学术思潮

做学问讲求“辨章学术，考镜源流”，学术流派和学术思潮是推动学术进步的题中应有之义。然而，历史虚无主义在研究方法上是根本错误的，其所得出的结论也是荒谬的，它同历史科学根本对立，绝不是任何一种意义上的学术思潮，而是伪科学。

习近平总书记在致第二十二届国际历史科学大会的贺信中指出，历史研究是一切社会科学的基础，承担着“究天人之际，通古今之变”的使命。真正的历史研究，是实证科学，靠证据和事实说话，讲求言必有据，言必有证，不尚空谈。这种证据和事实决不是出于某种目的而刻意挑选出来的，而是来源于对历史的整体把握和高度的理论概括，是为了从历史中发现规律，把握本质，启迪未来。真正科学的历史研究，离不开三个眼光：一是长时段的眼光。观察问题，不能局限于一时一事，不能基于个别时段的历史现象轻率作出长时段的历史结论，要坚持将研究对象置于较长的历史时期冷静观察、深入分析。二是全面的眼光。不能见孤木以为森林，不能用局部的考察代替整体的把握，更不能用个别案例的结论代替对全局的认识。三是发展的眼光。不能把研究对象静止化，要善于从纷繁变幻的社会现象中探索变化原因、发现变化规律、把握变化本质。历史研究要成为一切社会科学的基础，它本身必须是科学的。正是在这一意义上，马克思恩格斯强调，我们仅仅知道一门唯一的科学，即历史科学。

而历史虚无主义刚好与此相反，它出于否定党的领导、否定中国社会主义制度的别有用心的政治目的，用精心挑选的历史碎片歪曲、篡改和伪造历史，不但背叛了历史学的科学精神、科学原则，而且误导民众、毒害社会。从整体看，历史虚无主义妄图通过否定中华五千年历史优秀文化，否定近代以来中国历史传统；通过否定反帝反封建的革命运动，否定共产党执政的历史合法性；通过否定新中国成立以来取得的伟大成就，否定中国共产党执政的现实合法性、理论和实践的合法性。由于研究意图的扭曲和研究方法的错误，历史虚无主义也就不可能得出正确的结论。不遵循学术规范，肆意歪曲历史史实，否认历史发展的客观规律，以戏说恶搞的方式解构历史，鼓吹反

马克思主义的立场、观点，成为历史虚无主义思潮的典型特征。因此，无论从研究的方法、原则来看，还是从研究的初衷、结论来看，历史虚无主义都是与历史科学根本对立的，是彻头彻尾的伪科学。

市场上的小贩，叫卖声越高的越有可能兜售的是假货。历史虚无主义不管如何标榜自己是学术，不管怎样拼命往脸上贴金，都上不了学术的台面，登不上学术的大雅之堂。

三、我们和历史虚无主义的分歧，本质上是政治分歧，是中国举什么旗、走什么路的分歧

包括历史科学在内的马克思主义学术同历史虚无主义的分歧，不是一般学术层面上的争鸣商榷，本质上是政治分歧，是中国举什么旗、走什么路的重大政治分歧。

在发展道路问题上，必须坚持历史的联系论和发展论观点，而不能割裂历史。世界的今天是从世界的昨天发展而来，昨天奠定了今天的基础。对于中国举什么旗、走什么路这一根本问题，历史早已做出了结论，这就是高举中国特色社会主义伟大旗帜，走中国特色社会主义道路。历史的道路的确充满艰辛曲折，但历史所展示的真理却是清晰的，所呈现的规律也是客观的。中国共产党从成立之日起，就在矢志不移地寻求救国救民的道路，百折不回地追寻实现中华民族伟大复兴的梦想。历经新民主主义革命、社会主义革命、改革开放新的伟大革命的胜利，中国共产党带领全国各族人民开创和发展了中国特色社会主义，将中国人民的梦想奠定在坚实的历史根基之上。习近平总书记强调，“中国特色社会主义，承载着几代中国共产党人的理想和探索，寄托着无数仁人志士的意愿和期盼，凝聚着千千万万革命先烈的奋斗和牺牲，凝聚着全国各族人民的奋斗和实践，是近代以来中国社会发展的必然选择，是历史和人民的选择。”在今后的前进道路上，必须坚定不移地高举中国特色社会主义伟大旗帜，坚持和拓展中国特色社会主义道路，坚持和丰富中国特色社会主义理论体系，坚持和完善中国特色社会主义制度。这是马克思主义学术的政治信仰，也是时代赋予马克思主义学术的政治使命。

旗帜关乎人心向背，道路关乎党的生命。中国特色社会主义是历史的结论，人民的选择。然而，正是在这一根本问题上，历史虚无主义毫不犹豫地

背叛了历史，否定历史规律，诋毁历史评价，篡改历史结论。历史虚无主义所希图的，恰恰是中国走上邪路，被世界资本主义体系西华、分化、同化，让偌大的中国成为西方发达国家和国际垄断资本的利益场与享乐园。恩格斯尖锐指出，“资产阶级把一切都变成商品，对历史学也是如此。资产阶级的本性，它生存的条件，就是要伪造一切商品，因而也要伪造历史。伪造得最符合资产阶级利益的历史著作，所获得的报酬也最多。”历史虚无主义正是在按照资产阶级的利益伪造历史。如果任由历史虚无主义继续蔓延下去，势必造成破坏性的历史后果，不但会改变学界的学术生态，而且有可能改变我们的政治、文化和社会生态，危害社会主义事业和社会主义制度体系。

马克思主义学术与历史虚无主义的分歧是不可调和的，“这里必须根绝一切犹豫；这里任何怯懦都无济于事”，必须与历史虚无主义展开长期、坚决、彻底的斗争。反对历史虚无主义，需要锻造好我们自己的武器。这武器就是马克思主义的唯物史观。唯物史观是人类正确认识社会及其发展历史的唯一科学的世界观和方法论，是指引史学研究和其他学术研究的可靠指南。中国的现代学术，特别是历史科学，是在唯物史观的指导下形成和发展起来的。当前，我们必须以坚定的马克思主义信仰、信念和理论斗争精神，旗帜鲜明地同历史虚无主义挥剑战斗，以振聋发聩的声音续写马克思主义学术的当代篇章。

历史是一面镜子，从中可以发现过去，映照现在，启迪未来。然而，历史虚无主义却是一面扭曲的镜子，从中只能看到其荒谬的历史观、错误的方法论和险恶的政治目的。对于这样一面“魔镜”，结论只能是彻底打碎。

（作者单位：中国社会科学杂志社研究室）

祸国误民的历史虚无主义

全根先

历史虚无主义并不是一个新鲜的学术名词，自其传入中国到现在历经一个多世纪，屡经驳斥，可以说早已体无完肤，声名狼藉。然而，由于它经常披上学术研究的外衣，呈现方式又五花八门，具有极大的蒙蔽性、欺骗性，人们往往不易察觉，致使上当受骗、误入歧途。故而每当历史转折的重大关头，历史虚无主义总是不时地在中华大地沉渣泛起，招摇过市，妖言惑众。今天，以习近平同志为核心的党中央正引领全国各族人民昂首阔步地向中国特色社会主义新时代迈进，历史虚无主义幽灵仍飘忽于中华大地，其秕言谬说通过各种途径四处蔓延。诸凡历史虚无主义所到之处，是非颠倒，忠奸莫辨，真假难分。对此，我们一定要保持高度的警惕，决不能任其祸国误民！

历史记忆蕴含重大国家利益

人类文明是一个逐步累积、延续不断的发展过程，通过历史记载、传承而不断发展。没有历史，就没有文明。而有没有历史传承，实际上也是人与动物的根本区别之一。中华民族具有悠久的历史传统，早在殷墟发现的甲骨文中，就已有了“史”字。商代，“史”不仅指文官，还指驻守于外的武官。周代，“史”作为一种职官，有大史、小史、内史、外史、御史、女史之分，可见周人对历史的重视。春秋战国时期，作为史书的《尚书》《春秋》，是儒家“六经”（“六经”：《诗》《书》《礼》《乐》《易》《春秋》）之一。在浩如烟海的中华典籍中，史书一直占有非常突出的地位，是中华民族独特而又珍贵的文化遗产。

历史为什么重要？首先是因为人类是需要记忆来延续和发展的一个物种。记忆是人类最基本的生理和心理功能。英国哲学家洛克（John Locke）

说："我们如果没有记忆底帮助，则我们在思想中、推论中和知识中，便完全不能越过眼前的对象。"[①] 记忆是认识与思维的前提。一个人如果没有记忆，就会在很大程度上丧失自我；一个社会如果没有记忆，这个社会就无法进步。对于一个民族、一个国家来说，社会记忆往往决定了一个社会、一个国家乃至一种文明的发展方向与历史进程。社会记忆的本质，乃是社会历史的连续传承与发展机制。一个民族、一个国家之所以能屹立于世，其最坚固的根本就在于通过历史不断传承与发展的民族文化。没有历史传承，没有文化存续，就会面临亡国灭种的生存危机。

近代文学家、思想家龚自珍说："灭人之国，必先去其史；隳人之枋，败人之纲纪，必先去其史；绝人之材，湮塞人之教，必先去其史；夷人之祖先，必先去其史。"[②] 任何一个民族都是历史的产物，无论其发展过程怎样的艰难曲折，历史终究是其生命的本源、发展的基础和未来的方向。著名历史学家钱穆在《国史大纲·引论》中写道："若一民族对其以往历史无所了知，此必为无文化之民族。此民族中之分子，对其民族，必无甚深之爱，必不能为其民族真奋斗而牺牲，此民族终将无争存于并世之力量。"[③] 学习本民族的历史，了解本国的历史，是养成爱国主义思想精神的坚实基础和可靠保障。

历史记忆蕴含重大国家利益。这一点，就连一贯以自由、民主相标榜的美国也非常重视。美国《全国历史课程标准》就声称，历史可以帮助一个社会、一个国度对自己的历史起源、历史演进乃至核心价值观有相同的记忆和回顾。[④] 习近平总书记指出："古人说：'灭人之国，必先去其史。'国内外敌对势力往往就是拿中国革命史、新中国历史来做文章，竭尽攻击、丑化、污蔑之能事，根本目的就是要搞乱人心。苏联为什么解体？苏共为什么垮台？一个重要原因就是意识形态领域的斗争十分激烈，全面否定了苏联历史、苏共历史，否定列宁，否定斯大林，搞历史虚无主义，思想搞乱了，各级党组织几乎没任何作用了，军队都不在党的领导之下了。最后，苏联共产

① （英）洛克著，关文运译：《人类理解论》，商务印书馆，1991 年，第 119 页。
② 龚自珍：《古史钩沉论》（二），中华书局，1959 年，第 22 页。
③ 钱穆：《国史大纲》（修订本）上册，商务印书馆，1996 年，第 1 页。
④ 李殿仁：《加强党的先进性建设党课讲座》，国防大学出版社，2006 年，第 175－176 页。

党偌大一个党就作鸟兽散了，苏联偌大一个社会主义国家就分崩离析了。这是前车之鉴啊！”①

因此，对于以否定历史的价值尤其是抹杀或抹黑本国历史文化，割裂历史传统、片面夸大历史相对性的历史虚无主义，我们一定要予以坚决的揭露与批判，捍卫我们国家的根本利益！

历史虚无主义的踉跄步伐

“虚无主义”一词，来自德文 Nihilismus 的音译，源自拉丁文的 nihil（虚无）。1799 年，德国唯心主义哲学家雅柯比（Friedrich Heinrich Jacobi）在《给费希特的信》中，最先使用了“虚无主义”这一概念，称费希特哲学是虚无主义哲学。此后，俄国作家屠格涅夫在《父与子》一书中，塑造了矛盾、叛逆、否认一切旧制度的巴扎罗这一文学形象，使虚无主义的思想得到进一步传播，并逐渐在欧洲盛行。德国哲学家尼采公然宣称“上帝死了”，企图用“权力意志”来“重估一切价值”，领悟“同一个东西的永恒轮回”，克服“最高价值”的设定所导致的虚无主义，恰恰是本真的虚无主义的完成。②

纵观历史的风云变幻，历史虚无主义总是与社会历史的重大变革相关联。正如恩格斯所说，在剧烈的社会变革中，“以往的一切社会形式和国家形式、一切传统观念，都被当作不合理性的东西扔到垃圾堆里去了；到现在为止，世界所遵循的只是一些成见，过去的一切只值得怜悯和鄙视。”③ 清末民初，饱受帝国主义列强侵略的中国正面临灾难深重的民族危机，各种政治思想、思想学说纷至沓来，令人眼花缭乱，而历史虚无主义思想也在此时传入中国，并逐渐蔓延。

1915 年，陈独秀创办《青年杂志》（后改名《新青年》），掀起了声势浩大的新文化运动，否定中华传统文化、追求“西化”则成为这一运动所追求的重要目标。陈独秀说：“祖宗之所遗留，圣贤之所垂教，政府之所提倡，

---

① 中共中央文献研究室编：《十八大以来重要文献选编》，中央文献出版社，2014 年，第 114 页。
② 孙帅：《何谓虚无主义：海德格尔与尼采的争辩》，《学灯》（总第 30 期），2014 年 4 月。
③ 《马克思恩格斯选集》第三卷，人民出版社，1995 年，第 356 页。

社会之所崇尚，皆一文不值也！”① 而陈序经、胡适等人在否定中华传统文化的道路上走得更远，提出了“全盘西化论”。在他们看来，西方文化在各个方面都比中华文化高级，中华文化几乎一无是处，中华民族若想找到一条出路，只能舍弃自己的传统文化，全盘接受西方文化。陈序经在《中国文化之出路》一文中说：“西洋文化无论在思想上、艺术上、科学上、政治上、教育上、宗教上、哲学上、文学上，都比中国的好。就是在农、食、住、行的生活上头，我们也不及西洋人的讲究。”② 在他看来，中国文化如果想得到发展，只有通过彻底西化途径，别无选择，这是彻底的历史虚无主义态度。

这一时期，历史虚无主义还与无政府主义思潮纠缠一起。在国际共产主义运动史上，无政府主义曾拥有相当大的市场，法国的蒲鲁东、俄国的巴枯宁与克鲁泡特金是其代表。无政府主义对待历史的态度，就是虚无主义。无政府主义在当时的中国颇有市场，代表人物有吴稚晖、黄凌霜、区声白、郑贤宗等。他们打着“社会主义”的旗号，以“最激进”的姿态、“最革命”的言论，兜售其历史虚无主义观点。郑贤宗说：“从中国历史上观察，可说中国向来是没有政府的”；“从前清末年起，虽然‘政府’这件东西勉强仿制了出来，但与人民是绝无关系的，社会上仍是保存‘帝力何有于我哉！’的故态”。③ 显然，这是要将中国历史“虚无化”。

中国早期马克思主义者如陈独秀、李大钊等，虽然都曾是“西化派”的重要成员，也是无政府主义的支持者，但是，他们在宣传马克思主义的同时，也在不断地修正自己的观点，对历史虚无主义进行批判，并逐步转变成为马克思主义者。李大钊指出：“在世界中有一贯相连的永远性。昨日的事件与今日的事件，合构成数个复杂事件。势力结合势力，问题牵起问题。无限的‘过去’都以‘现在’为归宿，无限的‘未来’都以‘现在’为渊源。‘过去’‘未来’的中间全仗有‘现在’以成其连续，以成其永远，以成其无始无终的大实在。一掣现在的铃，无限的过去、未来皆遥相呼应。”④ 李大

① 《陈独秀文章选编》上册，三联书店，1984 年，第 77 页。

② 罗荣渠：《从“西化”到现代化——五四以来有关中国的文化趋向和发展道路论争文选》，北京大学出版社，1990 年，第 371－372 页。

③ 葛懋春等编：《无政府主义思想资料选》上册，北京大学出版社，1984 年，第 496、497 页。

④ 《李大钊全集》第二卷，人民出版社，2013 年，第 285 页。

钊认为，历史不能割裂，必须尊重历史发展的连贯性和继承性。这是对历史虚无主义者的有力反驳。

尽管历史虚无主义早已遭到批判，但是，总是有人对它念念不忘，不时地将它抛出来表演一番。法国哲学家萨特（Jean－Paul Sartre）的《哲学与虚无》与英国哲学家波普尔（ Karl Popper）的《历史决定论的贫困》，都否认历史发展规律，认为历史不可重演、不能预测，不能被检验，历史没有意义，实际上是历史虚无主义的继续发展。在现实生活中，也到处可见历史虚无主义的身影。苏联的解体，就与戈尔巴乔夫时期历史虚无主义盛行有关。在苏共中央宣传部长雅科夫列夫（Aleksandr Nikolayevich Yakovlev）所写的《干尸也抹圣油》书中，罗列了布尔什维克的16项“罪责”，意欲使布尔什维克党消失在历史的长河中。历史虚无主义者还把勃列日涅夫时期称为“停滞时期”，将苏联社会主义制度视为“兵营式的社会主义”，没有任何成就与意义。这些蛊惑人心的宣传，无疑对瓦解苏联的意识形态起到了推波助澜的作用。

披着学术外衣的历史虚无主义

研究历史，应当以马克思主义为指导，采取历史唯物主义的科学态度。然而，历史虚无主义的学术表现却与此迥然不同。在认识论上，他们采取主观主义、相对主义、解构主义等方法，否认历史、割裂传统，否认历史认识的客观性，历史似乎是“任人打扮的小姑娘”；在方法论上，他们混淆历史的干流与合流、表象与实质，采取形而上学的态度，认为非此即彼、二元对立；在价值论上，他们以所谓的后现代主义，淡化历史的严肃性，轻渎历史，并以“反思”的名义，声称要对历史进行“重新评价”，大做翻案文章，否认早已得到公认的历史研究成果。这股历史虚无主义歪风，可以说是无孔不入，对社会造成了极坏的影响。

在对待中华传统文化方面，历史虚无主义者通过对中华传统文化的指责、曲解与污蔑，消解人们对中华文化的认同，消解我们的民族自信心与自豪感。他们认为，中华文化从古至今内部机制就存在很大的问题，具有一定的封闭性，对外来文化具有相当大的抗拒力，故中华文化不可能通过自身发展而得到全面更新。要让中华文化在世界民族之林大放异彩，唯一的途径就是将西方的一些文化观念引入并为我所用，从而走向“现代化”，中华文化才能走向世界，西方文化是解救中华文化的唯一解药，因而极力鼓吹“全盘西化”。在这种思想指导下，他们对中国近代以来反帝反封建的历史进行曲解，认为鸦片战争虽然是帝国主义列强以武力对中国侵略，但是，西方的大炮使中国走出封闭，转向“现代化”。如此一来，鸦片战争成了中国向世界开放的有利契机，难道我们还应该对侵略者持感恩态度吗？

从太平天国到辛亥革命，再到中国共产党领导的新民主主义革命，一部中国近代史，就是中国人民的革命史，是中华民族谋生存、图发展的伟大壮举，红色革命文化是中华文化的重要组成部分。然而，在历史虚无主义者看来，太平天国农民起义是中国近代史上“最大的内乱”，洪秀全创立的拜上帝教是“邪教”，镇压太平天国的刽子手曾国藩却成了“历史进步”人物。他们把曾国藩说成是“道德完人”，故意忽略其一天杀死一百多个农民、纵容湘军焚烧天京（南京）的罪行。对中国共产党领导的新民主主义革命，他们也颇有微词。一些人热衷于美化民国历史，将饱受列强欺凌、军阀混战、民不聊生的民国时期，描绘成“充满人情味”的“温柔之乡”“真正的新中国”，以至一些无知青年误认为那是中国一段“最好的时光”，而“心向往之”。但是，只要我们稍微翻阅一下民国时期的报刊杂志，便能发觉真实的民国究竟是什么状况。

中国共产党是伟大的抗日战争的中流砥柱。可是，有的人以国共两党在战争中牺牲将领的多少来评价两党在抗战中所起的作用，说整个战争时期国民党牺牲了一百多位高级将领，共产党仅损失了左权一位大将，因此国民党在抗战中的作用要高于共产党。但是，他们忽视了这样一个基本事实：即抗战初期，针对敌我力量远殊、国内“亡国论”和“速胜论”两种错误倾向泛滥，正是中国共产党提出了持久战主张，从而为夺取抗日战争的最后胜利指明了方向；不仅如此，中国共产党号召全国各族人民，组成抗日民族统一战线，凝聚了抗日救亡的民族之魂。抗日战争后期，国民党军队在战争中仍是不堪一击，而中国共产党所领导的抗日革命根据地已开始转入对日寇的战略反攻，这时国民党军实际上已丢掉了原来正面战场抗敌主战场的地位，共产党所领导的抗日武装则成为抗日主要力量。

还有人说，中国共产党之所以取得中国革命的最后胜利，是抗日战争使中国共产党“坐大”，否认国共斗争最终胜负具有历史的必然性，这就是人民选择了谁。孟子说：“得天下有道，得其民，斯得天下矣。得其民有道，得其心，斯得民矣。得其心有道，所欲与之聚之，所恶勿施尔也。”（《孟子·离娄上》“得民心者得天下”，这是颠扑不破的一个真理。人心的向背，决定了政权的归属。1935 年 9 月，蒋廷黻在天津《大公报》上撰文指出：“自国共分家以来，国民政府在精神上所依赖的力量仅民族主义。民权和民生早已送进博物院，偶尔谈及者有如谈古董一样。就是民族主义的呼声近日也极其细微”。反过来，“共产党为农民作了什么好事呢？只作了一件事：干脆的、彻底的消灭了地主阶级，实行了耕者有其地。农民所以乐为其用就是为这一点。”[①] 蒋廷黻认为，要想剿灭红军，必须实行“耕者有其地”政策。当然，国民党是听不进去的。十多年后，败退到台湾后的蒋介石曾问以反共著称的叶青：国民党为什么失败？叶青的回答是：因为没有实施孙中山先生之民生主义，实行耕者有其田。[②] 因此，将中国共产党的胜利说成了偶然，否认国共成败的其内在必然性，完全是不顾历史真相的错误解读。

新中国建立后，中国共产党领导全国各族人民艰苦创业，取得了举世瞩目的巨大成就。然而，历史虚无主义以“反思历史”为名，否认改革开放前 30 年的建设成就，企图从批评“文化大革命”的错误出发，进而否定中国共产党的领导，否定社会主义发展道路。[③] 实际上，正是建国后 30 年的社会主义建设，为以后的改革开放奠定了必要的物质基础、人才准备与和平稳定的国内外环境。美国学者莫里斯·梅斯纳（Morris Meissner）认为，毛泽东领导时期不仅不是经济停滞时期，而是世界范围内现代化发展最卓越的时期，它为中国现代经济的发展奠定了坚实的基础。20 世纪 50 年代初，中国经济规模比比利时还小，然而在毛泽东领导时期结束时，中国已成为世界上 6 个最大工业国家之一，中国国民收入从 1952 年的 600 亿元增加到 1978 年的 3000 亿元，增加了 4 倍。[④]

习近平总书记指出：“我们党领导人民进行社会主义建设，有改革开放

---

① 蒋廷黻：《民族主义不够》，《大公报》，1935 年 9 月 15 日。

② 参见郑师渠：《当下历史虚无主义之我见》，《历史研究》，2015 年第 3 期。

③ 潘莉，梅荣政：《历史虚无主义思潮的表现、特点及其危害》，《新疆师范大学学报》（哲学社会科学版），2015 年第 9 期。

④ M. 梅斯纳：《毛泽东的中国及其发展》，社会科学文献出版社，1992 年，第 486—488 页。

前和改革开放后两个历史时期，这是两个相互联系又有重大区别的时期，但本质上都是我们党领导人民进行社会主义建设的实践探索。中国特色社会主义是在改革开放历史新时期开创的，但也是在新中国已经建立起社会主义基本制度、并进行了20多年建设的基础上开创的。虽然这两个历史时期在进行社会主义建设的思想指导、方针政策、实际工作上有很大区别，但两者决不是彼此割裂的，更不是根本对立的。不能用改革开放后的历史时期否定改革开放前的历史时期，也不能用改革开放前的历史时期否定改革开放后的历史时期。要坚持实事求是的思想路线，分清主流和支流，坚持真理，修正错误，发扬经验，吸取教训，在这个基础上把党和人民事业继续推向前进。”[①]

历史虚无主义：文化领域丑态毕露

近年来，历史虚无主义通过各种渠道特别是互联网，在文化领域可以说是无孔不入，丑态毕露。根据中国互联网信息中心发布的统计报告显示，截至2017年6月，中国网民规模已达7.51亿，占全球网民总数的五分之一。其中，手机网民7.24亿，网民中使用手机上网的比例高达96.3%。[②] 与以学术研究形态出现的历史虚无主义不同，文化领域的历史虚无主义往往以所谓“还原真相”“戏说历史”“反思历史”为幌子，通过文学、影视等作品而呈现，为了博取眼球，方法多样，几乎是不择手段，传播极广，影响极坏。在历史虚无主义影响下，历史本应有的厚重思维、深邃思想不见了，严肃的历史被娱乐化，崇高被庸俗所取代，经典被恶搞所歪曲，历史在貌似轻松的娱乐消费中被掏空、被虚无化，社会主流价值观在讥笑和揶揄中荡然无存。复旦大学俞吾金教授指出：“对历史泡沫的迷恋”，“在‘戏说’‘水煮’‘笑谈’等表达方式中，历史失去了它应有的凝重和庄严，蜕变成一堆美丽的垃圾。”[③]

令人气愤的是，大量的历史虚无主义作品对于英雄人物进行恶意诋毁。有学者指出，历史虚无主义对于英雄人物的诋毁手段主要有以下几种：一是

① 习近平：《习近平谈治国理政》，外文出版社，2017年，第22—23页。

② 人民网：《中国网民规模已达7.51亿 占全球网民总数五分之一》http：//media.people.com.cn/n1/2017/0805/c40606-29451289.html.

③ 俞吾金：《自觉的当代意识是理解历史的钥匙》，《文汇报》，2014年5月6日。

抓住缺点，无限放大。评价一个历史人物，应当全面、客观，分清主次。然而，历史虚无主义者在评价英雄人物时，总是对其缺点无限放大，对功绩则视而不见。二是罔顾事实，求全责备。他们往往脱离历史实际，用今天的眼光去评判前人、苛求前人。三是编造谣言，恶意中伤。这样的例子很多，如说“雷锋是因为帮人太多累死的”，“黄继光是摔倒了才堵枪眼的”，“张思德是炼鸦片时被活埋”，“董存瑞的壮烈牺牲是偶然”、“邱少云因过度惊吓而死”、“狼牙山五壮士有作风问题”，纯粹是一派胡言。四是戏谑恶搞，冷嘲热讽，如有人竟恶意攻击抗美援朝中牺牲的烈士为“挂炉烤鸭”。五是善恶不分，颠倒黑白。在一些人看来，慈禧太后、李鸿章、袁世凯等成了“中国现代化的开拓者”，刘文彩不是十恶不赦的恶霸，而是一个乐善好施之人。相反，对于我们的民族英雄、人民领袖，他们却肆意扭曲。有的人竟以毛泽东晚年所犯错误为由，对毛泽东的军事才能提出质疑、发掘毛泽东的“绯闻秘史”，以否认毛泽东的丰功伟绩和毛泽东思想。[①]

1936 年 10 月 24 日，郁达夫在鲁迅先生追悼会上说：“没有伟大人物出现的民族，是世界上最可怜的生物之群；有了伟大人物而不知拥护、爱戴、崇仰的国家，是没有希望的奴隶之邦。”[②] 习近平总书记在纪念毛泽东同志诞辰 120 周年座谈会上指出：“革命领袖是人不是神。尽管他们拥有很高的理论水平、丰富的斗争经验、卓越的领导才能，但这并不意味着他们的认识和行动可以不受时代条件限制。不能因为他们伟大就把他们像神那样顶礼膜拜，不容许提出并纠正他们的失误和错误；也不能因为他们有失误和错误就全盘否定，抹杀他们的历史功绩，陷入虚无主义的泥潭。”[③] 每个时代都有自己的英雄，每个民族都有自己的民族英雄。不管时代如何变化，英雄人物始终是标注历史的精神坐标，是一个民族崇尚正义、追求崇高的价值基础。对于革命先烈、英雄人物、革命领袖的这种虚无主义做法，我们必须坚决抵制！

---

① 参见祝念峰、王晓宁：《不能放任历史虚无主义攻击诋毁英雄人物》，《红旗文稿》，2016 年第 21 期。

② 郁达夫：《怀鲁迅》，载《郁达夫文集》第四卷，花城出版社、三联书店香港分店，1982 年，第 162—163 页。

③ 习近平：《在纪念毛泽东同志诞辰 120 周年座谈会上的讲话》，http：//politics. people. com. cn/n/2013/1226/c1024—23952747. html。

历史虚无主义的危害及其本质

历史虚无主义是当前我国意识形态领域的一大毒瘤。对于历史虚无主义的危害及其本质，我们一定要有清醒的认识。

首先，历史虚无主义抹杀中华优秀传统文化，为“全盘西化”打开方便之门。

文化是人的一种内在的精神需求，是人类通向自由解放的一把尺度。源远流长、博大精深的中华优秀传统文化，“为中华民族生生不息、发展壮大提供了丰富滋养。”① 以汉字为载体的浩如烟海的中华典籍，承载着中华民族对于自然与人生的最深刻的思考与探索。“天行健，君子以自强不息。地势坤，君子以厚德载物”，这是千百年来中华民族的文化基因；“天地之大德曰生”，“苟日新，日日新，又日新”，“志士仁人，无求生以害仁，有杀身以成仁”，“三军可夺帅，匹夫不可夺志”，“富贵不能淫，贫贱不能移，威武不能屈”，“天下兴亡，匹夫有责”，这些蕴涵于中国传统典籍中的基本信念，始终激励、滋养着中华儿女自强不息、开放包容的思想情怀，是中华民族捍卫民族独立、维护国家主权、人民安身立命的精神源泉。

然而，根据历史虚无主义理论，“不承认历史及文化传统的继承性与连续性，把传统文明向现代文明的过渡看成是彻底的断裂，否定历史发展的内在逻辑，漠视人文精神传统的内在传承及其教化意义。”② 他们一方面极力抹杀、贬低甚至是彻底否定中华文化，另一方面又大肆吹捧和美化西方文化，并提出要以“全盘西化”的方式来改造中华文化。这样做的结果，必然会割断中华优秀传统文化与社会主义现代化建设之间的精神纽带，否定中华优秀传统文化中所包含的民族精神、国家意志、历史传统与价值追求，动摇或削弱中国人民努力推进中华民族伟大复兴的文化认同与民族自信。

其次，历史虚无主义否定马克思主义的指导地位，企图以西方资本主义的价值观取而代之。

建设社会主义强国，实现中华民族的伟大复兴，不能没有马克思主义作为指导思想，这关系到社会主义建设的方向问题，马克思主义在社会主义学

① 习近平：《习近平谈治国理政》，外文出版社，2014年版，第260页。
② 邹诗鹏：《现时代的历史虚无主义及其成因》，《中国社会科学报》，2009年6月2日。

术文化领域的主导权不容有失。然而，历史虚无主义打着“学术无禁区”的旗号，以形而上学、唯心主义的研究立场，任意裁剪、拼凑、歪曲以至故意丑化鲜活的历史和现实，在理论研究与日常社会生活中人为地制造思想混乱。他们以“重新评价”历史的名义，提出了一系列虚无主义的历史观点与荒诞主张，使得整个中国革命史、中国共产党的历史、中华人民共和国的历史被完全颠倒过来，否认近代以来中国人民反帝反封建的可歌可泣的革命历史，妄图从根本上动摇我们进行社会主义革命和社会主义建设的指导思想。

第三，历史虚无主义故意歪曲中国共产党的革命历史，贬低中国共产党的执政能力，其实质是要从根本上动摇中国共产党的执政地位。

在中国近现代历史研究中，历史虚无主义以所谓的“现代化史观”来代替“革命史观”，对中国共产党的革命历史进行全面否定，甚至从根本上否定革命的意义与价值。在他们看来，中国之所以没有早日走上现代化道路，根本原因在于中国共产党领导的民主革命阻碍了中国社会的现代化实践，将中国革命事业与中国社会现代化对立起来，否定中国共产党在领导中国民主革命与社会主义革命中的历史作用与伟大贡献。对于新中国成立以来中国共产党领导全国各族人民所取得的社会主义建设的辉煌成就，他们同样以历史虚无主义的态度进行诋毁和贬损。这种对历史的肆意歪曲，其本质就是要否定中国共产党的领导地位。

习近平总书记指出：“国内外敌对势力往往就是拿中国革命史、新中国历史来做文章，竭尽攻击、丑化、污蔑之能事，根本目的就是要搞乱人心，煽动推翻中国共产党的领导和我国社会主义制度。”[①]

坚定“四个自信”，继往开来创伟业

习近平总书记在《庆祝中国共产党成立 95 周年大会上的讲话》中指出：“方向决定道路，道路决定命运。中国特色社会主义不是从天上掉下来的，是党和人民历尽千辛万苦、付出巨大代价取得的根本成就。中国特色社会主义，既是我们必须不断推进的伟大事业，又是我们开辟未来的根本保证。全党要坚定道路自信、理论自信、制度自信、文化自信。当今世界，要说哪个

① 中共中央宣传部：《习近平总书记系列重要讲话读本》，学习出版社、人民出版社，2016 年，第 32 页。

政党、哪个国家、哪个民族能够自信的话，那中国共产党、中华人民共和国、中华民族是最有理由自信的。”① “四个自信”重要思想的提出，为我们新时代建设社会主义强国指明了前进的方向。

改革开放以来，我国的综合国力已得到极大的提升，对于世界和平、文明进步做出了巨大贡献。现在，我们比历史上任何时期都更接近中华民族伟大复兴的目标。然而，有的人却对此视而不见，采取历史虚无主义态度，对中华文明持怀疑态度，盲目崇洋，沉迷于西方国家的所谓“普世价值”。70多年前，毛泽东主席在《新民主主义论》一文中指出：“中国现时的新文化也是从古代的旧文化发展而来，因此，我们必须尊重自己的历史，决不能割断历史。”② 他又说：“所谓‘全盘西化’的主张，乃是一种错误的观点。形式主义地吸收外国的东西，在中国过去是吃过大亏的。”③ 我们一定要响应以习近平总书记为核心的党中央的号召，坚持“四个自信”，不忘初心，牢记使命，勇于创新，为建设社会主义强国、实现中华民族的伟大复兴而努力奋斗！

（作者单位：国家图书馆）

（原载《红色文化网》2018 年 4 月 5 日）

---

① 习近平：《在庆祝中国共产党成立 95 周年大会上的讲话》，《人民日报》，2016 年 7 月 2 日。
② 《毛泽东选集》第二卷，人民出版社，1991 年，708、707 页。
③ 《毛泽东选集》第二卷，人民出版社，1991 年，708、707 页。

当前历史虚无主义思潮的新特征

李艳艳

历史虚无主义是对唯心史观指导下各种解构历史观点的总称。近年来，经过一批国内马克思主义学者的悉心研究，历史虚无主义思潮的立场、观点和方法等问题渐渐清晰。在研究立场上，它主张建立一种超阶级的新的历史评价标准；在主要观点方面，它主张去社会主义意识形态、告别革命、重新反思历史及其领袖人物；在研究方法方面，它认为唯物史观是一种已经过时的机械的历史决定论，主张用人性分析的方法取代马克思主义的阶级分析方法。这些关键问题在学术上已经很大程度上得到了解决，这对于解答人们对于历史虚无主义的认识迷惑具有很大作用。

然而需要注意的是，历史虚无主义思潮并没有因大量的揭批而沉寂。2014年以来，它出现了一些新特征，这需要引起我们的高度重视。

一、从学术思想进一步转化为政治主张

中共党史、中国革命史、中国近代史、新中国建设史及其中的杰出人物一直是历史虚无主义思潮否定的重点对象。例如，认为党的暴力革命压制了思想启蒙，认为党领导的土地革命是在穷山沟里瞎胡闹，否认党在抗日战争中的中流砥柱作用，否认改革开放前三十年的历史功绩，同情慈禧李鸿章等反面历史人物的卖国行为。这些林林总总的所谓揭秘历史真相、为历史翻案的历史虚无主义思潮，正在通过否定党和社会主义的伟大历史功绩，消解这些历史功绩在人们头脑中的神圣地位，造成人们政治思想的混乱，进而试图动摇中国共产党的执政合法性和社会主义的历史进步性。

当前，一些历史虚无主义思潮从学术观点到政治主张的转向十分明显。这集中体现在，从改革开放过程中的一些具体问题上纲上线为否定整个中国

特色社会主义建设事业，这种片面夸大问题、全盘否定成绩的形而上学唯心主义思潮，相较于其他历史虚无主义的观点而言，更具有现实性的政治诉求。

在当今社会舆论场上，中国特色社会主义存在着被污名化的危险。虽然，在客观上，腐败官员的负面形象，改革发展过程中的民生、生态、道德等问题，的确影响了社会民众对于中国特色社会主义的全面认同。但是，历史虚无主义思潮介入这些具体问题之后，其夸大其词的叙述手法，往往使对具体问题的揭露批评上纲上线，转变为对整个改革开放实践、整个中国特色社会主义道路、整个社会主义制度的全盘否定。其中，最为典型的两种观点是：一方面，错误地认为中国特色社会主义是一种新的资本主义，从而彻底否定了中国特色社会主义的社会主义性质；另一方面，错误地认为中国特色社会主义背离了自由民主的“普世道路”，从而彻底否定了中国特色社会主义的历史进步性。

二、历史虚无主义话语权出现激烈争夺的态势

从2014年开始，思想界对历史虚无主义的概念、本质、产生原因、现实表现、社会影响等基本理论问题的论争急剧升温，并出现了鲜明的分歧。在主流的马克思主义学科视阈中，学者们对于历史虚无主义的认识已经形成共识，具体表现在，一是，在概念与本质方面，梁柱、龚云等总结出，历史虚无主义是背离历史唯物主义的科学历史哲学思想，是放弃马克思主义为指导的社会主义意识形态的政治思想，在本质上是一种资产阶级自由化思想，它集中表现为，对中国近现代史采取了历史相对主义的态度，对历史研究采取了实用主义的态度，缺乏正确的政治方向；[①] 二是，在思想起源与演进方面，方艳华等学者提出，历史虚无主义最早可以追溯至上世纪二三十年代的全盘西化论，它作为资产阶级自由化思潮在上世纪七十年代后期在中共拨乱反正、实行改革开放和转入现代化建设这一特定的历史条件，上世纪九十年代至今则是历史虚无主义发展的新阶段，波及范围加宽，涉及历史学研究、

① 杨增岽. 国内近期关于历史虚无主义的研究［J］. 思想理论教育导刊. 2009.（10）.

历史题材的文学艺术及教育等多个领域；[①] 三是，在现实表现方面，著名马克思主义理论学者梁柱认为主要有五个方面的表现，其一，颂扬改良，否定革命的历史进步性，其二，轻蔑黄土文明、颂扬海洋文明的普世价值，其三，颂扬侵略有功，否定中国人民反侵略的救亡斗争，其四，颂扬旧中国，否定中国共产党领导的新民主主义革命、社会主义革命和社会主义建设的成就，其五，集中攻击、诬蔑、抹黑毛泽东；[②]

四是，在社会影响方面，历史虚无主义至少存在四个方面的危害。其一，搞乱人们的思想，瓦解人们的积极进取精神，企图动摇中华民族做人立国的根基。其二，适应西方"西化"、"分化"中国的战略企图，是和平演变的重要组成部分。其三，否定四项基本原则，企图把中国引到邪路上去。其四，从根本上动摇社会主义中国的立国之基，强国之梦。

然而，目前对于马克思主义视阈中历史虚无主义理论学说本身的歪曲虚无，已经在一些马克思主义、哲学、历史学等学科中出现。这些学者对于历史虚无主义的认识与马克思主义视阈中的历史虚无主义理论针锋相对，主要体现在，一是，在概念与本质问题上，有学者认为，历史虚无主义"批判的对象未必存在"，一些马克思主义学者"热衷于投入没有对手的历史虚无主义之战"；[③] 二是，在思想起源与演进问题上，有学者认为，"历史虚无主义在理论上源远流长。自 19 世纪末以降，一百多年来它以庸俗社会学为理论根基"，历史虚无主义与民粹主义、庸俗社会学具有深厚的理论渊源；[④] 三是，在现实表现问题上，有学者认为，"清算历史虚无主义的矛头，应当清楚指向企图重拾文革旧梦的虚无主义思潮"，因为"与此相比，对某些领袖人物功过和某些历史时期成就的所谓'否定性'评价，尚不足以标识为清算历史虚无主义的主要目标"。[⑤] 另有学者认为，"有人会打着'反历史虚无主义'的口号维护教条主义，这势必对全面深化改革造成种种思想阻力"；[⑥]

---

① 方艳华. 历史虚无主义思潮的演进及重新泛起原因论析［J］. 吉林师范大学学报（人文社会科学版）. 2011.（6）.

② 梁柱. 详解历史虚无主义思潮［EB/OL］. 宣讲家网. http：//www. 71. cn/2013/0812/727463_6. shtml.

③ 郭世佑. 历史虚无主义的实与虚［J］. 炎黄春秋. 2014.（5）.

④ 马龙闪. 历史虚无主义的来龙去脉［J］. 炎黄春秋. 2014.（5）.

⑤ 马龙闪. 历史虚无主义的来龙去脉［J］. 炎黄春秋. 2014.（5）.

⑥ 尹保云. 要警惕什么样的历史虚无主义［J］. 炎黄春秋. 2014.（5）.

四是，在社会影响方面，有学者认为，毛泽东时期“教条主义的历史虚无主义”使“整个意识形态深深陷入历史虚无主义泥潭并已经构建了一个与现代文明对立的苏联模式框架”。[①]

三、马克思主义作为整体遭到虚无

有学者在《历史虚无主义的来龙去脉》一文中写道，历史虚无主义“穿着‘革命’的外衣，在理论上以‘马克思主义’的面目出现，实际上却是一种小资产阶级左倾幼稚病的根源之一”。[②] 这样一来，马克思主义作为批判历史虚无主义的有力理论武器，就变成了历史虚无主义抨击的靶子。

所谓马克思主义是历史虚无主义的观点认为，马克思主义历史观主观地把共产主义社会形态视为历史的终结，于是它“把一个不存在的、仅仅是想象中的共产主义作为评判事务的唯一标准，不仅否定了奴隶社会、封建社会、资本主义社会这个漫长的人类历史，也否定了现实世界中的文明榜样。它自信地宣布，从原始社会解体后人类历史上就没有好的事物，充满了剥削、压迫、不平等和阶级斗争，只有到共产主义社会后才会获得彻底解放。这就把马克思主义历史观完全解释成了基督教神学的历史观，陷入极端的历史虚无主义”。[③]

这种观点进而认为，马克思主义就是教条主义历史虚无主义的典型，它“严重地扭曲了社会历史观，使人们不能对历史和现实做出恰当的理解和判断，从而构成改革开放和社会进步的巨大思想动力”。[④] 这种把马克思主义等同于历史虚无主义的观点，是试图在根本上掘除马克思主义批判历史虚无主义的理论科学性和道义进步性。

四、网络新媒体助推历史虚无主义观点泛滥

当前，我国社会获取信息的形式正在发生深刻变化。手机作为移动网络终端使得人们获取信息不再受时间和地点的限制，在覆盖面和影响力上，它正在成为替代报纸、杂志及普通网站的主流媒体。微博、微信等社交媒体工

---

① 尹保云．要警惕什么样的历史虚无主义 [J]．炎黄春秋．2014．(5)．
② 马龙闪．历史虚无主义的来龙去脉 [J]．炎黄春秋，2014，(5)．
③ 尹保云．要警惕什么样的历史虚无主义 [J]．炎黄春秋．2014．(5)．
④ 尹保云．要警惕什么样的历史虚无主义 [J]．炎黄春秋．2014．(5)．

具以其良好的开放性、交互性、即时性、个性化等特征而得到广大群众的迅速推崇，这些具有社群化、裂变式传播特性的网络新媒体常常能推动一个话题从小到大、从浅入深，进而引发社会关注的“蝴蝶效应”。

然而，网络新媒体也正在成为各种历史虚无主义观点积极抢占的舆论阵地。在网络世界里，一些网站、论坛中充斥着长篇累牍地重写历史、调侃历史的文章，微博、微信等新媒体中各种“发明历史”的段子盛行于世。其传播内容往往以编段子、讲故事的生动形式出现，在戏说的过程中传播碎片化的历史甚至是曲意理解的历史，这些看似很小的只言片语却在不经意间产生了累积效应，形成了一种消解社会主义意识形态的舆论氛围，这些看似漫谈的小故事却蕴含着深刻的结论，就是从根本上否定马克思主义的指导地位，否定社会主义制度，否定中国共产党的领导。

否定革命先烈为国捐躯的历史事实，把开国领袖、英雄人物污名化，成为了当前历史虚无主义思潮在网络世界的突出表现。例如，在最近发生的中央电视台某著名节目主持人饭局门事件中，以毛泽东为代表的中国共产党领导人民闹革命的光辉历史成为了被呲的对象。除此而外，黄继光、邱少云、董存瑞、刘湖兰、狼牙山五壮士等革命先烈几乎无一幸免地遭到质疑，雷锋、赖宁等新中国道德楷模几乎无一例外地遭到抹黑，种种认为他们是虚拟人物、虚拟故事的历史虚无主义观点甚嚣于网络之上。网络新媒体在传播这类虚无革命领袖、革命先烈观点的过程中发挥了推波助澜的重要作用。2014 年以来，网络新媒体上由这些侮辱先烈的历史虚无主义言论引发的舆情事件出现了高发、频发的态势，这表明当前历史虚无主义观点泛滥的形势逼人。

五、如何看待当前历史虚无主义思潮的新特征

相较于历史虚无主义思潮出现的上述新特征，当前存在着一种流行的观点，即历史虚无主义不过是一些戏说的故事，对于这些说说而已的事情不必太重视。对此，我们要在思想上确立四种意识：

（一）历史虚无主义不仅是一种学术思想，更是一种政治思潮

历史虚无主义虽然以学术面目出现，但在实质上是学术外衣包装下的政治思潮，具有鲜明的阶级立场、政治倾向甚至政权诉求。历史虚无主义以西方“普世价值”的政治意识形态为评价标准，并据此歪曲否认党和新中国的

历史。对此，刘书林教授揭露了历史虚无主义思潮的鲜明政治目的，是通过“歪曲中共党史、中国革命史的用意在于否定中国共产党的执政地位”，通过“丑化新中国建设历史的用意在于否定党的执政能力”，通过“贬损共产党领袖的用意在于否定我们党的政治品格”。[①] 历史虚无主义思潮试图制造政治意识形态危机，摧毁党执政的合法性基础，因此是一种剑指执政党政权的政治思潮。对此，我们不能够仅仅停留于学术批判的维度来看待历史虚无主义思潮，而应该秉持“学术的归学术，政治的归政治”的原则，加以一分为二地区别对待。

（二）历史虚无主义不是全面客观地重评历史，而是有选择性地重评历史

历史虚无主义虽然以“还原历史真相”为口号，但是它是有选择性地还原，又是有选择性地失明。对此，历史学家龚书铎教授曾指出：“历史虚无主义并不是对历史完全虚无，而是有所虚无，有所不虚无。”它虚无的是中国革命的历史、中国共产党的领导、马克思列宁主义的指导、社会主义制度和人民民主专政，“但对叛徒、汉奸、反动统治者则不虚无，而是加以美化，歌功颂德，把已被颠倒过来的历史再颠倒回去，混淆是非”。[②] 由此可见，历史虚无主义的真实目的不是还原历史，而是故意歪曲历史。它是以西方政治价值观为标准，进行有选择性地重评历史。这种重评历史的方法试图达到的目的不过是用裁减了的历史来佐证西方政治价值观的“普世性”，从而为中国自主选择发展道路的历史与未来制造思想障碍。

（三）对待历史虚无主义不能总是被动发声，而要主动发声、积极发声

当前，互联网已经成为了历史虚无主义观点集中呈现的“跑马场”。网络时代固然需要公共讨论的氛围，支持民意表达的自由。然而，在看似民主开放的网络舆论场上，话语权力却存在着极不平等的状况。据相关数据统计，造谣抹黑黄继光、邱少云、董存瑞、刘胡兰等英雄人物的历史虚无主义话题被抛出后，因其颠覆传统、耸人听闻而得到广泛传播，而辟谣的信息仅

① 刘书林. 认清历史虚无主义思潮的真实用意［J］. 求是. 2015.（9）.
② 龚书铎. 历史虚无主义二题［J］. 高校理论战线. 2005.（5）.

能够达到谣言10%的传播覆盖率。而且，造谣可能只需要几分钟的时间，而辟谣却需要成百上千倍的时间和精力，可见，这种被动应对的局面不利于改变历史虚无主义观点泛滥的态势。这启示我们，在互联网时代，要想传播好一种思想理念，首先必须建立互联网思维，建立一套适合互联网传播的话语模式，其基本要求就是，要勇于发声、善于发声，既要坚持正面宣传为主，又要积极开展舆论斗争，力争做到破与立相结合。

（四）要吸取苏联放任历史虚无主义终致亡党亡国的沉痛教训

戈尔巴乔夫上台以后，斯大林时期遭到了全面的否定，斯大林本人也遭到极度妖魔化。苏联历史上国家工业化、农业集体化受到全盘否定，“大清洗”运动的错误被无限放大，这种对于历史的全面改写，使得“社会主义制度在苏联根本就没有存在过”的思想观点在全社会蔓延开来，进而苏联现行社会制度和苏联共产党执政的合法性基础遭到全面瓦解，以至于苏联亡党亡国的历史悲剧在听不到一声叹息之中上演。历史经验反复证明，缺乏社会民意支持的政权，就如同建立在沙滩上的危楼。而对于社会政治人心的争夺，正是历史虚无主义思潮的目的，对此，我们必须加以高度重视。

（作者单位：北京联合大学人文社科部）

（原载《思想教育研究》2015年第7期）

历史虚无主义的理论谬误

杨德霞

历史虚无主义是一股否定中国共产党的历史，否定中国革命史，否定社会主义新中国的历史，进而否定中华民族文明史和优秀传统文化的错误思潮。尽管其表现形式多样，但共同理论基础都是唯心史观。用抽象的人性抹杀善恶的区别，用所谓“温情”的改良消解革命的正当性，用资本主义制度和价值观衡量中国发展道路，是其显著特点。

一、用抽象的人性抹杀善恶的区别

历史是最好的教科书。在历史的长河中，涌现出无数为民族大义前仆后继的英雄，也充斥着贪生怕死、开历史倒车、卖国求荣之徒。后来者正是从这种界限分明的是非善恶中获得激励与警示。

然而，在历史虚无主义者看来，人并没有截然的是非善恶之分，“好人不好，坏人不坏”，“坏蛋也有温柔敦厚的一面”，从而混淆、解构了对一些历史人物已有的基本判断。在一些影视作品、文学作品以及网络恶搞中，他们将人做了“扁平化”处理。对待英雄，用各种戏谑、反讽甚至造谣的方式，将其光荣事迹弱化甚至丑化。例如，说黄继光是因为摔倒了才堵上枪眼的，董存瑞牺牲是因为炸药包两面都贴上了胶，等等。相反，对土匪、汉奸、卖国贼等反面人物，则竭力描绘其在私人生活中的慈爱、孝顺、友善、仗义等，为其渲染悲情色彩，使人们对之欣赏甚至同情起来，从而转移对其屠杀民众、出卖国家等恶劣行径的关注。更有甚者，竭力为贪生怕死、吃喝玩乐、卖国求荣之徒辩护，似乎这样做才符合人性，而英勇就义、慷慨赴死反而违背了人性。

“高尚者并不那么高尚，卑鄙者并不那么卑鄙”，似乎整个世界就是由这样一些均质化的庸人所组成。历史虚无主义就是用这种手法，模糊善恶界限，掩盖反面人物的各种错误立场和反动行径，为之翻案。

在看待农民革命时，历史虚无主义者往往将其描绘为一场戕害人性的暴乱。他们不去关注农民曾经如何长期遭受地主阶级高昂地租、高利贷、酷刑等各种形式的剥削和镇压，而是去渲染革命斗争的“无情”。有些作品，热衷于刻画个别地主在日常生活中的“知书达礼”、“典雅高贵”，以此来迂回表达其对革命斗争的不满，似乎革命就是野蛮对文明的报复，是卑劣人性的集中展现。

在看待反抗侵略的战争时，历史虚无主义者不去区分战争双方的正义性与非正义性，而仅仅从个人情感、个体命运以及家庭遭遇的角度来看待战争。他们得出的结论是战争无胜负之分，每一个体都是战争的受害者，不管是发起侵略的一方还是反侵略的一方，都是值得怜悯的对象。前者是被欲望蒙蔽了双眼，是可怜的灵魂需要救赎的对象；后者则不过是逞一时之勇的可悲炮灰，一时的英雄壮举带来的是无尽伤痛甚至生命的毁灭。于是，战争无胜负之分演化为战争无是非之别，对战争的反思被简化为笼统的“反战”，人类和平被寄望于对抽象“大爱”的呼吁。对侵略者的谴责成了心胸狭隘、睚眦必报的代名词，而对英雄的纪念反而成了好战的同义语。

那么，应该如何看待人性？恩格斯深刻指出：“人来源于动物界这一事实已经决定人永远不能完全摆脱兽性，所以问题永远只能在于摆脱得多些或少些，在于兽性或人性的程度上的差异。”[①] 吃喝住穿、七情六欲、谋求生存等固然是人性的一部分，但绝不是人性的全部。人性是自然性和社会性的统一，人性当中的确有其自然性的一面，但决定人之为人的，却是其社会性。因此，为了民族解放和人类进步的舍生取义、杀身成仁，才真正展现了人性的光芒，实现了人性的升华。相反，用自然性来代替社会性，鼓吹贪生怕死，出卖民族利益，这无异于将人性降低为兽性。

“有没有人性这种东西？当然有的。但是只有具体的人性，没有抽象的人性。在阶级社会里就是只有带着阶级性的人性，而没有什么超阶级的人

① 《马克思恩格斯文集》第9卷，人民出版社2009年版，第106页。

性。”[①] 诚然，每个个体都是有血有肉的人，反面人物在自己的个人生活领域，也许温文尔雅、有情有义，但这丝毫不影响他们在面对被统治者时，整体上展现出血腥和残暴的一面。这是由于其在生产关系中所处的地位决定的，是由于他们在根本利益上与人民大众的对立甚至冲突造成的。因此，不能因为他们在某些时刻某些场合展现出了温情，就忽略其在面对民众时本质上的反动性；也不能指望他们良心发现，弃恶从善，实现友爱与和平。用抽象人性论来看待阶级对立和冲突，看待民族解放战争，看似充满道义，实则软弱无力，客观上更是对恶行的纵容。

二、用所谓“温情”的改良消解革命的正当性

在看待历史发展的动力方面，历史虚无主义者无视阶级社会发展的客观规律，无视革命产生的必然性，把它看作一种情绪化产物，认为如果耐心等待统治者“温情”的改良，社会便会向好的方向发展。比如，有人认为，“革命只是一种破坏性的力量”[②]，会扰乱社会秩序，付出沉重代价。“革命其实是一种情绪化的东西，革命时总是以为靠一股气，一股劲就可以解决问题”，“革命就容易使人发疯发狂，丧失理性”[③]。革命是不必要的，也是可以避免的，只要大家意识到它的破坏性，耐心改良，便可避免革命带来的弊端。“革命可说是一种能量消耗，而改良则是一种能量积累”[④]。那么，改良的希望在哪里呢？在那些明智的幡然醒悟的统治者身上。

不仅如此，历史虚无主义者还把革命看作是因嫉妒贪婪而引发的产物，是对统治阶级这一精英集团的不公。以土地革命为例，这一观点认为，同样是人，别人能做到家大业大成为地主，而你贫民却无立锥之地，不正说明人家能干，而你能力不行吗？为什么要剥夺人家辛辛苦苦积攒下来的土地？

那么，怎么看待这些观点呢？革命到底是怎样发生的呢？它的出现是出于历史的误会，或者人为的煽动吗？从根本上讲，革命是生产力和生产关系

① 《毛泽东选集》第3卷，人民出版社1991年版，第870页。

② 李泽厚、刘再复：《告别革命——回望二十世纪中国》，香港天地图书有限公司1995年版，第70页。

③ 李泽厚、刘再复：《告别革命——回望二十世纪中国》，香港天地图书有限公司1995年版，第79、68页。

④ 李泽厚、刘再复：《告别革命——回望二十世纪中国》，香港天地图书有限公司1995年版，第71页。

的矛盾发展到一定阶段的产物，是推动阶级社会发展特别是社会形态更替的重要动力。“从马克思主义观点来看，革命究竟是什么意思呢？这就是用暴力打碎陈旧的政治上层建筑，即打碎那种由于同新的生产关系发生矛盾而到一定的时候就要瓦解的上层建筑。”①

在生产力与生产关系的矛盾中，生产力较为活跃，生产关系则较为稳定，二者之间经常会发生冲突，需要解决。而每一次解决，都会引起社会利益格局不同程度的调整，因此，往往会引发广泛关注，尤其是统治阶级的关注。特定时期的生产关系，即“那些使一定的生产力能够得到利用的条件，是社会的一定阶级实行统治的条件”②，与统治阶级利益休戚相关，对它的任何一点变动，都会引发统治阶级的不安。如果说，在特定时期，他们还能容忍或发起一些不从根本上触动生产关系的改良的话，那么，那些从根本上改变生产关系的变革，则是不可能得到其默许或者支持的。它会采取一切手段来保卫它。此时，唯有那些在这一生产关系下无法生存下去的广大的被统治者，用革命的力量才能打碎它，实现社会的根本变革，解放被束缚的生产力，促使社会向前发展。革命的发生是社会矛盾发展到一定阶段的必然。

在历史发展的长河中，生产关系成为生产力的桎梏这一现象并非人为造成的“错误”，也不是统治阶级一旦觉察到便可以去彻底改正的“错误”；而被统治阶级发起的革命，也不是出于历史的误会，更非出于人性的卑劣。革命是社会基本矛盾以及由它所引起的各种社会矛盾极端尖锐化的产物，是解决这些矛盾、推动社会向前发展的重要手段。正是在这个意义上，马克思才说“革命是历史的火车头”。在中国近现代史上，革命还是争取民族独立，实现国家富强即实现国家现代化的重要前提。

革命的发生有其必然性，尽管在具体的革命过程中，可能会出现这样那样的问题，但是，从整个历史发展的趋势看，革命是推动社会发展的正能量，是起积极作用的。不应该用所谓“温情”的改良，去否定革命或贬低革命者。

三、用资本主义制度及其价值观衡量中国的发展道路

把资本主义制度及其价值观视为不可逾越的历史极限，是历史虚无主义

① 《列宁全集》第11卷，人民出版社1987年版，第111页。

② 《马克思恩格斯选集》第1卷，人民出版社2012年版，第170页。

者的主要观点之一。在他们看来，近代以来的外来侵略虽然给我们带来了一些痛苦，但更多的是给中国带来了新型的现代文明。如果当时我们不反抗外来侵略，而是执行一条“孙子”（论者强调说：“不是《孙子兵法》的孙子，而是爷爷孙子的孙子”）战略，便可搭上一条顺风船，成为一个强盛的国家。很可惜的是，我们却用“民族独立”的名义将其拒之门外；新文化运动开启的启蒙被救亡所压倒，被性急的年轻人所抛弃，从而导致出现一系列问题；20世纪50年代的社会主义改造是改早了、改糟了，因此，要补课、要走回头路；尽管近30多年来取得了巨大成就，但也根本不值一提，唯有彻底废除“四个坚持”，才算是进行了彻底的改革。从这些观点来看，不管是主张采纳“孙子”战略，主张重新启蒙，还是主张补课，走回头路，或者是主张废除四项基本原则进行所谓彻底的改革，其背后都有一个理念，即资本主义不可超越，舍此另辟蹊径都是徒劳无功的，都是对人类文明大道的背离。

怎样看待历史虚无主义的这一主张呢？列宁在批判主观社会学家把“一般社会”当作自己的研究对象时，就曾深刻指出：不去研究具体的社会形态，不去对特定的社会关系进行实际的研究和客观的分析，就“从空想开始”提出一个抽象的“一般社会”来。“资产者最大的特点，就是把现代制度的特征硬套在一切时代和一切民族身上。”[①] 历史虚无主义者的错误与此相似。他们无视“帝国主义列强侵入中国的目的，决不是要把封建的中国变成资本主义的中国。帝国主义列强的目的和这相反，它们是要把中国变成它们的半殖民地和殖民地。”[②] 他们无视近现代中国面临的内忧外患，不懂得启蒙如果离开救亡这一前提，便会不可避免地走向瓦解。他们也无视新中国在强敌环伺的国际形势下，已经失去了走欧美、日本等国工业化道路的各种有利条件，唯有选择社会主义制度，才可能较为平稳地迅速完成工业化的重任。他们更无视改革开放以来中国特色社会主义建设的丰功伟绩，正是科学社会主义的基本原则与中国国情相结合的产物。在他们心中有一个所谓“完美社会形态”的标准，凡是不符合其设想的社会便被斥为背离了人类文明大道。而事实证明，他们这种所谓的“完美社会”、“一般社会”，不过是资本

① 《列宁专题文集·论辩证唯物主义和历史唯物主义》，人民出版社2009年版，第174页。
② 《毛泽东选集》第2卷，人民出版社1991年版，第628页。

主义社会的代名词。

新近出现的“历史虚无主义的新变种”主张，所有历史观都带有终结论色彩，要么终结在现在，要么终结在未来。在它看来，马克思的历史观把想象中的未来共产主义当作历史的终结点，否定资本主义社会、封建社会和奴隶社会的历史，从而陷入了“历史虚无主义”。这就不如资产阶级启蒙学者“把历史终结在现在”那样科学，因为“启蒙历史图示去掉未来阶段，就等于是树立了一个现实标准的原则，它指出美好的事物就存在于人们眼前的现实世界中……建立了一个现代的思维方式和新的历史观”[①]。按这种观点的前提和逻辑，要想不陷入他们所称的“历史虚无主义”的泥潭，唯一的出路就是放弃马克思主义的指导，放弃中国特色社会主义道路，放弃对未来理想社会的追求，否定共产党自成立以来所做的一切努力，转而肯定资本主义社会的完满性，走上其所宣扬的资本主义道路。

总之，无视中国具体国情，以资本主义制度及其价值观为衡量标准，试图推动社会主义国家的基本制度与之接轨，并以此扭转社会主义改革的方向，是历史虚无主义始终不变的企图。可以说，这是“历史终结论”的又一版本。（本文系国家社会科学基金后期资助项目“马克思视阈中的意识形态性质研究”[13FKS006] 阶段性成果）

（作者单位：西南交通大学马克思主义学院）

（原载《红旗文稿》2015 年第 20 期）

① 尹保云：《要警惕什么样的历史虚无主义》，《炎黄春秋》2014 年第 5 期。

警惕网络历史虚无主义传播的新趋势

黄星清

前一段时间，网络上关于“重新评价”西北军阀马步芳的噪音甚嚣尘上。在这些噪音中，一个被盖棺定论的人民公敌被一些人一再美化，居然逆袭为“禁绝鸦片，兴办教育”的“环保先驱”“抗日英雄”，由血债累累、恶贯满盈的历史罪人变为几乎没有缺点的“完美圣人”，大有彻底颠覆人们对该人物及民国史的正确认识的势头。很显然，“重新评价”马步芳及类似人物等要求和对已经盖棺定论的历史事实和历史人物进行“重新评价”的噪音一样，不是个体事件，而是历史虚无主义利用互联网兴风作浪的惯用手法和表现。历史虚无主义在互联网上散播错误历史观，直接影响人们特别是青少年对历史的认知，必须引起我们的高度关注和警惕。

一、网络历史虚无主义的传播趋势

1. 传播信息的网络化。随着互联网和信息终端技术的普及，特别是进入自媒体时代后，论坛、博客、微博、微信、客户端以及新兴视频网站构成了网络信息现存的主要表达渠道。一些针对革命领袖、民族英雄、爱国志士的恶搞“段子”、恶搞视频，就是历史虚无主义错误言论和历史观、价值观利用各种论坛、博客、微博、微信以及新型视频网站散播的。如去年在互联网上引发社会广泛关注的洪振快诉郭松民梅新育案，以及狼牙山五壮士后代反诉洪振快案，其起因就是洪振快等人在互联网上先后发表了《小学课本“狼牙山五壮士”多有不实之处》、《“狼牙山五壮士”的细节分歧》，对英雄群体进行“挖墙脚式”的质疑，这样的文章在网络上迅速传开，在社会上引发了甚为消极的影响。在互联网的传播下，历史虚无主义插上了信息网络化的“翅膀”，使一些受众特别是青少年在不知不觉中受其毒害。

2. 传播受众的青少年化。中国互联网络信息中心发布的第37次《中国互联网络发展状况统计报告》显示，截至2015年12月，中国网民规模已达6.88亿，占据中国人口总数的50.3%，并基本覆盖了我国4.84亿10岁至39岁的青少年人群。调查显示，青少年是网络信息的主要受众。历史虚无主义错误言论及历史观、价值观在互联网上的传播，不可避免地会使包括高校学生在内的一部分青少年受到影响。

教育部人文社会科学课题“当代社会思潮对高校师生的影响及对策研究”课题组，曾采用抽样问卷、座谈等方式，了解了武汉大学、中国人民大学、上海交通大学等10余所高校多学科、多专业、不同学习阶段的学生和部分教师对历史虚无主义思潮及其主要观点的知晓度和认同度。调查结果显示：自认为对历史虚无主义思潮“非常了解”和“比较了解”的学生人数为15.7%，而“不大了解”和“不了解”的人数占60.7%。在关于中国近现代以来社会发展道路的选择、中国革命的必然性和历史作用、重大历史事件和重要历史人物的评价、中国共产党对中华民族解放和复兴的历史贡献等重要问题上，不同程度地认同历史虚无主义观点的比例竟然大幅超过他们的自评比例。这一调查结果说明，一些师生在不知不觉中受到了历史虚无主义思潮的影响，他们对此缺乏清醒的认识；历史虚无主义思潮在互联网上的传播和蔓延，致使一部分学生接受它的观点，甚至对正确历史观和正确价值观产生了怀疑；高校学术研究中普遍存在重学术轻是非的研究导向，导致师生缺乏辨别、判断历史虚无主义观点的标尺，更缺乏判断理论是非的引导。

历史虚无主义受众的青少年化，和一段时间以来历史虚无主义思潮在西方价值体系的推动下，通过互联网等途径从社会领域向教育领域扩散有关；同时，还跟一些学校教师的价值认知和历史观存在问题不无联系，特别是个别打着“还原历史”或“重新审视历史”幌子的中学或高校教师，无视历史事实，大搞“历史发明”歪风，随意解读历史，恣意歪曲历史的本来面目，颠倒历史是非黑白，甚至不惜散布谣言、伪造历史。曾登过“百家讲坛”、拥有1300多万微博粉丝的北京某历史教师，长期对党和国家的革命、建设进程中的重大历史事件进行造谣和歪曲，对开国领袖和民族英雄极尽污蔑和诋毁之能事，在网络上造成了极其恶劣的影响。该教师在网上的“著名”言论有：“五零年镇压反革命，三年干掉三百多万人啊……蒋介石四一二才杀多少人啊，有名有姓的才几百个。”“日本的教科书不写南京大屠杀，咱们的教科书不写的东西多了去了。而且日本被篡改的教科书在日本的采用率不到百分之0.1，而我们的教科书人人都得采用。考完试这本书赶紧烧了，要不搁你家一天都脏你屋子。”“全国大炼钢铁，造成了59年到61年的三年困难时期，国内统计饿死了两千万人，国外统计饿死了四千万……抗日战争时期，八年死了一千八百万，你能说这一千八百万人都是被日本人杀的吗？就都是，八年一千八百万。您这可倒好，三年在没有战争的和平年代活活饿死了两千万，这效率太高了，为计划生育作出了突出贡献。”这样一个散播历史虚无主义毒害的历史教师居然长期受到一些学校、电视台或网络媒体热烈吹捧，竞相邀请其登台演讲，使一些不明真相的人特别是青少年深受其错误言论及价值观、历史观的影响，值得我们深思和警惕。

青少年正处于价值观、历史观的形成时期，对社会的认识不够深刻、全面，思想可塑性强，对新的理论观点、新的历史资料带有强烈的好奇心，且缺乏判断理论是非的能力，容易接受一些与主流历史观、价值观不同的所谓新观点。因此，加强对青少年的中国近现代史教育，使他们认清历史虚无主义的严重危害，坚持正确的历史观、价值观就显得十分必要和紧迫了。

3. 传播内容的细节化和隐蔽化。历史虚无主义者断章取义，伪造历史事件，把一些历史事件任意剪裁，特别是充分利用微博内容短小易传播的特点，用小细节小故事来歪曲大历史；利用符合大众心理和娱乐习惯的文化消费形式，把核心观点转化为夺人眼球的通俗文字或感性的艺术形象。比如，微博博主“浩然无疆”写道：“45年，抗战胜利，全国上下，欣喜若狂。马步芳，王洛宾，低头促膝，一起编写了《花儿与少年》。这是精通音律的马步芳，和锋芒已露的王洛宾，倾心之作。在胜利汇演上，没有任何提前透露消息，靠实力，夺得第一。欢快的节奏，幸福的歌词，甜美的旋律，让刚刚取得抗日胜利的人民，感受到幸福的滋味。”历史虚无主义者非常清楚马步芳的罪恶本质，所以，他们不会在马步芳以活埋、枪杀、火烧、扒心、取胆、割舌等惨绝人寰的手段残杀红军西路军的滔天罪行上进行辩护，他们不会在马步芳凶残压迫和恣睢剥削藏族同胞的历史事实上进行辩护，他们不会在马步芳与侵华日寇进行秘密军火交易等通敌罪行上进行辩护，他们也不会在马步芳奸淫自己胞妹、侄女、兄嫂、弟媳、外孙女以及部属妻女的罪恶人伦史上进行辩护。因为他们知道，任何就事论事地为马步芳的罪恶进行的辩护都是徒劳的，所以，他们才用“显微镜”在马步芳身上寻找一些文化、生活或者性格上的优点，哪怕是极微不足道的优点也要加以美化宣传。我们知道，只要有必要，有些人从恶狼的目光里都可以找到一丝温柔。于是，在上面这条微博中，罪大恶极的封建军阀马步芳就被美化成“精通音律”的抗日英雄了。历史虚无主义正是利用微博内容短小易传播的特点，以“润物细无声”的手法，在不知不觉中美化历史上的人民公敌，试图颠覆人们对相关历史的正确认识。

二、历史虚无主义与新自由主义相互影响、相互作用

研究证明，历史虚无主义与新自由主义在对社会的影响中呈现正相关关系。对历史虚无主义认同的人，同样比较认同新自由主义。研究苏联解体的历史不难发现，新自由主义与历史虚无主义往往同时在经济、政治、意识形态等多个领域相互影响，相互作用。从根本上看，这两种思潮具有相同的价值取向和政治立场，都是西方国家推行全球霸权战略的工具，它们分别从历史维度和现实维度否定中国共产党的领导，否定社会主义道路，瓦解社会主义政权，其哲学基础都是唯心史观，其理论出发点都是鼓吹西方资本主义国家的社会发展道路，维护西方霸权主义。

对当今的中国而言，历史虚无主义与新自由主义在经济、政治、军事、意识形态、民族等领域的影响同样呈现正相关关系。一些新自由主义经济学家，他们一边鼓动私有化、市场化、自由化，一边大弹历史虚无主义歪调，从否定“文革”开始，到彻底否定改革开放之前的30年，进而全面否定社会主义建设和改革开放；从攻击党和国家领袖开始，到否定四项基本原则，进而全面否定社会主义道路和社会主义制度。在新自由主义的影响下，我国的一些媒体特别是互联网媒体多被外资控制，这也为历史虚无主义思潮的泛滥提供了传播平台；同时，历史虚无主义的传播也为新自由主义在意识形态领域施加影响提供了舆论基础。

三、加强互联网管理，积极清除历史虚无主义影响

互联网是历史虚无主义等错误思潮传播的交汇处，而且已经成为意识形

态领域斗争的主阵地，是意识形态渗透与反渗透的关键领域。因此，我们必须不断加强互联网管理，积极应对历史虚无主义思潮带来的影响。

1. 加强国家网络安全和信息化的法制建设。信息传播者的责任和权利应该被纳入法治管理的笼子，包括历史信息在内的传播必须受到国家法律法规的有效管理。在广泛采集社会信息的前提下，尽快完成我国网络安全立法工作，使维护网络安全有基础法的支持。网络信息管理，主要应该包括平台管理和信息管理，因此，积极推动网络平台管理和网络信息管理专项法规的制定工作，对于蓄意传播包括历史虚无主义在内的各种错误思潮、破坏国家意识形态安全的网络平台和相关责任人的惩罚和处置，应该在专项法规中有明确体现。逐步完善网络信息管理的法制建设，使打击破坏互联网意识形态安全的行为有法可依。

2. 依法严管，打击互联网上的历史虚无主义。按照国信办的“微信十条”“账号十条”和“约谈十条”，针对历史虚无主义信息比较集中的网络平台进行重点监管，开展专项审查，对于公然违反我国宪法法律，致力于推销西方意识形态、肆意兜售历史虚无主义的网上言论，必须依法处置、限期整改。对于屡教不改、肆意妄为的网络平台及相关责任人，可依法吊销其平台运营许可、关闭平台，司法机关可依法对相关责任人进行严惩。同时，组织一批坚持唯物史观的历史学家和评论家，主动收集历史虚无主义的主要观点及其“虚无”的主要历史节点等信息，集中研究和辨析其存在的错误，并形成有针对性的辨析文章，充分利用微信、微博等网络新媒体进行宣传，在青少年中树立正确的历史观和价值观。

3. 扶持新型正能量网站和网络媒体，谨慎对待私人资本（特别是外资）参股国家主流网络媒体，进一步发挥主流媒体的宣传引导作用。西方意识形态渗透都是有针对性地投入大量人力物力财力给各种非政府组织，利用其组织人员在网络上对我国的政治制度和意识形态进行攻击。因此，我们要加大对新型正能量网站和网络斗士的护持力度，使之成为维护我国意识形态安全的生力军。对私人资本参与国家主流媒体应该从意识形态安全的高度进行研究和审核，严格把好入门关、审核关、组织关、内容关。主流网络媒体对污辱革命英雄甚至诋毁革命领袖等社会热点事件，必须在第一时间发声进行驳斥，对错误言论给予有力批驳，及时消除不良影响。

4. 以喜闻乐见的形式宣传我国的党史军史国史。对于我国的党史、军史、国史在网络上要理直气壮地宣讲，让广大网民了解我国的真实历史。要组织优秀的创作人员、编导演人员，打造政治性与艺术性有机融合的力作，再现中国人民探索民族复兴的艰苦奋斗历程，颂扬包括共产党员在内的仁人志士为民族独立和人民解放无私奉献的伟大精神和高尚人格；邀请坚持唯物史观的名师和优秀学者，通过多种方式包括录制便于网络传播的专题影视作品、在媒体上开辟中国近现代历史的专家网络讲坛（专栏）、编辑出网络版中国近现代史通俗读物等。在信息化的新时代，精彩历史不能讲得过于枯燥，特别是提供给年轻人的历史内容，更应会讲故事，走近历史现场，再现鲜活的历史画面，同时积极制作、呈现、发挥好微视频、动漫等年轻人喜闻乐见的形式，吸引他们尊重历史、敬仰英雄、感悟崇高。

（作者系中国社会科学院国家文化安全与意识形态
建设研究中心特邀研究员，昆仑策研究院研究员）

（原载《红旗文稿》2017 年第 1 期）

警惕历史虚无主义新动向

李玉中

当前一段时间，历史虚无主义思潮在传播手段、思想内容等方面发生了显著变化，具有了更大的隐蔽性和欺骗性。我们必须密切关注其发展动向，高度警惕其现实危害，针锋相对采取应对之策，以高度的政治自觉掌握意识形态领域斗争主动权。

历史虚无主义思潮的新特征

传播手段网络化。自媒体时代，网络是最重要、最高效的传播媒介，网上阅读是人们最主要的阅读方式。与此同时，互联网传播存在隐蔽性强、难以监管的问题，一些论坛、博客、微博、微信、客户端以及视频网站等，自觉不自觉地成为历史虚无主义传播其思想观点、散布流言蜚语的阵地。比如，前段时间网络上对西北军阀马步芳的重新评价、流传甚广的《小学课本〈狼牙山五壮士〉多有不实之词》网文等，都是以网络为载体，对历史虚无主义思潮的传播起了推波助澜的作用。

传播内容碎片化。与以往系统化地虚化中国革命史和中共党史、污蔑党的领袖等传播内容不同，在网络时代和自媒体时代，伴随知识和信息传播碎片化，历史虚无主义的传播内容也呈现碎片化的特点。历史虚无主义思潮的传播者往往通过发布一篇哗众取宠的“解密”网文、一段视频、一篇微信朋友圈文章等，或对某个历史事件进行断章取义的重新评价，或对某个反动历史人物进行“洗白”，或无中生有地伪造历史事件，或别有用心地散布政治谣言，以宣传他们的错误观点，达到不可告人的政治目的。传播内容的碎片化，在一定程度上增加了历史虚无主义思潮的迷惑性、渗透性和腐蚀性，增加了对其防范难度。

传播受众低龄化。青少年群体是网民的主力军，伴随传播手段的网络化，他们日益成为历史虚无主义思潮传播的主要受众。中小学生和大学生对网络的依赖性大，并处在世界观、人生观和价值观的形成阶段，辨别是非的能力相对欠缺，特别是他们又处于喜好标新立异的思想叛逆期，极容易受到历史虚无主义错误思潮的影响、蛊惑和毒害。

思想观点隐蔽化。毋庸置疑，否定党的领导和社会主义制度，宣扬资本主义政治制度及其价值观，是历史虚无主义思潮的基本观点和根本思想动机。但在现实中，历史虚无主义却将其思想动机隐藏得越来越深。比如，他们通过迎合大众猎奇心理的“戏说历史”“独家秘史”等娱乐化方式，或美化反面人物，或污蔑正面人物甚至革命领袖，或夸大党的历史错误，或以人的性格或心理来解释历史，采取迂回出击的策略，兜售其反党反社会主义、称颂资本主义政治制度及其价值观的思想观点，从而达到蛊惑人心、和平演变的政治动机。

理论外衣新潮化。随着西方社会思潮的涌入，历史虚无主义穿上了后现代主义、新自由主义等理论外衣，使其理论具有更大的欺骗性。历史虚无主义对后现代主义史学采取实用主义的立场，借助后现代主义对历史客观性的质疑，否定客观真实的历史，用后现代主义反中心主义的立场否定主流价值观和马克思主义指导思想。历史虚无主义与新自由主义的立场更为接近，二者具有相同的政治立场和价值取向，都是资本主义国家推行和平演变的战略工具。历史虚无主义和新自由主义鼓吹的都是西方道路和西方价值观，都极力否定党的领导和社会主义道路，只不过前者从历史的角度进行否定，后者从现实的角度进行否定。因此，新自由主义必然成为历史虚无主义的理论工具和理论外衣，二者沆瀣一气、互为表里。

坚决批判和抵制历史虚无主义思潮

历史虚无主义罔顾事实对马克思主义进行歪曲和否定，甚至宣称马克思主义是空想，是宗教，认为共产主义是彻头彻尾的乌托邦，试图通过否定劳动价值论来推翻马克思主义的理论根基。历史虚无主义极力否定毛泽东思想的历史地位，宣称毛泽东思想是“修正主义”，而不是真正的马克思主义。历史虚无主义对历史事实的否定和歪曲，本质上虚无了马克思主义指导思想。历史虚无主义否定中国共产党领导中国人民进行革命和社会主义建设所取得的历史功绩，虚无中国近现代史和中共党史，即中国革命和社会主义建设的历史，实质上就是对党的指导思想即马克思主义的虚无。

针对历史虚无主义的严重危害，我们必须进一步坚定理想信念，自觉加强理论学习，依法净化网络空间，通过正面宣传和教育，针锋相对批判其歪理，自觉抵制其危害，捍卫意识形态安全和中国特色社会主义事业。

强化意识形态安全，坚定理想信念。批判和抵制历史虚无主义思潮，必须绷紧意识形态安全这根“弦”，坚定理想信念，站稳政治立场。历史虚无主义思潮本质上是一种政治思潮，其根本动机是为了颠覆党的领导和社会主义制度。我们必须从捍卫国家意识形态安全的高度，充分认识其本质，高度警惕其危害，而不能有丝毫的松懈和疏忽。同时，我们要毫不动摇地坚持马克思主义指导思想，不断强化对马克思主义的信仰、对社会主义和共产主义的信念，不断增强政治定力，更加坚定对中国特色社会主义的道路自信、理论自信、制度自信、文化自信。理想信念是最强大的精神武器，有了坚定的理想信念，历史虚无主义思潮就难以侵蚀我们的思想。

加强理论学习，提高思想觉悟和理论水平。思想理论上的坚定清醒是政治上坚定的前提，是明辨是非、自觉抵制历史虚无主义的先决条件。历史虚无主义思潮之所以能够在一定范围内得以传播，很大程度上就是因为一些人的思想政治觉悟不高，理论思维能力欠缺。我们要自觉加强理论学习，不断加强对马克思主义、毛泽东思想和中国特色社会主义理论的学习，认真学习习近平总书记系列重要讲话精神，不断提高马克思主义思想觉悟和理论水平，用马克思主义理论武装头脑。自觉运用马克思主义立场、观点、方法观察问题、分析问题、解决问题，明辨是非，认清历史虚无主义的本质及其危害，自觉批判和抵制其错误思想。

坚持实事求是，加强正面宣传和教育。事实胜于雄辩，对于历史虚无主义最好的批判是用事实说话。历史虚无主义思潮之所以能够欺骗人，能够蛊惑人心，正是利用了一些人特别是青少年历史知识欠缺、不了解历史真相这一弱点。事实上，从中学到大学，我们的历史教育特别是中国近现代史教育一直是薄弱环节。要通过学校教育、社会教育以及舆论宣传等途径，进一步加强中国近现代史、中共党史和中国革命史的教育，大力宣传中国特色社会主义建设的光辉历程，让广大人民特别是广大青少年充分认识党领导中国人民争取民族独立、人民解放、国家富强、人民富裕的光辉历史和丰功伟绩，用事实有力地驳斥历史虚无主义的谬论邪说。当然，我们也要正视党在历史上所犯的错误和所遭受的挫折，要正视现实的社会问题，引导人们辩证地看待发展中的错误和曲折。

坚持依法严管，净化网络空间。针对当前历史虚无主义思潮借助互联网大肆传播的现状，应依法依规加强网络管理，净化网络空间，决不允许网络成为历史虚无主义的法外之地。要进一步加快互联网安全立法工作，将网络信息传播纳入法治轨道，依法加强网络平台管理和信息管理，对于那些蓄意传播历史虚无主义错误思潮的网络平台和信息发布者等相关责任人，依法严肃惩处。同时要加强对广大网民的教育，积极引导广大网民自觉遵守相关法律法规，加强自律意识，提高政治觉悟，自觉抵制网络上的错误思想和言论。

加强跟踪研究，深入揭批历史虚无主义。对于历史虚无主义的政治本质和理论错误，我们必须进行全面深入的跟踪研究，针锋相对地进行揭露和批判。党的理论宣传工作者和有关研究人员，应把历史虚无主义作为一个重要研究课题，准确把握其思想动态和发展趋势，时刻关注其言论和举动，运用马克思主义的立场、观点和方法，从学理上对其进行持续深入的跟踪研究，认清其本质，澄清其错误，深刻揭露其反党反社会主义、进行和平演变的政治本质，系统批判其唯心主义世界观、历史观以及形而上学方法论和抽象人道主义价值观等错误的理论基础，使历史虚无主义的暗流完全暴露于真理和正义的阳光之下。（本文系马工程课题“历史虚无主义辨析”的阶段性成果）

（作者单位：中共河南省委宣传部）

（原载《光明日报》2017年7月10日）

试析目前中国历史虚无主义的本质特征及遏制途径

王增智

历史研究从来都不是为了研究而研究，而是旨在“回望过去，关照现在，展望未来”。因此，科学地总结历史，具有重大意义。但改革开放以来，在西化势力的影响下，中国史学研究领域出现了“反思历史”“重新评价”历史事件和历史人物、历史研究要有“新思路”等思潮，极力推销历史虚无主义。据人民论坛问卷调查中心对2015年国内十大思潮进行调查的结果显示：历史虚无主义得分为9.06，排名第二位（2014年排名第七位）[①]，其影响力之大可见一斑。近年来，我国马克思主义学者对历史虚无主义思潮在当代中国沉渣泛起进行了强有力揭批。针对当下中国历史虚无主义以学术研究的名义妄图构建关于中国近现代历史的“新话语体系”，来代替中国共产党人在唯物史观指导下通过实践建构的关于中华民族的“昨天—今天—明天”的意义逻辑，来剖析其学术逻辑、叙事方式，深入揭批历史虚无主义的各种面孔，着力克服其泛滥，是非常必要的。

一、图谋斩断主流意义逻辑是目前中国历史虚无主义的本质特征

当下中国历史虚无主义者虚无的主要对象是中国革命与中国共产党。他们采用学术研究的形式图谋斩断中国共产党人在唯物史观指导下通过实践建构起来的关于近代以来中国人民奋斗史的意义逻辑，使“前三十年”与“后三十年”脱节，瓦解中国革命的历史价值，使中国社会主义建设和改革失去历史根基。

① 人民论坛问卷调查中心：《2015值得关注的十大思潮调查报告》，《人民论坛》2016年1月（下）。

1840年以来，中国近现代史是中华民族在遭受西方资本主义列强侵略压迫、面临亡国灭种危机下不断反抗和接力追求现代化的历史，先后经历了旧民主主义革命——新民主主义革命——社会主义革命、建设和改革的奋斗历程。这一历史脉络将中华民族的昨天、今天和明天紧密联系在一起，生动有力地诠释了近代一百多年来中国人民寻梦、追梦、圆梦的历史旅程，建构了中华民族近代以来的“过去——现在——未来”的意义逻辑。在这个历史脉络中，后一个历史阶段的开启都源于前一个历史阶段的实践，从而生成了“历史和人民选择了中国共产党，选择了马克思主义，选择了社会主义道路，选择了改革开放”的必然结论。这“四个选择”，从根本上决定着中国的历史命运和未来前途。这一意义逻辑熔铸和承载了每个中华儿女的共同愿景，并激励着每个中华儿女为之奋斗。同时，这一意义逻辑还规范着人们对中国革命史、中共党史、国史等历史的认知和叙说。对这一意义逻辑链条中的任何一个历史阶段的否定，都必然会导致从理论上瓦解这“四个选择”的历史必然性，颠覆中国共产党执政的合法性。

当下中国历史虚无主义者通过挖掘碎片化的所谓“富于启迪的历史细节”，进行“深度分析”地“重新评价”中国革命史、中共党史中的历史人物和历史事件，企图解构中国共产党人在唯物史观指导下通过实践建构起来的关于中华民族的“昨天——今天——明天”的意义逻辑，极力编织“跟着共产党走就没有未来”的另种意义逻辑，谋图实现其走西方资本主义道路的政治目的，并将这种“编织”视为一种不可推卸的“历史责任”。这种所谓的“历史责任”在当下主要以研究中国革命史中的历史人物和历史事件的学术形式来实现，具有相当的蛊惑性。

当下中国历史虚无主义者通过否定中国革命史特别是新民主主义革命来否定中国共产党在中国近现代史上的重要作用，从而否定中国共产党的执政地位。如有历史虚无主义者在否定中国新民主主义革命时认为，从建设的角度来讲：“改良更接近于建设，更便于达到目的，是上策。革命则要破坏，离建设目的更远，是中策。五四运动既是革命运动，又是破坏运动。而革命、破坏是不得已而为之，是一种中策，这一点后来被忽视了，把革命、破坏当作最佳选择，当作上策，从而引导出革命崇拜与破坏主义。从五四运动到今天，在政治和文化领域，是破坏多而建设少。”[①] 这一论述基本上奠定了当下中国历史虚无主义者对待革命问题的态度基调：用专注革命的破坏性强化中国共产党的所谓“原罪”。

这样立论的意义何在？是为了阐释中国革命是不得已而为之的事情？当然不是。关于中国革命是不得已而为之的事情，毛泽东早在1920年时就讲过了：“我看俄国式的革命，是无可如何的山穷水尽诸路皆走不通了的一个变计，并不是有更好的方法弃而不采，单要采这个恐怖的方法。”[②] 其实，当下中国历史虚无主义者也很清楚中国走上革命之路的原因在于国内外反动势力不给我们改良机会的现实境遇。如部分当下中国历史虚无主义者在谈到“救亡压倒启蒙”时，也不得不在一定程度上承认中国革命是一种现实的要求。既然如此，那这样的立论就蕴含了其他意图。

众所周知，中国共产党生于革命，长于革命，成于革命。可以说，没有革命，就没有中国共产党，革命与中国共产党紧密联系在一起；否定革命，就等于否定了中国共产党，否定了中国共产党人在唯物史观指导下通过实践建构起来的关于中华民族的“昨天——今天——明天”的意义逻辑，否定了这一意义逻辑就等于在理论上瓦解了中国共产党执政的合法性。具体而言，一旦否定了“昨天——今天——明天”意义逻辑链条上的“昨天”，那么中国共产党的一切苦难辉煌，近代以来中国人民为争取独立、自由、解放的伟大梦想，以及中国革命史上的一切英雄人物、英雄事迹等，都最终会变为镜花水月。更为重要的是，没有了“昨天”的支撑，“今天——明天”就被置于空中楼阁之境，也就消解了“今天”的伟大成就与我们党之间的紧密联系，在中国特色社会主义道路上实现中华民族伟大复兴也会最终成为呓语。这就是当下中国历史虚无主义者冒天下之大不韪以从事历史研究学术面目出场的真正用意。为了实现这一用意，他们将作为有机联系整体的中国近现代史进行了碎片化、丑化、篡改等方式的所谓“深度挖掘”和“重新解读”，以否认历史的内在规律和普遍联系，甚至不惜背离基本常识。他们深知：只有瓦解了中国共产党的革命逻辑，关于中国共产党的社会主义建设和改革逻

① 李泽厚：《中国现代思想史论》，北京：东方出版社，1987年，第437页。
② 中国革命博物馆等编：《新民学会通信集》，北京：人民出版社，1980年，第148－149页。

辑就也自然坍塌了。这一“恶招”应值得我们高度警惕！

二、目前中国历史虚无主义的后现代主义史学叙事方式

揭批当下中国历史虚无主义思潮除了要厘清它的本质特征、揭露它的目的之外，还要甄别它的逻辑叙事方式，并剥离它。只有如此，才能有力揭批和阻止历史虚无主义在当代中国的泛滥。

当代中国虚无主义具有外生性，是西方对中国社会主义实行和平演变战略的产物。正如梁柱先生在揭露当代中国历史虚无主义思潮产生的原因时所指出的那样：“苏联解体之后，他们用一切办法来向社会主义国家，特别向中国输出他们的价值观念，输出他们各种的思想、理念和生活方式，并从内部寻找他们的代理人，希望社会主义国家从内部发生变质，产生各种思潮。比如，历史虚无主义思潮，正是对西方和平演变战略的呼应。”[①] 改革开放以来，伴随着外资的引进，附着在外资身上的各种主义也随之而来。这“而来”的既包含有历史虚无主义思潮，也含有后现代主义思潮，且二者还交织在一起。历史虚无主义思潮附着在全球掀起的后现代主义思潮外衣下迅速渗透到中国思想文化的各个领域，并妄图在中国现代社会转型进程中占据意识形态主导位置。从这个意义上讲，对历史虚无主义的揭批是捍卫马克思主义意识形态学者的应有责任。

后现代主义思潮是当今西方盛行的一种综合性的哲学、历史与文化思潮。20 世纪 90 年代，作为批判和否定现代性的激进思潮开始渗入中国学术界。与此同时，后现代主义史学也开始登陆中国。“后现代主义似乎天生与中国文化有着某种缘分，很多西方后现代思想家对中国文化有一种天然的亲近，同样，它作为一种文化思潮一进入中国的文化争论之中，就引起了人们的极大的兴趣和广泛的关注。”[②] 也令当代中国的历史学家们胆战心惊。后现代主义史学提出的社会史研究范式彻底颠覆了传统史学的研究，在后现代主义史学研究中，传统史学中的“宏大叙事”不见了，代之以个别人物、典

---

① 《梁柱专访：解构历史虚无主义，保持历史清醒》，http：//www. qstheory. cn/6edy/2015－09/07/e_1116484457. htm.

② 王岳川：《20 世纪末中国哲学研究重大问题检讨之八：后现代主义研究（笔谈）》，《求是学刊》2001 年第 3 期。

型事件、妇女等微观和细节。如果按照后现代主义史学之“个别代替一般”“细节代替整体”的逻辑，马克思主义史学将不复存在。

后现代主义思潮的基本特征在于对现代主义的消解或解构，解构是后现代主义的核心叙事方式。这种叙事方式采用的手段是拼图式的，具体而言就是“剪刀加浆糊”，以拼贴杂糅的方式叠加情节，通过分析语言的运用解构“基础”“中心”“整体”和“本质”，以实现自己所谓的解救被权力话语所蒙蔽的大众之目的。

在德里达、巴特、福柯等解构主义者看来，具有永恒意义和恒定秩序的“结构”是先验性的，往往受制于权力和主流话语，因此需要使“社会从所有那些作者、创造支配性话语的知识权威们的观念束缚中挣脱出来”[①]。德里达有个核心观点：“去中心化”，并要求重视相对于中心的边缘和被隐瞒、被遮蔽的细小环节。解构主义者的这一前置性预设决定了其根本的历史任务：否定既有概念，肢解传统，拆除那种具有中心指涉结构的主体。为了完成这一任务，解构主义者拿起了“剪刀和浆糊”精心拼制了一幅没有中心的碎片化思想图，企图用全新视觉体验将观众从被“教化”中解放出来，抑制既有权威模式和价值规范。正是通过这种叙事技巧，解构主义正在日益消解人们日常生活中对“基础”“中心”“整体”的认同，并采用非“理性”的态度对待历史规律、深度意义等的追求，也不再相信任何一种给定的权威模式和价值规范。

后现代主义史学将“文本”视为一个开放体系，认为每个人都可以用“剪刀加浆糊”来对历史构图进行自由地拼制。美国史学大师雅克·巴尔赞对这种观点反讽道：“公众头脑不时受到某种新‘阐释’的吸引，此类阐释最好是新的分析判断：罗马帝国衰落的原因是痛风，也许是铅中毒，或者两者兼而有之。现在，这正在引起人们的兴趣。”[②] 后现代主义史学对传统史学的冲击主要体现在两个方面：一是历史研究兴趣的转移，二是对传统史学认识论和历史编纂学的挑战。学者王晴佳认为，现代主义史学崇尚进化论的历史观，以中心、主流、精英为主要研究对象；而后现代主义历史研究则是

① 〔美〕乔治·瑞泽尔：《后现代社会理论》，谢立中等译，北京：华夏出版社，2003 年，第 174 页。
② 〔美〕雅克·巴尔赞：《我们应有的文化》，严忠志译，北京：中信出版社，2014 年，第 55 页。

要打破单线进化论的历史观，以非中心、非精英、非主流和非理性的活动为研究对象。同时，后现代主义史学还通过“话语转折”“语言学转折”等理论对现代主义史学的“科学性”“客观性”进行了否定，意图重新界定历史研究的性质和意义[①]。

当下中国历史虚无主义者默认了后现代主义史学的消极意义，借用后现代主义史学否定历史现象之间的内在因果联系、漠视时间和叙事的连续性、否定历史规律、否定真理等消极元素，大肆利用后现代主义史学的叙事方式，在既能迷惑受众又能保护自己的“话语转折”“语言学转折”等理论外衣下，大张旗鼓地虚无中国革命史和中共党史。

当下中国历史虚无主义者对二十世纪中国历史，特别是对中国革命史、中共党史采用后现代主义史学叙事方式，完全不顾历史的真实性和整体性，彻底地进行了歪曲、遮蔽、篡改、捏造等，使历史沦为语言的工具。在“全新视角”“另类解释”“还原历史”等名义下，他们先预设好一个能够表达自己意愿的结论，然后通过“剪刀加糨糊”去发现或发掘一些能够印证自己结论的所谓离奇史料进行论证，并用大量的语言学、心理学、物理学、化学等概念的分析代替历史事实（虚无黄继光就采用了物理学分析），宣扬自己的新奇结论。表面看来，这种叙事“有理有据”“令人叹服”，实则是以偏概全，歪曲事实，否认历史中的真实崇高，用所谓的“非人性化”叙事否认近代中国革命的合理性，故意将中共党史宣扬为“阴谋史”“党内斗争史”等，致使“正史不正，信史不信”。尽管如此，但这一逻辑却很能蛊惑人心。由于一般读者在激进的怀疑心理驱使下只会满足于所谓“很解渴”的碎片化和平面化结论，而不去做认真思考和甄别。因此，在后现代主义思潮外衣保护下，历史虚无主义思潮在中国的传播将更加复杂。

三、虚无中共党史中的定论是目前中国历史虚无主义的主要内容

当下中国历史虚无主义者秉持唯心史观，打着“还原历史真相”的旗号对历史事件和历史人物进行大肆翻案，故意颠倒黑白，企图否定“四个选择”的历史必然性，改变中国特色社会主义方向。这一意图决定了当下中国

① 王晴佳：《后现代主义与中国史学的前景》，《东岳论丛》2004 年第 1 期。

历史虚无主义者在虚无时的强选择性手段。已故的龚书铎老先生对此一针见血地批评道："历史虚无主义并不是对历史完全虚无，而是有所虚无，有所不虚无。历史虚无主义虚无的是中国革命的历史，是中国共产党的领导、马克思列宁主义的指导，是社会主义制度和人民民主专政，但对叛徒、汉奸、反动统治者则不虚无，而是加以美化，歌功颂德，把已被颠倒过来的历史再颠倒回去，混淆是非。"[①] 这即是说，历史虚无主义者的这种强选择性的虚无服务于其颠覆社会主义的政治目的。

从中国历史虚无主义文献资料看，当下中国历史虚无主义者虚无的主要内容是中共党史中的定论。尽管他们也为中国历史上的反面人物翻案，如认为秦桧"也不完全是坏人"、袁世凯因"二十一条"被骂卖国贼很冤等，甚至不惜违背常情，大肆渲染民族失败情绪，公开称颂帝国主义侵略、宣扬殖民统治有利等，但他们这样做的目的并不是为了翻案而翻案，而是想以此来否定以马克思主义为指导形成的主流历史认知体系。这进一步说明了当下中国历史虚无主义者的政治目的决定了其对历史材料的处理方式。

当下的中国历史虚无主义者在虚无改革开放前的历史时，把主要目标锁定在党中央第一代领导集体的核心毛泽东身上。众所周知，改革开放前的历史与毛泽东紧密联系在一起。邓小平指出："对毛泽东同志的评价，对毛泽东思想的阐述，不是仅仅涉及毛泽东同志个人的问题，这同我们党、我们国家的整个历史是分不开的。"[②] 当下中国历史虚无主义者非常清楚：虚无了毛泽东就等于虚无了"我们党、我们国家的整个历史"。《关于建国以来党的若干历史问题的决议》指出："毛泽东同志是伟大的马克思主义者，是伟大的无产阶级革命家、战略家和理论家。他虽然在'文化大革命'中犯了严重错误，但是就他的一生来看，他对中国革命的功绩远远大于他的过失。他的功绩是第一位的，错误是第二位的。"当下中国历史虚无主义者完全置"历史问题的决议"于不顾，通过各种方式、各种途径对所谓历史文献的细节发掘或编造极力贬低和丑化毛泽东，抓住毛泽东晚年所犯的错误，全面否定毛泽东在中国历史上地位和毛泽东思想的指导作用，进而否定中国新民主主义

① 龚书铎：《历史虚无主义二题》，《高校理论战线》2005年第5期。

② 《邓小平年谱（1975—1997）》（上），北京：中央文献出版社，2004年，第684页。

革命的合理性和社会主义建设的成就。

如针对长征，他们提出：在长征中，中央纵队行动迟缓、湘江战役惨败是毛泽东舍不得扔掉辎重导致的（抬轿子论）；针对毛泽东的理论创作，他们提出：《实践论》《矛盾论》是抄袭的；宣扬“毛泽东是革命家，却不是马克思主义者”，将“毛泽东思想概括为‘乌托邦’和‘唯意志论’”，鼓吹“社会主义革命造就了封建专制主义”“毛泽东时代的社会主义带有很大的封建性”“毛泽东时代不仅彻底剥夺了国人的参政权利，还用政治恐怖彻底消解了民众的参政意识”，“中国要搞现代化必须非毛化”等等。在他们眼里，毛泽东在中国历史上没有任何功绩，有的只是错误或“罪恶”。正如美国哈佛大学亚洲研究中心主任、著名中国问题专家托尼·赛奇教授认为的那样：“目前中国对毛泽东的肆意丑化已经超越了一个民族应有的理智界限……导致思想混乱的真正原因，就是历史虚无主义。”①

当下中国历史虚无主义者在虚无中国共产党领导的改革开放成就时，将主要目标聚焦在对中国特色社会主义道路的认同上。《关于建国以来党的若干历史问题的决议》指出：“三中全会以来，我们党已经逐步确立了一条适合我国情况的社会主义现代化建设的正确道路。这条道路还将在实践中不断充实和发展，但是它的主要点，已经可以从新中国成立以来正反两方面的经验、特别是‘文化大革命’的教训中得到基本的总结。”当下中国历史虚无主义者与西方敌对势力共谋，无视中国改革开放所取得的巨大成就，认为“中国的改革是没有任何监督、制约的改革，是失去了底层民众、民间力量参与的改革，是在中国共产党领导下发展资本主义的改革”，还别有用心地夸大改革开放进程中出现的各种经济社会问题，极力宣扬“环境亡国”“贫富差距亡国”“腐败亡国”等论调，借此质疑改革开放、质疑中国特色社会主义道路的正确性，并由此得出“现在如果还不彻底地、全方位地‘学习西方’，终将万劫不复”的结论。习近平总书记指出：“中国特色社会主义，是科学社会主义理论逻辑和中国社会发展历史逻辑的辩证统一，是根植于中国大地、反映中国人民意愿、适应中国和时代发展进步要求的科学社会主义，是全面建成小康社会、加快推进社会主义现代化、实现中华民

① 林书红：《新媒体传播中历史虚无主义“导向”不容忽视》，《红旗文稿》2014 年第 22 期。

族伟大复兴的必由之路。”[①] 对于这条道路，我们只能坚持和完善，而不能抛弃或偏离。

当下中国历史虚无主义者通过虚无中共党史中的定论，意图瓦解中国共产党人在唯物史观指导下通过实践建构起来的关于中华民族的“昨天——今天——明天”的意义逻辑。正如有学者指出的那样：历史虚无主义者意不在虚无历史本身，而在于“通过抹黑历史，通过割裂历史与现实的有机联系，打掉中国人对社会主义的道路自信、理论自信和制度自信”[②]。鉴于此，我们要始终坚持马克思主义在意识形态领域的指导地位，坚守思想防线，把意识形态工作的领导权、管理权、话语权牢牢掌握在马克思主义者手中，着力揭批和扼制历史虚无主义的渗透。

四、遏制目前中国历史虚无主义的重要途径

反对历史虚无主义既是一个理论问题，更是一个实践问题，除了要在理论上揭露其本质、厘清其逻辑叙事方式外，更要从实践入手，从解决实际问题入手清除当下中国历史虚无主义市场。也就是说，克服历史虚无主义，除了从理论上揭批之外，更需要关注人们日常生活中的重大现实问题，从人们的思想和心理需求方面围堵，不给历史虚无主义留下可乘之机。

第一，要继续强化唯物史观指导下的史学研究。唯物史观是迄今为止一切历史观中最具说服力、解释力的科学历史观。在史学研究领域，唯物史观使历史研究真正置于历史真理基础之上，使史学成为科学。在历史虚无主义泛滥的当前史学研究中，必须夯实唯物史观的基本原理、科学方法和指导地位，旗帜鲜明地反对历史虚无主义。

一是要从客观的历史事实出发，厘清本质、主流和现象、支流，坚决反对以所谓的“反思”和“创新”来肆意歪曲事实、解构历史的行为。

二是要坚守阶级分析方法。阶级分析法是马克思主义史学研究的“金钥匙”，应贯穿史学研究始终。这就要求在历史研究中必须坚决反对去政治化倾向，在大是大非问题上，不能以个别替代一般，以细节否定整体。

三是要坚持整体性研究。整体性是唯物史观的基本要求。整体性要求反

---

① 习近平：《毫不动摇坚持和发展中国特色社会主义》，《人民日报》2013年1月6日。

② 姜迎春：《论历史虚无主义思潮的成因、表现及其危害》，《南京政治学院学报》2014年第5期。

对“碎片化”的史学个案研究，反对后现代主义史学中的相对主义和虚无主义。列宁曾讲：“在社会现象领域，没有哪种方法比胡乱抽出一些个别事实和玩弄实例更普遍、更站不住脚的了。挑选任何例子是毫不费劲的，但这没有任何意义，或者有纯粹消极的意义，因为问题完全在于，每一个别情况都有其具体的历史环境。如果从事实的整体上、从它们的联系中去掌握事实，那么，事实不仅是‘顽强的东西’，而且是绝对确凿的证据。如果不是从整体上、不是从联系中去掌握事实，如果事实是零碎的和随意挑出来的，那么它们就只能是一种儿戏，或者连儿戏也不如。”

第二，要强化对新媒体的监管力度。针对当下中国历史虚无主义者大肆利用微博、网络大V、公共微信平台或个人微信等新媒体散布观点的状况，必须强化对新媒体的监管力度。首先通过团结新媒体代表性人士来净化网络空间、弘扬主旋律。新媒体的迅速发展催生了一批有见地、粉丝多、影响力大的网络“意见领袖”，把他们或她们团结起来，鼓励他们或她们弘扬真善美、鞭挞假恶丑，捍卫主流意识形态，传播正能量，当好净化网络空间的推手；其次要牢牢把握新媒体舆论引导的主动权。由于新媒体具有的强舆论辐射力和感染力，在极短的时间内能形成舆论强势。因此，必须着力加强对新媒体的正确引导，牢牢把握主动权。一要建立自己的新媒体阵地；二要加强对新媒体及其从业人员的管理培训，建立行业的政治方向准入制度；三要建设畅通的新媒体表达机制。与此同时，还要强化新媒体及其从业人员的责任感，做到不管是谁发布的信息，他都要对所发布的信息、观点或数据负全部责任。

只有这样，才能避免一些谬论和误导信息在媒体中传播。要预防大学校园里的部分留学生、知名学者中的西化分子会利用其所谓“光环”，占据“意见领袖”地位，在新媒体上发表轻蔑黄土文化，颂扬蓝色文明的言论等。

第三，要着力于中国特色社会主义重大现实问题的研究及解决。当代中国历史虚无主义泛滥既源于一定的国际因素，又源于国内实践中的一系列亟须解决的现实问题。历史虚无主义思潮在当代中国沉渣泛起的逻辑可以简单归纳为：对现实问题的反思促逼了对历史问题的学术性再认识，而一些别有用心的人利用这种再认识塞进了“私货”，于是就有了当下否定我们党和社会主义道路的历史虚无主义。这就要求我们必须基于马克思主义基本原理，在中国特色社会主义实践探索中不断进行批判性反思和规范性矫正，在利用市场经济大力发展生产力的同时，要更加注重社会主义共同富裕的最终目的，让人民群众有更多获得感、更强幸福感、更实安全感，不断凸显社会主义制度的优越性，不断增强社会主义意识形态的吸引力和凝聚力，围堵历史虚无主义思潮的需求市场，有力克服历史虚无主义思潮的持续泛滥。

（作者单位：海南师范大学马克思主义学院）

（原载《马克思主义研究》2016年第4期）

第三辑

反帝反封建是近代中国历史的主题

张海鹏

如何认识近代中国历史的主题，以及围绕这个主题发生的许多重大事件，不仅是中国近代史和现代化研究的重要课题，而且是关系到中国未来发展道路、关系到我们对青少年一代的教育的重大理论和实践问题。

中国青年报冰点周刊 1 月 11 日发表的《现代化与历史教科书》（以下简称《现》文），其观点是要否定新中国成立以来，我国学术界以马克思主义为指导研究中国近代史所取得的基本结论，对青少年产生严重的误导。作为中国近代史的研究者，不能不引起关注。

近代中国的主要任务

1842～1860 年间，通过两次鸦片战争，以《南京条约》和《北京条约》为标志，中国被迫签订了一系列不平等条约，形成了束缚中国发展进步的不平等条约体系。正是这个条约体系，使中国由一个独立的封建社会逐步“沉沦”为半殖民地半封建社会。1895 年的《马关条约》和 1901 年的《辛丑条约》，完全形成了中国的半殖民地半封建社会。

20 世纪 20～30 年代，当时的进步学者，特别是以马克思主义、唯物史观为指导的历史学家、经济学家和社会学家，从中国近代社会政治、经济各个层面论证了半殖民地半封建社会的性质。毛泽东在 1939 年的《中国革命和中国共产党》、1940 年的《新民主主义论》等一系列重要著作中，肯定并总结了对近代中国社会半殖民地半封建性质的分析，并据此制定了新民主主义革命的完整理论，在这个理论的指导下，中国共产党领导全国人民取得了新民主主义革命的胜利。可以说，在近代中国 109 年的历史进程中，由中国的革命政党推动的包括旧民主主义革命和新民主主义革命，组成了近代中国社会发展进步的主旋律。这个革命主要是反对帝国主义侵略，以谋求民族独立；反对封建主义专制，以谋求国家的民主进程。

反帝反封建，是近代中国历史发展的基本主题。在基本上完成了反帝反封建的任务后，在人民掌握了国家的主权后，国家的现代化事业才能够比较顺利地进行。

《现》文否定近代中国反帝反封建斗争的历史主题，最鲜明的是对待义和团反抗八国联军的侵略上。文章说义和团犯了反文明、反人类的错误，“这些罪恶行径给国家和人民带来莫大的灾难”，是中国人不能忘记的国耻。它强调：“事件过后直至民国初年，朝野各界将这个组织定性为拳匪是有足够根据的”。《现》文似乎找到了一个历史证据：“义和团烧杀抢掠、敌视和肆意摧毁现代文明在前，八国联军进军在后，这个次序是历史事实，无法也不应修改”。这是完全违背历史事实的。

义和团开始广泛宣传拆毁铁路、电线杆，正是在列强以战争胁迫清政府镇压义和团的时候，而采取大规模实际行动，则正是在清政府镇压期间和八国联军战争期间。有学者通过大量事实的举证，证明了这一点。据美国历史学家施达格研究，在“1900 年 5 月 31 日之前，在整个义和团运动中，在中国的任何地方，没有一个外国人是死在拳民手上的；惟一的一个就是卜克思先生在山东的遇害”。[①] 1900 年 5 月 31 日晚，英、俄、美、法、日、意六国士兵共 356 名自天津抵达北京。6 月 3 日，还有一批德国兵和奥匈兵到达。据马士统计，总共到达北京的武装人员有 451 名，其中两名军官和 41 名卫兵保护西什库天主堂（即北堂），17 名军官和 391 名卫兵保护使馆。士兵携有机关枪和大炮。德国驻华公使克林德在各国公使决定调兵的集会上说过“这些行动就是瓜分中国的开始”。洋兵入京，不仅在克林德看来是瓜分中国的开始，在拳民看来也是瓜分中国的开始。义和团在北京和各地杀传教士、焚毁教堂、破坏铁路和电线杆以及部分人的抢劫行为，都是在这批外国士兵进京以后发生的。攻打西什库教堂和使馆区也在这以后。洋兵入京是事变变得更加复杂和动乱的根源。据施达格研究，1900 年 5 月 29～6 月 4 日，发生

① 施达格 GeorgeNyeSteiger：《中国与西方：义和拳运动的起源和发展》，第 162 页，1927 年英文版，转引自牟安世著：《义和团抵抗列强瓜分史》，第 286～287 页，经济管理出版社，1997 年。

在河北省雄县附近义和团与京保铁路洋工程师倭松（Ossent）的冲突，是义和团与武装的欧洲人的第一次冲突，洋人先开枪，义和团从数百人聚集到万人，对洋人加以追击，“将洋人追击上岸，未知存亡”。[①] 从这里我们可以看见义和团杀教士、焚毁教堂、铁路等的具体原因。

义和团发生的长期原因，则与鸦片战争以来西方列强对中国的侵略有关，特别是《马关条约》以后帝国主义各国在中国掀起瓜分狂潮有关，与外国传教士长期以来在中国传教过程中的为非作歹有关。大量历史材料证明，义和团仇视洋人、洋教、洋物，都与仇视帝国主义瓜分中国的图谋有关。在洋兵进京以前，义和团破坏铁路，是出于与清兵作战的需要，为反抗西摩尔联军乘火车进京，大规模破坏铁路，完全是作战手段，以此攻击义和团摧毁现代文明，是什么反人类、反文明，这就是西方侵略者的观点了。

围攻使馆和西什库教堂，是义和团被攻击的一大原因。真实的情况又如何呢？据记载，西什库教堂内有法国水兵 30 人，意大利水兵 10 人。[②] 义和团于 6 月 15 日围攻教堂，由于教堂防卫坚固，始终未能攻下来。6 月 12 日，东交民巷一带已被西兵占据，不准中国人进入。试图靠近的拳民，往往被击毙。据美使康格 6 月 15 日的电报，“我们仅仅力图保卫我们自己直到增援部队到来之时，但是各使馆驻军早已枪杀了差不多一百个拳民”。[③] 使馆以为西摩尔联军很快就会赶到，有恃无恐，3 天之内就枪杀了近百个拳民，这不是在义和团的仇外心情上火上加油吗？围攻使馆固然违反国际法，但也是使馆咎由自取。据记载，6 月 16 日内阁奉上谕：“所有各国使馆，理应认真保护。著荣禄速派武卫中军得力队伍，即日前往东交民巷一带，将各使馆实力保护，不得稍有疏虞”。[④] 显然，清政府保护使馆的措施是明确的。

必须指出，早在 5 月底，各国已在各自使馆驻扎重兵，把使馆变成设在北京城内的外国军事据点。这是完全违背国际法的。据当时欧洲的国际法学家的意见：“使臣公署，不得据之屯兵”[⑤]，这是国际公法常识。大沽事件后，各国侵华战争宣告爆发，清军和义和团攻击使馆，实际上是对这个外国

① 廷杰、廷雍等：《致裕禄电》，1900 年 6 月 2 日，见《义和团运动史料丛编》第二辑，第 148 页。
② 佐原笃介：《拳乱纪闻》，载《义和团》第一册，第 168 页。
③ 引自施达格书，见牟安世著：《义和团抵抗列强瓜分史》，第 338 页。
④ 见《义和团档案史料》上册，第 144～145 页。
⑤ 马尔顿 Martens：《星轺指掌 Laguidediplomatique》第 2 卷，第 16 页，1876 年同文馆版。

军事堡垒的进攻，从国际法角度看，不能说完全无理。外国教堂屯兵，更是违反国际法的。[①]

义和团的反帝斗争，具有独特的历史地位。八国联军出兵以前，列强瓜分中国之说甚嚣尘上；八国联军出兵引起义和团强烈抵抗之后，经过帝国主义各国之间的辩论，瓜分中国说为保全中国说所代替。在中国担任总税务司长达 45 年的英国人赫德在当时写的文章中分析道："中国如被瓜分，全国即将协同一致来反对参与瓜分的那几个外国统治者。"[②] 义和团阻止列强瓜分中国的历史作用，西方人很快就看出来了，中国人也很快看出来了。最早看出这一点的中国人，是留日学生。1901 年在横滨出版的《开智录》上，有作者著文，对义和团给与了崇高的评价，说"义和团此举，实为中国民气之代表，排外之先声矣"，"有此数功，则我国民精神从此振刷矣。"[③] 孙中山高度评价义和团的历史功绩。1924 年孙中山在广州演讲三民主义，说义和团"其勇锐之气，殊不可当，真是令人惊奇佩服。所以经过那次血战之后，外国人才知道，中国还有民族思想，这种民族是不可消灭的"。[④]

国际无产阶级高度评价了中国的义和团运动。俄国革命领袖列宁在 1900 年写道："那些到中国来只是为了大发横财的人，那些利用自己的所谓文明来进行欺骗、掠夺和镇压的人，那些为了取得贩卖毒害人民的鸦片的权利而同中国作战（1856 年英法对华的战争）的人，那些用传教的鬼话来掩盖掠夺政策的人，中国人难道不痛恨他们吗？欧洲各国资产阶级政府早就对中国实行这种掠夺政策了"。[⑤] 德国工人阶级政党的报纸《前进报》，1900 年 6 月 19 日发表题为《铁拳》的社论，说"如果说有所谓'神圣的战争'，那么中国奋起抗击以主子姿态出现的外国剥削者的战争，正是这样一个'神圣

① 我从前写过两篇文章，专门阐述如何看待义和团的排外主义及其历史地位，阐述义和团以及辛丑议和中的国际法问题，请读者参考：《应当如何看待义和团的排外主义》、《试论辛丑议和中有关国际法的几个问题》，载张海鹏著：《追求集—近代中国历史进程的探索》，社会科学文献出版社，1998 年。

② 吕浦、张振昆鸟等编译：《"黄祸论"历史资料选集》，第 152～153 页，中国社会科学出版社，1979 年版。

③ 《义和团有功于中国说》，载张、王忍之编《辛亥革命前十年间时论选集》，第一卷，上册，第 62 页，三联书店，1960 年版。

④ 《三民主义·民权主义》第五讲，《孙中山选集》下卷，第 724 页。

⑤ 列宁：《中国的战争》，《列宁选集》第一卷，第 214 页，人民出版社，1960 年版。

的’民族战争。”①

以农民为主体组成的松散组织义和团，其本身愚昧、落后，有许多缺点，带有时代和阶级的局限性。但是必须指出，义和团的笼统排外主义实质上是农民阶级有历史局限性的民族革命思想，也是中国人民反抗帝国主义侵略的原始形式。它反映了中国人民反帝斗争初期的共同特点，义和团运动不过是它的典型代表和集中表现。因之，对义和团的排外主义，不应采取简单回避或全盘否定的态度，而是需要进行科学的阶级分析和历史考察，对它作出合情合理的解释。

鸦片战争以后160多年的中国近现代史，是侵略与反侵略同在，压迫与反抗同在，屈辱与辉煌同在。屈辱、觉醒、奋斗、牺牲、变革、进步，贯穿了整个中国近现代史。

总结160多年的历史进程，可以分为前109年和后56年。前109年，历史的大关节，基本上是帝国主义侵略中国和中国人民反对帝国主义侵略的历史，是封建统治者勾结帝国主义镇压人民起义和人民群众反帝反封建的历史，是中国要求追上世界资本主义的步伐、在中国发展资本主义而封建统治者和帝国主义反对中国发展资本主义的历史。所有政治的、经济的、军事的、思想文化的种种斗争，几乎无一例外地都是围绕这些历史的大关节进行的。经过社会先进人士无数次的社会改良，经过新的社会阶级、政党发动的屡次革命，在坚持长期反帝反封建斗争之后，在中国共产党的领导下，终于赢得了中华人民共和国即由人民掌握政权的新中国的诞生。后56年，历史发展虽然也很曲折，但其历史的大关节，基本上是在人民取得政权的基础上，探索国家现代化并且取得巨大成绩的历史，探索建设有中国特色的社会主义并且成功地摸索出社会主义市场经济体制的历史。后56年内特别是前期的某些失误，也与这种探索有着密切的关系。换一个说法，前109年是争取国家独立的历史，后56年，是争取国家现代化和富强的历史。这样一个简单的历史过程，大多数人都是明了的，特别是最近50年，同时代人作为这一历史过程不同程度的参与者、见证者，都体验到了创造历史的艰辛与喜悦。

---

① 中国社会科学院近代史研究所《近代史资料》编辑组编：《义和团史料》，上册，第27页，中国社会科学出版社，1982年版。

第二次鸦片战争的根本原因

第二次鸦片战争的根本原因只有一条，那就是资本主义侵略者的利益最大化未能得到满足。

《南京条约》等一系列不平等条约签订后，西方列强虽然从中国取得了许多特权，但还要取得更多的特权。它们还要求在中国实现鸦片贸易合法化，要求在中国全境通商，要求在北京设立使馆。澳大利亚社会科学院院士黄宇和教授近年研究第二次鸦片战争，他的最新研究成果证明，英国之所以发动这场战争，很大程度是要逼迫清政府把鸦片贸易合法化，以保障当时英国在华最大的经济利益———鸦片贸易。[①] 谋求在华的全面经济与政治利益，这是它们的根本利益所在。这个根本利益拿不到手，新的一场侵略战争迟早是要爆发的，问题只在发动战争的时机和借口而已。

《现》文说战争的原因，列举了两条。一是“让英国官员和商人可以自由进入广州城”（即外人入城问题），另一是修约问题。这是两条表面原因，如果认为是根本原因则是违背历史真实的。

外人入城问题是一个相当复杂的问题。

《南京条约》第二款：“自今以后，大皇帝恩准英国人民带同所属家眷，寄居大清沿海之广州、福州、厦门、宁波、上海等五处港口，贸易通商无碍；且大英国君主派设领事、管事等官，驻该五处城邑。”这就是说，一般英国人可以居住在港口，外交官则可以住在城邑。中方认为，按中文字义，城邑不一定指城内，条约未给英国人入城的权利。《南京条约》英文本把中文本中的“港口”和“城邑”通通翻译成 Cities and Towns。英方认为 Cities and Towns 就可以指城内，因此，英国外交官和一般英国人都可以入城。中英双方在条约约文的理解上，发生了很大歧异。按照欧洲人的国际法，《南京条约》的两种文本（当时没有第三种文本）具有同等的法律效力。条约签字时未声明以哪种文本为准，在文本的解释发生歧义时，应允许各方各执己见。事实上，这两个文本都是英国提供的。这就造成了入城和反入城的同一法律来源的不同解释。在中方看来，英人要求全面履行条约的理由不充

① 参见 J. Y. Wong，DeadlyDreams：Opium，Imperialism，andthe ‘Arrow’ War（1856－60）inChina，CambridgeUniversityPress，1998。

分。其实中国官方在英国的压力下，已经同意英国人可以入城。但是广州城厢内外社团、士绅坚决不同意英国人入城，甚至不惜开战，官方只得以“民情未协”为由，推迟入城的时间。鸦片战争期间英军的暴行和鸦片战争后多起英人恃强作恶的中外纠纷事件，是造成广州民众仇外情绪的一个基本原因。从历史的角度看，广州民众的仇外情绪当时有其存在的合理性，广州民众反入城斗争当时有其发生的条件。①

要求修约，则是西方列强企图从中国拿到更多权益的策略手段。早在1853年，英国就利用最惠国待遇和中美《望厦条约》第34款有关12年后贸易及海面各款稍可变更的规定向中方提出修约要求。这年5月，英国政府训令驻华公使文翰提出修订《南京条约》问题，要他向中方提出：中国应毫无保留地给英国人开放全部城市和港口，英国人走遍全中国不受任何限制。文翰接到训令时，太平军北伐部队已攻进天津附近，文翰感到太平军与清政府之间谁胜谁负难料，就把训令搁置起来。7月，美国向清政府提出帮助镇压太平军作为诱饵，以修约扩大在华权益。清政府怀疑美国的动机，没有接受。其实，研究帝国主义侵华历史的学者早已指出，英国要求修订《南京条约》是没有任何根据的，因为《南京条约》是一项政治条约，不是商约，没有修订的规定；而修约本身不能包括在最惠国待遇之内。② 英国利用中国当局不了解欧洲人的国际关系知识，加以蒙哄和欺诈，清政府只有被牵着鼻子走了。

1854年，英国、美国、法国都积极活动修约。但是对于英国来说，采取战争行动解决修约问题的时机没有成熟。最大的原因是，英、法联盟正与俄国为分割和奴役土耳其打着克里米亚战争，英国的军力布置在克里米亚战场上。所以英国政府训令包含修约谈判中要严格避免使用武力，只要中国承认修约的原则，实际谈判不必马上进行。1855年，美国任命传教士伯驾为驻华公使，给伯驾的任务，是要他从清政府取得公使驻京、无限制扩大贸易以及取消对个人自由的任何限制等三项主要权利。伯驾知道，《望厦条约》只规定了12年后作细小的修改，但他认为：“为了达到各国政府的最大利

---

① 参看茅海建：《近代的尺度——一两次鸦片战争军事与外交》，第114页。

② 参考丁名楠、余绳武等著：《帝国主义侵华史》第一卷，第118页，人民出版社，1961年第一版。

益，不仅细小的修改，而且激烈的变更是必不可少的”，为此“必须采取强硬手段”。[①] 他在来华前，遍访了伦敦和巴黎外交部，取得了一致意见。1855年8月，伯驾希望北上渤海湾，逼迫北京政府举行修约谈判。包令说：“用孤单的行动而不伴以强大的军事压力，就没有希望从中国取得任何重要的让步”。[②] 因为各国军舰尚未调到远东来，没有军力支持，这次北上行动未能成行。这就是说，用战争手段，达到逼迫清政府同意修约的目的，这已经是既定决策。

1856年3月，克里米亚战争结束，俄国战败。这时候，英、法、俄国都把眼光投向了中国，各国军舰都可以移师中国了。在克里米亚战场上厮杀的对手，在中国成为了合作的伙伴。利用战争手段已经决定，侵略者总要找一个冠冕堂皇的借口。

正在这时候，马神甫事件发生了。尽管这是一个突发的个别的事件，对于法国来说就是一个好借口，但是，对于英国来说，这个借口还不太有力。不久，亚罗号事件发生了。殖民主义者要寻找侵略中国的借口是不难的。20世纪初法国的研究者研究了资料后指出：包令“要向中国启衅，不愁找不到合法的借口；如果需要的话，他还有本领找到比劫持‘亚罗’号更好的借口。”[③]

至此完全可以看出，第二次鸦片战争是一定要打起来的，并不因为中方的什么态度而转移。而要打这场战争的根本原因，是西方列强要越过条约特权在中国谋取更大的利益。

侵略者没有程序正义

众所周知，侵略者的本质就是掠夺。《现》文在评述马神甫事件的时候，拿出了一个“撒手锏”，叫做程序正义优先。文章写道：西林地方官员把马神甫处死，“违反了应把拘捕的法国人解送领事的条约义务”，“按照程序正义优先的法学观点，中方无疑理亏”。这不仅否认了侵略者的本质，而且完

---

① W. C. Costin：GreatBritainandChina1833－1860，p. 195。

② 马士：《中华帝国对外关系史》第一卷，英文本，第687页。

③ H. Cordier：L’ExpeditiondeChinede1857～1858，Paris，1905. 第51～52页。转引自中国近代史资料丛刊《第二次鸦片战争》，第六册，第54页。

全混淆了事实。

程序正义优先，颇为吓人。似乎当时来自欧洲的英国人、法国人最遵守程序正义优先的法学原则。实际上，这些貌似遵守程序正义优先的法学原则的殖民主义侵略者，来到中国从来没有遵守过程序正义优先的法学原则。

以马赖案子为例，马赖违法传教在先，而且在传教地区作恶多端，地方官员未能把违法的马赖解送领事而加以处死，违法在后。按照程序正义优先的法学原则，为什么不是马赖或者法国首先理亏呢？

又以大沽之战为例。当法国人知道清政府已经在大沽口设防，仍然决定与英国公使乘炮舰从大沽口溯白河到天津。英国公使普鲁斯给英国政府报告说："我们不得不在天津给予中国政府另一次教训……我一定要使清朝皇帝及其大臣相信：一旦我提出要求，就定要把它索取到手，如不顺从我的要求，我已准备凭借武力威胁来索取。"[①] 普鲁斯声称"定行接仗，不走北塘"，坚持经大沽口溯白河进北京。[②] 英法联军在充分准备下（仅英国舰队就有战舰、巡洋舰、炮艇共十余艘，士兵2000人），1859年6月25日下午向大沽炮台突然发动进攻。大沽守军进行了坚决回击，激战一昼夜，击沉击毁英法兵船十多只，毙伤英国士兵464人，法军14人，英国舰队司令也受了重伤，不得不狼狈撤走。英法军舰首先向大沽炮台开炮，大沽守军回击，完全是正义的。不容置疑，大沽事件的责任完全在侵略者一方。一贯同情被侵略国家的无产阶级革命领袖马克思在1859年9月13日评论道："即使中国人应该让英国和平的公使前往北京，那末中国人抵抗英国人的武装远征队，毫无疑义地也是有道理的。中国人这种行动，并没有破坏条约，而只是挫败了英国人的入侵。"[③]

实际上，清政府已经同意在北京换约，并且安排了大臣到北塘迎接英法公使，安排了沿途招待照料，在北京城内安排了公使住处。清政府从安全出发，指定了公使进京的路线，规定可带随从，不准带武器。这些安排完全合

① BrucetoMalmesburg，June1859. 见 CorrespondencewithMr. Bruce，HerMajiesty' sEnvoyExtraordinaryandMinisterPlenipotentiaryinChina，第9～10页。转引自丁名楠、余绳武等著：《帝国主义侵华史》第一卷，第148页。

② 参考中国社会科学院近代史研究所：《中国近代史稿》第一卷，第197页，人民出版社，1978年版。

③ 马克思：《新的对华战争》，《马克思恩格斯选集》第二卷，第43页，人民出版社，1972年版。

乎当时国际关系的准则。欧洲人制定的国际法没有规定可以携带武器到他国首都去交换条约批准书。这些安排完全符合所谓程序正义的要求。当大沽的消息传到伦敦，英国资产阶级的报纸反诬中国破坏条约，要求英国政府对中国实行“报复”。英国《每日电讯》甚至称：大不列颠应攻打中国沿海各地并占领北京；英国人应该成为中国的主人。马克思当时在评论大沽事件时写道：“难道法国公使留住伦敦的权利就能赋予法国公使以率领法国远征队强行侵入泰晤士河的权利吗？”“既然天津条约中并无条文赋予英国人和法国人以派遣舰队驶入白河的权利，那么非常明显，破坏条约的不是中国人而是英国人，而且，英国人预先就决意要在规定的交换批准书日期以前向中国寻衅了。”“白河冲突并非偶然发生的，相反地，是由额尔金勋爵预先准备好的。”① 马克思是研究了英国公使和记者从中国发回的报道写下这些评论的。

帝国主义在侵略中国的过程中不遵守程序正义优先的法学原则，还可以举出很多例子。

中美《五口贸易章程：海关税则》（因在澳门望厦村签订，又名《望厦条约》），是中美之间缔结的一项商约。它的第 34 款规定：“合约已经议定，两国各宜遵守，不得轻有更改；至各口情形不一，所有贸易及海面各款恐不无稍有变通之处，应俟十二年后，两国派员公平酌办。又和约既经批准后，两国官民人等均应恪遵，至合众国中各国均不得遣员到来，另有异议。”② 这里非常明确地规定了《望厦条约》“不得轻有更改”，中美两国“均应恪遵”，美利坚联邦各州（“至合众国中各国”）不得派人前来对此另有异议。在什么情形下可以在 12 年后“稍有变通”呢？条件只是因为“至各口情形不一”（“现文”引用时恰恰把这几个字删掉），涉及到贸易及海面各款时，可以稍加修订。这实际上指的只是细小的修订。美国以及各国清楚这一点。中方也清楚这一点。1855 年 5 月，美、英、法三国公使先后照会两广总督叶名琛，要求在北京修订《望厦条约》，为此清政府指示说：“各夷议定条约，虽有 12 年后公平酌办之说，原恐日久情形不一，不过稍为变通，其大段断无更改”③，清政府的认识是合理合法的。按照所谓“程序正义优先的

① 马克思：《新的对华战争》，《马克思恩格斯选集》第 2 卷，第 43、46 页。

② 见王铁崖编：《中外旧约章汇编》第一编，第 56 页，三联书店，1957 年第一版。

③ 《咸丰朝筹办夷务始末》，第 13 卷，第 14 页。

法学原理”，英、法、美各国都没有提出大段修改条约的权利；即使稍加修订，也需要通过外交途径，与清政府商议，“公平酌办”。如果清政府不同意修订，只好等待。以武力逼迫签订的条约是无效的。马克思曾经援引前任香港首席检察官致伦敦《晨星报》的声明，那份声明说：“无论这个条约是怎样的，但既然英国政府及其官吏采取了强力行动，它早已失去了效力，因而大不列颠王国至少已没有权力享受这个条约所赋予它的优先权利和特权。”[①]这就是程序正义优先。

但是，如前所述，英、法、美、俄各国哪一国遵守了这个原则？

唯物史观不能动摇

研究和解读历史，是非常严肃的事情。把研究和解读所得用通俗的文字介绍给广大读者，更应该对社会、对读者抱着非常负责的态度。历史过程、历史事实是怎么样就怎么样，并不能由人作任意的解释，这才是历史唯物主义的态度。同时，历史进程充满矛盾的运动，复杂的事件是有各种各样具体的事件组成的，我们在分析、研究历史事件时不能把握尽可能多的史料，不能把事物提到一定的历史范围内，不能抓住历史过程的本质方面，不能对历史现象做出阶级地、辩证地分析，我们就不能从纷纭的历史现象中理出头绪，把握历史过程的基本规律。如果不尊重历史事实，对历史事实、历史过程作任意的解释，那就是历史唯心主义。

流行一种说法：一切历史都是当代史。或者一切历史都是思想史，或者人人都是他自己的历史学家。如果说一切历史都是当代有思想的人写出的，上述说法有一定的意义。但我认为，当代人研究、撰写历史，还是要以唯物史观为指导，用历史主义的方法，观察历史现象，认清历史发展本质，指明历史发展的方向。如果写成人人心中的历史，则言人人殊，失去历史的本来面目，如果拿这种历史去教育青年，就会贻误青年。

历史不是可以任意打扮的姑娘。《现》文的不正确，在于完全抛弃了唯物史观，得出许多错误的观点。试举几例：

“如果照双方的协议办理，导致火烧圆明园的英法联军再一次入侵是有

① 转引自马克思：《新的对华战争》，《马克思恩格斯选集》第二卷，第4页。

可能避免的”。这是想当然。列强侵略中国，什么时候都没有与中国“协议”过。历次不平等条约的签订，条约文本或者是侵略者提供的，或者是侵略者强加的，中国谈判代表哪里有资格置喙？

“如果不打，不是对中国更有利吗”。汪精卫在抗战初期组织低调俱乐部，讲的也是类似这样的话。汪精卫之不齿于历史，已经难以改写了。我们只能这样回答：中国人民对外来侵略如果不抵抗，不打，中国早就成为一个完全的殖民地了。中国还有今天吗？

“面对咄咄逼人的强敌，作为弱势的大清帝国一方，明智的选择是严格执行现有条约，避免与之正面冲突”。当代人俯视历史，可以看出资本主义列强是强势一方，封建的中国是弱势一方。但是，在鸦片战争的年代，有哪一个中国人认识到中国是弱势一方呢。即使认识到是弱势的一方，难道弱势的一方面临外敌侵略的时候，就不应该反抗吗？清政府被严格限制在不平等条约体系内，什么时候都是严格遵守条约的，不遵守、不满足原有条约特权的，一向就是外国侵略者。

“经过长期、复杂、反复的博弈过程，在国际关系中可以逐步建立比较合乎多数人和多数国家长远利益的‘正义’秩序”。这句模棱两可的话，放在晚清，放在近代中国，完全是无的放矢。国家不独立，人民不掌握政权，没有强大的国力，靠清政府去博弈是不可能的。就是在今天，中国综合国力相对比较强大的情况下，我们可以在国际上“博弈”了，可以争取建立相对平等、互惠的国际秩序了，但是建立合乎多数国家长远利益的“正义”秩序是可能的吗？

“后发展国家和地区（殖民地、半殖民地）改变不发达状况，改变被动局面的唯一道路，是向西方列强学习，实现社会生活的全面现代化”。近代中国的历史道路不是这样的。殖民地、半殖民地国家和地区，不改变殖民地、半殖民地状况，只是向西方列强学习，可以实现社会生活的全面现代化吗？在我们这个地球上，还找不到这样的先例。孙中山建立中国同盟会，一心想振兴中华，向英国、美国、法国学习，建立起像美、法那样的共和制度，却完全得不到当时美欧等西方国家的支持。可是当政权转移到袁世凯手里，就得到西方列强支持。孙中山经过几许磨难，终于明白这一点：西方国家是不支持在中国建立像他们那样的资本主义强国的。所以孙中山重新组建中国国民党，重新解释三民主义，决心联俄、联共、扶助农工，决心走非资本主义道路，并高举反对帝国主义的旗帜。

五四运动以后，中国人一波一波地发起反对帝国主义、反对封建专制的运动，组织共产党，学习马克思主义理论，抵抗帝国主义的侵略，掌握属于人民的武装，才能够有今天中国的结果。中国今天向全面小康社会的高速发展，中华民族今天能够跻身于世界民族之林，不是靠学习西方列强得来的。西方人的历史发展道路给了中国人以启迪，在比较中，中国人选择了马克思主义，选择了社会主义道路。坚定地反帝反封建，摆脱了殖民地半殖民地的状态，实现了国家的独立、民族的解放，我们才真正走上了现代化的道路。

《现》文所叙述的历史，不是建立在研究大量、扎实历史资料的基础上，而是按照自己的好恶，随意拈出几条史料，随心所欲地作出历史评论，这样的历史评论，脱离了史料基础，只是个人感想，它是无源之水、无本之木，乍看吓人，却是没有根基的，没有说服力的，经不起史料鉴证的。懂得历史，才能更好地建设今天。把鸦片战争以来真实的历史告诉我们的下一代，让他们明白真正的现代化道路在哪里，我们在中华民族伟大复兴的征程中会行进得更加坚实。

（作者单位：中国社会科学院近代史研究所）

（原载《中国青年报》冰点 2006 年 3 月 1 日）

革命与破坏的考辨——中国近代史的一个视角

刘润为

谁是近代中国的破坏者？

中国有着辉煌的过去，然而在近代却遭到了空前惨烈的破坏。这到底是谁之罪？是革命者还是革命的对象？这个问题只能由历史的事实来回答。

众所周知，中国近代史肇始于1840年的鸦片战争。从那时起到1945年，列强对中国发动的大小侵略战争绵延不断。除上世纪三四十年代的日本侵华战争以外，所有这些战争无一不以中国失败而告终。失败的结果，就是任人宰割和蹂躏。

仅仅百年，中国就与外国签订了1100多个条约和章程，其中的绝大部分是列强强迫中国接受的。正如第二次鸦片战争时期，英国侵华军全权专使额尔金谈到《天津条约》时所说的那样，这些条款是“用手枪抵在咽喉上逼勒而成的”。通过一系列的不平等条约，列强强占我大片领土，获得各种名目的巨额赔款和数不清的特权。第一次鸦片战争以后，中英签订《南京条约》，其中规定：割香港岛给英国，开放广州、厦门、福州、宁波、上海为通商口岸，中国向英国赔款2100万银元。第二次鸦片战争以后，中英、中法签订《北京条约》，其中规定：割九龙半岛南端和昂船洲给英国，赔偿英、法军费各800万两白银，恤金英国50万两、法国20万两。其间，沙俄趁火打劫，通过中俄《瑷珲条约》、《天津条约》、《北京条约》等，侵占我领土150万平方公里，大致相当于3个法国的面积。甲午战争以后，中日签订《马关条约》，其中规定：割台湾全岛及所有附属各岛屿和澎湖列岛给日本，中国向日本赔款及支付赎辽费和威海卫守备费共计2.315亿两白银。如果再加上掠夺的其他物资及金银货币，总计合3.4亿两白银，是日本当时年财政收入的6．4倍。八国联军侵华战争以后，清政府与俄、英、美、日、德、法、意、奥八国，以及比利时、西班牙和荷兰，共十一国签订《辛丑条约》。其中规定，中国须付赔白银4．5亿两，分39年还清，本息合计约10亿两白银，至少相当于清政府12年财政收入的总和。如此贪婪的榨取和残忍的肢解，即使是再富足的国家也不堪其祸，何况羸弱凋敝的中国。

更为骇人听闻的是惨绝人寰的杀戮、抢劫和毁灭。英法联军对圆明园的劫后焚毁，八国联军对五代古都北京的疯狂洗劫，如此等等，不胜枚举。1900年北京再度沦陷以后，仅在庄王府一个地方，八国联军就火烧、枪杀义和团员与平民百姓1700多人。“曲槛临湖面面开，内官惊看骆驼来。”颐和园里所藏历朝文物，被强盗们用骆驼运往天津，累月不绝。目前，全球47个国家和地区的200多个博物馆中，收藏的中国珍贵文物不下百万件。八国联军统帅瓦德西供认：侵占北京以后，“曾特许军队公开抢劫三日，其后更继以私人抢劫。”1937年12月，侵华日军在攻陷南京以后，开始了持续6周的烧、杀、淫、掠“大竞赛”，南京城的三分之一被毁，两万多名中国妇女惨遭日军强暴，30多万名手无寸铁的中国平民和被俘士兵被活活杀死。据不完全统计，从1931年九一八事变到1945年抗战结束，中国军民伤亡3500多万人；按1937年的比值折算，中国直接经济损失1000亿美元、间接经济损失5000亿美元。

人们常说，落后就要挨打，这无疑是对的。不过，我们似乎还应进一步追问：近代中国为什么落后？这原因不是别的，就在于中国封建统治的反动性和腐朽性。首先，他们拒绝革新和进步，就像将头扎入沙堆的鸵鸟一样，无视外面世界发生的巨变，死死抱住陈旧的封建政治体制、经济体制和文化观念不放。社会活力的阙如，生产方式的落后，直接导致综合国力的虚弱。仅在第一次鸦片战争期间，中国就几乎耗尽了国库储备，以后的财政状况更加糟糕。其次是极端的专制。清朝的统治者专制，窃取辛亥革命成果的袁世凯则由假民主真专制而赤裸裸专制，打着三民主义旗号的蒋介石同样是专制统治的行家里手。到1935年底，蒋介石一人同时披挂21个官衔，从党政兼到军队，从上级兼到下级，从前方兼到后方，从官方兼到民间团体。由于他是国民政府主席兼陆海空军总司令、行政院长兼教育部长，所以在有关教育、文化方面的公文中，就有了“蒋中正呈蒋中正，蒋中正再呈蒋中正”；

“蒋中正训令蒋中正，蒋中正再训令蒋中正”这类令人匪夷所思、啼笑皆非的咄咄怪事。其三是袁世凯之后的军阀混战。“洒向人间都是怨”。直奉大战、蒋桂大战、蒋冯阎大战等等，都是封建军阀们演出的一场场祸乱国家、荼毒生灵的丑剧。其四是官僚机构的结构性腐败，对于百姓盘剥的日益加重。早在鸦片战争之前，著名爱国主义诗人龚自珍就非常愤怒地指出：那些封建官僚都是“老成之典型”，“因阅历而顾审，因顾审而尸玩”。这就是说，不作为、各顾各，是他们的共同特点。非但如此，他们还疯狂聚敛财富、过着骄奢淫逸的生活，从朝廷到地方几乎层层吃赃，于是“贪官污吏，布满天下”，搞得民怨沸腾、社会动荡。至于后来的各色封建统治者，同样在盘剥、腐败的道路上下滑不止。早在1939年，蒋、宋、孔、陈四大家族及其他政府要员一共18人，仅在上海外国银行的存款就达6918万美元，相当于当时政府预算收入的77%、外汇储备的28%。1949年，据美国中央情报局和财政部调查，四大家族在美来历不明的财产达20亿美元以上。看了这份报告之后，美国总统杜鲁门在议会上气得大骂：贼！他们是一群贼！一群可恶的贼！面对国民党无可挽回的腐败，中华民国中央研究院第一届院士萧公权尖锐指出：“三民主义已沦为权贵豪门的镇宅灵符，总理遗嘱已是当代最大的讽刺文学”。

毫无疑问，如此僵化、腐败的封建政权，已经失去了基本的社会支撑，更谈不到什么国防动员力。在西方列强面前，他们除了战败、妥协、依附，与列强一道镇压人民反抗以求维持虚弱的统治之外，恐怕是别无出路。“量中华之物力，结与国之欢心”，慈禧太后的这句话，大抵道出了近代中国所有封建统治者主动的或者是无奈的选择。

然而，自由主义的代表人物胡适却说：破坏中国的是“贫穷、疾病、贪污、愚昧、扰乱”这“五大仇敌”，而这“五大仇敌”则不应当将帝国主义、封建主义包括在内。当时，著名学者梁漱溟曾公开致书胡适，针锋相对地指出：贫穷出于帝国主义的经济侵略，扰乱出于帝国主义操纵的军阀。故帝国主义实为症结所在。今日三尺童子，皆知此理。先生闭眼不看，自说自话，岂能令人心服！穆藕初是一位坚持反共立场的民族实业家，但是他在历经无数挫折之后也明确指出：要发展民族实业、实现国家富强，“对内急应铲除建设之各种障碍，对外则应解除帝国主义对中国之束缚”。英国国家人文与社会科学院院士安格斯·麦迪森在《中国经济的长期表现》一书中也特别指出：15世纪之前，中国经济一直居于世界领先的地位，但是由于“内部动荡和帝国主义侵略的影响”，“中国在世界GDP中的份额从1/3降到了1/20。它的实际人均收入从世界平均水平的90%降到了它的1/4。”仅从以上援引的几例就可以清楚地看出：说帝国主义、封建主义是近代中国的最大破坏者，绝非共产党人“革命史观”的偏见，而是中外一切严肃学者和有识之士基于顽强事实得出的共识。

革命是无奈的选择

面对近代中国的破坏，有人说，只要顺从地去做殖民地，中国自然就会实现现代化。这不能不说是一种罔顾世界发展大势的虚浮之论。

世界大势是什么？就是国际资本主义在相继征服美洲、非洲之后，又通过鸦片战争实现对于中国这个亚洲最大国家的征服。至此，资本主义已经形成一个比较完整的世界体系。在这个体系中，国际资本主义居于中心位置，而亚非拉美的广大第三世界国家则处于边缘地带。中心与边缘的关系，是主宰与从属的关系、剥削与被剥削的关系、压迫与被压迫的关系。资本的逻辑是弱肉强食，是其不知餍足的扩张。这种逻辑决定国际资本主义绝对不可能放弃在中国既得的经济利益，更不容许再出现一个富强的大国来与他们争夺资源和市场。从一定意义上说，一部中国近代史，就是国际资本主义反对中国实现现代化的历史。

当然，我们不能说国际资本主义从来没有在中国搞过建设。比如列强在上海、天津等地建造的“飞地”和在东北铺筑的铁路，都曾具有一定的规模，但是所有这些，都不是为了中国的发展繁荣，而是为了更加方便地对中国进行金融控制、资源掠夺和军事侵略。1926年，英国麦加利银行的豪华大楼在天津落成之际，就被英国驻华公使夫人称为停泊于中国的“一艘巨大的金融战舰”；日本侵华期间，南满铁路株式会社一直是日本的所谓“野战铁道部队”。对于问题的这一实质，西方列强有时是并不回避的。20世纪初，美国总统顾问亨利·亚当姆斯曾公开扬言：“决不能容许中国和亚洲实现工业化和政治上的独立”，如果容许中国“以无尽藏的黄河流域的生产资料为供应的民族工业体系成功地组织起来，对西方文明来说，将是不可思议的罪行”。事情非常明显，殖民地就是殖民地，只有被剥削、被奴役的份儿，又哪里谈得上现代化呢？

当然，这类伤害民族感情的论调，无论过去还是现在，在中国的土地上都没有多大的市场。依靠自己的力量救亡图存、起弱图强，才是中华民族的执著探索。在这一进程中，有过不少采用平和手段的尝试。洋务救国、改良救国、教育救国、科学救国、实业救国等等，都曾发出过闪亮的光彩，然而又先后归于寂灭，中国上空依旧是雾也深沉、夜也深沉。这是因为，诸如此类的举措都奈何不得帝国主义、封建主义这两大破坏者。而奈何不得这两大破坏者，中国的生产方式就不可能有任何实质性的改变，中华民族伟大复兴的中国梦就永远像海市蜃楼一样可望而不可及。于是，革命——用暴力手段推翻帝国主义和封建主义的统治，就成为历史的必然。

进一步说，即使是近代中国的革命者，也没有一个先天地带有革命的基因，没有一个从呀呀学语起就吵嚷着要造反、要革命。革命之于他们，可以说是经过万般无奈以后的最终选择。

孙中山是中国革命的先行者，然而他的第一选择却是“以和平之手段、渐进之方法请愿于朝廷，俾倡行新政”，即在体制内解决问题。1894 年 6 月，他专程赴天津上书李鸿章，提出“人尽其才”、“地尽其利”、“物尽其用”、“货畅其流”、“启用新人”、“发展国防”六大带有资本主义性质的强国方略，被置之不理。迫不得已，孙中山才在同年 11 月组织兴中会，提出“驱除鞑虏，恢复中华，创立合众政府”的革命纲领。即使在投身革命以后，孙中山也是将矛头主要指向清王朝的封建统治，而对于帝国主义的破坏性则缺乏足够的认识，甚至一度真诚地以为，美国“主持人道”、法国“尊重主权”、英国“主持公理”。经历了帝国主义的一次次冷遇、欺骗和打击之后，孙中山才终于认识到：阻碍中国实现民族独立和国家富强的，不仅有封建主义，还有帝国主义，而后者是比前者更为强大的反革命势力，因而明确提出了“反帝国主义的革命纲领”。

中国共产党的早期领导人陈独秀，起初同样对帝国主义心存幻想。1918 年 11 月，第一次世界大战结束。1919 年 1 月，中国首次以战胜国的身份出现在巴黎和会的大厅。中国政府代表向会议提出废除外国在华势力范围、撤退外国驻军等七项要求和取消日本强加给中国的“二十一条”及换文的陈述书。巴黎和会召开之前，美国总统威尔逊发表“十四条宣言”，公开声明：“对殖民地之处置，须推心置腹，以绝对的公道为判断”。这样的许诺让中国人倍受鼓舞，北京的一些市民甚至涌向美国驻华使馆，发出“威尔逊总统万岁”的欢呼。陈独秀也撰文盛赞威尔逊为“现在世界上第一个好人”。然而，事情的结果竟然是：不仅中国的合理要求遭到和会拒绝，而且列强还决定把德国从中国山东夺取的特权转让给日本。巴黎和会给了中国什么？只是归还了八国联军侵入北京时被德国军队抢走的几件天文仪器。这无疑是对中国的恶意戏弄。无耻的强权，再次使中国人从“公理战胜”的迷梦中惊醒。此时的陈独秀也激愤地说：“什么公理，什么永久和平，什么威尔逊总统‘十四条宣言’，都成了一文不值的空话。”正是因为这样的沉痛教训，才使得他选择了俄国十月革命的道路。青年毛泽东也曾是一个和平主义者。1919 年 7 月，他在《湘江评论》的《创刊宣言》中提出，要向强权发起“忠告运动”，实行“呼声革命”、“无血革命”。直到 1920 年，他的认识才发生根本性的转变。同年 12 月 1 日，他在写给蔡和森等人的信中曾这样倾诉自己的心曲：“用平和的手段，谋全体的幸福”，“在真理上是赞成的，但在事实上认为做不到”。“俄国式的革命，是无可如何的山穷水尽诸路皆走不通了的一个变计，并不是有更好的方法弃而不采，单要采这个恐怖的方法。”①

中国共产党成立之初，其工作重点也是放在工农运动上，对于掌握革命武装则没有给予足够的重视。为此，革命者付出了惨重的代价。四一二反革命政变以后，短短 3 天的时间内，仅上海一地，据不完全统计，就有 300 多名共产党人和革命群众惨遭杀害，500 多人被捕，5000 多人失踪。“宁可错杀三千，绝不放过一个”的反革命暴力，教育并迫使中国共产党人和革命群众拿起了枪杆子。

当然，“革命不是请客吃饭，不是做文章，不是绘画绣花，不能那样雅致，那样从容不迫，文质彬彬，那样温良恭俭让。革命是暴动，是一个阶级推翻一个阶级的暴烈的行动。”② 这种强烈的社会震荡，必然要带来这样那样的破坏，但是就其本质方面来说，则是对于破坏者的破坏，为建设扫除障

① 《毛泽东书信选集》第 4—6 页，人民出版社 1983 年第 1 版。
② 《毛泽东选集》第 1 卷第 17 页，人民出版社 1991 年第 2 版。

碍的破坏，孕育着新生和希望的破坏。正如鲁迅所说：“革命有血，有污秽，但有婴孩”。如果我们只是指责革命的破坏而讳言反动暴力的破坏，而且拒不承认首先是因为有了反动暴力对于国家、民族的破坏才有革命对于反动暴力的破坏，这样的观点显然是违背史实、有失公正的。

革命者是热忱的建设者

早在20世纪初，针对改良派攻击革命“破坏一切”的谰言，孙中山指出：“革命之破坏与革命之建设必相辅而行，犹人之两足、鸟之双翼也。”纵观近代中国的革命者，几乎没有一个是为了破坏而革命，几乎都对建设怀有强烈的热情和殷切的期待。

洪仁玕在总理太平天国朝政期间，提出了一个系统的建设方案，并由洪秀全下旨刊刻颁布，这就是著名的《资政新篇》。这一方案提出，政治上制订法律、制度；经济上发展交通运输业，制造火车、轮船，兴办邮政，创立银行，发行纸币，鼓励民间开矿、办企业；文化上设立新闻官、新闻馆，兴办学校。尽管这个方案没有条件也没有时间实施，但是它足以表明：在太平天国后期，其领导集团有过按照西方资本主义模式建设富强中国的打算。

1912年民国成立，特别是南北和谈结束以后，革命党人大都认为革命已告结束，中国将迎来一个建设的时代。孙中山于1912年4月1日解职之后，更是在各种场合郑重宣告：从今以后，将专注于建设和民生问题，首先是他所倾心的铁路事业。为了实现10年内筹60亿元资金、修20万里铁路的设想，为了振兴中国的实业，孙中山奔波于大江南北、长城内外。所到之处，除考察、访问之外，就是宣传他的工业化主张。为了消除政治纷争，团结起来搞建设，孙中山明确表示“十年内不预政治”。同时，他还要求革命党人全力赞助民国政府和袁世凯，并且非常乐观地认为，“建设前途，于此望之矣”。革命党的主要军事领导人黄兴也辞去留守一职，遣散军队，对外宣布将“避政界和趋实业界”，并告诫同志：“吾党从前纯带一种破坏性质，以后当纯带一种建设性质。”即使是在革命失败、建设告吹以后，孙中山依然不曾忘怀于建设。1917年—1920年，他完成了著名的《建国方略》。这本书由《孙文学说》、《实业计划》、《民权初步》三部分组成，描绘了一幅工业化的资产阶级共和国的蓝图。在中国北部、中部、南部沿海各建一个大港，在长江上游建设三峡大坝，让火车开进西藏等等设想，就是在《实业计划》中提出的。

至于中国共产党人，则从来都不曾简单地将历史划为“破坏”与“建设”两个阶段，从来都是在破坏旧世界的同时努力地建设新世界。

土地革命时期，毛泽东亲自搞过调查的江西兴国县的长冈乡，就是“苏维埃工作的模范”。这里的政治建设、经济建设和文化建设都搞得热火朝天。政治建设上，建立了苏维埃政权的最高权力机关——代表会议。代表会议之下，还建立了检查制度、值日代表、常委会、代表领导居民等组织或制度。经济建设上，成立了模范耕田队、劳动互助社、犁牛合作社等组织，以最大限度地调动生产力，并且帮助红军家属和孤老家庭解决生产困难的问题。与此同时，还成立合作社，组织居民入股做生意。文化建设上，首先是抓教育：7—15 岁的孩子上列宁小学；16—45 岁的青壮年白天参加生产劳动，晚上上夜学。其次是抓文艺。全乡成立了 4 个俱乐部，每村一个，每个俱乐部里都有新戏。令人感到饶有兴味的是，1934 年 11 月，国民党军在攻占中央苏区宁都县以后，也搞了社会调查。调查发现，在成为苏区以前，全县仅有 15 所小学和一些私塾；成立苏区以后，“遍设列宁小学及俱乐部，尤以消灭文盲运动更为积极，每家悬挂一识字牌。”苏区建立前后发生的巨大变化，使国民党的调查者颇为感慨，认为共产党在文化教育方面的“办理精神足资仿效”。

1940 年 1 月，也就是在抗日战争还处于战略相持阶段的时候，毛泽东就以高远的科学预见描画了战乱中国的光辉未来。在《新民主主义论》中，他明确提出：“我们要建立一个新中国。”政治上，这是一个“无产阶级领导下的一切反帝反封建的人们联合专政的民主共和国”。其国体——各革命阶级联合专政，其政体——民主集中制。经济上，“走‘节制资本’和‘平均地权’的路”：大银行、大工业、大商业归全民所有，但不禁止“不能操控国民生计”的资本主义生产的发展；“扫除农村中的封建关系，把土地变为农民的私产”，实现“耕者有其田”。文化上，扫除帝国主义、封建主义的东西，同时吸收古代的和外国的优秀文化，并在新的社会实践中进行新的创造，从而建设起“民族的科学的大众的文化”。最后，他用诗一样的语言激励人们的创造热情：“新中国航船的桅顶已经冒出地平线了，我们应当拍掌欢迎它。”[①]

《新民主主义论》这一光辉文献，既是我们党对未来新中国光明前景的展望，也是对革命根据地建设实践的总结，又是指导我们党在此后建设解放区以至新中国的根本性指导方针。

政治上，当年抗日根据地实行的“三三制”，就是在特定历史条件下，将民主集中制落到实处的成功创造。所谓“三三制”，就是在抗日民族统一战线政权的人员分配上，共产党员占三分之一，非党的左派进步分子占三分之一，不左不右的中间派占有三分之一。其产生的方法，就是广大人民群众进行民主选举。美国记者冈瑟·斯坦曾用半年的时间对延安实施“三三制”民主政治的情况进行深入考察。嗣后，他感慨地写道：中国共产党“建立了一个对人民不构成沉重负担的，同时又勇于承担重大责任的行政机构，即一个从人民中产生，通过民主方式选举出来并向他们负责的政府”。经济上，从土地革命战争时期的打土豪、分田地开始，经过抗日战争时期的减租减息，到解放战争时期声势浩大的土地改革，中国共产党终于在中国历史上第一次实现了“耕者有其田”。文化上，中国共产党人和其他先进分子更是创造了前所未有的辉煌。马克思主义中国化的日益深入，诞生了指引中国走向光明的毛泽东思想；从红船精神、井冈山精神、长征精神、延安精神一直到西柏坡精神，中国共产党及其领导下的广大人民群众将民族精神和时代精神不断地升华到新的高峰；革命文艺工作者、进步文艺工作者和广大革命群众创作的大量优秀文艺作品，构成了一个令人叹为观止的璀璨星空。

这里还要特别介绍一下城市的保护和建设。解放战争时期，面对每一座将要解放的城市，中国共产党人都精心谋划怎样才能为日后的建设保存更多的物质、文化基础。为此，我们以最大努力促成北平的和平解放；为此，我们在解放上海时严令不得使用重型武器。当时，我第三野战军司令员兼政委陈毅幽默地说：解放上海就像在瓷器店里打老鼠，既要打到老鼠，又不能毁坏瓷器。而在解放每一座城市之后，我们更是以惊人的效率稳定社会秩序，保障居民生活，恢复、发展生产及各项社会事业。1949 年春，由张西曼、章伯钧、蔡廷锴等 59 人组成了一个“民主人士赴东北参观团”。在目睹沈

① 《毛泽东选集》第 2 卷第 663、677、678、706、709 页，人民出版社 1991 年第 2 版。

阳、长春、哈尔滨等10大城市及部分农村的管理、建设实践之后，参观团的成员一致认为：东北是一片充满希望的天地，“新生的朝气冲洗了旧社会的残渣，勤劳朴实的作风代替了过去的奢侈颓废的病态”；向来被看作一盘散沙的中国人民，已经被教育和组织成钢铁般的集体。他们坚信，在不久的将来，中国共产党领导的人民革命就会在全国取得胜利。

在推翻帝国主义、封建主义的反动统治，从而清除中国建设的最大障碍之后，中国共产党人和全国各族人民更是以踔厉风发的姿态投入建设新中国的壮阔进程。1949年9月，毛泽东在中国人民政协会议第一届会议上庄严宣告：“全国规模的经济建设工作业已摆在我们面前。”“如果我们的先人和我们自己能够渡过长期的极端艰难的岁月，战胜了强大的内外反动派，为什么不能在胜利以后建设一个繁荣昌盛的国家呢？”[①] 如今，一个独立自主、繁荣昌盛的中国已经傲然矗立在世界的东方；如今，“我们比历史上任何时期都更接近中华民族伟大复兴的目标”！有人说，“沿着1789——1871——1917的道路”，中国人民获得的“只能是大灾难和大倒退”。这种论点在举国上下同心逐梦的火热现实面前显得何等苍白，这种心理又与中国人民的豪迈情怀相去何远！

只有在新中国成立以来迅猛发展与旧中国艰难坎坷的比较中，我们才能够更全面、更深刻地领会近代革命对于国家、民族究竟意味着什么。正是摧枯拉朽的革命，洗雪了百年耻辱，争得了民族独立和人民解放，开辟了中华民族伟大复兴的广阔前景。

历史雄辩地证明：革命是建设的序曲，是历史前进的火车头，是照亮国家、民族前途的火炬，是人民告别苦难、驶向幸福彼岸的航船。

（作者单位：求是杂志社）

（原载《求是》2014年第17期）

---

① 《毛泽东文集》第5卷第345页，人民出版社1996年第1版。

否定革命就是否定中国近代史

——答求是网记者问

刘润为

反帝反封建是中国近代史的主线

问： 刘老师，您的《革命与破坏的考辨》（载求是杂志2014年第17期）一文，论证了近代中国革命的必然性，也表达了您肯定革命的学术立场。但是，近年来一些学者试图提出一种新的认识，认为“近代史不仅仅是三大革命（太平天国、义和团、辛亥革命）的历史，还应当包括洋务运动、戊戌变法等改良运动的历史”，即“两条线索”的中国近代史。进入新世纪以后，他们还特别提出，不能再把革命当作圣物。您对这种“告别革命”的观点持何看法？

答： 说到中国近代历史，其“历”上下109年；其“史”汗牛充栋、不可胜数。你的本事再大，也不可能一气吞下这么多东西。研究中国近代史，只能一条线索一条线索、一个专题一个专题地研究。这好比穿糖葫芦，这样一穿成了一串，那样一穿又成了一串。穿的串串越多，我们就越接近历史的全貌。所以说，研究中国近代史不是一条线索，也不是两条线索，而是N条线索。

不过，要注意两个问题：一是各条线索对历史进程的作用或影响是不一样的。这里有主次之分、本质方面与非本质方面之分，甚至还有一级本质与二级本质之分。显而易见的是，反帝反封建，也就是你们刚才提到的太平天国、义和团、辛亥革命这一条线索，才是中国近代史的本质方面，对中华民族伟大复兴产生根本性影响的方面。没有反帝反封建，中国就不可能获得民族独立和人民解放；而没有民族独立和人民解放，中华民族伟大复兴也就成了空中楼阁。多年来，史学界有人企图通过抬高蒋廷黻或“自铸伟词”来反对胡绳的《从鸦片战争到五四运动》（矛头所向还包括毛泽东的《中国革命和中国共产党》及范文澜的《中国近代史》）。胡绳的这本书有没有毛病？当然有，当然可以讨论、可以批评。比如说我，就不同意将义和团运动看成是一场革命，因为它没有比较完整、稳定的奋斗纲领和相对严密的统一性组织，准确地说，它是一场以农民和小手工业者为主体的自发的爱国主义运动。但是，如果连胡绳提出的一条红线（反帝反封建）和两个过程（帝国主义、封建主义将中国变成半殖民地半封建社会的过程，中国人民反帝反封建，争取民族独立、人民解放的过程）都一起反对掉，也就消解了中国近代史的本质方面，从而斩断了近代中国与当代中国的联系。

二是各条线索并非孤立的存在，而是相互交叉、相互渗透、相互转化的。比如说，你搞中国近代服饰史或礼仪史，就必然要碰到这样的问题：官员的补服为什么改成了中山装？跪拜、作揖为什么换成了鞠躬、握手？大人、老爷的称谓为什么被先生、同志所取代？研究这些问题，是绕不过辛亥革命的。再举一例，就是蒋廷黻的近代化线索。从这条线索研究中国近代史是很有意义的一件事。但是，这位蒋先生却认为，近代中国的根本问题只有一个，就是能否赶上西洋，实现近代化。而要赶上西洋，就不能反抗西洋。从这种妥协史观出发，他大胆假设，如果让林则徐再战，则必然失败，“败则中国会速和”，“维新或可提早二十年”；从这种妥协史观出发，九一八事变以后，他力主“为了对日和平不惜任何代价”，吹捧蒋介石的不抵抗政策，说“蒋先生为民族计忍受国人的非议和敌人的无礼，绝不轻言战，亦绝不放松民族近代化之推进。我们能从九一八到七七得着宝贝光阴的建设，这是蒋先生深谋远见的结果。”一直到 1965 年，他在临终遗嘱中，仍然将当年未能实现中日媾和引为终生的憾事，而此时此际已是中国人民抗日战争胜利后的第 20 个年头。“信念”固然执著得可爱，但是他的那一套东西符合近代中国的实际么？按照他的主张，旧中国能够实现近代化么？一条好端端的线索，就这样被蒋先生搞砸了，可惜呀！倘若不对反帝怀有偏见，循着这样一条线索沿波讨源，就一定会得出这样的结论：要实现中国近代化，就必须学习西方；而要学习西方，就必须反抗西方的侵略；不把西方的侵略势力赶出中国，就无法学习西方，当然也就不能实现近代化。你们看，中国近代史的本质方面，就是这样无处不在地影响着、主导着其他线索，躲也躲不开，逃也逃不掉。换一种说法就是：离开反帝反封建，其他的一切线索都无所附丽，因而也就从根本上消解了中国近代史。这就好比一个人，你把他的脊梁抽掉，将会变成什么样子呢？

至于你们说到的另一条线索，即洋务运动、戊戌变法的历史，当然也要研究，而且是具有重要价值的研究。在这条线索上，还可以再续上几个线段，如清末新政、民国宪政、第三条道路等等。但是，这些研究只要是沿着求实的方向前进，就会清晰地发现：在半殖民地半封建的旧中国，用平和的手段、改良的办法来达到救亡图强的目的是不可能的。这就从另一个角度揭示了反帝反封建的历史必然性。当然，如果你的动机就是要"告别革命"，消解反帝反封建的主线，那也只好悉听尊便，但以尴尬收官却不可以怨天尤人。

评价历史事件和历史人物的几个问题

问：现在国内正在掀起一股"重评历史人物"、"重评历史事件"的浪潮。像慈禧太后、李鸿章、袁世凯这样一些历史人物开始得到推崇，而太平天国、义和团、辛亥革命这些历史事件却越来越受到负面评价。您能帮我们厘清一下这种现象吗？

答：厘清不敢说，可以谈一点看法。史学界的这种思潮其实还是否定革命的产物或者说是另一种表现形式。

对于慈禧太后的评价，我认为关键在于她是否反对维新变法。为她辩护的人说，这位老佛爷是不反对变法的，怪也只能怪维新派策略失当，太冒失了，你看她后来不是还主动搞了清末新政吗？这种说法是经不住推敲的。不错，慈禧太后公开表态时并不反对变法，但那是迫于《马关条约》签订以后的压力。日本拿走台湾全岛和澎湖列岛，又外加 2. 315 亿两白银；两年后德国又霸占了胶州湾，搞得举国哗然、民怨沸腾。面对这种危局，即使再专制、再顽固的统治者也不能不有所顾忌。慈禧太后之所谓不反对变法，不过是平息民怨、摆脱危机的权变而已。其实，在怎样对付维新派的问题上，这位老佛爷早已成竹在胸。宣布变法后的第 4 天，即 1898 年 6 月 14 日，她罢免了帝党首领、光绪帝的老师，维新派在朝中最主要的支持者翁同龢。变法第5天，她又逼迫光绪帝连下三道圣谕，使她得以把持朝廷的人事任免权和京津地区的军政大权，为控制局势作了最关键的准备。变法推行之际，守旧派则纷纷上书，敦请慈禧太后垂帘听政，杀康、梁以谢天下。正是在守旧派磨刀霍霍的危急关头，才发生了谭嗣同密访袁世凯要求护驾的事。哪里是什么维新派的“冒失”才惹怒了老佛爷呢？当然，维新派出台变法举措是急了一些、集中了一些，但是不急、不集中又能怎样呢？变法尽管是体制内的改良，但毕竟要触动贵族及其他八旗人的利益。毋庸说更厉害的条款，单是取消旗人由国家供养这一条，在慈禧太后及其他贵族那里就通不过。镇压维新派以后，慈禧太后虽颁布了要继续改革的懿旨，但也是做样子的。该旨劈头写道：“国家制治保邦，纲常名教，亘古为昭。”时人孙宝瑄在《忘山庐日记》记载：有人问他，“政府已主张变法，所不变者惟心术耳……此何意耶?”他回答说：“心术者，即君权之代表也。彼惧怕变法而民权之说起，故以心术二字压倒之。”值得注意的是，孙宝瑄并非维新派，而且其父其兄其岳父均任清廷要职，他的话应当是客观的。

至于清末新政，更像是拿立宪派当猴耍的一场闹剧。1906年9月1日，清廷发布上谕，宣称“仿行宪政，大权统于朝廷，庶政公诸舆论，以立国家万年有道之基。”于是成立了内阁，但12个内阁成员中有9个是皇族大员。这叫什么？换汤不换药。立宪派不甘失败，组团赴京请愿、伏阙上书，但是一点用也没有。请愿代表“押解回籍”，继续抗争者发戍新疆。立宪派痛心疾首，发表《宣告全国书》，哀叹“新内阁如此，议员等一再呼号请命而不得，救亡之策穷矣!”

纵观慈禧太后掌政，不能说她一点国家民族意识也没有，但是在掂量国家民族与统治集团利益的时候，她绝对把统治集团放在第一位；在掂量统治集团中一般成员与皇族利益的时候，她绝对把皇族放在第一位；在掂量皇族成员与她自己利益的时候，她绝对将个人放在第一位。而这些利益，还多是眼前而非长远的东西。正是因为这样极端的自私、狭隘和僵化，使得她对中国进步的消极作用千万倍地大于积极作用。说她在中国近代史上乏善可陈，似乎并不为过。有人说，如果慈禧太后不死，又不发生什么革命，中国早就实现了近代化。这样的议论只能当作笑话听。

说到李鸿章，我们首先要肯定他对洋务运动的贡献。尽管洋务运动的初衷是维持清王朝风雨飘摇的统治，尽管洋务运动以失败告终，但它毕竟引进了西方的一些科技成果，培养了一批像詹天佑那样的留学生，兴建了若干工业企业。我的家乡唐山的开滦煤矿，就是从那时开采的。毛泽东说：讲重工业，不能忘了张之洞。余类推，我们也不能忘了李鸿章。但是，对于李鸿章评价的主要分歧，不在这个地方，而在他对外妥协的问题上。推崇李鸿章的人说，李鸿章的妥协是忍辱负重，应当给以体谅。有一部电视剧，把李鸿章在《马关条约》上签字的情节渲染得极为悲壮，俨然有担荷天下罪恶的释迦胸怀，这就未免太过虚张。

当然，我们并不一般地反对妥协。十月革命胜利以后，列宁曾与德国及其同盟签订过《布列斯特条约》。尽管搞了妥协，列宁非但没有受到诟病，反而威望飙升。原因何在呢？让我们以《布列斯特条约》和《马关条约》的签订做一番比较。先看签约前的局势。就苏维埃政权来说，沙俄因参加第一次世界大战而使俄国大伤元气，列宁接过来的是一个百孔千疮的乱摊子，亟须恢复、发展经济；革命虽然胜利，但是革命武装并未形成规模；新生政权岌岌可危，随时可能被国内反革命势力和14国反动武装颠覆。可见在当时的情况下，苏维埃政权不作出妥协必定是死路一条。就中国来说，大东沟一战，日本海军虽略占上风，但中国海军并未丧失再战能力，可是李鸿章一战胆寒，从此避敌保船，拱手让出了制海权，终至北洋水师覆灭。甲午战败后，中国国力羸弱不堪，日本也几乎到了灯油将尽的地步。但是，中国地大人多，尚有相当可以调动的资源；日本小国寡民，回旋余地不大。倘若咬紧牙关，举全国之力再战，胜算的天平大抵是向中国倾斜的。这也就是说，在当时的形势下，李鸿章是可以不妥协或者作出小退让的。再看妥协的目的。列宁是为了以空间换时间，巩固苏维埃政权；李鸿章则是为了苟且偷安，凑合一天是一天。从妥协的结果看，列宁达到了巩固苏维埃政权、最终战胜敌人的目的；李鸿章则引来了更大的瓜分狂潮。6年之后，中国又与11国签订丧权辱国的《辛丑条约》。同是妥协，列宁与李鸿章就是这样泾渭分明，怎能等量齐观呢？张謇在弹劾李鸿章时指出：李鸿章自任北洋大臣以来，凡遇外洋侵侮中国之事，无一不坚持和议。以四朝之元老，筹三省之海防，统胜兵精卒五十营，设机厂、学堂六七处，历时二十年之久，用财数千万之多，一旦有事，只能漫为大言，胁制朝野。曾无一端立于可战之地，以善可和之局。李鸿章非特败战，并且败和。应当说，张謇的评价是实事求是的。

李鸿章对外妥协，其实还有个人的目的。1896 年，也就是签订《马关条约》次年，李鸿章又与沙俄签订《中俄密约》，使俄国不费一枪一弹就把中国的东北纳入了自己的势力范围。其间，沙俄承诺给李鸿章三百万卢布（约合白银 210 万两）的酬金。沙皇冬宫档案资料表明，李鸿章至少拿到了其中的 170 多万卢布，因而被俄国人称为“最厚颜无耻地出卖民族利益的老手”。而此时的中国老百姓，却正在抽血抽髓，为《马关条约》那两亿多两白银买单，真个是“宰相合肥天下瘦”！截止李鸿章去世，李家来源不明的财产达白银四千万两之多。至于他算不算卖国贼，可以暂时搁置争议，相信后人比我们聪明，能够作出恰如其分的评价。现在我们完全有把握的，是把他作为丧权辱国的一个代表性人物。上世纪 80 年代，邓小平说：如果不能如期收回香港，我就是李鸿章！

说到推崇袁世凯的那些议论，多属强词夺理、漏洞百出、牵强附会之类，不值得我们在这里讨论。不过也有一个比较有迷惑性的论点，就是袁世凯重视建设，理由是在他当政期间民族经济发展较快。不错，在 20 世纪早期，中国的民族工业确实得到了前所未有的发展，但那是因为袁世凯领导得好吗？当然，我们不能说袁世凯没有搞过一点建设，但是把当时民族经济发展的功劳记在他的头上，则是不公平的。当时民族经济发展主要取决于两大因素。从外部环境来说，此时恰在第一次世界大战期间。帝国主义列强忙着打仗，从而放松了对中国的经济压迫，这就给中国民族经济发展腾出了一定的空间；从内部动力来说，则多是由于张謇、穆藕初、简照南、简玉阶、荣德生等一大批杰出实业家的艰苦奋斗。不错，袁世凯是经常将建设挂在嘴边的，在攻击革命党时也不忘给他们扣上一顶“有革命习惯无建设思想”的帽子，好像只有他才是一个建设型的领导者。其实，他所处心积虑的是如何翦灭革命党人、自己当皇帝。建设与他的这一“工作重心”相比，则不知道要轻多少倍。也许有为自己塑造建设形象的考虑，他曾任命著名实业家张謇为内阁的农商总长。在两年的任期内，为发展民族实业，张謇殚精竭虑、呕心沥血，起草了 20 余种法令、条例，制定了一套完整的实业发展计划，但是在袁世凯的领导下，这一切都成了一纸空文。建设无望，张謇只好自炒鱿鱼。他在辞呈里不无心酸地说：“是謇就职时之设计已穷，日在官署画诺纸尾……国民实业前途，茫无方向”。如果袁世凯真是一个建设型的领导者，张謇会一筹莫展、无所作为么？

在今天，骂太平天国、义和团和辛亥革命的都不少，但比较而言，太平天国和义和团挨骂更多，所以我想谈一下太平天国和义和团的评价问题。

4年前，我去过洪秀全的故乡——广州市花都区的官禄。那里陈列着一首当时的民谣：“官禄，官禄，食粥送薯茨（音：芋）。苍蝇咬粒饭，追到新街渡。”老百姓穷到这个份上，能不造反么？太平天国有没有问题？问题多得很。前期纲领超越现实，后期涣散、内讧、腐败，如此等等，但是他们坚决反对清王朝的反动统治，坚决反对帝国主义的侵略。公平地说，后者才是太平天国的本质方面。

为了说明问题，需要介绍一个史实。你们知道，拜上帝会是经过太平军改造的基督教组织，或者叫太平军特色的基督教组织。信仰的同一性，让西方列强以为太平军可以成为他们一伙的人。因此，当初他们是支持太平军打倒清王朝的。英国官方媒体《北华捷报》在1854年1月7日的社论中热情地说：“我们把他（按：指洪秀全）看作是以快速步伐推进中国真正开放的动力，他能促进与西方世界的联系，我们相信在他的更开明的统治下，我们的商人将能迅速摆脱目前的困难，赢得自由、互惠、清白无瑕的贸易的一切好处。”但是经过一段时间，他们发觉这个如意算盘打得不对。太平军不仅反对清政府，也反对他们侵略中国。1860年，他们与清政府签订《北京条约》，从而在中国获得很多特权，可是在太平军的根据地内，这些特权都不算数。太平军不但不与他们进行鸦片这个“清白无瑕的贸易”，而且还焚烧鸦片。于是他们便转而支持清政府镇压太平军。以前夸奖太平军的《北华捷报》，又开始大骂太平军是“打家劫舍”的“盗匪”，并且扬言：“为了尽快结束这长期不止的动乱，无论采取什么手段几乎都无人计较，因为叛乱正在使贸易受到损害。”美国专员列卫廉则向华盛顿报告：“一度认为有巨大影响的叛乱，现在却被视作应予结束的有害的灾变。对帝国政府应予支持。”从此，他们不但为清政府提供洋枪、洋炮和洋钱，而且还直接组织雇佣兵去杀太平军。我们不难推想，如果太平军仅仅是为了个人富贵，他们完全可以与列强沆瀣一气；而与列强沆瀣一气，即使自身有再多的毛病，也能够取代清王朝的统治。但是他们心里有国家、有民族，这就是值得我们肯定、尊敬之处。太平天国作为中国近代史上空前的农民革命，沉重地打击了帝国主义和封建主义的统治，有力推进了中国人民争取民族独立、人民解放的进程。这一历史的功勋，不是几个文人的口水就能湮灭的。

谈到义和团（包括红灯照等），我的话可能更多一些。我上小学六年级的时候，历史课本上印的那面义和团团旗，就是唐山市遵化县（当时叫州）的。旗虽残破，但字迹清晰可辨。我们那个村，当时参加义和团的人也不少，我爷爷就是义和团员。童年时期，我经常听祖辈、父辈（父辈多属转述）讲义和团的故事。其中正面的、负面的都有。我的一位未出五服的大伯（年龄和我爷爷差不多），叫刘锡珍，就是当地义和团的首领，自称练就了刀枪不入的本事。他的二叔不信，说这是骗人的，大伯说是真的。他二叔说，那咱们就试一试。这位大伯被逼到这个份上，只好硬着头皮允诺。于是他二叔拿起一杆鸟枪，装了几粒铁砂，拉开不至于致命的距离，朝他的后背开火，结果有两粒铁砂嵌入大伯的后背。这是一个负面的故事。当然，更多的是正面的故事，他们视死如归，手持原始武器抗击侵略者的故事。当时参加义和团的，不只是贫苦农民和小手工业者，也有一些富家子弟甚至下层官吏。我爷爷和前面说到的那位大伯，都是大地主家的少爷。他们参加义和团不是为了混一碗饭吃或趁机捞点什么，只是因为不能忍受洋人在中国的土地上横行霸道。

“还我江山还我权，刀山火海爷敢钻。”这就是义和团的精神，这就是义和团的气概！1900 年 6 月，英国海军大将西摩率领八国联军 2000 多人，由天津进犯北京。义和团员手持大刀、长矛，在落垡、廊坊等地与侵略军展开激战。面对敌人的枪林弹雨，义和团的勇士们面无惧色，奋勇地向他们发起冲锋。一位勇士甚至逼近联军副统帅麦卡加拉，用长矛向他猛刺过去，结果壮烈地倒在麦卡加拉的手枪之下。此次交锋，敌军死伤近 300 人，不得不狼狈逃回天津。

正是他们的英勇斗争，沉重打击了帝国主义的侵略势力，显示了中华民族有同自己的敌人血战到底的气概，有在自力更生的基础上光复旧物的决心，有自立于世界民族之林的能力。时人林鹤年先生在为《红灯照》所写的序中说：“天生忠义，成此国殇。二十二行省得此番小儿女一振疲癃，不特寒众国之心，且壮中原之气。”八国联军统帅瓦德西在给德皇威廉二世的报告中说："皇上诚然有瓜分中国的思想"，可是"彼等在实际上尚含无限蓬勃的生气"，"可于此次'拳民运动'中见之"，"故瓜分一策，实为下策"。英国老牌的殖民者、中国通赫德，更是透过义和团运动看到了中国的未来。他说："义和团运动是为使中国强盛的爱国主义运动，是一个将要发生变革的世纪的序曲，是远东未来历史的主调：公元2000年的中国将大大不同于1900年的中国。无论如何，外国人决不可能期望永远保持他们的治外法权地位以及中国被迫让与的种种通商条件。终有一天，外国人在中国国土上为所欲为地发号施令必须停止"。特别值得一提的是，美国著名作家马克·吐温也旗帜鲜明地站在义和团一边。他在演讲中说："洋人们在中国只是惹是生非，中国为什么不应摆脱他们？我无论何时都站在义和团一边。我祝愿它成功。我也是一个义和团员。"

你们听了这四个人的评价，就会知道，那些把义和团骂得一无是处的人，其认识水平和求实态度连古人、洋人都不如，甚至连殖民者、侵略者都不如。当然，我们必须如实地承认，义和团确有迷信、愚昧、简单排外等等以小生产为特征的历史局限性，但是如果因此而对他们作出否定的评价，甚至进行无端的指责和辱骂，则无论如何不能说是公正的，也是至今仍在享受民族独立成果的中国人民在感情上难以接受的。

保卫革命就是保卫未来

问：在文章最后部分，您提到"1789—1871—1917的道路"这样一个命题。我们都知道，这些年份都是世界近现代史上的重要节点，可否请您解释一下这条道路及其意义？为什么有些人会认为"沿着这条道路，中国人民获得的'只能是大灾难和大倒退'"？

答：你们说得很对。这些年份分别指代世界近现代史上的重大事件、影响人类历史进程的重大事件。1789，指法国大革命；1871，指法国巴黎公社；1917，指俄国十月革命。这是一条人类进步的路线。法国大革命尽管流血很多，但是它"反映了当时整个世界的要求"（马克思语）。巴黎公社尽管以失败告终，但它毕竟是人类建立人民民主、共同富裕的美好社会的第一次尝试，因而"公社的原则是永存的"（同上）。十月革命尽管也付出代价，但是第一次将巴黎公社的基本原则落到了实处，从而开辟了人类历史的新纪元。我们都知道黑格尔，他用绝对精神的七拐八拐论证了普鲁士的封建专制是人类最完美的社会制度（就像福山以前坚持的历史终结论一样），因而被称为保守主义哲学家。但是，他又是怎样看待法国大革命的呢？他说那是“一次壮丽的日出”，而且这一立场始终不渝。老年黑格尔针对诬蔑法国大革命是破坏的论调，明确指出：“这个（启蒙哲学的）否定方面以破坏的方式对待了本身已经破坏了的东西……他们攻击的是什么国家？是大臣和他们的宠姬仆妇的最盲目的统治”。1820 年，为纪念法国大革命，他特邀好友到家中相聚。席间，他深情地说：“今天是 7 月 14 日。为攻破巴士底狱干掉这一杯！”俄罗斯著名学者和作家季诺维耶夫，早在青年时代就和几个同学策划暗杀斯大林，后来一直反对十月革命、反对苏维埃制度，因此而被迫流落海外。但是在目睹苏东剧变给祖国和人民带来的灾难性后果以后，他从苏维埃制度的激烈批判者变成了苏维埃制度的坚定捍卫者。1994 年，他在米兰的一次学术会议上坦言：“我写了 30 本反对共产主义的书，但是假如我知道这一切会有这样的结果，我就永远不会去写这些书。”1997 年，他在《文学报》上撰文，明确表示：“我接受整个十月革命和它的产物——共产主义社会。这也是我的革命，这也是我的社会。”一个近代的保守主义者，一个当代的“反革命”，都能或早或晚对革命作出公正的评价，何以今天中国的某些人却偏要把革命说成是“大灾难和大倒退”呢？这绝不是学风、认识、视野的问题，而是出于一种政治上的动机。

毛泽东在《中国人民英雄纪念碑碑文》中写道：“由此上溯到一千八百四十年，从那时起，为了反对内外敌人，争取民族独立和人民自由幸福，在历次斗争中牺牲的人民英雄们永垂不朽！”他又在《贺新郎·读史》中写道：“盗跖庄蹻流誉后，更陈王奋起挥黄钺。歌未竟，东方白。”所有这些都告诉我们：不管古今中外，凡是革命，都有着牵一发而动全身的内在联系，肯定了这个就必然要肯定那个，否定了这个就必然要否定那个。这个道理不仅共产党人明白，那些搞所谓宪政改革的人同样明白。否定太平天国、辛亥革命也好，否定法国大革命、巴黎公社、十月革命也好，其目的都在于否定中国的新民主主义革命。否定了新民主主义革命，中国共产党的领导地位、中国的人民民主政权和社会主义道路就失去了历史依据。这样一来，所谓宪政派就能振振有词地要求共产党下台，实行多党制；让全国人民代表大会和全国政治协商会议解散，实行西方的两院议会制；让中国特色社会主义靠边，代之以依附式的资本主义。这就是他们否定革命的用意所在。如果他们的图谋得逞，那才真正是中国的“大灾难和大倒退”，又何谈实现中华民族伟大复兴的中国梦？正所谓“灭人之国，必先去其史”啊！所以，我们说，保卫革命就是保卫新中国，就是保卫中国人民的福祉，就是保卫中华民族的光明未来。

历史虚无主义泛滥的根源

问：自新中国成立直到改革开放初期，“革命”一词都站在中国主流话语体系的制高点，代表着正面的力量；但进入新时期以来，“革命”却越来越多地同“激进”、“极左”等概念相联系，以至出现彻底否定革命的倾向，有人说今天已经把革命驱逐到了话语体系的边缘地带。这是什么原因？

答：新中国成立以后，“革命”的确是一个好词、一个热词。那个时候，几乎没有人肯于承认自己是不革命的，更罕见有人像今天这样公开否定革命、谮毁革命、咒骂革命。我给你们讲一个故事，那是我上高小的时候，亲见一位不识字的农民问我的老师：“岳老师，你有文化，你给我说一说革命到底是啥?”我的老师是一位人情练达的人。他大概知道，向一位不识字的农民讲理论是不应该的。于是，他略作思忖之后说：“革命就是好哇!”那位农民听后，高兴得几乎要跳起来，竖起大拇指连声说：“岳老师这个！岳老师这个！谁也没有把革命给我说得这样透亮。革命打跑了小日本，革命分房子、分地，还让我娶上媳妇。革命可不就是好哇!”我讲这个故事是想说明两个问题：一是那时距离革命的时间还近，广大人民群众尚能清晰地记得革命给自己带来的实际利益；二是当时认同革命的广度和深度，连普通的讲不出任何理论的农民都打心眼里拥护革命，可见革命之深入人心。

革命受到公开的责难，起自上世纪70年代末，以后则有愈演愈烈的态势，甚至发展到某些主流媒体为这样的言论提供传播平台的地步。但是，说否定革命是今天的主流话语，则未免夸大其词。其实，否定革命的主要市场在精英圈子。这个圈子包括一些人文学科的教师、学者，一些党政干部，一些散落在内企、外企的“白领”，还有一些不知道从哪里讨生活的自由知识分子。这些人加起来，即使作最大胆的估计，也超不出中国总人口的1%。

他们有1300万人么？我看没有。而另外那99%的人则是不认同他们的说教的。比如大骂中国革命和毛泽东的言论，如果给工人、农民去讲，他们肯定不买账，十有八九还要被轰下台去。这样的事件已经发生过不止一次。他们就那么一点人，即使再能折腾，搞出再大的动静，也只是泰山上的一铲土。区区一铲土，怎能和泰山相比呢？

不过，我们绝不能因此而对这种思潮放松警惕。古人说："蝼蚁之穴，溃堤万里。"在常态环境下，在江流平缓时，一个小小的蚂蚁窝成不了多大的气候，但是在洪水来临又疏导不当时，那个蚂蚁窝就有可能制造大灾难。因此，我们对这样一群蚂蚁又不可等闲视之。

否定革命的思潮在精英阶层泛滥，有其复杂的原因，不是一个访谈就可以说清楚的。在这里，我只能撮其大要。

其一是极左倾向的影响。有些人以"革命"之名行极左之实，结果让革命这个好东西受到了玷污，就像李鬼让李逵蒙垢一样。在这方面，我的体会也是很深的。1970年，我姐姐从北大无线电系毕业。原定她是留校的，而且已经宣布了名单，但是等政审外调的老师回来之后，却宣布让她到北大653分校（地点在汉中市）附近的一个农村去劳动锻炼。其原因是政审不合格：姥爷是混进革命队伍的富农分子，舅舅是潜藏党内的日本特务。这在当时确实给姐姐造成了极大的精神伤害。姐姐并非鄙视劳动，而是调整分配去向的理由让她难以接受。当然，姥爷和舅舅的问题先后在1972年和1973年平反，这是后话。

其二是苏东剧变的消极影响。国内某些糊涂的人受到这种影响也开始怀疑革命，而某些另有图谋的人则大受鼓舞，以为机会来了，可以大干一场了。那时，就有西部的一个作家写了一部长篇小说，揶揄法国大革命、巴黎公社和十月革命，控诉中国共产党领导的人民革命剥夺了他家的"贵族"地位和生活。

其三是西方敌对势力对我加紧实施其西化、分化战略。这种战略又可以分为三个招数。第一招是外部的意识形态攻势，向我抛售什么历史虚无主义、"普世价值"、新自由主义、宪政民主那一套东西。你们可以估算一下，光出自海外的攻击中国革命的出版物就有多少种？在这些出版物中，又有多少内容经得起事实检验呢？第二招是派人打进来。这些受命打进来的人，大多披着客座教授、访问学者、公司高管之类的光鲜外衣。然后，西方又出钱把他们包装成意见领袖、网络大V之类。这样一来，这些人就既是成功人士又是名人，因而很容易俘获某些企盼成功又天真烂漫的青年的心。第三招是花钱买奴才。可悲的是，我们国内就有那么一些没出息、不长进的人，不顾国格人格，为了那么一点蝇头微利、蜗角虚名而甘当西方霸权的“牛马走”。这些人分布于经济、政治、法律、历史、教育、新闻、文艺等各个领域，为数不多，但由于有西方敌对势力和国内某种社会力量的支持，能量却不可小觑。

其四是党内的原因。有的领导干部过分爱惜自己的羽毛，乡愿作风严重，老想着两边讨好、四处结缘、八面玲珑，以塑造自己的开明形象。更有甚者，则走上了纵容、支持错误思潮的道路。上世纪80年代两个总书记先后栽跟头，就是深刻的教训。上头有人纵容、支持，那历史虚无主义能不闹得欢吗？党的十八大以后，以习近平同志为总书记的党中央坚决抵制历史虚无主义及其他形形色色的错误思潮，明确强调新民主主义革命的胜利成果决不能丢失，社会主义革命和建设的成就决不能否定，改革开放和社会主义现代化建设的方向决不能动摇。中央的这一明确态度，大刹了错误思潮的气焰。今年春节前夕，我参加一个会。会议主持者请那位“吐痰”经济学家发言。我原以为他又要夸夸其谈一番，殊不料他只说了一句话：“快过年了，我们说话小心点儿。”很明显，他已感到了压力。

至于把革命同激进、极左等概念相联系，这是往革命的头上泼脏水——历史虚无主义惯用的伎俩。其实，这两个概念与革命之间连半毛钱的关系也没有。相反，正是因为中国共产党坚持不懈地反对极左倾向和激进主义，才领导人民革命从胜利走向更大的胜利。

把坏事变成好事

问：您的文章直指历史虚无主义思潮。历史虚无主义不仅给党和国家造成极大危害，甚至试图动摇中华文明的根基。您能否提几点希望和建议，使我们的舆论阵地建设更加有力？

答：多年来，糟蹋本民族的历史，早已不仅仅是指向老一辈无产阶级革命家、中国共产党和新民主主义革命，就是古代的优秀人物也难逃口诛笔伐。如说屈原是一个花下死的风流鬼，岳飞是千古罪人，如此等等，不一而足。总之，只要中华民族有了一位值得我们骄傲的人物，他们便要把他涂黑、矮化或者妖魔化。更有甚者，竟然说中华民族是犹太人的移民，根本没有自己的起源。综观世界，哪个民族能有这样糟蹋自己历史的现象？又有哪个国家能够容忍这样糟蹋自己的历史？如果这种现象持续泛滥，人家会笑话我们，瞧不起我们。我们不能忘记郁达夫的警世之言："没有伟大人物出现的民族，是世界上最可怜的生物之群；有了伟大人物出现而不知崇敬爱戴的国家，则是没有希望的奴隶之邦！"

不过，坏事也可以变成好事。在上世纪五六十年代，小学、中学的历史教科书对重大历史事件、重要历史人物的结论基本正确，但由于课时有限，不可能写得详细，且某些结论有绝对化的不足。在这种教育环境、社会环境中成长起来的绝大多数人，包括非历史专业的知识分子在内，所得历史知识差不多都来自教育和与这种教育保持一致的各种读物。随着岁月流逝，对于所学历史只记得结论和大致梗概，便是不可避免的事。然而，人们不曾逆料，若干年过去，"标新立异"的来了。他说原来的那些结论不对，甚至完全相反。你没有充分占有这些方面的资料，是听他们的呢还是相信过去的结论呢，于是迷惘、彷徨、动摇甚至跟着跑便在所难免。社会心理越是发生这样的波动，他们就越加放肆，以至汹汹嗷嗷，大有舀干四海、踏平五岳之势。既然他们挑战，我们就得应战。不管多么耗时费力，我们也要扎进故纸堆里，耐心地去寻找历史的真相，给当下和未来一个负责任的交代；不管因袭的思维惯性多大，我们也要解放思想、补阙拾遗，完善原来不完善的结论，把历史唯物主义的原则贯彻到底。这方面的工作做好了，历史唯物主义的各个结论就等于浴火重生，变得更加牢不可破。用它来教育青年、掌握群众，也就更加富有说服力。你们说，这是不是坏事变成了好事？

当然，对历史虚无主义的消解进行反消解，光靠史学研究还不够，必须调动多方面的相关资源，形成全社会齐抓共管的态势。这里，只想谈一些我感触较深的方面。

一、必须坚持舆论导向和利益导向相结合。在兜售历史虚无主义的人群中，除别有图谋者外，还有一些跟着起哄的青年。他们为什么要跟着历史虚无主义跑呢？就是因为那里边有实惠，往往可以轻轻松松地落得个名利双收。在某卫视的一个娱乐节目上，就有一个中学历史教师宣称："我要做一个袁腾飞老师那样的了不起的人物。"这种现象在社会心理学上叫作比照效应。当务之急是必须从根本上扭转这种消极效应，让正派学者吃香，让造谣生事者风光不再。

二、将上述一项延伸下来，就必须强调"学术无禁区，爱国有底线"。史学研究是一个汪洋大海，它不容忍任何形式的垄断和霸权。必须坚持"双百方针"，必须鼓励大胆创新，必须营造自由宽松的学术环境。但是，学术自由不等于无政府主义的自专，不能背离学术规范，不能背离尊重历史的科学精神，不能背离爱国主义的基本立场。目前，世界上有很多国家都在对待历史的问题上出台了法律、法令或法规。2009 年，俄罗斯联邦总统签署第 549 号总统令，成立反击篡改历史、损害俄罗斯利益委员会，负责协调有关方面，共同应对虚无民族历史、损害国家利益的行为。2014 年，俄罗斯正式出台法律，把否认纳粹二战罪行和歪曲苏联二战角色认定为违法行为，违法者将面临 5 年以下监禁或 50 万卢布（约合 1.4 万美元）以下罚款的惩治。当然，各国的国情有所不同，我们不一定要让篡改历史的人去坐班房，但是相应的法规和纪律是绝对必要的。起码我们应当做到：在党内，不允许存在特殊资格的党员（不管他资历多老），不允许他们恶搞我们党的历史、损害党的形象；在教育、文化领域，不给篡改中国历史特别是革命历史，损害国家利益的所谓教师、学者提供讲台和其他传播平台。这样坚持下去，就能在三五年内有效地净化学术环境，激发积极健康的创新活力，而绝不会阻碍文化的繁荣。在当今的法国，由于各方面保障得力，极少发生抹黑本国历史的现象，但是那里的历史研究和历史题材的文艺创作不是都很活跃么？要知道，恶搞绝不是繁荣，而是变态或病态。

三、必须遵循经济基础与上层建筑统一的规律。工夫有时候是在"诗外"的。意识形态领域的工作要靠经济基础来支撑和保障。分配不公，基尼系数过大，人民群众就会对我们有意见，从而给历史虚无主义留下口实和空子。必须毫不动摇地坚持以公有制为主体、多种所有制经济共同发展的基本经济制度，不折不扣地贯彻公平正义的原则，诚心诚意地走共同富裕的道路。有了这个基础，我们说话就底气壮、有人听，就能掌握思想斗争的主动权，而历史虚无主义的日子就会变得一天比一天难过。

四、必须有长期斗争的准备。鲁迅说得好："战斗正未有穷期，老谱将不断袭用"。例如，早在20世纪初，改良派就攻击革命是破坏，只能导致"血流成河"、"亡国灭种"。今日那些诋毁革命的论调有什么新的东西么？没有，不过拾前人牙慧而已。可以肯定，100年以后也还会有历史虚无主义。但是，中国历史的光辉不可遮蔽，中华民族伟大复兴的潮流不可阻挡。站在未来的制高点回望1840年以来的中国历史，必定是从苦难走向新生，从新生走向辉煌的壮美画卷。

（作者单位：求是杂志社）

（原载《求是网》2014年9月10日）

怎样认识近代中国人民的反侵略斗争？

宋小庆　马执斌

一

那是一段屈辱的历史，一份永久的伤痛。

近代百年，英、法、日、美、俄等列强先后对中国发动了大小数百次侵略战争，致使国都三次沦陷。其中，大规模的战争有：1840—1842 年的鸦片战争，1856—1860 年的第二次鸦片战争，1883—1885 年的中法战争，1894—1895 年的中日甲午战争，1900—1901 年的八国联军侵华战争，1931—1945 年的日本侵华战争。侵华战争的参与国之多，历时之长，频率之高，危害之重，世界罕见。通过战争和武力威胁，列强割走香港、台湾，“租借”澳门，侵夺、蚕食了大片国土。仅仅百年，便有 181 万平方公里的领土被侵占，分别相当于 3 个法国、5 个德国、7 个英国的面积。其间，中国与外国先后签订了 1100 多项条约、章程，其中大部分是帝国主义迫使中国接受的不平等条约，内容涉及政治、军事、经济、司法、文化教育各个方面。正像第二次鸦片战争时英军全权专使额尔金谈到《天津条约》时说的那样，这些条约是“用手枪抵在咽喉上逼勒而成的”。甲午战争后，日本勒索赔款和赎辽费 2.3 亿两白银，相当于清廷年收入的 3 倍，日本年收入的 4.5 倍。1901 年签订的《辛丑条约》规定，中国须付赔款 4.5 亿两，加上利息以及各省的地方赔款，合计白银 10 亿两，至少相当于清政府 12 年财政收入的总和。世界上还有哪个国家像中国这样，遭受过如此频繁、惨重的战争伤害？又有哪个国家在支付了自己年收入 3 倍乃至 12 倍的赔款后，还能指望得到发展？“凄凉读尽支那史，几个男儿非马牛！”[①] 国家一旦失去主权，人民的生命与尊严也就没有了保障。

英军血洗定海、镇江，日军对旅顺屠城，俄军在海兰泡和江东六十四屯的赶尽杀绝，沙基惨案、五卅惨案、济南惨案，以及那惨绝人寰的南京大屠杀……可以说，为摧毁中国人民的反抗意志，侵略者进行了最为野蛮的持续杀戮。“东亚病夫”，这就是洋人眼里的中国人形象；“猪仔”，这就是对被骗卖到海外华侨的蔑称！爱国诗人丘逢甲曾经愤怒地指出：“英之在香港，以狗与华人并论；俄之在旅大，则人与牛马同税”。在旧上海外滩公园，则设立“华人与狗不得入内”的告示牌。在殖民者眼中，中国人就是牛马猪狗，甚至不如，否则，怎么可能使出扫射、枪刺、挖心等高达170余种的虐杀手法？亡国灭种的危险迫在眉睫，古老的华夏文明濒临灭亡的边缘。英法军队对圆明园劫掠后的焚毁，八国联军对五代帝都北京的洗劫，西北流沙古道上“探险家”们对文物的盗骗……据不完全统计，全球47个国家和地区的200多个博物馆中藏有中国的珍贵文物不下百万件。公开的劫掠伴之以无形的摧残。殖民者借助传教、办学、出版等方式，传播奴化思想，消解民族精神。圣约翰大学校长卜舫济声称：“我们的学校就是设在中国的西点军校”，要训练中国“未来的领袖和司令官”。日军“笔部队”成员更是公开叫嚣：“军人用刀剑来刺支那人，我们文化人就是要用笔把他们的灵魂挖出来。”正是在刀剑的威逼下，沦陷区人民被剥夺了学习母语的权利，被迫接受“皇民化”教育。

侵略者在血腥征服的同时，还要装扮成文明进步的化身。这里要提到福泽谕吉，日本近代第一位军国主义理论家，其肖像一直印在日本最大面额的万元纸币上。甲午战争期间，他发表《日清战争是文明与野蛮的战争》一文，声称日军是为中国的“文明开化”而战，为中国四百余州“迎来文明日新的曙光”。中国人“应当向文明的引导者日本国三叩九拜，感谢其恩。”尔后，他又发表文章，鼓吹日军必须加紧进攻中国，“蹂躏（蹂躏一词是福泽在原文中直接使用的汉字词汇——引者注）四百余州，加快其亡国的机会。”

“文明”、“蹂躏”、“亡国”——应该“感谢”福泽谕吉，能将问题讲得

① 邹容：《有感》。

如此直白。在侵略过程中，殖民主义者确曾在中国修铁路、开矿山、办企业、设学校，进行了许多似乎“文明”的“建设”；中国人出于救亡的需要和对文明的期盼，也曾长期以西方为师，开启并努力推动中国的现代化进程。然而同为“建设”，二者的性质、作用和历史命运却有着根本的不同。马克思在论及英国对印度的殖民统治时指出：“在印度人自己还没有强大到能够完全摆脱英国的枷锁以前，印度人是不会收获到不列颠资产阶级在他们中间播下的新的社会因素所结的果实的”；“英国资产阶级将被迫在印度实行的一切，既不会使人民群众得到解放，也不会根本改善他们的社会状况，因为这两者不仅仅决定于生产力的发展，而且还决定于生产力是否归人民所有。”①

关键就在这里。中国人是那么渴望着文明进步。然而，我们对文明进步的追求，却总是不可避免地与西方在华的所谓文明事业的拓展，即殖民化的加深形成尖锐冲突。当中国资产阶级自觉地为现代化而斗争的时候，西方列强主导的资本主义世界体系已基本形成，该体系的发展是以对世界广大地区的殖民为基础，以这些地区的停滞或扭曲的发展为代价的。半殖民地半封建的中国，一旦成为独立的现代化资本主义大国，列强不仅将失去一个提供廉价原料和劳动力的产地，一个倾销商品的庞大市场，而且还要面对一个难以对付的竞争对手。这是它们无法容忍的。20 世纪初，美国总统顾问亨利·亚当姆斯以西方文明代言人的口吻说过这样一段话：为保障列强国内的经济秩序和安全，“必须征服亚洲”，“决不能容许中国和亚洲实现工业化和政治上的独立”，“如果容许中国和亚洲独立自主地开发自己的资源”，“如果容许在太平洋彼岸……以无尽藏的黄河流域的生产资料为供应的民族工业的体系成功地组织起来，对西方文明来说，将是不可思议的罪行。”② 后来，妄图独霸中国的日本，更公然提出“工业日本”、“农业中国”的“理想”安排。事实清楚不过地表明：殖民化没有带来文明的福音，而是将中国逼入沦亡的深渊。就经济而言，相对于始终占据绝对优势、控制了中国财政经济命脉的外国资本，中华民族资本主义的发展是那样艰难缓慢。从鸦片战争到 1949

---

① 《马克思恩格斯选集》第 2 版第 1 卷第 771—772 页。

② 卿斯美：《辛亥革命时期列强对华政策初探》，《纪念辛亥革命七十周年学术讨论会论文集》中册第 1336 页，中华书局 1983 年版。

年的109年里，中国仅仅积累了17%的近代工业。[①] 20世纪30年代，上海纱厂的资本家们已开始呼号："中国纱厂的唯一致命伤，在于帝国主义对中国的压迫。"在政治方面，近代中国所有抗拒民主的政治势力，无论是晚清统治集团、北洋军阀，还是国民党统治时期的各大派系，无不得到一个甚至数个国家的支持。而那些真诚追求西方民主的人们，不仅始终没有得到来自西方的真心、有效的帮助，相反，却被迫一次次面对列强与统治阶级的联手打压。由此，孙中山才萌发了"打倒欧美霸道文化"的思想，最终形成明确的反帝主张。正是西方列强的疯狂侵略，迫使人们全面认识西方文明，进一步看清它的本质。20世纪初，中国的知识界开始提出并比较普遍地运用"帝国主义"这个概念，认识到它是"假文明之面，行野蛮之实"。到三四十年代，反帝成为中国人——包括教育、科技、实业、各党派乃至广大民众在内的广泛共识。这绝不是因为某种意识形态的影响，而是为严酷的现实所教育。对所有关注祖国的生存发展、渴望文明进步的中国人来说，反帝已成为首要的历史任务。

列宁指出，当资本主义唤醒亚洲，并在那里到处激起民族运动之后，所谓文明、进步的欧洲资产阶级为了自身的利益，便与落后反动的中世纪势力结盟，不惜采用一切野蛮、残暴的手段，扼杀着落后国家摆脱落后、追求文明的努力。由此，他提出了一个看似不合情理，实际却包含着"辛辣的真理"的辩证命题——落后的欧洲和先进的亚洲！

二

"落后者是要挨打的"，这是1931年斯大林在一次演说中提出的命题。他指出："打落后者，打弱者，——这已经成了剥削者的规律。这就是资本主义弱肉强食的规律。"[②] 据此，斯大林要求加速发展，尽快使苏联摆脱落后挨打的状态。

强调落后就要挨打，既可以警醒落后者，使之勇追先进，又能让先进者永不满足，时刻保持忧患意识。但如果将该命题简单化、绝对化，引申为落

① 黄逸峰等著：《旧中国民族资产阶级》第632页，江苏古籍出版社1990年版。

② 《斯大林全集》第13卷第37页，人民出版社1956年版。

后只能挨打，以此否定近代中国人民的反侵略斗争，则失之毫厘，谬以千里。近代主和派如曾国藩、李鸿章等，总以力不如人为其消极避战开脱，视严守条约为维持和平的护符，并指责主战派反抗侵略的行为导致战争的爆发，造成战败的严重后果。其实，列强之所以屡屡发动对华战争，从根本上说是由其殖民扩张政策所决定的，而非中国的反抗使然，更不是一味主和就可以避免的。与主和派寄希望“公法”、相期以“信义”不同的是，主战派对列强背信弃义、得寸进尺的贪婪本性有着清醒的认识，指出如果不坚决抵抗，即使苟安一时，也必将后患无穷。在中法战争中，他们就指出：法国殖民者的目的是据越而侵华。甲午战争爆发前，他们又揭露了日本占朝鲜再图中国的阴谋。针对主和派批评主战派有“激怒之意，乐战之心”的论调，他们反驳道：“彼之怒与否，初不系乎我之激不激；彼之战与否，亦不系乎我之乐不乐也……我诚上下一心，百度修举，彼必持重而不轻发。如其不然，我虽兢兢焉惟惧生衅，彼且将激我之怒，以遂彼乐战之心，尚何待我之迫彼哉！”①

事实正是如此。尽管晚清奉行李鸿章所代表的主和外交，尽管那外交政策已经够“柔”、够“忍”、够“让”，诚如总理衙门照会美国公使所言：“中国与各国立约多年，无一事无一时不守条约。”但是，所有的妥协退让都未曾使列强的侵略止步，从未换来建设所需的和平环境。以日本侵华为例，从策划、发动甲午战争，到“九一八”事变、“一二八”事变及全面侵华的“七七”事变，都不是因为中方起衅，而是日本帝国主义对华政策的必然。一再退让的中国当局，总是在被逼至无路可退的境地后才被迫抵抗；热爱和平的中国人民总是在饱受欺凌、忍无可忍的情况下才起而反抗。把侵略的扩大归罪于对侵略的抵抗，完全是侵略者的逻辑。求实地说，近代中国尽管落后，但并非只有妥协一路可走，起而反抗也并非战则必败，全无可胜之机。美国在独立战争中击败世界上最先进的英国，落后的小国海地赶走法国殖民者赢得独立，中国人民浴血奋战夺取抗日战争的伟大胜利，所有这些，都是世界史上以弱胜强的战例。而近代中国反侵略斗争失败的根本原因在于统治阶级的腐败。为了维护腐朽的封建统治，他们不可能将抵抗坚持到底。福建

① 曾国荃：《复郭筠仙》，《曾忠襄公全集・书札》卷十六，第23页，光绪二十九年线装本。

水师被歼和北洋舰队覆灭，均与避战求和的失败主义有直接关系。

与腐朽的封建阶级形成鲜明对照的是，中国人民与外敌进行了毫不妥协的浴血奋战，其中包括伟大的义和团运动。为民族生存与尊严而战的义和团运动，具有无可置疑的正义性。当时，它就得到了国际无产阶级和世界进步人士的支持。针对义和团是敌视白人、排斥欧洲文明的说法，列宁在《对华战争》一文中指出："中国人憎恶的不是欧洲人民，因为他们之间并无冲突，他们憎恶的是欧洲资本家和唯资本家之命是从的欧洲各国政府。那些到中国来只是为了大发横财的人，那些利用自己吹捧的文明来进行欺骗、掠夺和镇压的人，那些为了取得贩卖毒害人民的鸦片的权利而同中国作战（1856 年英法对华的战争）的人，那些利用传教伪善地掩盖掠夺政策的人，中国人难道能不痛恨他们吗?"[①] 美国著名作家马克·吐温也曾在讲演中公开宣称："我任何时候都是和义和团站在一起的"，"我也是义和团"。[②]

帝国主义侵略与义和团兴起之间所具有的直接的因果关系，已有大量严肃的论著做了详尽阐释。这里只强调一个事实：世界三大宗教佛教、伊斯兰教和基督教都早就传入中国，但是并未引发群众性的排教运动。只是到了近代，才出现连绵不断的反洋教斗争。为什么呢？其原因绝不是义和团无端挑衅，而是某些外国宗教势力作恶多端。时任山东巡抚的袁世凯一贯仇视义和团，庇护外国教会，但他也承认："推究本源，实由地方州县各官，平时为传教洋人挟制……而教民转得借官吏之势力，肆其欺凌，良民上诉亦难伸理，积怨成仇"。日本驻北京公使馆武官柴武郎，在使馆被围期间负责指挥日军作战。他的分析是："近年来，支那国势不振，外国人或租借或掠夺其部分土地，并有大批传教士涌入腹地，对教民实行法外保护，教民则倚仗外国势力，为所欲为，肆无忌惮，为此，本为无害的义和团一变而为激进排外主义集团。"

义和团运动虽然失败了，但它以巨大的牺牲遏制了列强瓜分中国的趋势，振奋了国民精神，启迪、鼓舞了来者。联军司令瓦德西承认："瓜分一事，实为下策"。英国外交副大臣布路德立克在议会讨论对华方针时告诫：

① 《列宁选集》第 3 版第 1 卷第 279 页。
② 张廷琛：《马克·吐温与中国》，见《外国文学研究集刊》第 4 期第 298、299 页。

“应须小心谨慎，团匪之事，即可取以为鉴。我英亦不能以待印度者待中国也”。长期占据中国海关总税务司职务的赫德对义和团运动及其显示的未来远景也有过清醒的估计。他承认，义和团运动是为使中国强盛的纯粹的爱国主义运动，“今天的这段插曲不是没有意义的，那是一个要发生变革的世纪的序曲，是远东未来历史的主调：公元2000年的中国将大大不同于1900年的中国……无论如何，外国人决不可能期望永远保持他们的治外法权地位以及中国被迫让与的那种种通商条件……外国的发号施令有一天必须停止，外国人有一天必须离开中国，而目前引起注意的这段插曲就是今天对于将来的暗示”。虽然赫德是站在帝国主义立场上说话，但不能不承认是很有见地的，只是预计的时间被大大提前。正是因为义和团运动促进了人民的觉醒，才使得为革命苦斗的孙中山感到国内风气为之一变，“知国人之迷梦已有渐醒之兆”，并从团民的勇猛反抗中看到了国家的希望。他断言：列强瓜分中国的梦想永无实现的可能，因为“分割之日，非将支那人屠戮过半，则恐列强无安枕之时矣。”此后，中国共产党人更是明确地将义和团的英勇斗争视为“五十年后中国人民伟大胜利的奠基石之一”（周恩来语）。

近代中国因落后而挨打，因挨打而更加落后。欲摆脱怪圈，就必须对内彻底变革以实现最广泛的社会动员，对外坚决抵抗以为变革创造条件。在这样一个长期、艰巨的斗争过程中，究竟是站在侵略者一边还是站在爱国主义的立场上？如果是前者，就必然会对群众斗争吹毛求疵，进而彻底否定。反之，则会在充分肯定人民斗争的前提下，对其不可避免的不足之处进行实事求是的分析，并且引为借鉴。就此而言，对太平天国、义和团运动的态度，就成了分水岭或试金石。中国共产党人作出了正确选择。因此，它才能够领导人民进行了彻底的反帝反封建革命，才能一扫百多年来统治阶级的懦弱之风，面对强权昂然说“不”！

1949年6月15日，在新政协筹备会的开幕大会上，毛泽东用铁一般的语言宣布：“中国必须独立，中国必须解放，中国的事情必须由中国人民自己作主张，自己来处理，不容许任何帝国主义国家再有一丝一毫的干涉。”正因为这个新生的政权真正属于人民、得到人民的支持，所以，虽然当时国家满目疮痍、百废待兴，但面对帝国主义的威胁，我们的回答仍这般强硬：“中国人民在维护自己的利益以及保卫自己人民祖国的主权的立场上，是从不考虑一切帝国主义者的意志的。帝国主义者在中国所制造的一切不平等条约和侵略特权，必须废除。帝国主义者撤退也好，不撤退也好，叫嚣也好，威胁也好，对我们中国人民的这个正义立场丝毫没有影响。”[①] 只有代表全中国最广大人民根本利益的共产党人，才能这样底气十足、斩钉截铁地宣告：一个屈辱的时代就此结束！

三

经历过太多的战乱，就愈发渴望和平与发展；目睹了太多的血腥，就更加期盼“让世界充满爱”。但“冷战”的结束并未实现预想中的和平，经济全球化的浪潮也没带来利益的均沾。那些在历史上曾备受欺侮的国家和民族逐渐发现，他们的发展依然受阻于有着历史渊源的不平等的世界政治、经济秩序。西方的某些政要明确表示：“相对武力而言，我们更愿意依靠外交，但在有必要保卫我们的国家利益时，我们也总是愿意使用武力”。他们的战略学家也公开声称：“帝国地缘战略的三大任务是：防止附庸国家相互勾结并保持他们在安全方面对帝国的依赖性；保持称臣的国家的顺从并维持向他们提供的保护；防止野蛮民族联合起来”（布热津斯基语）。

从所谓的“现代化理论”，到时下流行的新自由主义、“历史终结论”、新帝国主义等西方各主流学说，都自觉地为资本主义世界体系寻求历史和现实的依据。在它们的理论框架中，血腥的殖民侵略和惨烈的反侵略斗争被过滤、淡化，甚至消失得无影无踪。留下的只是“自由”、“友谊”、“发展”等一系列悦耳动听的谎言，以及一条必须跟着西方亦步亦趋的发展道路。因此，能否用历史唯物主义的观点正确认识中国近代历史，不只关系到我们民族的现在，而且关系到我们民族的未来。

近代中国的基本矛盾是帝国主义和中华民族的矛盾，封建主义和人民大众的矛盾。中国所面临的两大任务是民族独立、人民解放，完成现代化以实现国家富强和人民幸福。然而，没有民族独立就没有真正的现代化，不推翻半殖民地半封建统治秩序、粉碎旧的生产关系，不将中国人民从帝国主义和封建主义的压迫下解放出来，新的生产力就难以发展，全面建设更无法展

---

① 新华社评论：《美国国务院的狡辩、诬赖和威胁》，《新华月报》1950 年第 1 卷 4 期。

开。国土沦丧、战乱不已，民族生存尚且不保，又何谈发展！所以，只有首先通过反帝反封建革命争得民族独立、人民解放，才能为现代化建设扫除障碍，进而迎来民族的伟大复兴。对于中国近代历史这一凝结着无数生命与鲜血的基本经验，我们应当倍加珍惜，而不允许任何人以任何方式对它进行消解和践踏。在实现中华民族伟大复兴的道路上，要善于识别和抵制历史虚无主义思潮，防止它们搞乱我们的思想、模糊人民的视线、偏离社会主义的方向。

（作者单位：中共中央政策研究室；人民教育出版社）

（原载《求是》2006年第6期）

评近年为西方殖民侵略辩解的两种错误观点

李方祥

毛泽东十分重视对历史的学习，1942 年 3 月他指出："谈到中国的反帝斗争，就要讲到外国资本主义、帝国主义如何凶恶地侵略中国。"[①] 在庆祝中国共产党成立 95 周年大会上，习近平总书记在总结近代以来中国人民的抗争史时明确指出："近代以后，由于西方列强的入侵，由于封建统治的腐败，中国逐渐成为半殖民地半封建社会，山河破碎，生灵涂炭，中华民族遭受了前所未有的苦难。"这一重要论述深刻揭示了近代中国民族沉沦的根本原因。前不久有位"法学专家"在一场文化沙龙上发表了一通为殖民侵略百般狡辩的奇谈怪论，这种现象不仅值得引起重视，而且其谬论也需要给予及时澄清，以免误导青年、遗毒社会。

一、西方对中国近代以来的欺凌是"中国欺负西方人的结果"吗？

近代以来，西方列强殖民中国的耻辱史早已深深地刻在每一位炎黄子孙的心里，成为中华民族为实现民族伟大复兴而不懈努力的精神鞭策。然而，这位"法学专家"居然荒唐地为西方殖民者辩护，把近代以来西方列强发动对中国的侵略归咎于当时的中国人与西方人交往过程中，从来没有平等地对待西方，西方人想要商务谈判，但是中国强迫他们向中国皇帝三跪九叩，"西方对中国近代以来的欺凌，是中国欺负西方人的结果"[②]。这种为殖民侵略的辩护显然是苍白无力的，因为它完全违背历史常识。

众所周知，资本原始积累和对外扩张是资本主义发展史上两个关键性因

---

① 《毛泽东文集》第 2 卷，人民出版社 1993 年版，第 406 页。

② 贺卫方：《西方对中国近代以来的欺凌，是中国欺负西方人的结果》，《三湘都市报》2013 年 9 月 17 日。

素。马克思恩格斯在《共产党宣言》中总结资本主义发家史时，深刻指出："不断扩大产品销路的需要，驱使资产阶级奔走于全球各地。"[①] 翻开一页页的世界近代史，正如我们所看到的，资产阶级在全球为寻求市场的"奔走"总是伴随着暴力侵略和野蛮征服，对于殖民者来说这是开疆扩土的凯歌，而对于殖民地人民来说则是陷入万劫不复的深渊。早在16世纪，随着资本主义登上历史舞台，他们同时也拉开了对外扩张的殖民掠夺序幕。资本主义国内市场的狭小限制了资本主义的发展，客观上使资产阶级迫切需要开拓世界市场，扩大对外贸易。美洲的发现以及第一次环球航行的成功，客观上为资产阶级开辟新的国际市场、扩展世界贸易提供了现实条件。但是，资产阶级标榜的自由贸易事实上却是不平等的贸易，实质上是敲骨吸髓的殖民掠夺。这个道理其实并不深奥，我们只要翻开世界史，看看16、17世纪葡萄牙、西班牙、荷兰、英国、法国等殖民者是如何对待美洲印第安人、非洲黑人、印度人、印度尼西亚人、菲律宾人的。殖民者每到一处就强占土地、贩卖奴隶、掠夺资源等，无数血淋淋的事实揭露出他们根本不是什么要求平等贸易的商人，而是明火执仗地到世界各地掠夺财富的强盗。恩格斯在170多年前就已一针见血地揭露出资产阶级贸易政策的实质："贸易和掠夺，是以强权为基础的"[②]。曾担任过驻华公使的美国作家霍耳康曾经描绘过16、17世纪来到中国的西方殖民者的罪恶行径，他说："这些所谓和平商业的开拓者的所作所为，说不上像友好的文明人，而只能说是海盗行径。……这些人不断骚扰中国南部海岸，抢劫、破坏城镇，几十、几百地杀死无辜的男女和儿童，然后'和平'扬帆而去。或者他们登上大陆，强迫中国人给他们筑堡垒，以最粗野的兽性掳走妇女，强夺当地人的所有财物，践踏了人道与文明的一切准则。"[③] 这就是殖民者所自我标榜的"贸易"。

列宁曾经说过："资本主义如果不经常扩大其统治范围，如果不开发新的地方并把非资本主义的古老国家卷入世界经济的漩涡，它就不能存在与发展。"[④] 作为一个人口众多、疆域辽阔的东方古老大国，步入近代前夜的中

① 《马克思恩格斯文集》第2卷，人民出版社2009年版，第35页。
② 《马克思恩格斯文集》第1卷，人民出版社2009年版，第57页。
③ 转引自胡绳：《从鸦片战争到五四运动》上册，人民出版社1981年版，第19页。
④ 《列宁全集》第3卷，人民出版社1984年版，第547页。

国早已成为西方殖民者争相“开发”的理想对象。早在16世纪，资产阶级新兴国家葡萄牙和西班牙就凭借海上霸主的优势开始闯入中国广东、闽浙沿海“剽劫行旅，至掠小儿为食”，“掠买良民，筑室立寨”，[①]“大造火铳，为攻战具，杀人抢船，势甚猖獗”[②]。17世纪的海上霸主荷兰殖民者凭借优势在逐渐占领印度尼西亚的主要岛屿之后，又强占了中国的澎湖列岛、台湾，他们对当地人民的奴役和掠夺与一切殖民者的行径无异。18世纪到19世纪，英国经过产业革命一跃成为西方资本主义世界的霸主，大资产阶级野心勃勃，狂热地要求进一步扩大它在海外的殖民地，其中创立于1600年的东印度公司则是臭名昭著的英国在海外的殖民扩张机器。在1792年即乾隆五十七年英国派遣曾在印度任殖民地官员的马戛尔尼率团抵达北京之时，包括英国在内的资本主义世界已经完成了对除美国以外的整个南北美洲（包括西印度群岛）、印度、印度尼西亚的大部分、非洲的西岸和南岸、大洋洲的一部分等地的殖民侵占。当时步履蹒跚的封建中国无疑是西方列强急于开拓新的殖民地的对象，必然成为他们下一步的“猎物”。约50年后，英国殖民者终于通过卑鄙的鸦片战争率先打开了古老中国的大门。

回顾这段历史，我们不难看到，固然马夏尔尼使华的礼仪之争充分暴露了清王朝最高统治者的腐朽昏庸和封建帝国的日薄西山，但是西方列强用野蛮的战争敲开中国的大门，从根本上说是受资本的本性所驱使。这位“法学专家”声称西方对中国近代以来的欺凌是“中国欺负西方人的结果”，完全是用历史的表象来遮蔽历史的本质。

二、西方殖民侵略究竟带给近代中国什么样的“成就”?

这位“法学专家”的荒诞之处还在于他为西方列强的殖民侵略大唱赞歌，声称“西方带给了我们很多了不起的文化成就”[③]。这种看法貌似客观，然而却具有很强的迷惑性。客观地说，西方列强打开中国大门之后，随着资本的侵入在客观上也带来了一些先进的机器、技术和文化知识，这也许就是

① 《明史》卷三二五，《外国传》六，中华书局1974年版，第8430页。

② 转引自郭廷以：《中国近代史》第1册，商务印书馆1939年版，第92页。

③ 贺卫方：《西方对中国近代以来的欺凌，是中国欺负西方人的结果》，《三湘都市报》2013年9月17日。

这位“法学专家”所津津乐道的“成就”吧。但是如果只说或者夸大所谓“成就”，能够说服大多数人吗？

如何认识西方列强的殖民侵略对中国近代社会造成的影响呢？厘清这个问题之前，我们很有必要重温马克思主义经典作家是如何运用科学的历史观和方法论看待这个问题的。1853年马克思撰写的《不列颠在印度的统治》《不列颠在印度统治的未来结果》两篇重要文章，运用唯物史观全面、深刻阐述了西方殖民侵略给落后国家带来“破坏”和“重建”的双重影响。一方面就“破坏”而言，就是指殖民侵略给落后国家造成前所未有的巨大灾难。马克思认为，英国殖民者之所以给印度带来比过去更加深重的灾难，是因为英国的殖民侵略把印度的政治、经济、文化、社会等各个领域的深层结构都深度摧毁了，“他们破坏了本地的公社，摧毁了本地的工业，夷平了本地社会中伟大和崇高的一切，从而毁灭了印度的文明”[①]。另一方面就“重建”而言，就是指英国殖民主义者在摧毁印度传统文明的同时，也在印度“为西方式的社会奠定物质基础”[②]。这也许就是有的人所说的伴随着殖民者而来的一些技术、文化等资本主义文明成果。

但是值得引起注意的是，马克思在指出“重建”的同时，他强调这“既不会使人民群众得到解放，也不会根本改善他们的社会状况，因为这两者不仅仅决定于生产力的发展，而且还决定于生产力是否归人民所有”[③]。很明显，马克思不仅客观地指出殖民侵略对落后国家造成“破坏”和“重建”的双重影响，而且进一步揭示出二者影响落后国家的主次作用是根本不同的。其中，对落后国家起根本性影响的是破坏性作用，是灾难和摧残，殖民者所带来的一些科学、技术和文化等西方文明虽然在落后国家植入了些许近代化的基础，但是归根结底，套在被压迫民族人民身上的殖民枷锁却成为阻碍他们发展进步的根本桎梏，也是他们遭受苦难的总根源。鸦片战争以来的中国近代史印证了马克思的这一深刻分析。鸦片战争后闯入中国的野蛮强盗勾结和扶植中国的反动统治阶级，并且签订了一系列不平等条约，不仅使他们侵占、掠夺中国的罪行“合法化”，而且在客观上在相当长一个时期成为近代

---

① 《马克思恩格斯文集》第2卷，人民出版社2009年版，第686页。
② 《马克思恩格斯文集》第2卷，人民出版社2009年版，第686页。
③ 《马克思恩格斯文集》第2卷，人民出版社2009年版，第689页。

中国社会进步的绊脚石。

从1840年鸦片战争到1936年抗日战争前，中国近代化经过近100的艰难发展，然而社会生产力水平仍然十分低下。以工业为例，截至1936年，近代工业仅占国民经济的10%左右。由于工业落后，中国工业产量也极端贫乏，电力、原煤、生铁、钢等主要工业产品人均产量都大大低于美、英等资本主义国家：电力人均产量美国为中国的145倍、英国为中国的65倍，原煤人均产量美国为中国的42倍、英国为中国的59倍，生铁人均产量美国为中国的144倍、英国为中国的98倍，钢人均产量美国为中国的418倍、英国为中国的281倍。[①] 上述历史事实仅仅是近代中国因帝国主义侵略而发展严重滞后的一个缩影而已。经济学家王亚南先生在《中国经济原论》书中深刻指出："帝国主义列强的侵入，决不是要把中国变成资本主义的中国，恰好相反，它是要把中国变成半殖民地乃至殖民地"，它带来的新技术、管理方法虽然为中国民族资本主义的发生和微弱发展提供了一定的刺激诱导作用，"可是，中国民族资本的发展，就是意味着它们在中国的制造品市场的丧失，就是意味着它们取得中国廉价劳动力和原料的特殊权益的丧失，这是和它们作为帝国主义国家，需要输出商品，更需要输出资本的要求相抵触的，也是和它们要在中国取得交通金融控制权及工矿经营采掘权的目的相抵触的。"[②] 西方列强的入侵大大延缓、阻碍了中国的近代化，这在国际社会基本上是一个无须费多大口舌争辩的事实，甚至连西方著名反共人士在《大失败——二十世纪共产主义的兴亡》书中都无法回避，不得不承认："19世纪强加给中国的一系列条约、协定和治外法权条款，使人们清清楚楚地看到：不仅中国作为一个国家地位低下，而且中国人作为一个民族同样地位低下。……事实上，中国在经济和政治上发生大滑坡只是近代的事。"[③]

这位"法学专家"为西方殖民侵略的百般狡辩，是我国近年来历史虚无主义错误思潮的一个典型样本。历史虚无主义不仅重点虚无党史、国史、军史，而且还虚无近代以来中国人民英勇反抗外来侵略的民族抗争史，其社会

---

① 吴承明、董志凯主编：《中华人民共和国经济史》第一卷，中国财政经济出版社2001年版，第56页。

② 《王亚南文选》卷三，中国社会科学出版社2007年版，第852页。

③ ［美］兹·布热津斯基：《大失败——二十世纪共产主义的兴亡》，军事科学出版社1989年版，第179页。

危害不可小觑。这位“法学专家”表露出的虚无主义观点，恰恰反映出他的所谓“学问”是完全站在侵略者的立场，是完全受唯心主义历史观的支配。这位“法学专家”的言行也警示我们，如果我们的学术研究不坚持马克思主义的指导，不坚持为人民做学问的根本立场，不坚持以人民为中心的研究导向，不坚持历史唯物主义的科学态度，那么就完全有可能陷入唯心主义和历史虚无主义的泥潭，就会出现类似这位“法学专家”粉饰殖民侵略的荒谬观点。

（作者单位：福建师范大学马克思主义学院）

中国近代史"重写"之论可以休矣

张剑平

改革开放30多年来，在推动中国近代史研究发展进程中，"重写中国近代史"的声音不绝于耳。近年来，标榜"重写""重读""重构""重说""重寻"中国近代史，以及"探寻历史真相"、纠正"历史的误读"的诸类著作，纷纷登台亮相，可谓形成一股潮流。这些学者如何"重写"中国近代史，我们应如何看待这股潮流？这是推进中国近代史研究时不容回避的重要问题。对于其中的错误观点，需从学理角度加以批判。

淡化和否定反帝反封建革命的正义性

从1840年鸦片战争到1949年新中国成立，中国与列强之间曾爆发两次鸦片战争、中法战争、中日甲午战争、八国联军侵华战争以及抗日战争，也先后爆发太平天国起义、义和团运动、辛亥革命以及中国共产党领导的新民主主义革命。这些战争和革命运动是中国近代史的重要内容，直接影响近代史发展进程，是中国近代史发展的主线。

抗日战争时期，以毛泽东为首的中国共产党，科学分析和总结中国近代革命史，在《中国革命和中国共产党》《新民主主义论》等重要著作中，对中国近代社会性质、社会矛盾、革命特点等重大问题，做出科学论断。

范文澜、胡绳等马克思主义史学家，在这些理论指导下，写出《中国近代史》《从鸦片战争到五四运动》等具有代表性的马克思主义近代史著作。这些著作以反帝反封建为主线，全面深入论述中国近代史的发展，奠定了中国马克思主义近代历史学的重要基础。今天看来，这些著作着力于关注近代革命历史和重大历史事件，对洋务运动及其代表人物评价较低，对近代社会经济、思想文化等方面的反映也较薄弱。从进一步推进中国近代历史研究新发展的愿望出发，指出和弥补这些代表性论著的缺陷，既是必然也是合理的。但一些倡导“重写”中国近代史的学者，其矛头所向是要否定毛泽东关于中国近代史的基本认识，否定中国半殖民地半封建的社会性质，否定中国人民反帝反封建斗争的合理性、必然性和正义性。

倡导“重写中国近代史”的学者认为，过去的中国近代史著作，以“革命史观”为指导，是“革命史范式”主导下的历史。他们指出，以反帝反封建为主线的近代史著作对中国近代史的认识有很大偏颇性，既没有反映历史真实，也不符合当今开放的世界以及着力于现代化建设的中国社会现实。在所谓“告别革命”思想主导和影响下，有人指出要摆脱半殖民地半封建社会的话语体系，有人提出“三座大山”论掩盖中国近代问题的本质，有人提出要摆脱中国近代史认识的“怨妇”“泼妇”和“情妇”情结。在这种思想观念指导下“重写”的近代史著作，竭力淡化和否定近代中国人民反帝反封建革命的积极意义。

一些“重构”的近代史著作提出，第一次鸦片战争爆发是由于林则徐激进的禁烟措施所致；第二次鸦片战争爆发源于清朝官员违背国际法，拘禁外国谈判代表；甲午战争中断了中国近代化的历程，义和团运动和“八国联军”进入北京是盲目排外的各种反对势力措置失当导致的恶果；辛亥革命致使民族主义思想泛滥，中断清朝开始的近代化新政；五四运动提出的道德标准和精神追求，脱离中国社会实际，加剧社会秩序的混乱与失范。

这些观点看似“新颖”和“深刻”，但与基本事实大相径庭甚至完全背离，那就是中国近代陷入半殖民地半封建社会深渊，中国人民经过几代人的探索和流血奋斗，经过旧民主主义革命和新民主主义革命，最终战胜帝国主义和封建主义，建立中华人民共和国，走上民族复兴道路。面对鸦片倾销带来的严重社会问题，面对列强在中华大地上的烧杀抢掠，中国人民该不该反抗？一个民不聊生、丧权辱国而迟迟拒绝革新的清王朝该不该推翻？袁世凯及其北洋军阀、蒋介石及其四大家族政权相继被推翻，这也是中国人民追求民主与自由，反对独裁与专制的历史选择。可以肯定地说，否定和淡化反帝反封建革命的合理性和正义性，就难以写出科学的中国近代史著作。

过分推崇和宣扬近代化

在洋务运动进程中，近代机器大工业和科学技术先后进入中国，出现所谓“同治中兴”。民族危机面前，康有为、梁启超等知识分子掀起了旨在推动中国资本主义经济和政治发展的“戊戌变法”运动。《辛丑条约》签订后，出现清末新政。北洋政府统治时期，出现中国民族资本主义的短暂发展时期，实业救国、科学救国、教育救国成为广大知识分子的追求。国民党统治初期，也曾出现经济发展期，民主、自由成为中国各阶级和党派追求的目标。

新时期以来，在“现代化”史观启发下，近代史学界对这些问题高度重视，展开广泛深入研究，极大推动了中国近代史研究的新发展。但与此同时，一些学者走上另一个极端。他们过分推崇和宣扬中国近代化，将“革命”与“近代化”对立起来，推崇改良，否定革命。一些学者明确指出，中国近代的核心问题是中国能否融入世界，走向近代化。有学者明确宣告，要抛弃阶级分析方法，用理性、温和的态度叙说中国近代史。

“现代化”范式的核心，是以是否有利于现代化的工业和民主制度发展作为评判历史事件和历史人物的标准。这也是审视中国近代史的一个重要角度。无论是欧美发达资本主义国家，还是历经曲折和艰难的中国，都先后经历这一历史阶段。但在中国半殖民地半封建社会，现代化发展程度十分有限。新中国成立前，近代机器大工业，主要局限于轻工业。近代民主制度，也被北洋军阀和蒋介石独裁统治所制约。这是倡导“现代化”研究者必须面对的事实。

在人物评价方面，曾国藩、李鸿章、慈禧太后、袁世凯等，对于推进洋务运动发展和清末新政有所贡献，过去的历史学著作对其全盘否定，具有历史认识局限性。但我们应直面曾国藩、李鸿章等残酷镇压太平天国运动，袁世凯肆意镇压义和团运动及孙中山为首的革命派；同时，也应直面慈禧太后、李鸿章、袁世凯签署的一系列丧权辱国的条约。如果真能直面这些历史事实，一些倡导“现代化”范式的学者，就不会去热捧《走向共和》这部明显违背历史实际，肆意拔高慈禧太后、李鸿章和袁世凯，而对孙中山大肆贬低的电视剧。

一些“重写”的近代史著作，在关注历史细节时，关注中国现代化道路的艰难和曲折，不断在“假如”中叙说历史发展的可能性。有人提出洋务运动失败，在于西化程度不够。有人对中国在学习西方和日本失败后选择苏联道路提出怀疑。有人强调五口通商给近代中国带来发展机遇，洋务运动后中国成为世界第八、亚洲第一强国，君主立宪是最合乎中国国情的民主政治体制，为清政府没有利用好这些历史机遇而叹息。

民族独立和国家繁荣富强，这是摆在近代中国人民面前的两大历史任务。在中国革命进入最艰难时期，历史选择了马克思主义、中国共产党和社会主义，这就是中国近代史发展的道路。“革命”与“现代化”都是中国近代史的主题，新民主主义革命的胜利，推翻了中国人民头上的三座大山，中华民族走上复兴道路。中国人民在中国共产党领导下，经过社会主义革命和建设，经过改革开放，初步实现中国的现代化，确立人民代表大会制度、政治协商制度等中国特色社会主义民主制度，这就是中国近现代的历史。任何背离这些基本事实、“重写”的近代史著作，都是缺乏科学性的著作。

（作者单位：河北大学历史学院）

（原载《中华魂》2015年第6期）

警惕长征精神宣传中的“普世价值”倾向

高戈里

一位朋友告诉我，某省2016年召开全省党史工作会议期间，某厅局级领导在会上公开宣称：要淡化长征中的意识形态色彩，宣传长征中的“普世价值”。

在公知和某些领导干部眼中，长征中的“普世价值”是普遍存在的——信仰追求，顽强意志，艰苦跋涉，百折不挠，牺牲精神，团结奋斗，钢铁纪律，等等，其他军队也有，世界战争史上也不乏其例，只不过程度不同而已。

看看时下的主流媒体，宣传长征的作品还真有这种倾向。

随之而来的问题是：既然抗战期间国民党军队中也有不同程度的信仰追求、顽强意志、艰苦跋涉、百折不挠、牺牲精神、团结奋斗、钢铁纪律等等精神素养，那么，抗战胜利后，共产党推翻国民党政权的正当性何在？

毋庸置疑，抗战胜利后共产党推翻国民党政权是正当的。上述问题的症结在于：在宣传长征精神的工作中，无视草根大众物质利益的唯心史观为滑入“普世价值”歧途开辟了通道，进而为否定中国革命的正当性预设了逻辑陷阱。

革命理想不是虚幻的

——追求劳苦大众的物质利益是其本质内涵

中国工农红军的理想为什么不是虚幻的？

中国工农红军追求的理想，其内容，是实实在在的草根大众的“物质利益”，对此，虽然如今的公知和一些共产党的领导干部视而不见，但历史上国民党的文武高官却是认账的。

熊蕾，是当年周恩来同志“一招闲棋”布局而卧底敌营十年的中共谍报“后三杰”之一熊向晖同志的女儿，她记述了父亲讲述过的如下一段史实：

有一次，我父亲陪着胡宗南和白崇禧从西安到延安去，碰上前面塌方了，于是他们就只带着司机和警卫，找到一户人家借宿。晚上，胡宗南就跟白崇禧谈心，胡宗南就问：咱们和共产党斗，你觉得行吗？白崇禧就说国民党往上走，共产党往下走，上层人少，下层人多。连白崇禧都认识到共产党在发动和团结下层人，并认为取得下层人的心，是制胜的关键。可是，你看看我们现在还有谁在走下层的路线？我们把自己的传家宝给丢了，这很值得我们去反思。白崇禧和胡宗南谈话的那个晚上，夜里外头下大雨，屋里头下小雨。老两口和媳妇三口人在家待着，白崇禧想解手，于是就拿起一个瓦盆要当便盆，结果媳妇一把夺过来说：我们家就剩下这两个宝贝了，你想用来尿，这不行。白崇禧就在屋里解手，勉强凑乎了一夜。第二天早上雨停了，我父亲联系上了他们，白崇禧当时对父亲说：穷成这样，不革命行吗？

再看看蒋介石的亲信是怎样说的——历任北京大学校长、国民政府第一任教育部长、行政院秘书长等职的蒋梦麟在《新潮与西潮——蒋梦麟回忆录》中回忆道：

有一次我在广州碰到孙哲生先生，我说：“哲生兄！你老太爷中山先生提倡耕者有其田，可是你们中山县土地制度最坏了。普通的比较正常的办法所谓五五，是地主得五成，佃农得五成。后来慢慢改为三七，地主得七成，佃农得三成，甚至一九都有，那就是地主得九成，佃农得一成。试问农民生活哪得不苦？他们住在茅屋里边，穷得连粥也没得喝，幸亏中山县鱼产丰富，他们可以利用农闲时去捕鱼，否则叫他们怎么生活呢？”

不少红军战士参加红军的最初动机是为了“有饭吃”，参加红军后踊跃投身“打土豪分田地”的土地革命战争，正是基于草根大众世世代代被盘剥、被欺压的生存状态。

革命斗志不是好战的

——武装斗争是劳苦大众追求解放的被迫选择

主张“淡化长征中的意识形态色彩”的公知和官员，背后秉持的是“告别革命”论，是对中国革命走武装夺取政权道路的否定。其代表作，是曾被称为“80年代中国思想界的领袖”的李泽厚和另一位著名学者刘再复在境外出版的《告别革命——回望二十世纪中国》。其代表言论，是指责中国在20世纪选择革命道路而没有选择改良道路，“是令人叹息的百年疯狂与幼稚”。

中国革命为什么选择武装斗争的道路，这里仍旧引用蒋介石的亲信蒋梦麟在《新潮与西潮——蒋梦麟回忆录》中的回忆来说明：

有一年陈果夫先生在南京和我说，他竭力主张要把南京城里的地，尤其是现在还没有造房子的地，统统由政府收购，来办土地改革。等到开会时，他把计划提出后，竟左右碰壁，大多数人都不赞成。他不明白是什么缘故？后来才知道南京的地，多半早被政府里的大官用很便宜的价钱收买了，所以要他们来通过他的计划，当然是很困难的。我那时与陈果夫先生说：“果夫先生啊！南京的地是老虎皮，你要用强力，才能把老虎打倒，剥下它的皮啊！你跟老虎商量，要想通过剥虎皮的法案，那是办不到的。”果夫先生说：“真的，起初我不懂，后来我才懂。”

蒋梦麟还回忆道：

为了改善田租制度，政府举办全省耕地调查，工作持续了好几年。浙江省采取一种比较温和的“二五减租”办法，……这个减租办法却在地主与佃农之间引起严重的纠纷。减租委员会所收受的讼案多如山积，全省各地普遍发生纠纷，减租办法终于几年后放弃。推行减租最力的沈玄尘（定一）被暗杀，死因迄今未明。

连国民党自己派去搞减租减息的官员都要被他们所依靠的势力所“暗杀”，泥腿子们自己起来争取自身的权利，又怎能不是血腥的？

革命团体不是江湖的

——官兵一致是红军凝聚战斗力的内生动力

在公知和某些领导干部眼中，红军长征中的内部团结也是“普世”的“友爱”，或流行江湖的“忠义道德”。

其实不然，红军内部团结最根本的一条是官兵一致，这是没办法在旧军队中“普世”的。而红军内部的官兵一致，始于井冈山时期对旧军队的政治改造。要了解这一点，有必要展示国民党军队的官兵关系，特别是展示国民党文武高官的回忆和评价：

国民党昔日的兵役司令官周开勋坦白：国民党“没有把新兵看成是人”！

北京大学校长蒋梦麟于抗战期间出任红十字会会长，他视察役政情况后向蒋介石报告：“战事起后数年中，据红十字会医生经验，四壮丁中一逃一病一死，而合格入伍者，只四分之一，是为百分之二十五。以询之统兵大员，咸谓大致如是。若以现在之例计之，恐不及百分之十矣。”

蒋介石的次子蒋纬国先生在亲身经历了被不知道他身世的官长无辜欺压甚至殴打之后，实话实说了国民党军队内部官兵之间、上下级之间的人际关系及其后果：常常有些长官动不动就骂官兵，……在部下的面前，中国的长官都是神仙、上帝；在长官的面前，中国的部下都是白痴、笨蛋。……过去部队里面的基本态度很不对，长官骂干部时，不准干部问理由，其实他自己也说不出理由，也因此造成一批干部不知要做什么，因为不知目的何在，如此自然会盲目去做，所以训练出来的军官“忠勇有余，智谋不足”，冤死的人不计其数。

所以，国民党政府军令部长徐永昌在1944年的日记中坦言：“人人言我国兵好官不好。”

还有国民党反动派的美国主子的评价：

费正清主编的《剑桥中华民国史》大量引用西方国家的文献及美国国务院档案资料后记载：1944年10月，魏德迈将军最初担任蒋的参谋长职务时，他了解到士兵因太虚弱而不能行军，并且不可能有效地打仗，原因多半在于他们是半饥饿的。因为长官们习以为常地为自己“克扣”很大一部分。

曾获普利策新闻奖的美国著名记者白修德在《中国的惊雷》一书中断言：“死在路上，死在征兵过程中，死在野蛮的新兵训练处及长途行军中的人，要比进入军中后死的人还多。”他甚至痛斥：“中国军官们对待士兵好像对待畜牲。”

抗战时期美军驻华总部政治顾问谢伟思在写给华盛顿的一份报告中，讲述了“好几个可怕的故事”，其中提到：“一个外国人看到，因饥饿或疾病而快要死去的士兵被活活打死，这样，就可以免除背扛肩抬他们的麻烦了。”

抗战期间美国新闻处驻桂林办事处主任格兰姆·贝克甚至记述：“因受困和国民党的腐化而被浪费了的生命，有的因受命反对自己的同胞，或出于谋略，削弱非中央嫡系军队的长官而战死。有的以同一原由在可怕的长途行军中拖死。还有的，则由于国民党政府故意不把应属他们的食物、药品交给他们而致死。……据信，被日本人杀害了的有三百万人之多。而那种浪费了生命的人却约计千万之上。”

当年美国驻华大使司徒雷登在其回忆录《在华五十年》曾愤慨谴责：“整个国民党的军事系统终于暴露了它亏待士兵的可怕后果。……抗日战争期间，军官们的贪污行为就已经十分猖獗。国家资源日益枯竭，前途已经无望时，这一现象依然如故。”

与国民党军队根本不同，中国工农红军实行的是在旧军队中无法“普世”的“官兵平等、官兵一致”的建军原则，所以，才能在二万五千里长征中“艰难奋战而不溃散”。

鲁迅说：“比较是医治受骗的好方子。”

有比较才能有鉴别。历史上，劳苦大众是在比较中，认同了红军“打土豪分田地”给自己带来的生活理想，认同了“枪杆子里面出政权”的革命道路，认同了亲如兄弟的革命队伍。

同理，在当下长征精神的宣传工作中，要避免落入历史唯心主义和历史虚无主义的政治陷阱，也需要这种历史存在和历史变革的比较。

（作者系知名学者）

（原载《海疆在线》网站2017年1月29日）

国史研究要重视同历史虚无主义思潮的斗争

朱佳木

党的十八大后，以习近平同志为核心的党中央高度重视意识形态领域的斗争，尤其重视对历史虚无主义的批判。国史研究者要进一步提升自身水平，要继续发挥资政育人护国的作用，要为社会主义核心价值体系建设做贡献，就要响应党中央和习总书记的号召，在进行学术研究的同时积极开展同历史虚无主义思潮的斗争。

当前，历史虚无主义思潮在理论界、学术界、新闻出版界、文艺界以及社会舆论界都有表现，在国史学领域的表现尤为突出。其表现，我认为主要集中在以下三个方面。

第一，虚无新中国建立的历史正义性、合理性、合法性，美化帝国主义、封建地主阶级、官僚买办资产阶级，歌颂以蒋介石为首的国民党反动派，反而把中国共产党领导的新民主主义革命诬蔑为外因造成的，违反了中国自身的文化传统，破坏了中国的社会发展。例如，说凡是被帝国主义“租借”、“割让”、“占领”的地方经济发展都快，如果中国早些被殖民化就好了，如果再当500年殖民地就更好了；说中国的地主是勤劳俭朴、善于经营的农村精英，黄世仁、周扒皮、南霸天、刘文彩等都是作为地主阶级代表人物而被人为丑化的，其实他们都是对农民很好的大善人；说近代买办是沟通中西交流的桥梁，是历史的进步力量；说蒋介石是中国现代第一伟人，蒋、宋、孔、陈“四大家族”并没有对中国经济进行垄断，也没有和帝国主义、封建势力相互勾结；说中国共产党是少数知识分子在共产国际秘密支持下建立起来的，是靠拿卢布、搞阴谋、耍诡计、窃情报而取胜的；说新民主主义不仅不应当向社会主义过渡，而且它本身就有问题，是和“宪政民主”、市场经济背道而驰的；等等。

第二，虚无新中国的成立及其对中国乃至世界发展进步的伟大意义，否认世界社会主义运动和民族解放运动的进步性，抹杀正义战争与非正义战争的区别，诬蔑共和国领袖和烈士、英雄、模范人物，夸大新中国历次运动中的缺点、错误，把新中国历史描写成一连串错误的集合。例如，说1949年10月1日不能作为中国人民站起来的标志；说“一边倒”的政策是在国际斗争中的错误选择；说美国出兵朝鲜是反侵略，中国抗美援朝是上了苏联的当，耽误了国内建设和解放台湾，得不偿失；说土地改革、合作化运动、镇压反革命、“三反”、“五反”、知识分子思想改造都是错误的，反右斗争更是一场阴谋；说优先发展重工业战略是中国经济长期落后的根源，计划经济从一开始就是错误的，提前向社会主义过渡是领导人主观意志的产物，公私合营是对私营工商业者的无理剥夺，实行这些举措使中国走上了人类历史发展的岔路；说肯定“大跃进”和“文化大革命”时期中的经济、科技、国防、外交战线有成绩就是肯定“大跃进”和“文化大革命”，搞“三线”建设是劳民伤财；说支援亚非拉民族解放运动是“打肿脸充胖子”，20世纪60年代与苏共的争论是为了争夺国际共产主义运动的领导权，没有是非可言；等等。

第三，虚无新中国改革开放前后两个历史时期的内在一致性，或者用改革开放后的历史时期否定改革开放前的历史时期，或者用改革开放前的历史时期否定改革开放后的历史时期。例如，说中国历史只有帝制时期和后帝制时期，改革开放前也是帝制时期；说1978年的改革开放如同1840年的鸦片战争一样，是划分中国历史时期的标志性事件；说改革开放前的社会主义是斯大林版的社会主义，改革开放使中国回归了世界文明；说中国特色社会主义实际上是中国特色的资本主义；说毛泽东、邓小平都是所谓专制“皇帝”，毛泽东使中国陷入普遍贫穷，邓小平则把中国引向两极分化；等等。

如果按照历史虚无主义思潮对历史的这些叙述和解释，不仅中国近代史、现代史要推倒重写，而且进步与反动、正义与邪恶的观念等等都要被颠倒。其结果，只能是剥削有理、压迫有理、侵略有理，而革命有罪、劳动人民有罪、中国共产党有罪、新中国有罪。那样，还有什么让中华儿女感到骄傲的在中国5000年文明史中最为辉煌的人民共和国史？还谈得上什么中国特色社会主义的道路自信、理论自信、制度自信？

我们的国史研究是在党的领导下以马克思主义为指导的国史研究。我们所要研究的国史，是中国共产党领导中国人民进行社会主义革命、建设、改革的历史，是千千万万烈士用鲜血和生命换来的历史，是国家有主权、民族有尊严、人民当家作主的历史。我们研究国史的目的，是为了给人民创造美好未来提供宝贵的历史经验，是为了让中国通向美好未来的道路不被动摇和颠覆提供充分的历史依据。这就决定了我们在进行国史研究时，不可能不同历史虚无主义思潮发生矛盾和冲突，不可能回避同历史虚无主义思潮的斗争。下面，我谈几点看法，供大家参考。

一、要认清历史虚无主义思潮的实质

历史虚无主义究竟是一种什么性质的思潮？对这个问题的判定，涉及同这股思潮斗争的方针、策略和方法。

习近平同志在2013年的“一五”重要讲话中指出：“古人说：‘灭人之国，必先去其史。’国内外敌对势力往往就是拿中国革命史、新中国历史来做文章，竭尽攻击、丑化、污蔑之能事，根本目的就是要搞乱人心，煽动推翻中国共产党的领导和我国社会主义制度。苏联为什么解体？苏共为什么垮台？一个重要原因就是意识形态领域的斗争十分激烈，全面否定苏联历史、苏共历史，否定列宁，否定斯大林，搞历史虚无主义，思想搞乱了，各级党组织几乎没任何作用了，军队都不在党的领导之下了。最后，苏联共产党偌大一个党就作鸟兽散了，苏联偌大一个社会主义国家就分崩离析了。这是前车之鉴啊！”① 这一重要论述清楚地告诉我们，所谓历史虚无主义，并非什么学术上的不同主张、不同学派、不同思潮，而是一种由国内外敌对势力鼓吹和散布，以推翻中国共产党领导和社会主义制度为目的，以否定革命、“告别革命”为核心，以伪造、篡改、歪曲、“恶搞”历史为手段的政治思潮。我们同这股思潮的斗争，也不是什么学术观点之争，而是要不要坚持中国共产党领导、要不要坚持中国特色社会主义道路的大是大非之争。

我们当然不能把受历史虚无主义思潮影响的人同操弄这股思潮的人混为一谈，对受影响的人要做耐心细致的思想工作。但我们必须清醒地看到，由

① 《十八大以来重要文献选编》上，中央文献出版社2014年版，第113页。

于历史研究具有向公众叙述历史、解释历史的功能，所以往往与维护或推翻政权的斗争有着直接的关联，不能不带有强烈的政治性。无论要维护还是要推翻一个政权，斗争双方总要争夺对历史的叙述权、解释权，用以说明自己行为的正当性、合理性，以及对方行为的不正当性、不合理性。当前历史虚无主义思潮之所以泛滥，就其根源来说，就是早已被中国共产党领导中国人民打倒的帝国主义、封建地主阶级、官僚买办资产阶级的残余不甘心退出历史舞台，在国内国际的新形势下，联合各种反对新中国的敌对势力，妄图用歪曲、篡改历史的方法，否定新民主主义革命和社会主义革命取得的胜利成果，丑化新中国的领袖以及一切为建立和建设新中国做出贡献的英雄模范人物，瓦解人民心中对新中国历史的一切美好记忆，从而为推翻共产党领导和社会主义制度营造舆论氛围。这是我们同历史虚无主义思潮斗争的性质。把受这股思潮影响的人与制造这股思潮的人加以区别，不等于要模糊这场斗争的性质。

我们也不能把对新中国历史的缺点、错误所进行的研究，不加区别地笼统看成是历史虚无主义。我们反对历史虚无主义，并不是要掩盖和回避新中国历史的曲折，更不是拒绝对新中国的历史教训进行反思。相反，我们要高度重视对历史曲折的研究，注意从中汲取教训，避免重犯错误、重走弯路。然而，现在的问题在于，自从党中央 1981 年做出《关于建国以来党的若干历史问题的决议》（以下简称《历史决议》）之后，对新中国头 29 年和改革开放初期的一系列重大历史问题已经有了实事求是的结论，对其中的经验教训也有了科学的总结。因此，研究新中国历史中的曲折和教训，应当遵循《历史决议》的精神。如果不是这样，而是背离、否定《历史决议》精神，以研究新中国历史错误为名，行攻击党和社会主义制度之实，这种所谓“研究”只能是历史虚无主义的表现，是我们必须坚决反对的。

对于研究中的不同学术观点，我们也不能随意扣上历史虚无主义的帽子。然而，不是历史虚无主义的学术观点，不等于都可以拿到社会上公开发表。自改革开放以来，我们党在处理涉及现实政治的学术问题时，形成了一种行之有效的做法，叫作“研究无禁区、宣传有纪律”。就是说，有些涉及现实政治的重大问题可以在内部讨论，但对其中还不成熟的观点不能未经组织审批就拿到媒体上发表。因为一旦向社会公开，就进入了宣传领域。对此，共产党员和党领导的研究机构及媒体必须从党和国家的工作大局出发，遵守党的宣传纪律。我们国家现在比历史上的任何时候都更接近于中华民族伟大复兴的目标，因此特别需要把全社会的力量集中到国家各方面的建设上来，防止一些具有政治敏感性而又不成熟的观点捅到社会上，搅乱人们的思想，分散人们的注意，妨碍安定的大局。至于有人把这种纪律约束说成是什么“搞历史虚无主义”，那只能是倒打一耙、故意把水搅浑，是不值一驳的。

二、要树立同历史虚无主义思潮斗争的自觉性

毛泽东同志说过：“真理是在同谬误作斗争中间发展起来的。马克思主义就是这样发展起来的。”[①] 同样，和历史虚无主义思潮做斗争，也会发展马克思主义指导下的国史研究。这种斗争可以是对历史虚无主义思潮的正面回击，也可以是与它的短兵相接、直接交锋。无论采取哪种方式，都需要有同这股思潮做斗争的自觉性。

历史虚无主义思潮来势汹汹、甚嚣尘上，很能迷惑一些不明真相的群众，尤其现在有互联网技术和新媒体，可以加快其传播速度，更给我们同它的斗争造成相当困难。但它既然不是严肃的科学研究，而只是拿历史说事，它就不可能不采用诡辩和偷换概念、断章取义、夸大事实、以偏概全、攻其一点、不及其余，以至胡搅蛮缠、瞎编滥造等等手段。而要这样做，它就不可能不露马脚、不出破绽。因此，我们只要有同历史虚无主义思潮斗争的自觉性，是不难发现其问题的，也是不难找到批驳和揭露它的方法的。

历史虚无主义思潮之所以有一定的欺骗性，在于它往往编造一些似是而非的所谓“理论”，使一部分群众尤其青年觉得它有道理。例如，在如何看待新中国60多年历史的问题上，历史虚无主义制造的一个“理论”，就是利用改革开放前后两个历史时期确实存在的差别，一方面把它们的差别加以夸大，另一方面掩盖它们的一致性，然后将二者割裂和对立起来，把它们形容为两种社会形态。例如，说改革开放前是所谓“封建社会主义”，而改革开放后是所谓“民主社会主义”；或者说改革开放前是“真社会主义”，而改革开放后是“打着社会主义幌子的资本主义”，等等。要把这种“理论”批倒，

① 《毛泽东文集》第7卷，人民出版社1999年版，第280页。

必须抓住问题的要害，并把道理讲透彻。在这方面，习近平总书记为我们做出了很好的示范。他一方面肯定这两个历史时期确实是“有重大区别的时期”，另一方面指出它们“本质上都是我们党领导人民进行社会主义建设的实践探索”；一方面不否定“这两个历史时期在进行社会主义建设的思想指导、方针政策、实际工作上有很大差别”，另一方面指出它们“决不是彼此割裂的，更不是根本对立的”。在此基础上，他把这两个历史时期的关系概括为：“改革开放前的社会主义实践探索为改革开放后的社会主义实践探索积累了条件，改革开放后的社会主义实践探索是对前一个时期的坚持、改革、发展”，最后做出既“不能用改革开放后的历史时期否定改革开放前的历史时期，也不能用改革开放前的历史时期否定改革开放后的历史时期”[①]的结论。这种论述方法抓住了问题的根本，显示出了理论的彻底性，所以具有很强的说服力，得到了绝大多数群众的认同。马克思说过：“批判的武器当然不能代替武器的批判，物质力量只能用物质力量来摧毁；但是理论一经掌握群众，也会变成物质力量。理论只要说服人，就能掌握群众；而理论只要彻底，就能说服人。所谓彻底，就是抓住事物的根本。”[②] 我们应当学习习近平总书记这种分析问题的方法，在同历史虚无主义思潮的斗争中善于抓住问题的要害，并进行实事求是的透彻的说理，争取使更多的人自觉站到马克思主义一边。

历史虚无主义思潮之所以有一定欺骗性，还与它常常编造所谓的“史实”有很大关系。从表面上看，它拿出来的“史实”言之凿凿、煞有介事。但我们只要下一番功夫，进行认真核对、考证，就会发现这些所谓“史实”其实是经不起推敲的，而且说得越具体、显得越“真实”，就越经不起推敲。例如，有人为贬损毛泽东的形象，造谣说《毛泽东选集》1－4卷160余篇文章中，由毛泽东执笔起草的只有12篇，经毛泽东修改的只有13篇，其余都是别人写的。这个弥天大谎显然违背中国革命史的基本常识。陈云同志在第二个《历史决议》起草期间就讲过，毛泽东在延安时代写了许多重要著作，“我们党里头没有第二个人写出这样好的著作。”[③] 然而，如果对这个谎

---

① 《十八大以来重要文献选编》(上)，中央文献出版社2014年版，第111－112页。
② 《马克思恩格斯选集》第1卷，人民出版社2012年版，第9页。
③ 《陈云文选》第3卷，人民出版社1995年版，P284。

言不进行针锋相对的揭露，许多人仍然可能将信将疑，上当受骗。所以，当中央档案馆负责保管毛泽东手稿的同志站出来，用铁的事实对这个谣言加以揭露后，它的欺骗性、丑恶性才彻底暴露。再如，有人为了给反对中国共产党执政寻找理由，造谣说三年困难时期“饿死了3600万人”，并且以“统计数据”和“县志记载”为证。这个谣言虽然与绝大多数经历过那个时期的人的实际体验不相符合，但却具有很大欺骗性，在一部分群众中和国际上都造成了极为恶劣的影响。如果不对这个谣言所拿出的数字进行辨伪，要消除它的影响确实有一定难度。最近，江苏师范大学一位长期从事数学研究和教学的教授，凭着学者的良心，查阅了大量县志，发现谣言制造者们声称依据的县志上，实际只是记载了人口的死亡数，并没有说那些人是饿死的；而且，许多志书上连死亡数字都没有记载，完全是凭空编造出来的。尤其让人感到可贵的是，这位教授还运用历史唯物主义的观点和统计学的专业知识，对我国20世纪60年代人口统计中存在的具体问题进行了考证，指出所谓“饿死3600万人”的说法，不仅是有意把统计公式计算出的那个时期的人口减少数与死亡数、死亡数与饿死数相混淆的结果，而且统计公式计算出的那个时期人口减少的数字本身，就是忽略当时历史背景下几千万人口由农村进入城市又由城市下放到农村过程中户籍漏报、补报、注销等实际情况的产物。经过这番辨伪和考证，不仅“饿死3600万人”这个谣言的虚假性、荒谬性被暴露在光天化日之下，而且统计部门公布的我国三年困难时期人口数据异常减少的矛盾也得到了合理的解释。当前，像这类历史虚无主义思潮制造的所谓“史实”还有不少。我们只要以历史唯物主义做指导，运用历史的方法，借鉴其他相关学科的知识，进行深入的研究，它们的虚假性是完全可以被识破的。这是维护中国共产党领导和社会主义制度、实现两个“一百年”奋斗目标的需要，也是马克思主义指导下的国史研究自身发展的需要。

总之，历史虚无主义思潮要搞“灭人之国，必先去其史”那一套，国史研究者就要反其道而行之，做到“卫己之国，必先护其史”。我们护史的办法不是别的，就是用科学的研究战胜它们制造的谬误，用严谨的考证戳穿它们散布的谎言。

三、要增强同历史虚无主义思潮斗争的韧性

我们一些同志对于同历史虚无主义思潮的斗争，目前存在两种情绪：一

种是看到这股思潮的蔓延，感到有些积重难返了，因而产生消极情绪；另一种态度虽然积极，但总想通过一两次斗争就把这股思潮打退，因而产生急躁情绪。这两种情绪说到底，都是缘于对历史虚无主义思潮的背景以及与之斗争的长期性、复杂性的特点缺少足够的认识。

历史虚无主义思潮既然是国内外敌对势力鼓吹的旨在否定共产党领导和社会主义制度的政治思潮，背后就不可能没有国际资本的支持。帝国主义政治家早在第二次世界大战结束时就提出了对社会主义国家进行武装侵略的另一种战略，即和平演变。他们说："最终对历史起决定作用的是思想，而不是'武器'"，"播下思想的种子……有朝一日会结成和平演变的花蕾"，"在宣传上花 1 美元，等于在国防上花 5 美元"，要同社会主义国家"打一场没有硝烟的战争"。向社会主义国家散布历史虚无主义，就是他们用来打这种"没有硝烟的战争"的一件重要"武器"。而且，这件"武器"在苏联解体、苏共下台的过程中确实起到了一定作用。苏东剧变后，世界社会主义运动进入了低潮，西方敌对势力集中力量，加紧对我国进行西化和分化。这些年，我国综合国力明显上升，但在经济、科技、军事上的西强我弱态势并未根本改变。历史虚无主义思潮在我国的出现和蔓延，正是这种形势的客观反映。所以，同这股思潮的斗争不可能是短时间的事，必须具有斗争的韧性。

韧性来自哪里呢？首先来自对社会主义和共产主义必胜的信念，其次来自对社会主义同资本主义两种制度斗争长期性的清醒认识。中共十八大报告指出："对马克思主义的信仰，对社会主义和共产主义的信念，是共产党人的政治灵魂，是共产党人经受住任何考验的精神支柱。"同时，正如习近平总书记反复强调的那样："资本主义最终消亡、社会主义最终胜利，必然是一个很长的历史过程"，要"充分估计到西方发达国家在经济科技军事方面长期占据优势的客观现实，认真做好两种社会制度长期合作和斗争的各方面准备"。[①] 我们对于由国际资本做后盾的历史虚无主义思潮，同样要有与之长期斗争的思想准备。有准备当然不是说只有等到世界社会主义运动高潮到来的时候，等到经济、科技、军事上我强西弱的时候才开始斗争。天底下任何胜利，不付出努力，不艰苦奋斗，靠等都是等不来的。我们要看到同历史

① 《十八大以来重要文献选编》上，中央文献出版社．2014 年版，p39，117。

虚无主义思潮斗争的长期性、艰巨性，更要看到斗争的必要性、必胜性；要看到斗争中会有曲折，更要看到通过斗争是一定可以取得战斗或战役胜利，取得阶段性成果的。我们不能因为斗争的长期性而悲观失望、丧失信心、“刀枪入库”、“解甲归田”；也不要寄希望于一两个回合就“得胜回朝”，更不要奢望“毕其功于一役”。在同历史虚无主义的斗争中，我们就是要有这样的定力和韧性。我们坚信，有以习近平同志为总书记的党中央的坚强领导，同历史虚无主义思潮的斗争一定会不断积小胜为大胜，直到取得最后胜利。

（作者单位：中国社会科学院）

（原载《当代中国史研究》2015 年第 6 期）

维护人民共和国的历史尊严

梁　柱

十八大以来，习近平总书记十分重视党史、国史的现实借鉴意义和育人作用，他特别强调要正确认识和对待新中国60多年的历史，他指出："我们党领导人民进行社会主义建设，有改革开放前和改革开放后两个历史时期，这是两个相互联系又有重大区别的时期，但本质上都是我们党领导人民进行社会主义建设的实践探索。"这就科学地指明了两个不同发展时期的内在的辩证统一关系。这对于那些企图通过否定我国社会主义建设的成就，特别是对蓄意通过"非毛化"的罪恶活动，来达到他们私有化、西化的政治诉求，是一个有力的回击。因此，正确说明人民共和国历史发展的主线和主体，维护人民共和国的历史尊严，才能更好地发挥国史的资政育人作用。

维护人民共和国历史的尊严，就是维护人民革命的伟大成果。我们党领导的民主革命的根本目的和中心任务，就是解放生产力。新中国所取得的伟大成就，正是对人民革命的历史必然性和正义性的最有力的证明。在新中国诞生前夕，毛泽东满怀深情地展望了人民共和国未来的发展，他说："中国人民将会看到，中国的命运一经操在人民自己的手里，中国就将如太阳升起在东方那样，以自己的辉煌的光焰普照大地，迅速地涤荡反动政府留下来的污泥浊水，治好战争的创伤，建设起一个崭新的强盛的名副其实的人民共和国。"这是创造历史奇迹的时代。这里以毛泽东领导时期为例，只要比较一下旧中国，我们在这个时期取得的是历史性的伟大成就，是极大地促进了经济发展和社会进步，在总体上带给人民的是福利而不是灾难。记得1964年我国第一颗原子弹爆炸时，远在美国的原国民党政府代总统李宗仁对友人感叹：我们不能不服气，我们搞了20多年连一辆像样的单车（自行车）都造不出来，不能不服气呀！这就是旧中国的现实，新中国就是在这样的基础上起步的。只有深刻理解新中国经济建设面临的巨大困难，才会真切体会到我们所取得的巨大成就是何等的可贵。比如，在国民经济恢复时期，在短短的三年时间内，主要工农业产品产量大多数超过解放前最高年份（1936年）。正如陈云所说："三年恢复，赶上蒋介石二十二年。"创造了二次大战结束后医治长期战争创伤、恢复国民经济和社会稳定的一个奇迹。从1956年开始了大规模的社会主义建设，虽然在这期间发生过像"大跃进""文化大革命"这样严重的失误，但在经济建设和社会进步方面取得的巨大成就是不能否定的。从1953—1978年，工农业总产值年均增长率为8.2%，其中工业总产值年均增长率为11.4%，农业总产值年均增长率为2.7%。这个增长速度不但是旧中国无法比拟的，而且与当时世界各国相比也是不低的。在这期间建立了独立的、比较完整的工业体系和国民经济体系，填补了我国工业的许多空白，工业布局有了明显改善，内地和边疆地区都建起了不同规模的现代工业和现代交通运输业，基本上改变了旧中国工业畸形发展的局面；农田基本建设初见规模，效果明显；科学技术水平有了显著提高，现已进入世界先进行列的我国航天技术，就是从1956年起步的。这里还要指出，一个国家的人均预期寿命，是反映这个国家的综合实力和社会进步状况的一个标志性的重要指标。毛泽东领导时期，人均预期寿命从35岁提高到65岁，而印度1952年人均预期寿命41岁直到2011年人均预期寿命才达到65岁，比中国晚了整整35年。这些成就，都为新时期的改革开放和现代化建设奠定了坚实的基础，这是任何人都否定不了的历史事实。

维护人民共和国历史的尊严，就是尊重中国人民在中国共产党领导下建设新国家的历史主动精神。这种历史主动精神是中华民族精神的升华，形成了巨大的社会凝聚力，从根本上改变了旧中国一盘散沙、任人欺凌的悲惨局面。这是值得中国人珍惜的伟大的精神财富，是不容许任何人加以亵渎和抹煞的。新中国成立60多年来，在广大工人、农民、解放军指战员、知识分子和干部中涌现出千千万万为祖国无私奉献的英雄模范人物，他们是我们民族的中坚力量，他们的事迹已成为激励人们建设新国家的巨大精神力量。这里，着重介绍"两弹一星"这个英雄集体。他们高扬爱国主义的旗帜，怀着强烈的报国之志，自觉地把个人的理想与祖国的命运紧紧联系在一起，把个人的志向与民族的振兴紧紧联系在一起。他们甘当无名英雄，隐姓埋名，默默奉献。像邓稼先、于敏等“销声匿迹”将近30年，完全同个人的名与利绝缘。他们用自己的热血和生命，谱写了一部为祖国为人民鞠躬尽瘁、死而后已的壮丽史诗。他们的奉献和献身精神，是感天动地的。像邓稼先是中国原子弹理论设计的总负责人，他在任何时候都是不顾个人安危，总是身先士卒，奋战在第一线，解决一个又一个难题。在1970年代的一次核试验中出现事故，发射的核弹不知去向。邓稼先不顾许多同志反对亲自去现场察看，终于一块碎弹片被他找到，高度的责任心竟使他忘记了起码的科学常识，用双手捧起含有极强放射物的碎弹片察看，确定核弹没有爆炸后才放心。几天之后，经体检的结果是：他的尿里有很强的放射性，几乎所有的化验指标都不正常。1985年，他患癌症并明显加快转移。他在治疗期间，把病房变成工作室，以极大的毅力忍受常人难以忍受的痛苦，利用一切可能的时间抓紧工作，包括和于敏联合署名写成了一份给中央的关于我国核武器发展的极为重要的建议书。1986年7月29日，邓稼先终因全身大出血而与世长辞，他用生命践行了他在接受研制原子弹任务时说过的话：“我的生命就献给未来的工作了，做好了这件事，我这一生就过得很有意义，就是为它死了也值得。”

中国完全依靠自己的力量，取得了“两弹一星”的辉煌成就。继1964年10月16日第一颗原子弹爆炸之后，1967年6月17日第一颗氢弹试验成功，1970年4月24日第一颗人造卫星发射成功。这是中国人民在攀登现代科技高峰的征途中创造的非凡的人间奇迹。邓小平指出：“如果六十年代以来中国没有原子弹、氢弹，没有发射卫星，中国就不能叫有重要影响的大国，就没有现在这样的国际地位。这些东西反映一个民族的能力，也是一个民族、一个国家兴旺发达的标志。”1992年他在南方谈话中又满怀深情地说：“我要感谢科技工作者为国家作出的贡献和争得的荣誉。大家要记住那个年代，钱学森、李四光、钱三强那一批老科学家，在那么困难的条件下，把‘两弹一星’和好多高科技搞起来。”

1971年，诺贝尔奖获得者、美籍华裔科学家杨振宁第一次访问中国，他见到阔别20多年的老同学邓稼先时，特别问他：“是不是寒春（在华美国友人、核专家）曾参加中国原子弹工作，像美国谣言所说的那样。”邓稼先表示他觉得没有，但会去证实一下再做肯定回答。杨振宁写道：“1971年8

月16日，是我离开上海经巴黎回美国的前夕，上海市领导人在上海大厦请我吃饭。席中有人送了一封信给我，是稼先写的，说他已证实了，中国原子武器工程中除了最早于1959年底以前曾得到苏联的极少‘援助’以外，没有任何外国人参加。”他说：“此封短短的信给了我极大的感情震荡。一时热泪满眶，不得不起身去洗手间整容。事后我追想为什么有那样大的感情震荡，为了民族的自豪？为了稼先而感到骄傲？——我始终想不清楚。”台湾学者黄尔尊（笔名：惜时老人）写了一本《向太空要和平——中国核工业史话》，他向笔者赠书时表达了写作过程的激动心情，特别是写到氢弹试验成功时，“当时，氢弹的理论设计，是在江南的一个小县城里完成的。为了‘庆功’，这批不分昼夜都在工作的年轻人，走进了一家小饭馆，每人吃了两角人民币的‘大肉面’，钱是由于敏付的”。他禁不住老泪纵横，难以自已。是的，爱国之心，人皆有之；人同此心，心同此理。亲爱的读者，当你们读到这个情节时，“庆功”仅仅是一碗两角人民币的“大肉面”，是觉得他们太“贫穷”、寒碜呢，还是为这种体现着崇高理想、无私奉献的爱国精神而震撼和激动呢?！这是值得我们好好地想一想。

（作者单位：北京大学）

（原载《中华魂》2016年第2期）

维护毛泽东的历史地位是抵制历史虚无主义思潮的关键

李方祥

历史虚无主义是改革开放以来一种比较活跃并具有较强迷惑性的错误思潮。近几年来，历史虚无主义打着“恢复历史真相”的旗号，造谣、歪曲历史事实，把攻击的矛头集中指向我们党第一代中央领导核心毛泽东及其领导的新民主主义革命和社会主义建设事业，试图以此打开丑化党的历史和新中国的历史、弄垮社会主义政权的突破口。不久前党中央召开了全国宣传思想工作会议，习近平总书记强调指出“意识形态工作是党的一项极端重要的工作”，“在事关大是大非和政治原则问题上，必须增强主动性、掌握主动性、打好主动仗。”① 这些重要阐述具有很强的针对性，对于排除历史虚无主义在意识形态领域的干扰具有现实指导意义。维护毛泽东的历史地位，就是当前一个事关大是大非和政治原则的突出问题，同时也是抵制历史虚无主义的关键，我们应当密切关注意识形态领域各种歪曲、丑化党史尤其是党的领袖的倾向，以确凿的历史事实旗帜鲜明、针锋相对地及时予以辩驳、澄清和反击，科学阐述毛泽东的历史性贡献，深刻揭示毛泽东思想的深远指导意义。

一、历史虚无主义越来越集中地表现为全盘否定毛泽东的历史地位

历史虚无主义在中共党史、中国近现代史等领域否定革命，鼓吹“告别革命”；把中国近代以来的历史说成是离开“近代文明的主流”，而误入“以俄为师的歧路”；把党的历史和新中国的历史说成是一系列错误的延续。值

① 习近平. 胸怀大局把握大势着眼大事努力把宣传思想工作做得更好［N］. 光明日报，2013－08－21（1）。

得注意的一个倾向是，近几年历史虚无主义越来越把“虚无”的重点指向党的领袖人物特别是毛泽东，主要突出表现在以下几个方面：

一是站在被推翻的反动阶级的立场做翻案文章。历史事实是客观的，但是对历史现象的阐释必然会自觉或不自觉地受到人们所处立场的制约和影响。同一历史现象，站在不同的阶级立场会形成不同的甚至截然对立的认识和解读。值得注意的是，近几年出现了一股“蒋介石热”、“民国热”，各种蒋介石的“自述”、“画传”以及“日记解读”等著作为早已被人民革命推翻了的蒋介石等反动势力涂脂抹粉、喊冤叫屈。比如，有的人反对阶级分析，把史学界关于蒋介石“消极抗战，积极反共”等已有结论，说成是受“内战时期的情绪”支配，[①] 不符合历史真相。还有的出版物绘声绘色地描绘了民国时期住房、薪酬、饮食、娱乐、男女等方面所谓安逸、浪漫的社会生活，公然喊出“活在民国也不错”。[②] 蒋介石及其政府代表了旧中国最反动、最腐朽的统治集团，代表了旧中国束缚生产力发展的最落后的生产关系。如果这样的反动势力不应当打倒，那么我们党进行了28年艰苦卓绝的新民主主义革命就完全丧失了历史必然性和历史正当性，几千万革命先烈的鲜血就付之东流了。

二是不仅攻击毛泽东领导的伟大事业，而且大泼脏水，进行纯粹的人身攻击。历史虚无主义的各种“翻案”文章把重点放在攻击毛泽东领导的新民主主义革命、社会主义改造和社会主义建设事业，曲解原意、篡改历史，挑战党史和国史上关于一系列重大历史问题、历史人物已有的结论。比如，有的指责中国共产党在抗战时期“放着日本人不打，打自己的小算盘，准备胜利后摘果子”；有的危言耸听地说“解放并没有给中国人带来幸福，相反，带来的是生灵涂炭的三十年。因政治原因死亡达五千万之众。超过第二次世界大战死亡总数”，把新中国前30年渲染成一场人类史上的大灾难；还有的说新中国的成立并没有使中国人民站起来，毛泽东“造成了一个人可以凌驾全国人民之上的党国体制。一个人站起来了，亿万人民却跪下去了”，[③] 等等。诸如此类的奇谈怪论不胜枚举，但有一个共同点就是：只要涉及毛泽东

① 杨天石．找寻真实的蒋介石——蒋介石日记解读Ⅱ［M］．北京：华文出版社，2010．P2－3。
② 林怀青．活在民国也不错［M］．武汉：长江文艺出版社，2013。
③ 本刊编辑部．对历史、现状与改革的看法［J］，炎黄春秋，2013，(4)。

领导的，他们都试图否定；只要是毛泽东在工作中与其他人的争论或分歧，他们都把错误归于毛泽东。不仅如此，历史虚无主义还对毛泽东进行人身攻击，试图在人格、人品、道德等层面加以丑化和贬低。

三是主观想象、捏造事实。尊重事实，应当是史学工作者必须具备的首要的专业素养、学术操守和社会责任。但是，历史虚无主义连这最起码的学术道德都不具备。他们不是从最基本的历史事实出发，往往是从主观想象出发，没有确凿的史料根据，为了达到否定毛泽东的目的，随心所欲、信口开河地编造、抛出耸人听闻的所谓“历史真相”，制造轰动效应。比如，有的揭发毛泽东的《矛盾论》“有抄袭之嫌”；① 近期还有人发表文章说皖南事变后周恩来在悲愤之中写下的“千古奇冤，江南一叶”八个大字，不是针对国民党顽固派制造反共摩擦，而主要针对的是毛泽东，“毛泽东对皖南军队不公道”，对新四军是“有成见”，“国民党反革命打我们，这能叫千古奇冤吗?”② 众所周知，上述这类谣言、谎言尽管也许能够蒙蔽一时，但最终都经不起史料上的稽核。

四是攻其一点，不及其余。历史虚无主义不分主流、支流，把历史碎片化，往往抓住某个历史细节，以偏概全进而颠覆整体历史，在思想方法上是片面的。比如，有的人把新中国成立后的毛泽东说成是“不好的毛泽东”，“在重大决策上，特别是内政决策上，基本上是失误的”。③ 他们只是揪住个别错误不放，没有从毛泽东的一生来评价其功过得失；对于毛泽东犯的错误，不是具体地分析，不是从总结经验教训的角度给予恰如其分的批评，而是把特定历史环境下犯的错误无限夸大、大肆渲染，全盘否定。

五是只看到历史的表面现象，而没有看到历史的本质。比如说，有的人认为新民主主义中有没有民主的概念，其理由是延安时期张闻天等中共领导人对新民主主义文化的方向概括为“四化”，即民族化、民主化、科学化、大众化，但过不多久就被毛泽东删去了“民主化”，而成了“三化”，毛泽东概括的中国文化的方向“显然不能说是正确”的，新民主主义的文化纲领，

---

① 刘泽华．我在“文革”中的思想历程［J］，炎黄春秋，2011（9）。
② 小朝整理．项英秘书扬帆谈皖南事变［J］，炎黄春秋，2013（2）。
③ 杜导正．新民主主义的回归与发展［J］，炎黄春秋，2009（4）。

还是采取“四化”说为好。[①] 事实上，最早提出“四化”的是毛泽东。1939年12月13日，他在中央政治局会议上听取艾思奇关于准备陕甘宁边区文代会报告内容的介绍时表示，新文化的性质不要提三民主义文化，“以提中华民族新文化为好”，“新文化用下面四大口号为好：民族化（包括旧形式），民主化（包括统一战线），科学化（包括各种科学），大众化（鲁迅提出的口号，我们需要的）。”[②] 而张闻天是在1940年1月5日陕甘宁边区文化协会第一次代表大会做报告时才把“中华民族新文化的内容和性质”概括为“四化”，毛泽东比张闻天用“四化”的提法还要早20多天。在9日演讲中，毛泽东首次使用了“新民主主义文化”概念，并用“三化”来界定其内涵。这一文字表述上的变动，不是简单地把“民主化”这三个字删掉，更不是毛泽东不重视民主化，而是使表述更加科学、严谨，因为新民主主义这一特定概念本身就包含民主的内涵。而在“新民主主义文化”概念尚未提出之前，包括“民主化”在内的“四化”提法对“中华民族新文化”这样一种新文化形态而言，当然更全面。看来，研究历史不能只满足于对历史表象的肤浅分析，而应当联系特定的历史环境，揭示历史现象之间的内在逻辑。有的人先形成定论然后再去寻找为其观点服务的支撑史料，这种研究态度和方法显然是很危险的。列宁曾严肃地提出批评：“在社会现象领域，没有哪种方法比胡乱抽出一些个别事实和玩弄实例更普遍、更站不住脚的了。”[③]

六是境内外各种历史虚无主义遥相呼应、沆瀣一气。近些年，国外敌对势力精心炮制了一些“妖魔化”毛泽东的“重磅炸弹”，如《毛泽东私人医生回忆录》、《毛泽东：鲜为人知的故事》等，斥着大量的谎言以欺骗国际社会，一时间国外攻击毛泽东的历史虚无主义思潮甚嚣尘上。值得关注的是，近年来境内外“非毛化”思潮出现相互呼应的倾向。特别是有些在境外对毛泽东的贬损，时常得到国内个别人的吹捧，从而放大了历史虚无主义在国内的恶劣影响。比如境外个别研究延安整风的书，把延安整风描绘成党内的残酷斗争，把毛泽东写成一个踩着别人往上爬、擅于权力斗争的小人。正是这

---

① 高王凌．新民主主义中有没有民主的概念［J］，炎黄春秋，2012（4）。

② 中共中央文献研究室编．毛泽东年谱（1893—1949），中卷［M］．北京：中央文献出版社，2002．P149。

③ 列宁全集，第28卷［M］．北京：人民出版社，1990．P364。

样一部夸大错误、歪曲真相的书却受到国内少数人的极力吹捧，冠之以“史诗之作”，是迄今为止研究延安整风“最全面系统并独具匠心的大作”。

二、历史虚无主义为什么把“虚无”的矛头集中指向毛泽东

根据历史唯物主义，无产阶级政党的主要领袖，不仅仅代表其个人，同时还是他所代表的政党以及他所处的整个阶级利益的化身。丑化、否定共产党的主要领袖，不仅仅是搞倒一个人的问题，而是通过否定主要领袖进而否定他所代表的整个政党、整个阶级，乃至他所代表的那个政权。丑化共产党的主要领袖，这是西方敌对势力搞垮共产党、颠覆社会主义制度最便捷、最直接、最有效的途径，并且已经有过“成功”的先例。1989 年美国一位反共人士布热津斯基曾出版过一本名叫《大失败》的书，他在书中就直言不讳地教导苏联国内持不同政见者，要搞垮共产党，重点是把斯大林搞臭，而且对“斯大林赞成灾难的根源要追溯到列宁”。[①]

历史虚无主义把毛泽东作为最主要的攻击对象，首先是因为否定了毛泽东，就从根本上打开了否定党和国家整个历史的突破口。众所周知，毛泽东是中国共产党的创始人之一，又是中华人民共和国最主要的缔造者，在相当长的一个历史时期内他还是我们党和国家最主要的领导人，他的一生以及他毕生追求的事业是与中国共产党的历史、与新中国的历史紧密融合在一起的。胡锦涛在庆祝中国共产党成立 90 周年大会上高度概括了我们党完成和推进了三件了不起的大事：完成了新民主主义革命，实现了民族独立、人民解放；完成了社会主义革命，确立了社会主义基本制度；进行了改革开放新的伟大革命，开创、坚持和发展了中国特色社会主义。[②] 在三件大事中，前两件就是在毛泽东直接领导下完成的，即便是第三件大事也不是凭空产生的，而是在完成前两件大事的基础上进行的，党的十七大报告强调“我们要永远铭记”，[③] 就是提醒我们不应该忘记那段历史，更不应该贬损领导人民

---

① ［美］兹·布热津斯基．大失败——二十世纪共产主义的兴亡［M］．北京：军事科学出版社，1989．P38。

② 中共中央文献研究室编．十七大以来重要文献选编，下［M］．北京：中央文献出版社，2013．P433。

③ 中共中央文献研究室编．十七大以来重要文献选编，上［M］．北京：中央文献出版社，2009．P6。

推动那段历史发展的杰出人物。有的人提出夺取政权后的毛泽东“是一个不好的毛泽东”，“在重大决策上，特别是内政决策上，基本上是失误的”。照此观点则必然是抹黑党史、国史。正是由于毛泽东与党的历史、新中国的历史是融为一体的，所以维护毛泽东的历史地位，实际上就是维护中国共产党和中华人民共和国大部分的历史。邓小平多次一针见血地指出这个问题的要害，他说：“否定毛泽东就是否定中国革命大部分的历史”，[①] “毛泽东思想这个旗帜丢不得。丢掉了这个旗帜，实际上就否定了我们党的光辉历史。”[②]他在1989年2月再次强调指出，对毛泽东的历史地位要做恰当的评价，对毛泽东晚年错误的批评不能过分、不能出格，因为“否定这样一个伟大的历史人物，意味着否定我们国家的一段重要历史。这就会造成思想混乱，导致政治的不稳定”。[③]

其次，否定了毛泽东，就从根本上打开了动摇道路自信、理论自信、制度自信的突破口。不久前，习近平总书记在中央政治局第七次集体学习时强调指出：“中国特色社会主义这条道路来之不易，它是在改革开放30多年的伟大实践中走出来的，是在中华人民共和国成立60多年的持续探索中走出来的，是在对近代以来170多年中华民族发展历程的深刻总结中走出来的，是在对中华民族5000多年悠久文明的传承中走出来的。”[④] 其中，毛泽东与中国特色社会主义道路有着历史的内在联系，中国特色社会主义是在以毛泽东为代表的第一代中央领导集体的艰辛探索和所取得的伟大历史性成就的基础上所开创和发展起来的，中国特色社会主义基本制度也是在毛泽东领导下奠基和不断完善，中国特色社会主义理论体系是对毛泽东思想的继承、发展和创新。历史虚无主义不是就历史问题谈历史问题，他们的目的在于通过否定过去进而否定现在，并且引导未来走向。历史虚无主义别有用心地把攻击的矛头指向毛泽东，就是企图诬蔑毛泽东为“专制独裁的封建帝王”，把毛泽东时代歪曲为黑暗、封建专制时代，把党和国家建设中的一切失误都归结为毛泽东个人以及所建立的社会主义基本制度，从而从历史合理性的角度进

---

① 邓小平文选，第3卷［M］．北京：人民出版社，1993．P272。

② 邓小平文选，第2卷［M］．北京：人民出版社，1994．P298。

③ 邓小平文选，第3卷［M］．北京：人民出版社，1993．P284。

④ 习近平．在对历史的深入思考中更好走向未来交出发展中国特色社会主义合格答卷［N］．光明日报，2013－06－27（1）。

一步否定今天我们正在坚持的中国特色社会主义道路和社会主义基本制度，引导中国走上资本主义、民主社会主义的歧路。

第三，否定了毛泽东，就瓦解了民心，从根本上打开了摧毁中国共产党执政正当性的突破口。中国共产党执政是否具有正当性，涉及两个问题：一是中国共产党取得政权的途径是否正当，这涉及如何评价新民主主义革命的问题；二是中国共产党在全国范围执政后，总体上有没有推动生产力的发展，究竟是造福人民还是祸害人民。以“告别革命”论为代表的历史虚无主义即是否定中国革命的正当性。关于第二点，现在有的人把改革开放前与改革开放后两个历史时期割裂开来、对立起来，用改革开放后的历史时期来贬低、否定改革开放前的历史时期，说改革开放前是“专制势力的复辟”。历史虚无主义抹黑那段历史，其背后意图实际上是指向我们党执政的正当性。毛泽东在中国各族人民心中享有崇高的威望，尽管他已经逝世近 40 年，但他的丰功伟绩至今仍然受到我们党以及亿万群众的缅怀，他的精神风范和人格魅力仍在影响着今天人们的工作、生活，他为后人留下的理论著作和宝贵思想，教育了几代人，直至今天人们仍然在不断地学习、研究和宣传，从中挖掘有益于推进新时期改革开放和中国特色社会主义道路的历史启示。在改革开放之初，邓小平就曾动情地说过这个朴素的道理，他说：“不提毛泽东思想，对毛泽东同志的功过评价不恰当，老工人通不过，土改时候的贫下中农通不过，同他们相联系的一大批干部也通不过。”[①] 所谓通不过，即是人民意愿的一种通俗形象的表述，生动地体现了毛泽东在劳动人民心中的位置。江泽民在毛泽东同志诞辰 100 周年纪念大会的讲话中也饱含深情地指出：“中国出了个毛泽东，是我们党的骄傲，是我们国家的骄傲，是中华民族的骄傲。我们对毛泽东同志永远怀着深深的尊敬和爱戴之情！”[②] 如果把这样一位在人民心中享有崇高地位的领袖人物肆意地加以抹黑、丑化，把党 90 多年的光荣历史彻底否定，不仅会造成执政党内部的思想混乱，而且会动摇人民群众对党的领袖的爱戴以及对党的信任和拥护，会从心理上瓦解中国共产党乃至全民族团结统一的思想基础。

---

① 邓小平文选，第 2 卷［M］. 北京：人民出版社，1994. P298。

② 江泽民文选，第 1 卷［M］. 北京：人民出版社，2006. P346。

三、要清醒预见历史虚无主义否定毛泽东会导致的政治后果

历史虚无主义是一种极具破坏性的极端思潮，特别是它对共产党领袖的丑化，对党的整个历史的歪曲，所造成的社会危害是不可以低估的。在国际共产主义运动史上，由于否定执政党的领袖而导致亡党亡国的政治恶果，早有前车之鉴。1959 年 2 月，毛泽东在一次中央会议上对党的高级干部曾讲过一句意味深长的话，他说："历史上不管中国外国，凡是不应该否定一切的而否定一切，凡是这么做了的，结果统统毁灭了他们自己。"① 毛泽东在这里着重强调实事求是地对待历史的重要性，30 多年后，苏联共产党重蹈历史覆辙，对于我们今天维护毛泽东的历史地位、抵制历史虚无主义的必要性和紧迫性，无疑具有重要的警示意义。

苏联解体前社会上污蔑共产党领袖的逆流，发端于苏共二十大赫鲁晓夫对斯大林的批判。其后这股思潮愈演愈烈，把对已故党的领导人的批判转向对苏联社会制度的批判，引导苏联人民得出这样的结论："一切都是社会制度的错，也就是说，应该替换它。"② 近年来，越来越多的苏联前政要、历史学家纷纷指出历史虚无主义否定革命领袖在苏联解体中起到的关键性作用。比如，原苏共中央政治局委员、苏联副总统根纳季·亚纳耶夫在其近年出版的回忆录中就十分痛心地指出：20 世纪 50 年代中期，赫鲁晓夫"一味庸俗、不加区分地'削去'斯大林在苏联历史中的作用"，"给苏联社会占有优势地位的心理道德状况、群众的世界观和方法论造成毁灭性的打击"。"当时，在苏共 20 大的日子里，群众的意识中被植入了虚无主义、无动于衷和怀疑一切的种子。这些杂草的种子狂长，到千年之末，杂草已经长满曾经是伟大国家的广袤空间"。③

苏联乱史灭国的历史教训极具警示价值，它启示我们，否定党的领袖是打开社会主义意识形态的缺口，并进而否定共产党执政的合理性。在社会主义国家，一些人尤其是年轻人，由于对党和国家的历史、对已故党的领袖缺

---

① 毛泽东、周恩来、刘少奇、朱德、邓小平、陈云、江泽民、胡锦涛关于学习和总结历史的论语[J]，党的文献，2007，(5)。

② [俄] 叶·库·利加乔夫. 警示 [M]. 北京：当代世界出版社，2001. P134。

③ [俄] 根纳季·亚纳耶夫. 捍卫苏联的最后一博——"国家紧急状态委员会"反对戈尔巴乔夫[M]. 北京：社会科学文献出版社，2012. P118。

乏深入的了解，对一些似是而非的观点缺乏辨别能力，很容易受到历史虚无主义所谓“新观点”的迷惑，使歪曲和丑化领袖人物的逆流得以兴风作浪。同时，还应当引起注意的是，否定了毛泽东，不仅仅否定了过去的那一段历史，而且还间接地否定了新时期改革开放伟大事业。2013年1月5日，习近平总书记在新进中央委员会的委员、候补委员学习贯彻党的十八大精神研讨班开班式上强调指出：“中国特色社会主义是在改革开放历史新时期开创的，但也是在新中国已经建立起社会主义基本制度、并进行了20多年建设的基础上开创的”，两个时期虽然有很大差别，“但两者决不是彼此割裂的，更不是根本对立的。”[①] 改革开放前和改革开放后两个历史时期是辩证统一的关系，现在有的人为了否定毛泽东及其领导的社会主义建设成就，把改革开放前与改革开放后两个历史时期割裂开来、对立起来，用改革开放后的历史时期来贬低毛泽东，抹黑改革开放前的历史时期。这种做法从表面上看似乎抬高了改革开放新时期，但实际上在否定了前一个历史时期的同时也否定了后一个历史时期。30多年来，正如我们所看到的，新时期的改革开放的确是一项崭新的事业，但它并不是凭空产生的，而是在继承前人特别是以毛泽东为代表的第一代中央领导集体艰辛探索和所取得的伟大历史性成就的基础上进行的。毛泽东不愧是中国特色社会主义的伟大奠基者，他与新时期的改革开放崭新事业不是对立的，我们今天要坚定不移地推进中国特色社会主义和改革开放伟大事业，就必须始终维护这位奠基者的历史地位。

由此可见，当前怎样评价毛泽东，怎样对待中国革命史和中华人民共和国史，不仅仅是某个具体历史现象应当如何认识的问题，而是关系到现实，特别是关系到当前意识形态领域能否坚持马克思主义指导地位，能否坚持中国特色社会主义道路的一个重大政治问题。对此，党中央已经明确指出：“国际国内意识形态领域许多问题涉及党的历史。正确认识和对待党的历史，关系党的形象，关系党的生命，关系国家长治久安。”[②] 从某种意义上讲，党史的核心问题就是对毛泽东的态度问题，因此，维护毛泽东的历史地位，

---

① 习近平．毫不动摇坚持和发展中国特色社会主义在实践中不断有所发现有所创造有所前进［N］．光明日报，2013—01—06（1）。

② 中共中央文献研究室编．十七大以来重要文献选编，中［M］．北京：中央文献出版社，2011．P786。

排除历史虚无主义的干扰，是当前思想理论战线一场严肃的斗争，我们应当按照党中央的要求，从这个立足点和政治高度来审视维护毛泽东历史地位的重要性。

改革开放以来，我们党从来就不是简单地对待毛泽东的评价问题，而是始终把它作为一个关系国家长治久安的全局性问题。邓小平在 20 世纪 80 年代初亲自指导起草党的第二个历史决议时，就反复强调："确立毛泽东同志的历史地位，坚持和发展毛泽东思想"，[①] 是历史决议"最核心"、"最重要、最根本、最关键"的一条，"不写或不坚持毛泽东思想，我们要犯历史性的大错误。"[②]

我们党坚持毛泽东思想，并把它写入了四项基本原则，中国经受住了 20 世纪 80 年代末 90 年代初国际国内风云变幻局势的严峻考验，中国特色社会主义道路焕发出勃勃生机。对于邓小平的远见卓识，江泽民在党的十四大上给予了高度评价，他指出：十一届六中全会专门作出关于建国以来党的若干历史问题的决议，根本否定了"文化大革命"和"无产阶级专政下继续革命"的理论，同时坚决顶住否定毛泽东和毛泽东思想的错误思潮，维护了毛泽东的历史地位，肯定了毛泽东思想的指导作用。"随着国内局势的发展和国际局势的变化，越来越显示出党作出这个重大决策的勇气和远见。"[③] 中国共产党从政治大局的战略高度始终坚定地维护好毛泽东在党和国家政治生活中的历史地位，使中国在面临极其复杂的风险和考验的 30 多年改革开放中维持了安定团结的大好局面，从根本上避免了苏联亡党亡国悲剧的重演。

改革开放以来，我国意识形态领域总体情况是健康的，但是我们还应当清醒地看到，国内外敌对势力从没有放松对毛泽东的造谣、诬蔑，个别抹黑党的领袖的杂音在网络等媒体中还时有出现、混淆视听，传播负能量，干扰主旋律。对此，我们必须保持必要的警惕，以习近平总书记在全国宣传思想工作会议上的重要讲话精神为指导，牢牢掌握网络、报刊等意识形态舆论阵地，及时主动地回应、击碎各种谣言、还原历史真相，旗帜鲜明地阐明自己

---

① 邓小平文选，第 2 卷 [M]. 北京：人民出版社，1994. P291。
② 邓小平文选，第 2 卷 [M]. 北京：人民出版社，1994. P300。
③ 江泽民文选，第 1 卷 [M]. 北京：人民出版社，2006. P214。

的观点，不断凝聚社会共识，激发意识形态领域的正能量。

鲁迅逝世后遭到了众多的非议和诽谤，现代著名作家郁达夫曾讲过一句名言，他说："没有伟大的人物出现的民族，是世界上最可怜的生物之群；有了伟大的人物，而不知拥护，爱戴，崇仰的国家，是没有希望的奴隶之邦。"[①] 这句富有哲理的话，虽然是郁达夫为悼念鲁迅先生有感而发，但如果用在今天，用在同样遭到众多攻击、污蔑的毛泽东身上，一样发人深省。如果对历史虚无主义散布的各种错误观点不旗帜鲜明地加以抵制，如果任其继续放任自流、肆意蔓延，那么我们是否也可能真的沦为郁达夫所担忧的"没有希望的奴隶之邦"？

（作者单位：福建师范大学马克思主义学院）

（原载《思想理论教育导刊》2013 年第 12 期）

① 郁达夫．怀鲁迅［J］．文学，1936，（5）。

建国初期对知识分子思想改造的历史必然性

夏杏珍

如何看待建国初期对知识分子的思想改造运动，一直以来众说纷纭。今天我们把这一运动放在新中国成立的大历史背景下来认识和分析，就能看到其价值和历史的必然性。

一、思想改造是历史发展的必然要求

新中国成立之初，面临的情况是极其复杂的，各种矛盾交织在一起。一方面，经济的恢复和发展已经成为主要任务；另一方面，还有繁重的民主改革和社会主义革命尚待进行。整个社会处于全面转型时期，意识形态领域呈现思想多元化，价值观念混乱，“新”“旧”两种文化面貌之间的边界并不十分明晰。当时，中国知识分子主要由三部分组成：一是来自革命根据地和解放区以及军队中的知识分子。他们在新中国成立前就参加了革命，通常称他们为革命知识分子。这部分人人数相对较少，新中国成立后都成为各级党政机关的领导人。二是解放战争中接收的国民党留下来的大量宣传、教育机构，各类学校、厂矿企业和各种文化艺术团体中的知识分子，其中包括教育工作者、科技工作者、文艺工作者、新闻工作者、医生等等。他们是建国初期知识分子队伍的主要组成部分，知识分子问题主要是就他们而言的。三是当时大学还没有毕业的青年学生。后两部分人中也有一定数量的人曾是“五四”新文化运动中的激进分子，或是在中国共产党的领导和影响下，参加过1946年的抗暴斗争和反饥饿、反内战、反独裁运动的知识分子。

但建国初期知识分子队伍的主要成分，是从国统区过来的旧知识分子。他们大多有留学欧美的教育背景，并长期生活和工作在旧社会，不可避免地带着一些与新社会、新政权格格不入的旧习惯和旧思想；有美国情结的大学教授们，虽然极度不满于腐败的国民党政府以及美国的“扶蒋反共”政策，但仍对美国的民主充满着幻想，希望借助美国的帮助来实现中国的民主；对中国共产党领导的政权性质和中国共产党的执政能力表示怀疑，对共和国、共产党、人民政府存在偏见和疑虑，甚至于想在国共两党之外能产生一种新的力量以稳定中国的政局。这种“新的力量”，当然指的是自由主义知识分子。解放战争时期，这些人在中国的政治舞台上就较为活跃，形成了一股很有影响的政治势力。当时，美国对这些人抱有极大的期望。在美国政府组织人员编写的《美国与中国关系——着重于1944—1949年时期》的白皮书，和艾奇逊为此致美国总统杜鲁门的信中，就“公开宣称要招收中国的所谓‘民主个人主义’分子，组织美国的第五纵队，推翻中国共产党领导的人民政府”。[①]

尽管毛泽东写了五评白皮书，反复告诫这些知识分子切勿对美国寄予幻想，尽管以民盟为代表的各民主党派及所属的知识分子都表态批驳了美国白皮书，但是不容置疑的，毛泽东对美国以及它所寄予希望的在中国的这“一层薄薄的社会基础”的动向是保持警觉的。这些也成为日后中国共产党对知识分子进行思想改造的现实依据。

应该说，1950年下半年开始在知识分子中间提倡自我教育和自我改造的方针，与当时准备在新解放区全面开展土地改革的形势也有着密切的关系。中国的旧知识分子，大都出身于剥削阶级家庭，与封建地主阶级有着千丝万缕的联系，在土改中，他们要想与自己的家庭划清界限，就不能不来一个思想上的自我教育和自我改造。毛泽东曾把战争和土改看成是在新民主主义的历史时期内考验全中国一切人们、一切党派的“两个关”，号召大家做一个完全的革命派，过好土改这一关。

二、思想改造具备客观条件

新中国成立初期对知识分子进行的思想改造运动，不仅是必须的，也是完全可以实行并取得了效果的。也就是说，这个“历史的必然要求”在实际

① 《中国民主同盟历史文献》，文史资料出版社1983年版，第76、77页。

上不是“不可能实现的”，因而在总体上说，不会构成“悲剧性冲突”。新中国成立后，中国共产党对知识分子思想改造政策继承和拓展了党在民主革命时期对知识分子的思想改造政策，对广大知识分子采取团结、教育、改造的政策。

1. 对著名的知识分子代表人物委以重任

仅从10月1日中华人民共和国成立到10月21日政务院宣告成立，这开国短短21天中，中央人民政府委员会分别任命的各机构的领导人选里，就不难看出知识分子占有何等重要的地位。其中如黄炎培、郭沫若担任政务院副总理；沈钧儒担任最高人民法院院长；张奚若、彭泽民担任政务院政治法律委员会副主任；马寅初担任政务院财政经济委员会副主任；章伯钧担任交通部部长；李书城担任农业部部长；梁希担任农垦部部长；沈雁冰担任文化部部长；马叙伦担任教育部部长；史良担任司法部部长；胡愈之担任出版总署署长，等等。据统计，民主人士和知识分子在政务院4个副总理中占了2人；在21个政务委员中，占了11人；在政务院下属30个机构的93名负责人中，占了42人。这些数字，还不包括共产党员中的许多知识分子在内。

2. 对旧中国留下来的知识分子在生活上实行“包下来”的方针

新中国成立之初，国内最严重的问题之一是失业问题，这是政权更替留下的现象。而对于那些曾经服务于旧政权的特殊阶层来说，这种现象就更为严重。为解决旧知识分子失业问题，毛泽东等中国共产党领导人不遗余力。1950年7月25日，政务院在《关于救济失业教师和处理学生失学问题的指示》中指出，应在大城市举办各种短期训练班、补习班及夜校等，吸收大中学失业学生入学，毕业后设法介绍他们参加各项建设工作。同时对失业知识分子进行登记，除尽可能地介绍职业外，应本着以工代赈的精神，分配他们参加各种社会服务工作，发给生活维持费；无法工作者，组织学习并发失业救济金。这样就使绝大多数知识分子继续自己原来的业务，一些失业知识分子也分配到适当工作，经济上给予较优越的待遇，解决了他们的生活问题。

除此以外，毛泽东、周恩来等党和国家领导人还利用自己与一些旧知识分子的私情公谊，妥善地解决了不少著名人士的工作安排问题。如著名美术家李苦禅，毛泽东通过田家英，很快恢复了他中央美术学院教授的职务。对一些年纪比较大、在社会上有一定声望的老年知识分子，则采取“把他们养起来”的办法，或者安置在文史馆一类的工作岗位，用其所长，发挥其作用。

3. 欢迎在海外的知识分子回国服务

为了更好地吸引人才、集聚人才，中国共产党竭诚欢迎在海外留学或工作的知识分子回国服务。新中国成立后出现了第一次海外知识分子归国的热潮，一批批留学海外的有见识、有文化、有技能的知识分子，冲破帝国主义和各国反动势力的重重阻挠，回到祖国。著名数学家华罗庚教授离美前发表《写给留美同学的公开信》，著名科学家钱学森、著名原子核物理学家张文裕等经过千难万险的归国经历，已广为人知。与在国外的大批知识分子远涉重洋，回来报效祖国相呼应的是，新中国的领导者们，也正在发挥新政权的优越性，敞开胸怀，礼贤下士，为他们排忧解难，给他们一定的政治地位，为他们参与祖国建设创造条件。

4. 采取各种方式，帮助知识分子获得或增强为人民服务的观念和技能

党采取各种方式，尽可能吸收知识分子参加国家建设和社会服务的各种实际的工作。毛泽东在党的七届三中全会上指出：对知识分子，要办各种训练班，办军政大学、革命大学，要使用他们，同时对他们进行教育和改造。要让他们学社会发展简史、历史唯物论等几门课程。就是唯心论者，我们也有办法使他们不反对我们。要用事实证明团结民族资产阶级、民主党派、民主人士和知识分子是对的，是必要的。他还指出：有步骤地谨慎地进行旧教育事业和旧有社会文化事业的改革工作，争取一切爱国的知识分子为人民服务。在这个问题上，拖延时间不愿改革的思想是不对的，过于性急、企图用粗暴的方法进行改革的思想也是不对的。1950 年 10 月 27 日，政务院通过了《关于处理失业知识分子的补充指示》。指示强调：处理失业知识分子的基本方针，应当是经过训练或其他方式，帮助他们获得或增加为人民服务的观点和技能，尽可能吸收他们参加国家建设和社会服务的

各种实际工作。

5. 积极推动知识分子参加各种社会改革改造运动

1950 年下半年开始，在继续坚持团结知识分子的同时，在知识分子中间逐渐采取自我教育和自我改造的方针，让知识分子参加各种改革运动。这种实际的政治教育对知识分子的思想转变起了很重要的作用。北师大校长陈垣参加了西南土地改革运动后，所见所闻改变了他原有的一些学术思路。他在四川巴县参加了斗争地主的大会，并做了革命性较强的发言。他实地看到村中地主所立的碑碣，发现与斗争大会上所听到的地主剥削的残酷事实不符，由此想到自己过去所研究的金石碑文很少记载劳动人民被压迫的情况，对以往“闭门治学”所依据的考证材料产生了怀疑，对几十年来考据研究中缺乏阶级观点进行了初步的自我批判。著名文学家萧乾的《在土地改革中学习》，美学家朱光潜的《从参观西北土地改革认识新中国的伟大》，社会学家吴景超的《参加土地改革工作的心得》等文章，都介绍了自己在参观、学习中得到的收获。这些文章均发表在当时的《人民日报》上，在知识分子中引起了巨大的反响。

上述事实说明，思想改造符合知识分子的实际需要，得到知识分子的拥护。也就是说，采取这一方针政策，既有必要性，又有可能性。

新中国成立初期，对广大知识分子采取团结、教育的策略，是从当时经济建设的客观实际出发，同时也是符合当时知识分子实际需要的。执政党与知识分子的关系基本是融洽与和谐的。知识分子以饱满的爱国热情，从未有过的政治积极性，投入了新中国各项建设事业。北京大学教授季羡林当年38 岁，几十年后，在 1993 年写的回忆《我与中国 20 世纪》中回顾：“随时准备深挖自己的思想，改造自己的资产阶级思想，真正树立无产阶级思想……脱胎换骨，重新做人。”清华大学教授费孝通写了《我这一年》总结说：“感觉到自己百无是处了，梦想着一种可称为‘魔术性’的改造，点石成金似的，一下子变为一个新人。”

三、全面的思想改造运动

通过两年左右的政治学习以及参加各种政治运动的实践教育，知识分子的思想和心理状态正在积极调整，以适应新中国、新社会的要求。但是，党中央和毛泽东认为这种变化和调整还不够，强度太小、目标要求也不高，世界观、价值观等没有根本性的改变。特别是对电影《武训传》的讨论和批判，使以批评和自我批评的方式对知识分子进行自我教育和自我改造运动开始发生转向，进入了对知识分子进行全面的思想改造运动的阶段。

这次对知识分子实行全面的思想改造运动，一方面，实际情况说明，大批从旧社会走过来的知识分子还不太熟悉马克思列宁主义，缺乏辨别是非的思想武器，而许多经过革命战争考验的知识分子，虽然已经学会并掌握了马克思主义，但仍不会应用，不会去具体地分析历史和现实，以至思想文化界呈现出某种混乱现象，有必要进一步学习并展开思想交锋，提高政治认识和理论水平。另一方面，经过两年来对知识分子的团结、教育政策的贯彻，知识分子本身也具备了接受全面的思想改造的思想觉悟。他们目睹新中国成立两年来，在各个方面取得的成就，开始信服中国共产党。绝大多数知识分子初步解决了跟谁走以及走什么样道路的问题，为知识分子的思想改造运动奠定了思想基础。

这场思想改造运动，是从知识分子最为集中的高等院校开始的。其中一个动因是想借此推进高校的改革。旧中国高等教育事业，基本上被帝国主义和官僚地主阶级所控制，具有浓厚的半殖民地半封建性质，存在缺乏全局规划、力量分散、脱离实际等缺点。为改革破除阻力而进行思想改造运动，也有其历史合理性。1951 年 9 月 7 日，北京大学校长马寅初与汤用彤（副校长）、张景钺（教务长）、杨晦（副教务长）、张龙翔（秘书长）等 12 位教授致信周恩来，响应政府改造思想的号召，发起在北大教员中进行一次政治学习运动，并敦请毛泽东、刘少奇、周恩来等 10 位中央领导同志为教师。9 月 11 日，毛泽东看到此信后，认为这种学习方法很好，亲自在来信上批示，同意派几位同志前去演讲。

9 月 24 日，周恩来主持研究了这次学习的内容和目的。29 日，他在京津两地高校教师学习报告会上作了《关于知识分子的改造问题》的报告，就知识分子如何取得革命立场、观点和方法问题，谈了自己的体会，并号召教师们认真开展批评和自我批评，努力使自己成为文化战线上的革命战士。在报告中，周恩来以自己的亲身经历，对知识和知识分子本身进行了一些具体的分析。周恩来在讲话中，还将毛泽东在过去战争年代总结出来的关于知识和知识分子思想加以进一步强调和具体化，并用来分析新中国成立初期知识分子的思想状况，指导当时的知识分子思想改造运动。这表明共产党人对知识分子的认识和政策是一贯的。

罗常培教授听了周恩来等领导的报告，了解了党的知识分子政策以后说："凡是以月薪收入作为主生活来源的，不论脑力劳动者或体力劳动者一律属于工人阶级。我听了这句话，当时感觉异常兴奋。我觉得像我这样的知识分子已经不是革命对象，而可以算革命动力了。从此我就对于中国共产党起了信仰，愿意跟随着他走。"

思想改造运动很快在教育系统铺开。以后文艺界、科技界、新闻出版界、各民主党派、各人民团体、各级政府机关及工商界和宗教界人士等都参加思想改造的学习，形成了一个全国规模的知识分子思想改造运动。

1951年5月2日，中共中央发出《关于在高等学校中进行思想改造与清理'中层'工作的指示》，对知识分子思想改造运动和组织清理工作的目标和方针政策作了具体的规定。指出这次知识分子思想改造的目标是：彻底打击学校中的封建、买办、法西斯思想（崇美、亲美、恐美、反共、反苏、反人民思想），划清敌我界限，暴露和批判教师中的资产阶级思想（如宗派主义、自由主义、个人主义等），划清工人阶级和资产阶级和小资产阶级的思想界限，初步树立工人阶级的思想领导等。指示还具体规定，根据北京和上海两地的经验，在这次运动中，60%到70%的教师，可以而且在作了必要的自我检讨后迅速过关；15%到25%的教师，经过适当的批评后再行过关；13%左右的教师经过反复的批评检查后予以过关；只有2%左右的不能过关，需要作适当的处理。这样就能做到争取、教育多数教师，孤立、打击少数坏分子，达到团结、改造高级知识分子的目的。

目标、方针政策明确以后，各条战线可以根据不同的情况采取不同的方式进行。在科研战线，知识分子的思想改造运动，一般不发动群众斗争，主要是本人在小范围内作检讨，取得别人的谅解和帮助，自觉清理错误的思想观点和学术观点，讲清历史，划清敌我界限。对国内外有名望的科学家，则是严格保护的。

1952年6月，中共中央在关于科学院进行思想改造运动的方针问题给华东局的复电中指出，科学院研究所进行思想改造的方针和高等学校相同，但方法上应有所区别，应采取更加慎重的方式。北京已决定一般不采取群众斗争的“过关”方式，对大多数研究员只用小组会议的检讨会的形式，只有十分恶劣顽强抗拒者才需要反复检讨或大会检讨，过关后仍让他们做工作。在检讨批判其政治思想时，要注意结合批判其学术上的资产阶级影响，防止把思想问题简单化的倾向。在科学院的思想改造学习中，应强调政治与科学技术的联系，理论与实际的联系，但以政治为主。

在文学艺术领域里，知识分子思想改造运动则主要采取整风方式进行，组织文艺工作者批判资产阶级文艺思想，帮助文艺界克服脱离政治、脱离群众，迁就资产阶级、小资产阶级的错误倾向，端正创作思想和服务方向。1952年5月24日，《人民日报》发表曹禺题为《永远向前——一个改造中的文艺工作者的话》的文章，表达了自己接受马克思主义，成为新时代文艺队伍中的一员的自豪感。他说：“我是一个从黑暗的旧社会里走出来的文艺工作者，虽然一直向往光明，但自己的思想意识却受了相当深的资产阶级思想的影响。新社会到来了，我居然成为毛泽东文艺队伍中的一员，我是多么感激和骄傲!”他又诚恳地说：“我逐渐发觉自己的空虚，我不熟悉工人，不熟悉农民，不熟悉士兵，也不知道马克思列宁主义。我缺乏新的社会现实的体验，甚至连人民大众的语言也不大熟悉。古人有一句话，‘贫无立锥之地’。我今天才明白一个人在精神领域中到了‘贫无立锥之地’的当口是多么痛苦。在这个当口，我从毛主席的《讲话》里听见了伟大的指路的声音：‘了解他们，熟悉他们’，要使‘自己的思想情绪应与工农兵大众的思想情绪打成一片。’我又听见：‘要与群众打成一片，就得下决心。经过长期的甚至是痛苦的磨练。’”

陈垣在谈到自己经过几年知识分子思想改造运动以后的心态时说：“我是抱着怀疑的心理要看一看，到底什么原因共产党能打败国民党的几百万军队？这一定有个道理。”后来有感于国家经济的迅速恢复和发展，他在不同层次的学习会上这样说道：“解放区来的干部是好干部，共产党是一个不平常的党。”“对今天这样的政府之下的生活，还有什么理由对政治灰心，对政治不闻不问呢？”他还说：“过去几十年自己太无知了，恨自己接触党太晚了。”

这次运动，应该说是对前面知识分子自我教育和自我改造的直接继续，继承了前两个阶段的积极成果，也是对党的团结、教育知识分子政策的继续和发展。从重在“对知识分子政治上的团结、思想上的教育到重在精神上的改造，形成了知识分子政策的三步曲”。[①] 它表明新中国的领导人，不仅有魄力在生活上安定知识分子，在政治上团结知识分子，而且有勇气在思想上教育和改造知识分子。

四、思想改造运动是必要的、成功的

在新中国成立初期3年内，根据国际国内的形势和恢复发展国民经济的客观需要，对知识分子实行在团结、教育的基础上，进行全面的思想改造，是符合当时历史发展实际的，而且也得到广大知识分子的认可。不仅吸引了那些留学海外的知识分子纷纷回国报效祖国，而且也稳定了那些坚持在大陆的大批知识分子；不仅安置了大批失业知识分子，还使他们获得了为人民服务的能力和机会；许多从战争中走过来的革命知识分子在思想上进一步得到了改造和锻炼；不仅从制度上改革了国民党时期遗留下来的旧文化和旧教育，而且也从思想上实现了对几百万旧知识分子的团结和改造。所有这些都说明，这3年采取的团结、教育、改造知识分子的政策，是积极而又稳妥的。而且，为整个国家向社会主义的过渡奠定了思想文化方面的基础，培养造就了大量有用的知识人才。

毋庸讳言，知识分子思想改造运动中也存在着失误和偏差，伤害了一部分知识分子的感情。在这次思想改造运动中，本来一开始中央就明确指出其目标是肃清帝国主义、封建主义和法西斯思想的影响，“三反”、“五反”运动开展以后，又增加了批判资产阶级思想的内容。但党内滋长了“左”倾思想，有的单位甚至提出要“批判一切非无产阶级思想”的口号，转移了主要

---

① 参见蒋建农、唐洲雁：《知识分子与当代中国社会》，长春：吉林文史出版社1997年版。

目标，扩大了打击面；本来党中央反复强调必须注意划清思想问题与政治问题的界限，但实际工作中把思想问题当作政治问题看待和处理的现象仍时有发生；本来中央明确规定，在交代历史问题时要“启发自觉，不追不逼”，但有不少地区和单位仍然忽视深入细致的思想工作，以势压人，甚至违反政策，侵犯人权；本来中央要求“思想批判从严，组织处理从宽”，要注意团结大多数，但处分过多过重，甚至冤枉好人的现象仍然存在。当然，这些问题在整个运动中是局部的，是实际工作中发生的偏差，丝毫不影响我们对建国初期知识分子思想改造运动的总体评价和肯定。

（作者单位：中国社会科学院当代中国研究所）

（原载《红旗文稿》2014 年第 21 期）

历史虚无主义“四个否定”的本质

张　峰

历史是一个民族的集体记忆。正确的历史观对于一个民族正确地认识过去、把握今天、走向未来具有重要的意义。龚自珍说过：“欲知大道，必先为史……灭人之国，必先去其史”。近年来，中国兴起的历史虚无主义是一种通过虚化、歪曲、否定历史的方式来否定中国传统文化，否定历史人物，否定近代中国革命建设改革的历史，进而试图达到否定中国文化、否定马克思主义、否定中国共产党、否定中国特色社会主义为目的一种错误社会思潮。历史虚无主义用放大镜放大中国的缺陷，用放大镜夸大西方的优点的方式试图达到否定中国历史文化，进而瓦解人们对中国历史与现在的信心，从而寄希望于按照全盘西化的方式走向未来。习近平曾指出：“苏联为什么解体？苏共为什么垮台？一个重要原因就是意识形态领域的斗争十分激烈，全面否定了苏联历史、苏共历史，否定列宁，否定斯大林，搞历史虚无主义，思想混乱了，各级党组织几乎没任何作用了，军队都不在党的领导之下了。”

一、历史虚无主义的“四个否定”

近年来，国内围绕着历史虚无主义进行了大量的研究，但现有的研究多是围绕着历史虚无主义的否定革命、否定五四运动、否定共产党的领导、否定社会主义改造、否定历史人物等历史现象的角度进行的研究，本文试图从理论上把历史虚无主义划分四大类，即：一是对中国文化的否定；二是对中国道路的否定，包括对中国革命道路、中国建设道路、中国改革道路的否定；三是对中国理论的否定，即对马克思主义及其中国化理论成果的否定，包括对马克思主义的否定，对毛泽东思想的否定，对中国特色社会主义理论的否定。四是对中国制度的否定，即否定社会主义制度，否定中国特色社会主义制度。

新中国成立来，中国经济社会各方面取得了巨大的成就，但是不容否定的是，在经济社会发展的同时，中国出现了收入差距拉大、生态环境恶化、部分官员贪污腐败等问题，有的人借人们对社会发展进步中出现的问题的不满情绪，打着重新审视历史，揭开历史真实面目，进行学术探讨的旗号，否定一些历史共识，其本质概括起来就是“四个否定”。通过“四个否定”，否定历史，摧毁人们对于中国现行制度、体制的信心，引导人们在内心潜移默化地接受西方文化、西方制度。

1. 文化否定

中华民族有着悠久的历史和文化，是世界历史上唯一一个没有中断的文明。在五千年文明史上，中华民族曾经为人类发展做出过巨大的贡献。中国的四大发明都在西方资本主义的萌芽、产生、发展中做过巨大的贡献。指南针促进了航海技术的发展，促进了新航线的开辟，促进了资本主义的原始积累。印刷术、造纸术降低了印刷的成本，促进了《圣经》的传播，打破了教会对《圣经》的垄断解释权，促进了西方文艺复兴与思想启蒙运动，为资产阶级革命打下了思想基础。火药在资产阶级革命战争中发挥着不可替代的作用。马克思曾指出：“火药、指南针、印刷术——这是预告资产阶级社会到来的三大发明。火药把骑士阶层炸得粉碎，指南针打开了世界市场并建立了殖民地，而印刷术则变成新教的工具。”[①]

但是近代以来，中国逐渐落伍了，在中国明清实行海禁政策的同时，西方国家进入了工业化的时代，而中国则隔绝了向外学习的机会，中国的生产力在农业、手工业阶段徘徊，封闭使中华民族逐渐走入了命运的低谷。1840年以来，危机从海上来，中国的国门被迫打开，从此中国陷入了近百年的战乱时期，民不聊生、生灵涂炭。西方列强瓜分中国领土，在中国设立租界，建立国中之国，拥有“法外治权”，外国的军舰可以在中国的内河上自由航行，中国的主权遭到严重的践踏，甚至在上海租界的公园里挂起了“华人与狗不得入内”的牌子，成为非常耻辱的民族记忆。

在过去，中国曾自诩中央之国，盲目自大。乾隆皇帝认为：“天朝物产

① 马克思恩格斯文集：第8卷［M］. 中央编译局编译. 北京：人民出版社，2009. 338。

丰盈，无所不有，原不藉外夷货物以通有无。”洋务运动时期李鸿章仍然认为：“中国文武制度，事事远出西人之上，独火器万不能及”。但是，随着一系列侵略战争的爆发，中国人的自信心迅速崩溃。胡适在《在介绍我自己的思想》中写道“我们须承认自己百事上不如人，不但物质机器上不如人，不但政治制度上不如人，并且道德上不如人，知识不如人，文学不如人，音乐不如人，艺术不如人，身体不如人。”甚至“中国的月亮也没有西方的亮”。直到改革开放以后，还有一些人认为“大河文化”不如“海洋文化”，中华文化存在着先天的劣势。一些人更是把少数国人的不文明现象贴上民族劣根性的标签。在一些人的眼里，日本是学习西方文化的典范，只有“脱亚入欧”，才能改变民族的前途。有的人认为岳飞、文天祥的行为不是爱国，而是“打内战”。“在一些人的笔下，我们的民族不仅‘愚昧’、‘丑陋’，而且充满‘奴性’、安于现状、逃避现实，如此等等；而把中国优秀的文化和文化传统说成是走向没落的‘黄色文明’，要现代化只有乞灵于西方的‘蓝色文明’。”①

2. 道路否定

中国沦落为半殖民地、半封建社会以后，一批先进的中国人为了实现救亡图存，进行了种种探索，但是从晚清政府的洋务运动、戊戌变法到太平天国运动、辛亥革命都没有完成实现民族独立和人民解放的历史任务。十月革命一声炮响，给中国送来了马克思主义，社会主义作为一种改造社会的方式使人们看到了希望。但是选择了马克思主义并不意味着会运用马克思主义。在经历了一系列挫折失败之后，毛泽东从中国半殖民地半封建社会的特殊国情出发，开辟出来一条农村包围城市武装夺取政权的独特的革命道路。新中国成立后，又从中国特殊的国情出发进行“一化三改造”，建立起来了社会主义制度。十一届三中全会以来，中国提出了建设有中国特色社会主义，通过改革开放，中国经济社会各项事业取得了巨大的发展。中国经济总量居世界第二，2014 年人均 GDP 达到近 7500 美元，在世界 500 种主要工业品中，有 220 种世界第一，中国成为名副其实的世界工厂。实践证明，中国革命、建设和改革的道路是成功的。但是一些人否定民主主义革命的道路，一些人

---

① 梁柱．历史虚无主义思潮的泛起、特点及其主要表现［J］．马克思主义研究，2013，(10)：124．

夸大发展中存在的问题，用假设的方式推论认为革命不如改良，改良可以减少牺牲。认为“革命是一种能量的消耗，而改良则是一种能量积累”。有的人认为侵略有功，“从根本意义上来说，是鸦片战争一声炮响，给中国带来了近代文明”[①] 有的人美化蒋介石的个人品格，美化蒋介石在抗战中的作用，甚至假设如果现在大陆是蒋介石政府执政肯定比共产党执政好。“国民党抗战功劳最大”、“国民党积极抗战”、“国民党正面战场是战略退却”。“美化国民党的抗战，说国民党才是全民族抗战的领导力量，共产党领导的游击战是‘游而不击’；有的人还污蔑共产党‘窃取了抗战胜利果实’，甚至抹黑‘狼牙山五壮士’等抗战英雄”。[②] 有的人否定社会主义改造，认为社会主义改造操之过急，应该补资本主义一课。借改革开放过程出现的一些问题，如腐败问题、收入差距问题否定中国特色的社会主义道路。

3. 理论否定

理论是人们对于事物规律的认识。理论来自于实践，是对实践的总结与归纳，理论还要在实践中接受检验，并在实践中不断发展。理论对实践具有指导的意义，通过理论的归纳和总结可以在以后少犯错误。毛泽东曾指出：“主义譬如一面旗子，旗子立起了，大家才有所指望，才知所趋赴。”马克思主义传播到中国以来，经历了一个不断和中国文化、中国历史、中国实践相融合的马克思主义中国化的过程。在马克思主义中国化过程中产生了毛泽东思想和中国特色社会主义理论体系。在毛泽东思想的指导下中国成功地进行了新民主主义革命，社会主义革命，建立了社会主义制度，并且进行了社会主义建设的探索。在中国特色社会主义理论的指导下，中国经济和社会取得了巨大的成就。然而，一些历史虚无主义者不断地否定马克思主义理论，试图通过否定劳动价值论来推翻马克思主义理论的根基，甚至有的人认为马克思主义是空想甚至是宗教、邪教，共产主义是乌托邦，是对人的欺骗。有些人编撰一些毛泽东的生活作风故事，试图从道德问题、生活作风角度否定毛泽东本人，进而否定毛泽东思想；编撰一些毛泽东的诗词、毛泽东的文章不是毛泽东本人创作的谣言，寄希望于打破人们对毛泽东的崇拜，破坏毛泽东

① 郑炎. 打破束缚，更新观念［J］. 学术研究，1994，(4)：84。
② 李殿仁. 坚决批驳历史虚无主义虚无共产党领导的抗战史［J］. 红旗文稿，2015，(15)：21。

在人们心目中的形象，进而希望人们怀疑、否定甚至抛弃毛泽东思想。借毛泽东在社会主义建设的探索过程中犯的一些错误，否定毛泽东，进而否定毛泽东思想。借改革开放过程中出现的收入差距拉大，环境污染加重，贪污腐败问题多发等问题，否定中国特色社会主义理论。表现为：有的人认为改革过程中出现了问题，出现了权贵阶层，应该推倒重来；有的人认为，文革是正确的，应该重新评价文革，重新评价计划经济体制。无论是左和右的观点都是否定改革开放以来的成就，否定中国特色的社会主义理论，进而否定中国共产党的领导。

4. 制度否定

建国以来，中国从本国的具体国情出发探索出了中国特色的社会主义制度。这些制度包括一个根本政治制度加三项基本政治制度为核心的政治制度，即人民代表大会制度这一根本政治制度，共产党领导的多党合作和政治协商制度的政党制度，民族地区的区域自治制度，基层群众自治制度的基本政治制度。经济制度上，中国从社会主义初级阶段的生产力水平出发，建立了以公有制为主体，多种所有制经济共同发展的基本经济制度。近年来，有的人认识不清新民主主义时期与社会主义初级阶段的差别，认为中国进行改革开放，发展非公有制经济就是补资本主义的课。有的人否定中国特色的社会主义制度，提出中国特色是个筐，什么都可往里装。一些人把改革开放中遇到的发展中的问题，一律上升为制度问题，如认为环境污染问题是由于公有制，如果把“两桶油”私有化，就可以打破垄断，解决污染问题。借个别人大代表存在的问题，否定人民代表大会制度。套用西方政治制度的概念，怀疑共产党执政的合法性。有的人否定公有制进而否定中国特色社会主义经济制度，否定人民代表大会制度，否定社会主义民主制度进而否定中国特色社会主义政治制度。

总之，历史虚无主义从文化、道路、理论、制度等方面否定中国，试图摧毁人们对中国特色社会主义的信心，根本目的是否定中国共产党，否定中国特色社会主义，希望中国走西方资本主义道路，最终成为西方国家的附庸。

二、四个否定的本质

“四个否定”的本质是通过打击四个“自信”，否定中华民族的历史、中华民族的文化，进而试图达到否定中华民族，否定四项基本原则，引导中国人放弃中华文明，放弃现有成功的社会发展道路，全盘西化走向资本主义发展道路。习近平指出：“历史虚无主义的要害，是从根本上否定马克思主义指导地位和中国走向社会主义的历史必然性，否定中国共产党的领导。要警惕和抑制历史虚无主义的影响。”

1. 否定文化，打击文化自信

中华传统文化有着深厚的历史底蕴，一些人打着“普世价值”的口号，否定中国传统的价值理念，目的就是否定中国文化，让中国人接受西方的价值理念。“唯有将西方文化中的一些基本理念引入中国，普及民间，中国文化才能‘充分世界化’，进而实现‘现代化’和‘全球化’”。[①] 一些任何国家都有的缺点，一旦中国人出现了相应的事件后，就片面地夸大炒作。把一些人、少部分人存在的问题，扣上民族劣根性的帽子。通过打击文化自信，目的是引导人们信仰西方文化，通过思想文化的改造，为社会制度的改造打下思想基础，根本目的还是否定中国现行制度。

2. 否定道路，打击道路自信

否定中国特色社会主义道路的目的是打击中国特色社会主义道路的自信。中国通过改革开放取得了巨大的成就，成为一些国家的竞争者、眼中钉，于是一些西方国家千方百计否定中国道路。“近年来，随着纪念辛亥革命一百周年，兴起‘民国热’，自有它的合理性。但少数人挑战历史常识，刻意将饱受列强欺凌、军阀混战、民不聊生的民国时期，说成是‘充满人情味’的‘温柔之乡’、‘真正的新中国’，以至于使一些无知的青年相信那是近代中国一段‘最好的时光’，‘心向往之’。这不是‘重新发现历史’而是随意编造过去。”[②] 否定中国道路的根本目的也是引导人们走向西方资本主义制度。

3. 否定理论，打击理论自信

一些人借口改革发展中出现的问题，意识不到或者假装不知道，任何国家在改革发展过程中，都会遇到发展中的问题。否定毛泽东思想，否定中国

① 张晓红等. 历史虚无主义的实质和危害 [J]. 思想理论教育，2009，(7)：44。

② 郑师渠. 当下历史虚无主义之我见 [J]. 历史研究，2015，(3)：14。

特色社会主义理论的目的是打击人们的理论自信。毛泽东曾指出:“苏联有两把刀子:一把是斯大林,一把是列宁。现在斯大林这把刀子丢掉了,列宁这一把也难以保住。”① 苏联因为抛弃了列宁主义、斯大林主义,在思想领域出现了问题,这是造成苏联解体的重要内因之一。

4. 否定制度,打击制度自信

一些人把在任何社会发展过程中都会遇到的问题,归结为中国的制度问题。“历史虚无主义者认为,是现行政治体制导致了腐败。其实并非如此。西方民主制度的国家也同样存在着严重的腐败现象。”② 对其他国家发展历史过程中,同样遇到的问题,视而不见。邓小平曾指出:“整个帝国主义西方世界企图使社会主义各国都放弃社会主义道路,最终纳入国际垄断资本的统治,纳入资本主义的道路。”③

三、坚持自信,认清历史虚无主义的本质

习近平指出:“一个政权的瓦解往往是从思想领域开始的,政治动荡、政权更迭可能在一夜之间发生,但思想演化是个长期过程。思想防线被攻破了,其他防线就很难守得住。我们必须充分认识意识形态工作的极端重要性,把意识形态工作的领导权、管理权、话语权牢牢掌握在手中,任何时候都不能旁落,否则就要犯无可挽回的历史性错误。”正确认识历史虚无主义的本质,坚定民族自信心,对于既不走封闭僵化的老路,也不走改旗易帜的邪路具有重要的意义,对于中国不犯颠覆性的错误具有重要的意义。

1. 发扬优秀传统文化,坚持文化自信

中华民族有着悠久的历史,其之所以生生不息,必然有其优势所在。习近平在中共中央政治局第十八次集体学习讲话中指出:“我们不是历史虚无主义者,也不是文化虚无主义者,不能数典忘祖、妄自菲薄。”文化是一个民族的基因,对待传统文化我们既不能因为中国曾经有过辉煌的历史而妄自尊大,也不能因为工业革命以来,近代中国落伍了而妄自菲薄。习近平指出:“抛弃传统、丢掉根本,就等于割断了自己的精神命脉。”中华优秀传统

① 张全景. 苏共失败、苏联解体的惨痛教训及借鉴意义 [J]. 马克思主义研究,2008,(2):7。
② 穆艳杰. 当代历史虚无主义批判 [J]. 政治学研究,2011,(5):118。
③ 邓小平文选:第3卷 [M]. 北京:人民出版社 1993. 311。

文化讲仁爱、重民本、守诚信、崇正义、尚和合、求大同的思想对于中华民族走向未来具有重要的现实意义。“对我国传统文化，对国外的东西，要坚持古为今用、洋为中用，去粗取精、去伪存真，经过科学的扬弃后使之为我所用。”

2. 坚持走中国特色社会主义道路，用发展的办法解决发展中遇到的问题

改革开放以来，中国经济和社会发展取得了巨大的成就，这些成就证明了中国特色社会主义道路的优越性。诚然，在经济和社会发展过程中，存在着种种问题，但是应该从事物发展规律的角度来辩证地看待存在的问题，任何事物的发展都会经历一个由不成熟到成熟的过程，不能求全责备。要坚定走中国特色社会主义道路的信心，用发展的办法来解决发展过程中遇到的问题。

3. 坚持理论自信，在实践中不断推进理论创新

在马克思主义中国化理论成果的指导下，中国完成了新民主主义革命，社会主义革命，进行了社会主义建设的初步探索，进行了改革开放，实践证明马克思主义中国化的理论是科学的。马克思主义中国化理论成果的精髓是实事求是，实事求是要求一切从实际出发，在实践中检验和发展真理。形势在发展，环境在变化，理论创新永无止境，要在实践中不断地进行理论创新。用创新的理论指导不断发展着的实践。

4. 坚持制度自信，在实践中不断完善和发展中国特色社会主义制度

中国现行制度是由中国独特的文化、独特的历史、独特的国情决定的，并在实践中显示了其优越性。历史上无数先进的中国人，曾经做过种种尝试但是都无法完成历史所赋予的神圣使命，在中国共产党的领导下，中国完成了“民族独立、人民解放”的历史任务；并将在中国特色社会主义制度下继续完成历史所赋予的“国家富强、人民富裕”的历史任务。

（作者单位：上海海事大学文理学院）

（原载《理论月刊》2016 年第 6 期）

深化“纲要”课教学改革
抵御历史虚无主义思潮的渗透

李朝阳

2013年，习近平同志在“8·19”讲话中重申，意识形态工作是中国共产党的一项极端重要的工作。而中国近现代史纲要课（以下简称“纲要”课）教学在加强意识形态工作中发挥着重要作用。同时，反对历史虚无主义也是深化“纲要”课教学改革、提高教育实效性所面临的一个重要问题。

一、历史虚无主义思潮的传播与“纲要”课教学的对立

在近代中国，历史虚无主义是在呼应“全盘西化”论中出现的错误思潮，新民主主义革命的胜利使这种思潮受到极大抑制。改革开放以来重新泛起的历史虚无主义假借所谓的学术研究，以“重新评价”“理性思考”的名义，否定近代以来中国革命的历史，否定人民对马克思主义、中国共产党、中国特色社会主义道路的选择。梁柱对历史虚无主义思潮有一深刻论述：“从历史虚无主义思潮的表现中，我们可以看到一个规律性的形象，这就是历史虚无主义和‘全盘西化’论仍然如同难兄难弟一样，二者如影随形。”① 在改革开放后重新泛起的历史虚无主义富有欺骗性、渗透性，它与“纲要”课教学存在着尖锐对立。

1. 在内容上的对立。“纲要”课的主线是近代以来的两大历史任务及其关系。它指出，鸦片战争以来，中国人民承担着实现民族独立、人民解放和国家富强、人民富裕两大历史任务，以革命的方法实现民族独立、人民解放是最终达到国家富强、人民富裕即实现现代化的前提。围绕此主线，“纲要”

① 梁柱．历史虚无主义评析［M］．北京：社会科学出版社，2012．p4－5。

课主要讲授近代中国各阶级、阶层对国家出路的探索，新民主主义革命、社会主义革命的历史进程及基本经验，社会主义建设及改革事业的历史进程及辉煌成就。该课程概括了近现代中国的历史进程、基本经验和基本规律，反映了历史本来面貌。

历史虚无主义则将革命与现代化对立起来，主张“告别革命”，提出“中国在20世纪选择革命的方式，是令人叹息的百年疯狂与幼稚”[①] 等论断，指责辛亥革命打断了清末以来一直在行进的现代化进程，认为如果近代中国人民不反对资本——帝国主义的侵略，而是“执行一条‘孙子’战略（不是《孙子兵法》的‘孙子’，而是‘爷爷孙子’的孙子），随便搭上一条顺风船，或许现在的中国会强盛得多。比如追随美国，可能今天我们就是日本”[②]。历史虚无主义者集中攻击中国革命，美化资本——帝国主义对中国的侵略，提出“从某种意义上讲，是鸦片战争一声炮响，给中国带来了近代文明”[③]。该思潮认为五四运动过于激进，救亡压倒了启蒙，使中国偏离了学习西方文明即走资本主义道路的“正确”轨道；否定社会主义道路，主张要补资本主义这一“必修课”。同时，否定为革命作出贡献的孙中山、毛泽东等，以“去阶级化”的方式抬高慈禧、李鸿章、袁世凯等。总之，历史虚无主义者创造了历史上并不存在的历史规律，歪曲、割裂了历史。

2. 在目的上的对立。作为思想政治理论课，“纲要”课教学的目标主要体现在知识的传授与思想政治教育两个层面。知识传授层面主要是帮助学生进一步了解国史、国情，即“两个了解”；思想政治教育层面主要是帮助学生进一步深刻领会历史和人民怎样选择了马克思主义，选择了中国共产党，选择了社会主义道路，选择了改革开放，即“四个选择”。“两个了解”是基础，“四个选择”是灵魂、方向。

历史虚无主义在改革开放后重新泛起，有深刻的政治背景。上世纪70年代末，在党和人民反思“文革”、正确评价毛泽东和毛泽东思想的过程中，以搞“非毛化”相标榜的历史虚无主义乘机涌动，实际上是要否定党的历史

---

① 李泽厚，刘再复．告别革命——回望20世纪中国·序［M］．香港：香港天地图书有限公司，1995，p4。

② 李慎之．从全球化的观点看中国的现代化问题——在重估中国现代化问题主题研讨会上的发言［J］．战略与管理，1994，(1)。

③ 郑炎．打破束缚，更新观念［J］．学术研究，1994，(4)。

和社会主义道路。随后，这一思潮打着解放思想的幌子，鼓吹资产阶级自由化。苏联解体、东欧剧变更刺激历史虚无主义者加紧活动。新世纪后，改革步入深水区和矛盾凸显期，一些历史虚无主义者又打着反思改革的旗号，宣传错误主张。由于历史虚无主义者常标榜自己是在进行“学术研究”“反思历史”，故有较大的迷惑性，也使一些人对此丧失警惕，长此以往甚至会从根本上动摇中国特色社会主义的立国之本和强国之路。“纲要”课教学与历史虚无主义思潮的传播在目的上的对立，实质上是关于在中国举什么旗、走什么路问题上的对立。

3. 在历史观和方法论上的对立。“纲要”课教学以唯物史观为指导，用唯物主义观察社会历史，全面、客观地揭示社会发展的历史过程和一般规律。与之相反，历史虚无主义所持的唯心主义历史观把社会现象及其发展的终极原因都归结为精神因素。

第一，二者在历史观上的本质性对立决定它们之间存在着是否坚持实事求是原则的对立。历史研究中的实事求是，要求全面、客观反映历史真相，揭示历史发展的内在联系。而历史虚无主义者有哗众取宠之心，毫无实事求是之意，在“学术研究”的幌子下，割裂、歪曲历史事实，片面引用史料，以特定的政治诉求或理论“规范”、改造历史，创造出一些历史上并不存在的所谓规律。如在革命与现代化关系问题上，无视近代中国脱离民族独立、人民解放而单纯追求现代化的一次次受挫的惨痛经历，也无视新民主主义革命胜利后现代化建设的巨大成就，将革命视为破坏现代化的“万恶之源”，创造出了一个中国无须革命、无须反抗外来侵略也能实现现代化等种种“神话”。正如毛泽东同志在民主革命时期就已经指出的那样，“一个不是贫弱的而是富强的中国，是和一个不是殖民地半殖民地的而是独立的，不是半封建的而是自由的、民主的，不是分裂的而是统一的中国，相联结的。在一个半殖民地的、半封建的、分裂的中国里，要想发展工业，建设国防，福利人民，求得国家的富强，多少年来多少人做过这种梦，但是一概幻灭了”[①]。在这一问题上，历史虚无主义者显然是要通过自己的妙笔生花，强迫历史继续沉睡于无须革命便可实现现代化的美梦中，是在编导历史。

① 毛泽东选集，第3卷［M］. 北京：人民出版社，1991，p1080。

第二，二者在历史观上的本质性对立决定它们之间还存在着是否坚持阶级分析方法的对立。列宁指出：“必须牢牢把握住社会划分为阶级的事实……把它作为基本的指导线索，并用这个观点去分析一切社会问题。”[①]“纲要”课教学和研究坚持的阶级分析方法要求用阶级和阶级斗争的观点观察和分析社会问题，透过现象把握本质，掌握历史客观规律，认清历史发展趋势。历史虚无主义淡化、质疑乃至否定阶级分析方法，主张以人性论代替阶级论，认为“传统的革命叙事”不客观、不真实，鼓吹所谓的客观和价值中立，要“摆脱现实政治的束缚”，“不受一家、一族、一党、一派，甚至一国的情感立场及其意识形态的左右”[②] 等。在此基础上，历史虚无主义宣扬好人不好、坏人不坏，抹杀阶级性；一些所谓的“翻案”文章出笼，贬损、丑化革命前贤，给汉奸、反动人物涂脂抹粉，颠倒是非，造成认识混乱。

二、乘虚而入：从“纲要”课教学存在问题的角度看历史虚无主义影响大学生的原因

1. 部分高校对“纲要”课教学的重视程度不够，影响了“纲要”课抵制历史虚无主义渗透的成效。重视通过历史教育、特别是中国近现代史教育，使大学生认清近现代中国的历史进程及其内在规律是一条宝贵经验。自新中国成立以来，高校的中国近现代史教育经历了一个由“新民主主义论”、“社会主义教育”、“中共党史”、“中国革命史”、“毛泽东思想概论”最终到“中国近现代史纲要”的变化过程。在这一进程中，中国近现代史教育的内容不断被修正、调整，但其在高校思想政治理论课体系中始终占有重要地位这一点没有变。它以历史事实的说服力为马克思主义理论学习提供着不可替代的坚实基础，也为抵御历史虚无主义等错误思潮的渗透发挥着重要作用。

客观地说，自“05 方案”出台以来，各高校对包括“纲要”课在内的思想政治理论课的重视程度有了很大提高，目前的问题在于这种重视在各高校并不平衡，一些高校对“纲要”课教学的重视更多的是挂在嘴上。主要问题有：很多学校师生比远超教育部要求的 1：350－400，教师疲于上课或不

① 列宁专题文集：论辩证唯物主义和历史唯物主义［M］. 北京：人民出版社，2009，p287。
② 杜导正. 新民主主义的回归与发展［J］. 炎黄春秋，2009，(4)。

得不上教学效果难保证的大课；思想政治理论课专项经费投入不足，导致教师社会实践、进修机会不足，不能及时更新知识；一些学校往往对教师的科研要求多，却不重视教学，特别是忽视了对青年教师教学能力的培养。上述问题的存在，对“纲要”课教学改革的预期圆满实现造成了障碍。

历史虚无主义绝非是如何认识历史的学术问题，其背后隐藏着的是西方势力对中国“演化”、“西化”、“分化”的图谋，并且与新自由主义、民主社会主义等思潮在中国扩展势力的企图紧密联系。一些别有用心的人在寻找一切机会用历史虚无主义等错误思潮影响、控制大学生。在对大学生开展中国近现代史教育这一问题上，客观上存在着马克思主义历史观与历史虚无主义之间的一场看不见硝烟、却又十分激烈的斗争。忽视“纲要”课教学，在某种程度上讲，无异于自毁长城，在不经意间为历史虚无主义乘虚而入提供了条件。

2.“纲要”课教学中存在的一些问题使历史虚无主义有可能乘虚而入，并影响大学生思想。在“纲要”课教学改革中，成绩是主要的，但因其存在的问题而可能会造成的负面效应不容小视。从防止历史虚无主义渗透的角度看，突出问题有以下几个。

第一，只教“半本书”、忽视对社会主义部分历史教学的问题突出。“纲要”课的内容从1840年起，一直到当下。社会主义革命、建设和改革的历史是重要组成部分，“四个选择”中的历史和人民是怎样选择了社会主义、选择了改革开放都包含在这一部分的历史教学中。根据笔者对同行的调研，很多学校都以内容多、课时少以及要避免与毛泽东思想和中国特色社会主义理论体系概论（以下称“概论”）课重复等理由，或者只讲到新中国成立，或者只讲到社会主义改造基本完成。也就是说，只教“半本书”是一个较普遍的现象。

只教“半本书”、忽视对社会主义部分历史的教学，在一定程度上为历史虚无主义乘虚而入创造了条件。历史虚无主义的目标重心实际上是在虚无、丑化、最后否定中国现行的政治安排。只教“半本书”，使学生不能很好地通过“纲要”课了解中国人民是怎样“经过社会主义革命、建设和改革，把一个极度贫弱的旧中国逐步变成一个初步繁荣昌盛、充满生机和活力的社会主义新中国的历史”[①]，不能很好地通过该课程深刻领会中国为什么选择了社会主义，为什么在1956年又开始马克思主义的第二次中国化，为什么又选择了中国特色社会主义的改革开放，为什么不能走改旗易帜的邪路和封闭僵化的老路，以及为什么“不能用改革开放后的历史时期否定改革开放前的历史时期，也不能用改革开放前的历史时期否定改革开放后的历史时期”[②] 等重要问题。这样，青年学生在面对历史虚无主义别有用心地虚化、否定“四个选择”时，就可能会面临难以从历史角度用所掌握的正确历史观辨析历史虚无主义、抵御错误思潮的严重问题，容易被迷惑、渗透。

第二，轻视对历史规律的教学。探求历史轨迹，揭示历史规律，是历史研究和教学的根本任务。“纲要”课教学就是要在帮助学生深刻领会历史和人民是怎样选择了马克思主义，选择了中国共产党，选择了社会主义道路，选择了改革开放。然而，在部分“纲要”课课堂上，多的是对历史知识的讲授，对“四个选择”的历史规律的提炼、灌输却明显不足。之所以产生这种现象，除部分教师专业素养有待提高，对历史规律的把握不够外，最主要的是部分教师为片面迎合学生、追求课堂教学一时的“热闹”，而无视“纲要”课教学内在要求的结果。最终结果是，学生对“两个了解”理解不深，“四个选择”等历史规律的“入脑率”更难以保证。

近年来，历史虚无主义通过网络恶搞、影视文学作品戏说历史等“抓人眼球”的方式，将其观点通俗化、娱乐化，更容易为具有求新求异特点的青年人所接受、甚至追捧。在这样的情况下，大学生要想明辨是非、保持清醒头脑，只掌握历史片段，而不能把握历史规律，恐怕是很难长期做到的。历史虚无主义会乘虚而入，用中国近现代史上根本不存在的，只是被虚构出来的诸如“帝国主义侵华功大于过”“革命有害无益论”等所谓“正确”的历史规律占领大学生头脑，影响他们的政治选择。

第三，实践教学不规范。实践教学是“纲要”课教学的重要环节。但一些高校存在实践教学不规范的问题，主要有：实践教学不能保证全员性；实践教学在内容、形式、时间安排上随意性太大，缺乏与理论课的呼应；高校

---

① 本书编写组．中国近现代史纲要［M］．北京：高等教育出版社，2010，p1。

② 习近平．毫不动摇坚持和发展中国特色社会主义在实践中不断有所发现有所创造有所前进［N］．人民日报，2003－01－06。

辅导员与思想政治理论课两支队伍在组织实践教学中也各有优势，但很多高校缺乏将两支队伍联结在一起的有效机制，常是“两股劲”，不能形成合力；实践教学开展活动少，或者主要把读书、看纪录片、学生讨论等所谓“课内实践”作为主要方式。“纲要”课实践教学中存在的这些问题，影响了大学生通过参加实践教学进一步解决思想困惑、亲身验证“四个选择”的必要性，以及提高对其认同度的成效，也不利于大学生增进防止历史虚无主义渗透、侵蚀的能力。

历史虚无主义利用在改革开放中出现的诸如贫富差距拉大、部分领导干部贪污腐败、道德滑坡、社会公平公正问题突出等大做文章。而青年学生思想上的不成熟，使他们容易被经学术包装过或被通俗化、娱乐化的历史虚无主义观点所诱惑。如前所述，实践教学的一个重要功能就是以推动大学生深入了解社会的方式增进其对理论知识的认知、认同并转化为实际行动。加强理论教学、实践教学，从整体上提高“纲要”课教学实效性，有助于学生更全面了解社会，理性看待问题，正确对待历史，防止历史虚无主义的渗透。

三、深化“纲要”课教学改革以抵御历史虚无主义的对策

1. 深刻认识历史虚无主义的危害，重视“纲要”课教学。清代著名思想家龚自珍警示道：“灭人之国，必先去其史；隳人之枋，败人之纲纪，必先去其史；绝人之才，湮塞人之教，必先去其史；夷人之祖宗，必先去其史。”[①] 这一警示的真理性在苏联共产党亡党亡国亡社会主义的过程中得到充分验证。苏共在意识形态领域出现严重失误，导致历史虚无主义盛行，把苏联、苏共的历史描绘成漆黑一片、连根拔起。俄罗斯著名作家邦达列夫就指出：在戈尔巴乔夫执政的期间，“报刊实现了欧洲装备最精良的军队在40年代入侵我国时用火和剑未能实现的目标。那支军队虽然有第一流的技术装备，但是缺少一样东西，这就是数千万份带菌的出版物”[②]，这使得人民群众思想混乱，丧失了社会主义的信念。

对于近年来在我国重新泛起的历史虚无主义思潮，正如沙健孙所指出的，“从学术研究角度看，这些观点并没有什么学术价值”，但“从政治上

① 龚自珍全集（上）[M]. 北京：中华书局，1959。

② 曹长盛等主编. 苏联演变进程中的意识形态研究 [M]. 北京：人民出版社，2004，p21－22。

看，这些观点的流行、这种思潮的泛滥会给人们的思想造成混乱，甚至导致严重后果”①。它虚无的绝不只是历史，更重要的是会消解我们实现中国梦的历史文化基础。一切关心中国特色社会主义前途命运的人一定要明确，“纲要”课教学与历史虚无主义思潮传播间的对立，实质上是在关于中国举什么旗、走什么路问题上的对立，对包括“纲要”课在内的思想政治理论课教学的支持力度关系到社会主义高等教育的性质能否充分体现。在这样的思想认识基础上，高校应切实落实党中央关于加强思想政治理论课的意见精神，建立保证“纲要”等思想政治理论课教学改革可持续发展的长效机制。从一定意义上讲，这是我们能否通过“纲要”课教学有效抵御历史虚无主义对大学生的思想渗透、侵蚀的重要保证。

2. 深化“纲要”课教学改革，提高抵御历史虚无主义思潮传播的能力。深化教学改革，提高“纲要”课教学实效性，是增进以“纲要”课教学对抗历史虚无主义思潮传播能力的根本。

第一，转变教学理念，切实将教学重心放到历史观、“四个选择”的教学中来。这不是说“纲要”课不要讲述历史过程，而是历史过程的讲解要服务于历史规律的讲授，不能搞成“两张皮”；不是说不要讲历史细节，而是说必要的对历史细节的描绘一定要服务于学生更好地从宏观上把握历史、深刻领会“四个选择”的历史规律。

第二，深化教材体系向教学体系转化，加强专题教学，避免只讲“半本书”的问题。社会主义革命、建设、改革的历史是本课程重要的教学内容，我们不能随意舍弃。四门思想政治理论课各负有相应的教育学生的责任，且各有不同的教学侧重点，“纲要”课不宜随意转让部分教学内容给“概论”课。

第三，针对历史虚无主义思潮的主要观点，开展有针对性的教学。笔者认为，下列问题在教学中应特别讲清楚：一是如何认识资本——帝国主义侵略给中国带来的影响；二是两大历史任务及其关系；三是辛亥革命、土地革命、解放战争的正当性；四是如何看待五四运动的所谓激进问题；五是选择马克思主义及中国共产党诞生的历史必然性；六是中国共产党是抗日战争的

① 梁柱，龚书铎．警惕历史虚无主义思潮［M］．北京：人民教育出版社，2006，p2。

中流砥柱；七是中国选择社会主义的必然性及如何认识社会主义改造的问题；八是如何正确评价毛泽东；九是如何正确认识改革开放前后的历史间的内在联系；十是如何正确认识党所犯错误等。

第四，规范实践教学，重点解决全员性不足、实践教学与理论教学联系不紧密、辅导员与思想政治理论课教师难以形成合力等问题。在这方面，很多学校结合自己的实际都开展了富有成效的探索。例如，天津师范大学的实践教学与理论课教学“同目的”、“同内容”、“同进度”、“同考试”、“同经费”的模式[①]，实现了实践教学与理论教学的协同共进、辅导员与思想政治理论课教师的优势互补，在解决实践教学的全员性等方面有成功探索。在实践中我们发现，只要领导支持、教师投入，实践教学这一老大难问题就有推进和解决的希望。

（作者单位：天津师范大学马克思主义学院）

（原载《学校党建与思想教育》2014 年第 1 期）

① 教育部简报．天津师范大学坚持改革创新探索思想政治理论课实践教学新模式［EB/OL］．教育部社科司网页，2008－11－12。

毛泽东研究中的历史虚无主义思潮评析

刘　仓

毛泽东是中国共产党、中国人民解放军、中华人民共和国的主要缔造者，是社会主义制度的创立者和精神支柱。国内外敌对势力妄图颠覆党和人民政权，毛泽东是它们绕不开的长城。抹黑毛泽东、推倒毛泽东，是敌对势力攻击党和国家的前哨战。毛泽东研究中的历史虚无主义，企图通过丑化毛泽东的民族英雄形象和抛弃毛泽东思想的指导地位，来达到否定四项基本原则、走西方道路的政治目的。揭露和批判这种政治思潮，是意识形态领域的“卫国战争”，是维护意识形态安全的重要环节。

一、毛泽东研究中历史虚无主义的表现

第一，否定毛泽东的历史功绩。有人否定毛泽东对中国革命和建设的功绩，宣称毛泽东“开国有功、建国有错、文革有罪”。宣称毛泽东过大于功，是“伟大的革命家，失败的建设者”。否定毛泽东是中华人民共和国的缔造者，宣称毛泽东所建立的“新中国”，只是一个新的政权而已。否定毛泽东领导社会主义建设的成绩，宣称毛泽东时期是“荒唐、混乱和血腥的年代”。胡说“解放并没有给中国人带来幸福，相反，带来的是生灵涂炭的三十年”。把毛泽东领导建立的政治制度，歪曲为封建君主专制，宣称毛泽东是“马克思＋秦始皇”，“成为不穿龙袍的皇帝”。放大毛泽东的历史错误，宣称建国后的一连串重大事件，搅得国家天翻地覆！

第二，丑化毛泽东的民族英雄形象。妖魔化毛泽东的领袖形象，把毛泽东称为“独裁者”，歪曲毛泽东在中共领导集体中的地位，离间毛泽东与中央其他领导人的关系。侮辱毛泽东的人格，把毛泽东比作明太祖朱元璋，诬蔑毛泽东心胸狭窄、睚眦必报。诬蔑毛泽东“是伪造历史的专家”，等等。

第三，否定毛泽东思想的科学体系和历史地位。歪曲毛泽东思想的本来面目，胡说“列宁、斯大林、毛泽东才是最大的修正主义者”。否定毛泽东思想的历史作用，宣称“毛泽东思想分科学、空想、荒谬三阶段”。丑化毛泽东的精神体系，宣称中共搞革命是痞子运动，新中国成立后，继承的是所谓“痞子文化”。否定毛泽东思想的当代价值，割裂毛泽东思想与中国特色社会主义理论体系的关系。宣称毛泽东思想武装起来的一代人，思想意识里面只有“以阶级斗争为纲”，不通人性！“我们的国家等于没有未来，只有混吃等死！”

历史虚无主义者宣称，“将毛泽东这个恶魔钉在历史的耻辱柱上，是中国思想启蒙运动的第一步”。这一句话表明了，丑化和抹黑毛泽东的背后，正是走向西方资本主义道路的大门。

毛泽东作为民族英雄，在中华民族的历史上留下了永恒的光辉业绩；有些遗留的历史教训，也成为了警示党和人民校正前进道路的灯塔。关于如何评价历史人物尤其是伟大的历史人物，习近平总书记指出：“不能因为他们伟大就把他们像神那样顶礼膜拜，不容许提出并纠正他们的失误和错误；也不能因为他们有失误和错误就全盘否定，抹杀他们的历史功绩，陷入虚无主义的泥潭。”这既是提出和重申了如何评价历史人物的历史唯物主义的准则，也是对历史虚无主义的明确批评和反对。

二、毛泽东研究中历史虚无主义的错误方法

毛泽东研究中的历史虚无主义的错误观点，还在于它们运用的论证方法和根据是经不起历史与实践检验的。

一是断章取义。如借口毛泽东说过“感谢日本皇军”等话，由此冠以毛泽东“汉奸的罪名”。实际上，毛泽东在会见日本社会党国会议员黑田寿男时，强调任何一个国家的人民，没有外部压力是不会觉悟的；然后介绍中国人民觉悟的经验。指出日本“皇军”占领了大半个中国，中国人民才武装起来进行斗争，建立了许多抗日根据地，为解放战争的胜利创造了条件。

二是以偏概全。如有人根据毛泽东关于“美帝国主义是纸老虎”的论断，歪曲说毛泽东轻视美国，是孤陋寡闻。毛泽东向来主张战略上藐视敌人，战术上重视敌人。从战略上说，美帝国主义是纸老虎，所以可以藐视

它、战胜它。从策略上说，美帝国主义又是真老虎，有爪有牙，会吃人；要一个牙齿一个牙齿、一个爪子一个爪子地敲掉它。

三是张冠李戴。有一种流行说法："错批一个人，多生三亿人"。说毛泽东批判马寅初的《新人口论》，导致人口高速增长，声称这是建国以来的"重大失策之一"。针对这种说法，著名党史专家金冲及表示，批判马寅初当然是错的，但批判他的是陈伯达和康生，不是毛泽东。"没有找到毛泽东批判马寅初的话"。即便是"多生三亿人"的说法，也是站不住脚的。

四是伪造史料。如有人伪造所谓毛泽东"承认抗美援朝战争打错了"，并举出三条史料佐证；但是，这些史料，都没有标明出处，现有的文献都没有记载。从语气上来说，毛泽东很少用"根本错误""绝对错误"这类的话语。还有人诬称："《毛泽东选集》1至4卷的160余篇文章中，由毛泽东执笔起草的只有12篇，经毛泽东修改的共有13篇，其余各篇全是由中共中央其他领导成员，或中共中央办公厅以及毛泽东的秘书等人起草的。"这是肆意捏造的谣言。唐洲雁、曹前发、单劲松发表于《党的文献》2013年第5期的《关于〈毛泽东选集〉四卷文稿的考辨》证明，这四卷文集收入毛泽东从1925年12月到1949年9月各个革命历史时期的最主要、最有代表性的著作159篇，只有5篇是集纳而成的，其他完全是毛泽东撰写的。

可见，历史虚无主义是运用孤立的、片面的、静止的观点，来评价毛泽东，由此得出的所谓"学术结论"和"客观结论"都带有主观臆断性。他们不是用联系的、发展的观点，完整准确地理解毛泽东思想的科学体系，而是用唯心论代替唯物论，用形而上学代替辩证法，用不可知论代替唯物主义可知论。这是反科学的历史观和方法论。

三、毛泽东研究中历史虚无主义的危害、实质

历史虚无主义的实质，是通过抹黑党的领袖人物和共和国的历史，否定四项基本原则，走西方资本主义道路：

第一，旨在丑化共产党形象，否定党的执政合法性。毛泽东是中国共产党的缔造者和领袖。丑化毛泽东，共产党的先进性、领导地位和执政地位，都会动摇。邓小平早就警告，如何评价毛泽东问题，关系到党、国家的历史、现实和将来。他说："对于毛泽东同志的错误，不能写过头。写过头，

给毛泽东同志抹黑，也就是给我们党、我们国家抹黑。这是违背历史事实的。”

第二，旨在摧毁中国制度，改变中国道路。毛泽东是中华人民共和国的主要缔造者，是中国社会主义制度的创建者，并且曾长期是社会主义建设的组织者和领导者。否定毛泽东，那么在毛泽东领导下的社会主义制度也就失去了合法性与合理性。否定毛泽东和四项基本原则的背后，包含崇尚美国制度、走西方道路的政治主张。科学评价毛泽东，关系到中国社会主义的前途和命运。邓小平在起草《决议》之时就指出，科学评价毛泽东，“说明马列主义、毛泽东思想是我们前进的指南，正是因为这样，我们党就站住了，我们社会主义制度也站住了。”

第三，旨在摧毁精神体系，改变马列信仰。马列主义、毛泽东思想是一脉相承而又与时俱进的科学体系，是全党的指导思想和国家意识形态的核心。邓小平指出，毛泽东思想培育了中国共产党整整一代人；没有毛泽东思想，就没有今天的中国共产党，这也丝毫不是什么夸张。毛泽东思想永远是我们全党、全军、全国各族人民的最宝贵的精神财富。否定毛泽东思想，就会摧毁党的思想体系，撕裂了全国人民团结奋斗的思想基础。思想的混乱，将造成社会四分五裂，没有安定团结的政治局面，什么样的现代化也建立不起来。中华民族伟大复兴的中国梦也无从谈起。

第四，旨在资本剥削劳动、列强奴役中华。内部争耗是国家和民族衰败的原因，团结奋斗则是外敌望而生畏的内生力量。毛泽东是反抗国内外资本主义剥削和压迫的象征。哪里有毛泽东，哪里就有反抗强权的精神意志。反之，否定毛泽东的民族英雄形象，将为资本剥削劳动、国际垄断资本奴役中华民族，重新打开大门。

毛泽东和毛泽东思想，是中国人民和平发展、振兴中华的重要精神支柱。没有思想理论上的独立自主，就没有经济、政治上的独立和主权。西方“和平演变”中国的战略策略之一，就是通过丑化党和国家形象、丑化民族英雄、丑化领袖人物，以此来瓦解中国社会主义意识形态体系。美国中情局制定的“十条诫令”第五条，即“要不断制造消息，丑化他们的领导”，就是“和平演变”战略的具体方案。一旦社会主义意识形态的分崩离析，西方敌对势力将不动一刀一枪、一兵一卒，颠覆整个社会主义大厦，达到战争未能达到的险恶目的。苏联解体的思想根源，即肇始于瓦解“列宁综合体系”。西方对付中国，与对付苏联的战略策略，如出一辙。习近平总书记强调指出：“苏联为什么解体？苏共为什么垮台？一个重要原因就是意识形态领域的斗争十分激烈，全面否定苏联历史、苏共历史，否定列宁，否定斯大林，搞历史虚无主义，思想搞乱了，各级党组织几乎没任何作用了，军队都不在党的领导之下了。最后，苏联共产党偌大一个党就作鸟兽散了，苏联偌大一个社会主义国家就分崩离析了。”他还指出：“国内外敌对势力往往就是拿中国革命史、新中国历史来做文章，竭尽攻击、丑化、诬蔑之能事，根本目的就是要搞乱人心，煽动推翻中国共产党的领导和我国社会主义制度。”

对于舆论、意识形态与国家安全、政权稳定的关系，毛泽东早就指出：“这是搞上层建筑。凡是要推翻一个政权，总要先造成舆论，总要先搞意识形态方面的工作。无论革命也好，反革命也好。”清代著名思想家龚自珍说：“灭人之国，必先去其史；隳人之枋，败人之纲纪，必先去其史；绝人之材，湮塞人之教，必先去其史；夷人之祖宗，必先去其史。”内外历史虚无主义者正在“夷人之祖宗”，“湮塞人之教”，“败人之纲纪”，“灭人之国”，这是一种赤裸裸的思想侵略、精神侵略和文化侵略，这难道还不是没有硝烟的战争吗？

习近平总书记指出：“如果当时全盘否定了毛泽东同志，那我们党还能站得住吗？我们国家的社会主义制度还能站得住吗？那就站不住了，站不住就会天下大乱。”因此，同毛泽东研究中历史虚无主义的斗争，是两个阶级、两条道路的斗争在意识形态领域的表现。反击抹黑毛泽东的历史虚无主义，是党的生命保卫战，马克思主义保卫战，国家安全保卫战，民族英雄保卫战，中华民族保卫战，民族精神和民族文化保卫战，人民根本利益保卫战，是意识形态领域内的“卫国战争”。

四、反对毛泽东研究中历史虚无主义的主要措施

敌对势力和错误思潮对党的领袖、英雄人物和人民共和国的攻击，将不会在短期内销声匿迹。反击历史虚无主义，毫不动摇地进行理论斗争、舆论斗争和宣传斗争，是须臾不可松懈的任务。对意识形态领域的斗争，要正确处理两类不同性质矛盾，坚持有理、有力、有节的原则，区分政治斗争和意

识形态斗争的不同特征，采取不同的斗争方式。

第一，把维护毛泽东和毛泽东思想的历史地位纳入依法治国的轨道。依法治国，首先要依照宪法治国，包含对社会思想领域的治理。《中华人民共和国宪法》序言中，肯定了毛泽东在党内的领袖地位，肯定了中国共产党的领导地位，肯定了毛泽东思想的指导地位。那么，诋毁和践踏毛泽东和毛泽东思想，就是违反《宪法》的行为。

《宪法》第三十八条规定："中华人民共和国公民的人格尊严不受侵犯。禁止用任何方法对公民进行侮辱、诽谤和诬告陷害。"对于恶毒否定毛泽东历史功绩、诋毁毛泽东英雄形象的侵权言行，造成严重思想混乱和社会震动的，必须依照《宪法》以侮辱罪或诽谤罪等提起公诉，追究刑事责任和民事责任。

《宪法》序言明确指出："中国人民对敌视和破坏我国社会主义制度的国内外的敌对势力和敌对分子，必须进行斗争。"毛泽东的领袖地位和社会主义制度是联系在一起的。行使言论自由权利，不能侵犯毛泽东的名誉权、人身权和人格尊严，不得危害社会主义制度；否则，也应对此承担法律的后果。

《关于建国以来党的若干历史问题的决议》和习近平在纪念毛泽东诞辰120周年大会上的讲话，都对毛泽东和毛泽东思想作出了科学评价，代表了人民群众对毛泽东和毛泽东思想的认识和评价。

第二，对于党内诬蔑毛泽东者，根据《党章》规定，给予政治教育和纪律处分。中共十八大通过的《中国共产党党章》的总纲，对党的指导思想作出明确规定。党员都有遵守和维护《党章》的义务，有自觉遵守党的纪律、模范遵守国家的法律法规的义务，有学习党的指导思想的义务。《党章》第二章"党的组织制度"第六条规定："党禁止任何形式的个人崇拜。要保证党的领导人的活动处于党和人民的监督之下，同时维护一切代表党和人民利益的领导人的威信。"那些诬蔑毛泽东、背弃毛泽东思想的党员，已经严重违背了《党章》。《中国共产党纪律处分条例》明确规定：丑化党和国家形象，或者诋毁、诬蔑党和国家领导人，或者歪曲党史、军史的，应该根据情节轻重，给予警告、严重警告、撤销党内职务或者留党察看，甚至开除党籍处分。

第三，在学术研究领域，坚持学术批评、思想教育和行政审查相结合。对于境外诋毁毛泽东的学者，除学术上给予批驳之外，还应该对其在大陆的学术活动进行掌控审查。对于国内攻击毛泽东的学者，应从学术上给予批判；并通过党组织或者所在单位，给予批评教育；严重不改者，建议调动其职位。有关部门应组织力量，选取污蔑、歪曲毛泽东的代表性书籍，用真实可靠的档案史料、缜密细致的学术研究进行批驳，以正视听。

第四，加强高校思想政治教育和对意识形态工作的领导。加强马克思主义基本原理教育，引导学生树立科学的世界观和方法论；加强毛泽东思想和中国特色社会主义理论体系教育，引导学生树立正确的社会主义观；加强中国近现代史教育，引导学生树立科学的历史观；加强思想品德修养和法律基础教育，引导学生树立正确的人生观和价值观；加强形势政策教育，引导学生了解中国社会的主要问题及其解决方案。

第五，团结和教育知识分子。通过深入细致的工作，扩大教育面，缩小打击面，巩固和扩大社会主义意识形态的阵地。不能将意识形态领域的斗争，上升为政治运动。解决思想问题的关键，在于中国的发展，做到情为民所系，权为民所用，利为民所谋，历史虚无主义将无从生芽。

第六，加强对意识形态领域工作的领导、管理和引导。对于恶意散布、传播侮辱毛泽东形象，歪曲毛泽东思想的媒体平台，应对其进行检查和处罚。建立网络舆情队伍，及时发现违反党规、国法的有害信息，根据不同性质给予不同的处理。推送宣传毛泽东历史功绩和毛泽东思想历史地位的信息。整合有关毛泽东生平和思想的研究机构和人员队伍，做好学术准备、力量准备，打好主动仗。

（作者单位：中国社会科学院当代中国研究所）

（原载《中华魂》2016 年第 9 期）

对当前“非毛化”思潮的若干思考

杨　萍　李包庚

改革开放以来，随着我国社会经济结构的深刻变化和思想领域的多元化发展，“如何评价毛泽东”成为学界与社会上热烈争论的话题。1981年党的十一届六中全会通过的《关于建国以来党的若干历史问题的决议》（以下简称《决议》），对毛泽东的功过作了实事求是的评价，对“非毛化”思潮有所遏制。但是在改革开放以来的30多年间，“非毛化”思潮从未停止，重点在毛泽东的晚年错误上做文章。近些年来，“非毛化”思潮在互联网等新媒体有泛滥演绎之势。这不仅损毁一代伟人的形象，消解我国主流意识形态，而且危害中国特色社会主义事业的发展，不利于中华民族伟大复兴大业。因此必须对“非毛化”思潮有清醒的认识。

一、“非毛化”思潮的基本含义及主要表现

所谓“非毛化”，就是采用种种方式淡化、清除毛泽东及毛泽东思想对中国的影响。① 一些别有用心的人大搞历史虚无主义，利用某些人的猎奇心理，从个人道德品质、生活作风、工作能力等方面大肆展开对毛泽东的恶意人身攻击②，在社会上掀起了一股以恶意丑化、诋毁和批判毛泽东为基本取向的社会思想运动，即“非毛化”思潮。它的逻辑外延集中体现在以下几个方面：

一是否定毛泽东开辟的中国革命道路。

众所周知，毛泽东等老一辈无产阶级革命家，在马克思列宁主义理论的指引下，历经千辛万苦，取得了中国革命的伟大胜利，建立了一个人民当家

① 杨军. 透视非毛化思潮〔J〕. 思想理论教育，2013，(21)：17。

② 王安中. “非毛化”常见手法剖析〔J〕. 毛泽东研究，2015，(1)：81。

作主的崭新国家。但是，“非毛论”者却从相反的视角，恶意解构已经深入人心、广为人知的作为马克思主义中国化理论结晶的毛泽东思想，歪曲毛泽东领导的革命与社会主义建设实践。近些年，“非毛化”思潮从以往集中否定毛泽东新中国成立后的言行扩展为针对其一生活动的质疑，否定毛泽东在新民主主义革命时期的贡献和成就。有的“非毛论”者说，“解放并没有给中国人带来幸福，相反，带来的是生灵涂炭的三十年。因政治原因死亡达五千万之众。超过第二次世界大战死亡总数”①。有的“非毛论”者提出红军长征中中央纵队行动缓慢、湘江战役惨败的原因是毛泽东舍不得扔掉军械、粮草等物资；毛泽东根本不会打仗，做出正确的指挥策略全是依靠情报。②

抗美援朝战争是新中国成立之初的重大事件。有学者总结“非毛论”者对抗美援朝战争提出质疑和否定的观点得出：一是认为中共中央出兵抗美援朝的决策是错误的，是在苏联领导人鼓动下毛泽东的个人决断；二是完全抹杀抗美援朝战争的正义性，认为抗美援朝战争是人为制造的与美国的民族仇恨；三是认为中国在抗美援朝战争中付出了极高的代价，损失大于所得。③

“非毛论”者置“左”倾教条主义者错误的战略战术导致第五次反“围剿”失败使得红军被迫战略大转移的事实于不顾；对于中国共产党人在抗日战争中的伟大功绩和抗战胜利对于中国乃至世界反法西斯斗争的历史意义，以及中国共产党领导人民推翻“三座大山”，终结“殖民地半殖民地”社会耻辱历史，使中国人民真正站起来了并真正当家作主的伟大功绩，“非毛论”者也视而不见；更没有看到美国侵略我国和朝鲜的恶劣行径是抗美援朝的根本原因。因此，从根本上讲，“非毛论”是违背历史的无稽之谈。

二是无限放大“三年困难时期”等历史事件的影响。

“非毛化”思潮否定毛泽东及其领导下的新中国，特别是拿“三年困难时期”作典型案例。

“非毛论”者把过错都归咎于毛泽东，认为是因为毛泽东的无知傲慢、刚愎自用才导致了“大跃进”的发生，从而造成了三年经济困难。国内外一些

---

① 李方祥．维护毛泽东的历史地位是抵制历史虚无主义思潮的关键〔J〕．思想理论教育导刊，2013，(12)：73。

② 杨军．透视非毛化思潮〔J〕．思想理论教育，2013，(21)：17。

③ 齐德学．如何评价抗美援朝战争〔J〕．思想理论教育导刊，2010，(7)。

人把我国在三年困难时期及其前后所出现的户籍统计人口数字大量减少（约为 3394 万人），全部或者绝大多数都解释成是由三年困难时期实际人口的死亡造成的，这就出现了“饿死三千万人”这一类的说法。完全不顾 1958 年年底到 1960 年年底全国连续三年发生的大面积特大旱灾这一事实，说“灾害”完全是人祸，而不是天灾，主观臆想地推断出灾害“饿死”三千多万人。

邓小平所指出的，“毛泽东同志在他的一生中，为党、国家和人民建立了不朽的功勋。他的功绩是第一位的，他的错误是第二位的。因为他的功绩而讳言他的错误，这不是唯物主义的态度。因为他的错误而否定他的功绩，同样不是唯物主义的态度”①。“要求革命领袖没有缺点、错误是不可能的，是空想。这不符合辩证唯物论，也不符合毛泽东同志本人的意见。”② 对于英雄人物，既要看到其优点与成绩，也要看到其弱点与失误。而且，“讲错误，不应该只讲毛泽东同志，中央许多负责同志都有错误。‘大跃进’，毛泽东同志头脑发热，我们不发热？刘少奇同志、周恩来同志和我都没有反对，陈云同志没有说话。在这些问题上要公正，不要造成一种印象，别的人都正确，只有一个人犯错误。这不符合事实。中央犯错误，不是一个人负责，是集体负责”③。

三是以改革开放的成就或问题来否定毛泽东领导的社会主义探索历程。

改革开放是发展中国特色社会主义，实现中华民族伟大复兴的必经之路，它给中国带来了翻天覆地的变化，取得了举世瞩目的成就，同时也产生了一些问题。

有的“非毛论”者用改革开放的巨大成绩来质疑、否定毛泽东领导的社会主义探索之路，试图跳过改革开放前，认为如果直接从 1949 年新中国成立伊始就实行改革开放的话，中国早就发展得很好了。这是脱离历史环境的无稽之谈。没有改革开放前 30 年的成功、失误与教训，哪有改革开放 30 多年以来的辉煌成就？“历史已经证明，如果没有 1949 年建立新中国并进行社会主义革命和建设，积累了重要的思想、物质、制度条件，积累了正反两方

---

① 邓小平文选：第 2 卷〔M〕. 北京：人民出版社，1994. 334。
② 陈云文集：第 3 卷〔M〕. 北京：人民出版社，1995. 242。
③ 邓小平文选：第 2 卷〔M〕. 北京：人民出版社，1994. 296。

面经验，改革开放就很难顺利推进，中国特色社会主义也很难成功开创。"①

"非毛论"者"抓住改革开放中出现的官员腐败、贫富分化、环境污染、生态破坏、信仰缺失、社会保障滞后等等社会问题，把这些社会问题看成是改革开放内生的，并以此为借口非难、质疑、否定改革开放"，认为改革开放根本就不应该发生。"非毛论"者将改革开放所取得的成就抛弃掉，只看到改革开放付出的代价和产生的消极后果，同样没有看到改革开放使我国政治、经济、文化、社会都有了突飞猛进的发展。

客观地讲，"新中国60多年的发展，基本上是连贯发展的，是相互联系的历史，互相依存的历史，是一步一个脚印的历史，是不断发展的历史"②。改革开放以来的30多年比前30年实现了经济的腾飞，也是吸收借鉴了前30年经验教训的结果，不能割断历史看问题。正如习近平同志指出，我们党领导人民进行社会主义建设，有改革开放前和改革开放后两个历史时期，这是两个相互联系又有重大区别的时期，但本质上都是我们党领导人民进行社会主义建设的实践探索。因此，"对改革开放前的历史时期要正确评价，不能用改革开放后的历史时期否定改革开放前的历史时期，也不能用改革开放前的历史时期否定改革开放后的历史时期。改革开放前的社会主义实践探索为改革开放后的社会主义实践积累了条件，改革开放后的社会主义实践探索是对前一个时期的坚持、改革、发展"③。

二、"非毛化"思潮的政治目的、哲学本质与思维根源

批判"非毛化"思潮，有必要深入揭露其政治目的、哲学本质与思维根源。而这个需要结合"非毛化"思潮的手法来分析。"非毛化"的手法主要有五种："一是采取当下标准不注意历史语境；二是断章取义不注重历史完整性；三是预设立场后寻找相关论据；四是虚构编造事实来肆意污蔑；五是混淆个人责任与群体责任。"④

---

① 中共中央党史研究室．正确看待改革开放前后两个历史时期——学习习近平总书记关于"两个不能否定"的重要论述〔N〕．人民日报，2013-11-08（06）。

② 梅宏．如何正确看待改革开放前后的两个30年〔J〕．井冈山干部学院学报，2012，(4)。

③ 习近平总书记系列重要讲话读本〔M〕．北京：学习出版社，人民出版社，2014．19。

④ 王安中．"非毛化"常见手法剖析〔J〕．毛泽东研究，2015，(1)：81。

首先，遮蔽、抹杀乃至否定毛泽东的伟大功绩是各种“非毛化”思潮的政治目的。

“非毛化”思潮对毛泽东的成就采取既不客观也不公正的态度，通过抹杀毛泽东领导下的新民主主义革命、社会主义革命和建设取得的成就，特别是把改革开放前的新中国说得一无是处，来达到否定毛泽东、中国共产党的目的。

毛泽东带领中国人民经过了长期的艰苦斗争，实现了中华民族的独立和人民的解放；带领中国人民在新中国成立后艰苦奋斗、勤俭治国，在帝国主义的封锁下建立起完整的国民经济体系，奠定了中国工业化的基础；带领中国人民克服种种困难，发展各项社会事业，扩大基础教育规模；带领中国人民建立起强大的国防，使中国拥有了捍卫国家安全和领土完整的坚固“长城”；带领中国人民顶住帝国主义和霸权主义的压力，以坚定的原则和灵活的外交政策，维护中华民族的利益和尊严，不断提升我国的国际地位；带领中国共产党加强自身建设，努力保持党的先进性和纯洁性，保持优良的品质和作风。但是，“非毛化”思潮对这些成绩闭口不谈，企图遮蔽和抹杀毛泽东的伟大功绩，这就说明“非毛化”思潮的真正立场就是全盘否定毛泽东，各种“非毛化”思潮都是以这个目的为前提来进行活动。

其次，“非毛化”思潮的哲学本质是历史虚无主义。

所谓历史虚无主义，是指借口历史认知中存在相对性，而随意歪曲历史真相和抹杀历史认知中既有的真理性的一种非理性倾向。[①] 这种思潮对自己国家的历史、民族的文化和精神，采取轻蔑和否定的态度，甚至把历史说得一无是处。有学者认为，历史虚无主义虚无的是中国革命的历史，是中国共产党的领导、马克思列宁主义的指导，是社会主义制度和人民民主专政。有学者也认为，历史虚无主义是借歪曲历史本来面目来证明“学习西方”的主流文化是无法抗拒的历史必由之路，从而鼓吹改变中国社会主义的道路。也有学者指出：历史虚无主义思潮无论是“虚无”中国传统文化，还是否定中国革命、动摇中国特色社会主义道路，其最终目的都是为了否定中国近百年来追求民族复兴的光辉历史，从而达到将中国纳入西方资本主义轨道的目的。

① 郑师渠. 历史虚无主义既诬古人又误今人〔N〕. 中国社会科学报，2015－01－16。

在“非毛化”思潮的背后，实际上是近年来盛行的历史虚无主义思潮在作祟。

20世纪90年代，自由主义思潮在我国有所发展，历史虚无主义思潮泛起，二者都对“非毛化”思潮起了推波助澜的作用。自由主义思潮追求全盘西化，否定中国的基本经济制度、根本政治制度和主流意识形态；历史虚无主义思潮则认为现代化就是“西化”，认为近现代中国的历史是一个革命者肆意妄为、社会道路选择和制度政策制定错误的过程，并对中国近现代历史中的人物进行严重批评。“非毛化”思潮成为历史虚无主义思潮“主攻”毛泽东的一支，一些自由主义知识分子成为否定、丑化毛泽东的带头人。[①] 这无疑为“非毛化”思潮的发展提供了广阔的活动舞台。

历史虚无主义主要表现在：第一，认为中国近代史上的种种革命，尤其是新民主主义革命根本就不应该搞，结果造成社会动荡，后果惨重。他们把中华民族为争取民族独立和国家富强而进行的斗争看作是民族内斗的悲剧史；第二，认为中国不应该急于向社会主义过渡，而应该经历一个长期的新民主主义社会，让资本主义充分发展，认为中国共产党探索社会主义道路的历史是极其荒唐的；第三，认为改革开放是在走资本主义道路，而对改革开放取得的成就不屑一顾。[②]

历史虚无主义主张否定历史和批判历史人物，把毛泽东作为最主要的攻击对象。“非毛化”思潮则对毛泽东及其思想进行彻底否定，二者是一脉相承的。因此，历史虚无主义为“非毛化”思潮提供了牢固的思想依靠，“非毛化”思潮不遗余力地继承和发扬历史虚无主义的内在精神。“非毛化”思潮的本质就是历史虚无主义。

再次，“非毛化”思潮的错误根源是形而上学的思维方式。

形而上学是用片面的、孤立的、静止的观点看问题的思维方式。历史虚无主义采取否定一切的态度，属于形而上学的思维方式，是根本错误的。它将历史发展的决定性与选择性、生产力与生产关系、历史事件与历史环境对立起来。“非毛化”思潮则以纯粹的主观假设为前提，片面夸大毛泽东个人的

---

① 杨军. 透视非毛化思潮〔J〕. 思想理论教育，2013，(21)：17。

② 萧延中. 近期中国的毛泽东研究：一个政治意识生态的框架草图〔J〕. 湖南科技大学学报（社会科学版），2011，(6)。

选择性，认为历史是毛泽东有目的有意识的自由选择的结果。“非毛论”者紧紧抓住中国共产党所犯的“反右”斗争扩大化等错误都是毛泽东个人原因导致的，并且大肆渲染、夸大这些错误，不思考这些历史事件发生的特定背景。由此看来，“非毛化”思潮片面、静止地看问题，抓住否定毛泽东这一目的，看不到毛泽东创造出伟大功绩的一面，其根源是形而上学的思维方式。

历史研究不容割裂整体与部分的辩证关系。历史事件发生的根本原因都可以从作为整体的历史环境中得到合理解释。马克思说：“极为相似的事变发生在不同的历史环境中就引起了完全不同的结果。如果把这些演变中的每一个都分别加以研究，然后再把它们加以比较，我们就会很容易地找到理解这种现象的钥匙。”① 毛泽东所做过的事情都是在特定的历史环境中形成的，如果像“非毛化”思潮那样将历史人物和事件孤立起来，不把它们和不同历史环境的人物和事件加以比较，只是主观任意的妄下定论，其结果必然是真正的历史被虚无。

三、“非毛化”思潮的伦理性与实践性批判

“对历史人物、历史现象、历史事件的褒贬，直接影响到对当今所发生的相关人物、现象和事件的价值判断。”② 对于“非毛化”思潮，我们应该看到，其否定毛泽东的目的不仅仅是针对毛泽东个人，其根本目的在于否定中国共产党的领导，否定当代中国人民的伟大实践，必将产生诸多消极影响。

一方面，从社会伦理发展看，“非毛化”思潮挑战我国主流意识形态。

第一，“非毛化”思潮否定马克思主义的普遍真理，否定毛泽东思想。毛泽东的历史地位是在长期革命斗争与社会主义实践中逐步奠定起来的，而毛泽东思想是在批判各种错误思潮、与各种错误思想的斗争中发展起来的。这个已经成为中国人民乃至世界人民的共识，尤其是毛泽东思想，已经成为我国主流意识形态的核心内容之一，我们任何时候都“不能动摇高举毛泽东思想旗帜的原则”③。“非毛化”者无视基本史识，无视我国现实情况，无端

---

① 马克思恩格斯选集：第3卷〔M〕. 北京：人民出版社，1995. 342。
② 刘思源. 正确看待毛泽东对中国特色社会主义道路的探索〔J〕. 上海党史与党建，2010，(12).
③ 杨军. 透视非毛化思潮〔J〕. 思想理论教育，2013，(21)：17。

地“非毛”，其实就是在挑战我国的主流意识形态。

第二，“非毛化”思潮否定中国共产党的领导地位。中国共产党是我国的执政党，是中国特色社会主义事业的领导核心。“非毛化”者极力否定、丑化毛泽东，不仅要瓦解毛泽东在人民大众心中的伟大形象，更要引导人们从否定毛泽东到否定中国共产党。中国共产党是根据马克思列宁主义基本原理和毛泽东思想来制定各项方针政策的，否定了中国共产党的领导地位，也将意味着对我国的主流意识形态提出挑战，这必将产生不可估量的消极后果。

第三，“非毛化”思潮否定人民民主专政。习近平同志在中央政法工作会上强调指出：“培育造就一支忠于党、忠于国家、忠于人民、忠于法律的政法队伍，确保刀把子牢牢掌握在党和人民手中。”所谓掌握“刀把子”，就是要坚持无产阶级专政——在中国，就是要坚持人民民主专政。但此话竟然招来一些人的极大不满，他们竭力丑化人民民主专政制度，攻击共产党领导的人民政权是“专制”“独裁”和“暴政”，从上层建筑领域来颠覆人民民主专政，达到改变社会主义国家的性质、实行西方的民主宪政的目的，从而完成资本主义在中国的彻底复辟。

第四，“非毛化”思潮否定中国特色社会主义道路。中国特色社会主义道路要求把马克思主义的普遍真理同中国的具体实际结合起来，把中国建设成为富强、民主、文明、和谐的社会主义国家。“毛泽东与中国特色社会主义道路有着历史的内在联系，中国特色社会主义是在以毛泽东为代表的第一代中央领导集体的艰辛探索和所取得的伟大历史性成就的基础上所开创和发展起来的”①，毛泽东把马克思列宁主义基本原理同中国实际进行了“第二次结合”，找出在中国进行社会主义革命和建设的正确道路。“非毛化”者把毛泽东说得一无是处，无限放大探索过程中毛泽东所犯的错误，实际上间接说明了中国特色社会主义道路在开始之时就是错的，抛弃了我国仍处于并将长期处于社会主义初级阶段这个最大的实际，使中国特色社会主义道路的建设失去思想指导。

另一方面，从实践性看，“非毛化”思潮不利于中国特色社会主义事业

---

① 李方祥．维护毛泽东的历史地位是抵制历史虚无主义思潮的关键〔J〕．思想理论教育导刊，2013，(12)：75。

的发展，不利于中华民族伟大复兴。

以毛泽东为代表的中国共产党人对中国特色社会主义建设道路的探索，是毛泽东思想不可分割的重要组成部分，是马克思主义中国化第一次历史性飞跃在新中国成立后的继续和发展，是中国共产党在改革开放和现代化建设新时期不断进行理论创新的思想动力和智慧源泉。党的十八大报告指出："我们要永远铭记，改革开放伟大事业，是在以毛泽东同志为核心的党的第一代中央领导集体创立毛泽东思想，带领全党全国各族人民建立新中国、取得社会主义革命和建设伟大成就以及艰辛探索社会主义建设规律取得宝贵经验的基础上进行的。"在纪念毛泽东诞辰120周年的座谈会上，习近平同志也指出："毛泽东同志对适合中国情况的社会主义建设道路进行了艰苦探索。他以苏联的经验教训为鉴戒，提出要创造新的理论、写出新的著作，把马克思列宁主义基本原理同中国实际进行'第二次结合'，找出在中国进行社会主义革命和建设的正确道路，制定把我国建设成为一个强大的社会主义国家的战略思想。"这就再次明确地肯定了毛泽东在探索中国特色社会主义道路这一伟大事业中的巨大努力和突出贡献。在这样的历史时刻，重新审视毛泽东晚年对中国特色社会主义道路的探索，认真总结这一探索的成就和对当今的启示是十分必要和有价值的。

"非毛化"思潮之所以把攻击的矛头指向毛泽东，就是企图把党和国家建设中的一切失误都归结为毛泽东个人以及所建立的社会主义基本制度，从而进一步否定今天我们正在坚持的中国特色社会主义道路，引导中国走上资本主义、民主社会主义的歧路。"非毛化"思潮对中国共产党领袖毛泽东的丑化，对党的整个历史的歪曲，所造成的社会危害是不可低估的。毛泽东曾说"历史上不管中国外国，凡是不应该否定一切的而否定一切，凡是这么做了的，结果统统毁灭了他们自己。"① 如果容忍"非毛化"自由泛滥，那将势必造成人心涣散的局面，真正妨碍中国特色社会主义的政治、经济、文化等方面的建设。正如邓小平所说："对毛泽东同志晚年错误的批评不能过分，不能出格，因为否定这样一个伟大的历史人物，意味着否定我们国家的一段

① 毛泽东、周恩来、刘少奇、朱德、邓小平、陈云、江泽民、胡锦涛关于学习和总结历史的论语〔J〕. 党的文献，2007，(5)。

重要历史。这就会造成思想混乱，导致政治的不稳定。”① 这就会对党和人民的事业造成不可挽回的消极后果。

毛泽东思想为我国社会主义事业奠定了理论基础，指明了前进方向。《决议》明确指出“毛泽东思想是我们党的宝贵的精神财富，它将长期指导我们的行动。”② 如果不坚持毛泽东思想，不能正确理解与把握毛泽东思想，我们党就会丧失理论基础，我国的各项事业就会迷失前进方向。“以毛泽东同志为核心的党的第一代中央领导集体带领全党全国各族人民完成了新民主主义革命，进行了社会主义改造，确立了社会主义基本制度，成功实现了中国历史上最深刻最伟大的社会变革，为当代中国一切发展进步奠定了根本政治前提和制度基础。在探索过程中，虽然经历了严重曲折，但党在社会主义建设中取得的独创性理论成果和巨大成就，为新的历史时期开创中国特色社会主义提供了宝贵经验、理论准备、物质基础。”③ 毛泽东一生的实践，是一百年来中国人民探索民族复兴之路的一个缩影。毛泽东是从实现中华民族伟大复兴的时势中产生的伟大人物，是领导中国人民彻底改变自己命运和国家面貌的民族英雄，他充分认清中国国情，找到了一条适合中国革命的道路；毛泽东思想为实现“中国梦”提供了政治前提，以毛泽东为代表的中国共产党人把马克思列宁主义基本原理与中国具体国情相结合，创立了毛泽东思想这个马克思主义中国化最重要的理论成果，为实现“中国梦”提供了理论依据；毛泽东等第一代中央领导集体，在彻底粉碎旧社会的各种制度后，根据实际情况创立了一系列的崭新的社会主义制度，为实现“中国梦”奠定了制度基础。习近平同志在参观《复兴之路》时指出：“实现中华民族伟大复兴是一项光荣而艰巨的事业，需要一代又一代中国人共同为之努力。空谈误国，实干兴邦。”“实干”就是要实事求是，在实现中华民族伟大复兴的实践中，只有坚持实事求是的思想路线，才能充分认识和把握共产党执政规律、社会主义建设规律和人类社会发展规律，不断加强党的自身建设，保证中华民族伟大复兴的中国梦的顺利实现。

---

① 邓小平文选：第3卷〔M〕．北京：人民出版社，1993．284。

② 十一届三中全会以来重要文献选读：上〔M〕．北京：人民出版社，1987．342。

③ 胡锦涛．坚定不移沿着中国特色社会主义道路前进为全面建成小康社会而奋斗（单行本）〔M〕．人民出版社，2012．10。

主张“非毛化”就意味着抛弃毛泽东思想，意味着否定我国在政治、经济、文化等领域所取得的成绩，这显然是违背历史逻辑的。必须深刻地认识到，否定毛泽东和毛泽东思想是西方“和平演变”一以贯之的目标，在这一点上，“非毛化”思潮与西方敌对势力有里应外合的“共犯”之嫌。因此，我们要保持清醒的头脑，勇于同“非毛化”及与之相呼应的错误思想作斗争，始终科学地、实事求是地看待毛泽东，并自觉地始终坚定坚持毛泽东思想。“我们任何时候都不能损害毛泽东同志在整个中国革命史上的光辉形象”，“我们要有这个觉悟，要有这个认识。这不但是中国共产党的利益所在，中华民族的利益所在，而且是国际共产主义运动的利益所在”。[①] 我们也绝不能同意一些人借批评毛泽东的错误为名，否定他的历史地位，丑化他的形象，玷污毛泽东思想的旗帜。“毛泽东同志的功劳是第一位的，错误是第二位的，这个估计是合乎实际的，决不能加以怀疑和否定。毛泽东同志的错误，决不能归结为个人品质问题。如果不是这样看问题，那就不是马克思主义的态度，不是历史唯物主义的态度。很明显，感情用事地把他的错误说过头，只能损害我们党和国家的形象，只能损害党和社会主义制度的威信，只能涣散全党、全军和全国各族人民的团结。”[②]

四、结语

这些年来，新自由主义思潮、历史虚无主义思潮等因素泛滥，是导致社会上“非毛化”思潮出现的重要原因，影响十分恶劣。“非毛化”思潮有特定的阶级立场、理论基础和价值目标，绝非一般性的社会思潮或者学术思潮，而是具有鲜明意识形态性的政治思潮，与我国主流意识形态是根本对立的。

一个国家、一个民族、一个政党能否正确对待自己的历史，能否科学公正地评价自己的领袖人物，关系到国家、民族与政党的生死存亡。苏联解体的原因固然很多，但最主要的原因就在于苏联共产党后期领导人对列宁、斯大林等苏共主要领袖人物的全面否定，进而对整个苏共历史的全面否定，最终导致苏联社会主义制度的垮台。苏联解体的前车之鉴时刻警醒着我们，我

① 邓小平文选：第2卷〔M〕.北京：人民出版社，1994.279。
② 邓小平文选：第2卷〔M〕.北京：人民出版社，1994.366。

们只有始终坚持和维护毛泽东的历史地位，始终坚持与发展毛泽东思想，并不断与各种错误思潮作斗争，才能使社会主义制度在中国不断地走向成熟和胜利。在方法论层面，我们也需要对形而上学的思维方式加以拒斥，要善于运用唯物辩证法的思维方法来评价领袖人物与历史事件，自觉地与各种社会思潮进行交锋与斗争，彰显马克思主义和毛泽东思想的科学性，确保我国的主流意识形态始终立于不败之地。

中国共产党九十多年的历史，就是几代中国共产党人接力探索中国发展道路的艰辛历程。在领导新民主主义革命、社会主义革命和建设时期，毛泽东立下了不可磨灭的历史功绩；作为改革开放的“总设计师”，邓小平开启了中国改革开放的伟大征程，使党和国家焕发新的勃勃生机，彰显了中国特色社会主义的优越性；当下，习近平同志提出“全面建成小康社会、全面深化改革、全面依法治国、全面从严治党”的战略布局思想，可以理解为对马克思列宁主义、毛泽东思想的继承和发展，是“马克思主义中国化的重大创新成果”①，本质上与毛泽东思想具有内在一致性。毛泽东思想永远是中国共产党人的理论宝库和精神财富，永远是我们建设社会主义现代化国家的行动指南。否定毛泽东和毛泽东思想是西方对中国实行“和平演变”战略的途径之一。在当前中国思想多元化、社会亟需凝聚共识的时候，必须密切关注“非毛化”思潮的蔓延及其消极影响，牢牢掌握网络、报刊等意识形态舆论阵地，主动地回应、击碎各种谣言，还原历史真相，激发意识形态领域的正能量。我们必须始终科学地、实事求是地看待毛泽东等伟大领袖，并且始终自觉地坚持毛泽东思想。只有始终坚持毛泽东思想的旗帜不动摇，只有不断深化改革、始终坚持为人民服务的宗旨，才能获得人民的支持和拥护，才能挫败西方“和平演变”的阴谋，中国特色社会主义伟大事业才有希望，中华民族伟大复兴才有可能。

（作者单位：宁波大学马克思主义学院）

（原载《毛泽东思想研究》2016 年第 4 期）

① 李升泉．“四个全面”：马克思主义中国化的重大创新成果〔N〕．解放军报，2015－03－27。

别让历史虚无主义虚无了英雄

阳卫国

近年来，历史虚无主义思潮暗流涌动，肆意丑化历史，恶意诋毁英雄，如同毒瘤荼害公众思想，产生了极坏影响。揭开历史虚无主义的虚伪面目，捍卫我们的英雄，在这个问题上拨乱反正，十分必要。

什么是历史虚无主义？马克思主义认为，凡是把历史视为一种无主体的偶然结果，否定历史唯物主义与历史决定论，这种虚无主义就是历史虚无主义。说到底，历史虚无主义本质就是历史唯心主义。

“虚无”本为道家哲学，所谓道体虚无，也有荒诞无稽、空无所有的意思。汉代王符在《潜夫论·务本》说，“忠信谨慎，此德义之基也；虚无谲诡，此乱道之根也”。这就是说，虚无是虚伪狡诈的，是动乱的根源。其实，虚无本就是两个极端，虚是极大，无是极小。虚无是超物质的绝对存在，但又是为了否定绝对存在的存在，是自相矛盾的。可想而知，由虚无这对矛盾体构成的历史虚无主义，自然经不起推敲。

但就是这种经不起推敲的东西，有人居然不但信了，而且还大肆宣扬。究其原因，除历史虚无主义本身具有很大的欺骗性和迷惑性，更离不开部分人的别有用心。

历史虚无主义往往给自己戴上“理性光环”，以“学术研究”的面目出现，在“重新评价”、“重写历史”、“还原真相”的幌子下，大做翻案文章，设置“理论陷阱”，掀起“告别革命”的浊浪。对待历史采取唯心主义的历史观，有哗众取宠之心，无实事求是之意。用假设否定事实，用支流否定主流，用主观分析否定客观规律，用个别现象否定本质趋向，甚至肆意编造历史，故意混淆是非，以“重新评价”丑化英雄美化反面人物，以“重新发现”裁剪事实、曲解历史真相，把历史变成“任人打扮的小姑娘”，并把它当成“创新成果”塞给公众，最终达到“解构主流”、“重构历史”的目的。

龚自珍在《古史钩沉论二》写道，“灭人之国，必先去其史；隳人之枋，败人之纲纪，必先去其史；绝人之材，堙塞人之教，必先去其史；夷人之祖宗，必先去其史”。历史虚无主义在唯心的自我臆造中，借否定民族历史和中共党史，继而否定党的领导，最终欲达到乱史灭国的险恶目的。

否定英雄是历史虚无主义的惯用伎俩

历史虚无主义对待历史人物的惯用模式是“好人不好”、“坏人不坏”，“是即非、即非是”。对待英雄人物，总是居心叵测地站在对立面，要么先有结论，再找证据，以否定民族之根；要么就是简单情绪宣泄，从不尊崇学术规范。他们指东打西，貌似毫无章法，实则蓄谋已久，挖空心思，颠倒黑白，指鹿为马。

他们在苏联的表现，就是从否定英雄开始，把卫国战争女英雄卓娅颠覆成女痞子，英雄倒了，人心也随之散了。他们以否定斯大林为起点，随后把矛头直指列宁和苏共，造成了苏共党内外的思想混乱，使很多人动摇了对社会主义的信仰和信心，最终导致苏联亡党亡国，教训何其深刻。

前车可鉴，殷鉴不远。历史虚无主义的故伎又想在我国重施，企图让中国重蹈苏联覆辙。

他们以惯用的手法拿我们的英雄开刀，借否定毛泽东同志晚年的错误，欲全盘否定毛泽东同志的历史地位和毛泽东思想。对我党我军历史上的英雄人物蓄意唱衰抹黑，用“粗浅的物理分析方法”，怀疑黄继光堵枪眼的真实性；用振振有词的所谓“生理学”说辞，质疑邱少云火中捐躯的可能性。董存瑞炸碉堡系虚构、刘胡兰精神有问题、狼牙山五壮士是土匪、雷锋日记造假，种种言论不绝于耳，甚嚣尘上。他们看不见铁的事实，热衷于空穴来风。

为什么历史虚无主义总拿我们的英雄说事？英雄是民族的脊梁，是民族精神的表现。试想，如果一个民族的英雄都被矮化和否定，这个民族还能立得起来吗？还能有高昂的民族精神吗？说到底，诋毁英雄，就是要“去英雄化”，销蚀我们的崇高信仰，动摇我们的民族根基，摧毁我们的中国梦。其险恶用心，可谓司马昭之心，路人皆知。

有人说，英雄事迹是真实的，怎会经不起评说？《战国策·魏策二》有个“三人成虎”的典故，大街上是没有老虎的，说的人多了，魏王也就信了。积毁成山、众口铄金，谎言诋毁多了，是能垒成高山、销蚀黄金的，其危害之大，不能不防。当然，虽说谣言止于智者，能够不辩自明，但并非人尽智叟。何况智者千虑，必有一失，有时不辩还真不明。

历史不容否定，英雄不容抹黑

一个没有英雄的民族是可悲的奴隶之邦，一个有英雄而不知尊重英雄的民族则是不可救药的生物之群。

中华民族从来就不缺乏英雄。泱泱中华五千年历史，不乏英雄；中国共产党成立的 94 年，不乏英雄；4 万万中华儿女在长达 8 年的抗日战争中浴血奋战，不乏英雄。在抗战胜利 70 周年阅兵庆典上，抗战老兵方阵备受瞩目。这些都是铁骨铮铮的英雄、铁证凿凿的史实。

历史虚无主义一味地丑化英雄、抹黑英雄，他们一边享受着先烈们革命的成果，一边又嘲弄着我们的英雄。历史并非不能考证、英雄并非不能讨论，但须有基本是非观和价值观。正确评价历史事件、历史人物和历史选择，既需考据事实，更需辨明是非。正如习近平同志所说，“我们不能用今天的时代条件、发展水平、认识水平去衡量和要求前人，不能苛求前人干出只有后人才能干出的业绩来”。

对这种否定历史、抹黑英雄的行径，如果不加以制止和批判，那我们这个民族就是没有希望的民族。列宁说，“忘记历史就意味着背叛”。这里说的背叛，既是对灵魂的背叛，更是对历史、国家和民族的背叛。习近平同志说，“历史是最好的教科书，也是最好的清醒剂”，“黑的就是黑的，说一万遍也不可能变成白的；白的就是白的，说一万遍也不可能变成黑的。一切颠倒黑白的做法，最后都只能是自欺欺人”。现在有人想把黑的说成白的，把白的染成黑的，我们既然发现了，就不仅要旗帜鲜明地反对，还要解救他们于自欺欺人的深渊。

捍卫英雄绝不是杞人之忧，它是摆在我们面前的现实斗争，也是摆在我们面前刻不容缓的任务。

对历史虚无主义必须旗帜鲜明地亮剑

毛泽东同志有一篇文章叫作《丢掉幻想，准备斗争》。我们不能对历史虚无主义抱有幻想，认为哪天他们突然良心发现，就猛然回头、幡然醒悟了。孙中山对帝国主义抱有幻想，结果呢？第一次国内革命战争时期，陈独秀对国民党抱有幻想，结果呢？日军侵华的时候，国人幻想英美等国的制裁，结果呢？血的教训还不够深刻么？幻想终归是要破灭的，破灭的代价也是沉痛的。

不能容忍，也不能心存幻想，该怎么做呢？要反击，要斗争，要拿起武器给他们沉痛一击，彻底击碎他们的谎言，击败他们的阴谋。

首先，注重学史明史。欲知大道，必先为史。历史是最好的老师。要引导全党全民特别是各级领导干部学史用史，把学习党史国史作为“必修课”，从历史中汲取经验和教训，在历史中发现智慧和力量。通过学习，坚持理论自信、制度自信和道路自信，坚定不移坚持党的领导，坚持走中国特色社会主义道路。

其次，坚持历史唯物主义。在反对历史虚无主义的问题上，态度必须坚决，界限必须分清，模棱两可、模糊立场是要不得的。既然历史虚无主义的根本是历史唯心主义，那么最好的应对武器就是历史唯物主义。用辩证的、历史的、实践的观点来正确对待历史，从客观的历史事实出发，以实事求是的态度对待历史。对历史中的细节，放入整个历史的宏观发展中去考察，通过纷繁复杂的历史现象分析历史的本质和主流，揭示历史的客观规律。

再次，大力宣传英雄事迹。历史虚无主义从抹黑英雄入手，破解当需从重塑英雄开始。对英雄史实，翻查档案，广泛搜集，深入挖掘，呈现翔实史料，以正视听。通过宣传英雄事迹，弘扬英雄精神，让公众了解英雄、熟悉英雄、认同英雄，让历史虚无主义诋毁英雄的惯用伎俩不攻自破。

（作者：中共湖南省株洲市委）

（原载《求是网》2015 年 10 月 20 日）

“爱国学者胜诉《炎黄春秋》前主编事件”的舆情分析

源清智库

2015年12月21日和22日，北京市海淀区法院、丰台法院分别就《炎黄春秋》前主编黄钟、洪振快与爱国学者郭松民、梅新育因“狼牙山五壮士荣誉”所引起的名誉纠纷案做出判决，法庭宣判郭松民、梅新育胜诉。该案可追溯至两年前，2013年11月23日，梅新育、郭松民分别在新浪微博中愤慨指责《炎黄春秋》当年第11期刊发的文章《“狼牙山五壮士”的细节分歧》宣扬历史虚无主义、侮辱抗日英烈；该文的编辑与作者黄钟、洪振快二人随即着手准备起诉学者郭松民、梅新育“侵害其人格尊严和名誉权利”；此事件沉寂近一年后，2015年5月4日，北京市海淀区和丰台区法院分别通知郭松民和梅新育，于5月12日和13日进行了不公开审理，直到2015年年末进行最终判决。该事件再度成为舆论关注的热点。

网络舆情走势

源清智库舆情监测数据显示，案件公布最终判决后，舆论呈现一边倒的态势，在媒体报道、微博、微信中，支持法院判决的声音均占绝大多数；仍然力挺洪、黄二人，批评法院判决的声音极少，主要集中在洪振快及其律师界朋友的微博中。

根据源清智库舆情监测室的数据，从2015年12月21日0时至2016年1月6日23时，共有涉及此事件的媒体报道149篇（含媒体转载），微博主帖14363条（含其他博友评论和互动讨论），微信相关文章有571篇（见图1）。

2015年12月21日，海淀区人民法院宣布郭松民案的判决结果，22日丰台区人民法院宣布梅新育案的判决结果，媒体报道集中在 22 日前后，以对两次判决的报道为主要议题。

与媒体报道量不同，网络点击量有多次反弹。2015 年 12 月 24 日，复旦大学历史系教授冯玮在微博中宣布要控告爱国网站“察网中国”侵犯其名誉权，做法与黄、洪二人控告郭松民、梅新育案件如出一辙。12 月 28 日，戴旭在其个人微博中批驳冯玮，称“当初炎黄春秋‘那帮狗娘养的’也气势汹汹地要起诉狼牙山五壮士的捍卫者，结果碰了一脸狗屎。这位经常帮日本皇军说话的伪教授，会是神马下场呢”，此微博得到大量转发评论，再次引起网民对郭、梅胜诉事件的关注。

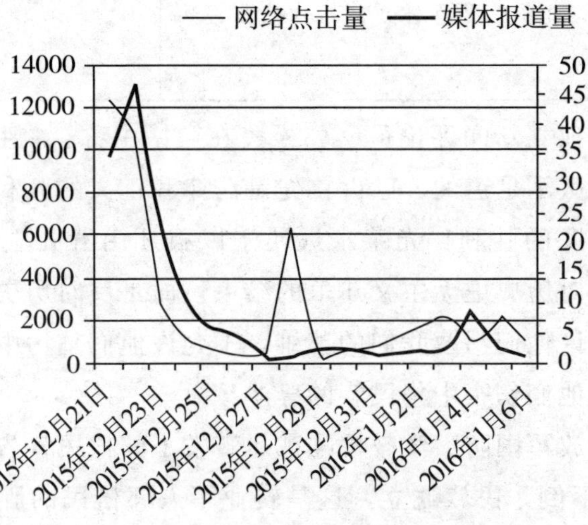

图 1　“《炎黄春秋》起诉爱国学者事件”舆情走势图（媒体＋网络）

两大舆论阵营

根据源清智库舆情系统监测数据，围绕着郭、梅胜诉事件，舆论分化为“支持判决派”与“反对判决派”（见表 1、表 2）。

阵营一：支持和赞许郭、梅两人捍卫民族英雄，为法院判决叫好。

判决宣布后，爱国主义的媒体网站、进步学者、军方人士和大量网民奔走相告，称赞法院此举大快人心。

议题 1：认为胜诉是爱国力量对历史虚无主义势力的胜利，其意义是历史性的。

郭、梅胜诉结果一出，各大左翼媒体、学者、网民纷纷庆祝，认为此事件是有历史转折意义的一役，标志着爱国主义力量对历史虚无主义的胜利。

表1　舆论阵营

支持判决	反对判决
环球日报、观察者网、红歌会网、海疆在线、紫网在线、察网、西征网、昆仑策、乌有之乡网、四月网、独家网、东博书院、红色文化网、破土网、民族复兴网、大众网、@郭松民、@梅新育、@司马平邦、@孔庆东、@戴旭、@司马南、@李北方、@裸枪、@刘毅然、@林爱、@林治波、@新疆共青团	@贺卫方、@洪振快、@周泽律师、@谭人玮、@谢文、@邵明波、@书生意气、@陈光武律师、@律师常伟平709

本案被告、独立新闻评论员@郭松民在微博中称："胜诉不是我个人的胜利，我个人是微不足道的。胜诉首先是法律和正义的胜利，是爱国力量的胜利，是人民军队的胜利！光荣永远属于以狼牙山五壮士为代表的人民英雄！胜诉不是反对历史虚无主义斗争的结束，而是反对历史虚无主义斗争的开始！我们不允许他们污蔑我们的英雄，不允许他们玷污中国人民革命的光荣历史，不允许他们伤害中华民族的尊严！"

中国人民解放军国防大学教授@戴旭转发了郭松民宣告胜诉的微博，并附言称："英雄不倒，民族屹立，这是转业军人郭松民的胜利，更是历史的胜利，正义的胜利！"

作家、导演@刘毅然援引毛泽东诗词以作庆贺："郭松民胜诉。这是正义的胜利，是民心的胜利，天若有情天亦老，人间正道是沧桑！"

@司马南对于此事件的判断更为乐观，断言公知大势已去："这是一场关键性战役，将来或入史。网上诋毁开国领袖造谣英雄抹黑先烈的帖子层出不穷，鲜有诉诸法律打胜官司，这回他们恶人先告，在大法党猖獗的情况下，在那个著名杂志的背景下，在体制内公知首鼠两端假装公允的情况之下，官司胜诉，乃知公知大势去也。"

媒体方面，四月网在获知该案的判决结果后，发表报道称"这是正义的胜利，也是人民和中国共产党的胜利"；乌有之乡接连发表《人民节献礼｜

郭松民因捍卫烈士被起诉案已宣判：郭松民胜诉！》、《再传喜讯｜梅新育因捍卫狼牙山五壮士被诉案宣判：梅新育胜诉！》，表达乐观情绪。《国防报》发表《捍卫英雄，需要拿起法律武器》，认为经此一役，捍卫英雄的人有了更多的信心，“有宪法、法律做后盾，不输法；有广大正义之士的信赖和依靠，有正义之剑在手，不输理”。

这种乐观、庆祝情绪代表了大多数网友的情绪，网友@举起拳头呐喊在梅新育微博下评论说“这是正义战胜虚无主义的一场决胜！”，网友@无公害威斯克和他的朋友们说，“恭喜郭老师，正义不倒，国贼不猖，另外感谢司法机关的公正判决，这不只是郭老师个人的胜利，更是爱国者的胜利”。

议题2：谨慎乐观，认为历史虚无主义的存在有其特殊根源，维护英雄声誉、与历史虚无主义作斗争还有很长的路要走。

影视/文化评论人@司马平邦发表微博称“左派都是善良人，对海淀法院关于郭松民案的判决绝大多数抱以善意的肯定，其实大可不必，我倒觉得他们是万不得已才做出如此判决的，再浑下去要丢饭碗了。这案子的宣判并不代表中国法律界整体环境已好转，离基本面好转还相距极远，这是人民民主监督权力的一次成功体现，所以要继续监督下去。”他提醒大家居安思危，谨慎洪振快、黄钟背后的势力。

表2　意见领袖影响力排名

阵营	类型	名称	转发量	综合影响力
支持判决	传统媒体	环球时报	7608	高
	新闻网站	观察者网	3923	高
	新闻网站	红歌会网	324	中
	新闻网站	乌有之乡网	296	中
	微博	@郭松民	7419	高
	微博	@裸枪	1409	高
	微博	@戴旭	1005	高
	微博	@司马平邦	1271	高
	微博	@刘毅然	714	高
反对判决	微博	@洪振快	2059	高
	微博	@周泽律师	1528	高

《人民日报》甘肃分社社长@林治波同样表达了隐忧："我在思考的问题是，现在的社会为什么正气不彰、邪气弥漫？为什么妖魔鬼怪横行、歪理邪说泛滥？其根源在哪里？如何解决这个问题？……只希望以后维护人民英雄声誉之事，成为无可辩驳的不争之事，让那些诋毁英雄之辈成为过街老鼠，而无须依靠个人打官司来解决。如此，则幸甚！"

大众网发表评论《反击历史虚无主义不能止步于法庭宣判》，反思在屡屡发生的民族英雄被污蔑、抹黑的事件上，现行法律存在"宪法无追责机制，民法有局限，刑法难适用"的难题，呼吁建立保护烈士名誉的法律。

议题3：反驳公知将法院判决解读为"骂人无罪"，从法理上论证法院判决的正确性。

海疆在线发表评论文章《高戈里："炎黄春秋"判案体现了东方价值取向》，称西方法理强调"程序正义"，华夏法理更强调"内容正义"。支持原告一方认定"骂人就是侵权"，这是秉持程序正义的西方法理，而北京市海淀区人民法院对"狼牙山五壮士"名誉侵权案的宣判，体现的是唯物主义世界观——不是教条地从具体的法律条文出发，而是从维护"社会公众的民族和历史情感"这一最大的"实际"出发。

昆仑策网站的昆仑岩发表《为海淀法院点赞：一个依法治国的经典案例》，认为被告充分依据宪法法律来捍卫自己的立场与权利，此次判决是"维护中华人民共和国的宪法法律，维护社会主义国家的人民政权"的体现。

紫网在线发表《吕景胜："炎黄春秋"案判决的价值取向与社会视角》，称"法官判案应遵循当今中国的理性正义和主流价值观，应注重分析案件背后的社会因素及社会问题"，"法官的判案思维应是多元、立体的，社会、政治、经济、道德、文化等等因素都能成为法官判案过程中的考量因素"，"本案法官将社会洞察与解读、法律概念分析及适用、价值考量与选择有机结合，是一个值得点赞的判决。"

大众网发表评论《几棵萝卜引发的大案，背后另有深意》，认为这起诉讼表面上看似一桩普通的名誉侵权案，实际上却是有人想借法律之名，行否定那段抗战史、诋毁"狼牙山五壮士"英雄事迹和精神之实。因此，"此案的一审判决，不仅合情、合理、合法，更树起了一种鲜明导向：任何人想假借法律之名行诋毁英烈、否定历史之实，都不会得逞。"

阵营二：讽刺法院判决不公，力挺洪振快、黄钟。

此方观点多出现在微博中。洪振快本人12月22日发表微博称，“颇为奇观的是：法庭辩论梅新育已承认骂人，自己的微博上也公开承认骂人，而判决却说是‘带有感情色彩的评价和评论’。法院真是护犊情深呐，比亲儿子还要亲。”个别法学界、律师界的大V如@谭人玮、@谢文、@陈光武律师、@律师常伟平709、@邵明波、@书生意气等，通过转发、评论@洪振快的微博力挺洪、黄二人，但整体上支持声音寥寥。

@周泽律师称，“洪振快在《炎黄春秋》发表《‘狼牙山五壮士’的细节分歧》一文，被梅新育、郭松民辱骂是‘狗娘养的’。洪振快及编辑黄钟起诉梅、郭侵权。今日海淀法院判郭松民胜诉。明日丰台法院宣判另案，想必还是洪振快、黄钟败诉。这是骂家的胜利!”北京锦都艺术中心董事长@荣剑2001说，“即使原告写的是历史虚无主义，难道被告就可以骂人？原告是就被告骂人而将其告上法庭，法庭不审被告是否骂人侵权，反而认定原告写作是历史虚无主义而驳回原告所有诉讼请求，这是什么审判？真是不可思议!”

反对法院判决的观点多是仅从骂人是否属于侵权这一角度着手，避而不谈洪、黄二人是否污蔑、抹黑狼牙山五壮士。对此类观点网友表示强烈不满，但也有少数评论表示认同。

反对历史虚无主义任重道远

此案件起因于2013年11月下旬，梅新育因“狼牙山五壮士”遭污蔑而转发微博批驳：“《炎黄春秋》的这些编辑和作者是些什么心肠啊？打仗的时候都不能拔个萝卜吃？说这样的作者和编辑属狗娘养的是不是太客气了？”郭松民亦发微博支持梅新育：“反对历史虚无主义，不动这帮狗娘养的就是笑话!”。不久遭到时任《炎黄春秋》执行主编洪振快、黄钟的起诉。

洪振快、黄钟的起诉显然醉翁之意不在酒，维护其个人名誉是假，坐实《炎黄春秋》污蔑狼牙山五壮士的言论、扩大历史虚无主义的影响力是真。2013年11月之后，对于“狼牙山五壮士”谣言的热议从未停息，其间，舆论中还出现了对其他革命烈士如邱少云、董存瑞、黄继光等的所谓“揭秘”，一时间，抹黑和恶搞革命烈士竟然成风。最典型的莫过于2015年4月加多宝假借感谢大V“作业本”，采用侮辱先烈邱少云的方式搞营销炒作，手法恶劣之极。欲灭其国，先去其史，这股以《炎黄春秋》为代表的历史虚无主义的思潮若不加以遏制，不仅将伤害爱国群众的民族和历史情感，也将危及中国人民的政治认同和国家认同。

此次海淀区和丰台区人民法院的判决虽是法律判决，客观上却有着引导社会舆论向爱国主义靠拢、遏制历史虚无主义思潮的积极作用。海淀区人民法院在郭松民案的判决书中写到：“狼牙山五壮士”的英雄事迹体现了中华儿女不畏强敌、不惧牺牲的伟大精神，坚定了无数中华儿女奋勇抗敌的决心，这是我国社会公众的一致共识。《细节》一文试图颠覆“狼牙山五壮士”的英雄形象，伤害了社会公众的民族和历史情感。被告郭松民批评以《细节》一文为代表的历史虚无主义，是对前述社会共识、民族情感的表达，符合我国社会的主流价值观。这段判决词正本清源，表达了我国法律系统对反对历史虚无主义的主流价值观的支持，打击了洪、黄二人借法律之名否定我国人民革命的光荣历史的企图。

正如《经济导刊》2015年第6月号刊登的评论员文章《以人民的名义起诉历史虚无主义》所说：“今年是抗日战争胜利70周年，是举国缅怀抗战英雄和革命先烈的肃穆时刻。但有些人对自己的错误行为不仅没有丝毫悔意，反而冒天下之大不韪，状告见义勇为的公民，其嚣张至此，理所当然地激起广大群众的反感和愤慨。很明显，如果听任历史虚无主义的歪风肆虐，听任某些人日复一日地颠覆英雄、消费崇高、解构历史，必将给国家和人民带来灾难。我们应该鼓励有良知的公民站出来，斥责歪风，伸张正义。只有这样，才能重塑国家的精神力量，才能增进社会的团结，才能真正树立我们的道路自信、制度自信、文化自信。”

然而，此案爱国学者的胜诉并非标志着爱国主义对历史虚无主义的彻底胜利。从2015年5月12日和13日，此案在海淀区和丰台区法院分别进行不公开审理之后，历时半年多才在年底公布判决。微博平台上，仍有一些律师和法学学者对此案判决颇有微词。另外，保护烈士的法律不够完善，也是革命英雄屡遭抹黑的原因之一。

此外，媒体界的情况也不甚乐观。2015年5月法院开庭审理此案时，引起了媒体的密集报道，根据本智库舆情监测室的数据显示，从5月1日0

时至6月4日23时，共有涉及该事件的媒体报道37824余篇（含媒体转载）；而法院公布判决结果后，媒体却极少报道，自判决公布之日至2016年1月6日近半个月的时间，仅有149篇媒体报道。多来自于《环球时报》、观察者网、海疆在线、乌有之乡、独家网、四月网等左翼网站，以及中国军网、国防报等军方媒体，很多主流媒体并未跟进报道，网民得知此事件的信源大多是郭松民等当事人的微博。在此事件上，主流媒体的集体失声应当引起高度关注和思考。对同一事件的缘起和结果的报道量出现如此之悬殊的对比（100∶0.0039），看来不在于事件本身的新闻性，而是媒体的立场决定了报道的取舍。

微博、微信、论坛等网络社区的热议则比媒体报道要热烈得多，从网民互动来看，绝大多数网民支持法院判决，民意站在爱国主义一边。历史虚无主义的歪理邪说近年来大行其道的原因并不在于其群众基础，而在于独特的舆论和法律环境，反击历史虚无主义不能止步于法庭，立法保护英雄名誉、整顿意识形态领域的歪风邪气还有很长的路要走。

（原载《经济导刊》2016年2月刊）

论历史虚无主义对红色资源的戕害

——以“刘胡兰被黑”事件为例

印少云

近年来，历史虚无主义对红色资源的戕害呈现出愈演愈烈的势头。一些历史虚无主义者打着“揭密”“真相”的旗号，给一些英雄画上另类嘴脸。“刘胡兰被黑”就是其中的一个典型，当年那个为了保守党的秘密和保护乡亲们安全、以“怕死不当共产党员”的气魄英勇就义的刘胡兰遭到贬损和中伤。因此，我们不但要还原刘胡兰的英雄事迹及形象，更应看到历史虚无主义戕害红色资源的错误本质。反对历史虚无主义、捍卫红色资源需要长期努力。只有这样才能让历史虚无主义者搞乱人心、动摇中国特色社会主义根基的图谋破产。

一、毛泽东号召学习刘胡兰事迹

刘胡兰是近代民族民主革命中涌现出的英雄人物。1932 年 10 月 8 日出生在山西省文水县云周西村。14 岁任村妇救会秘书，同年任五区妇救会干事，并被吸收为中共候补党员。1947 年 1 月 12 日，阎锡山部队突然袭击云周西村，她因叛徒告密而被捕。在敌人威逼利诱面前，她毫不畏惧，视死如归，壮烈牺牲。时年不满 15 周岁。1947 年 3 月 25 日，毛泽东得知刘胡兰的事迹时，提笔写下了“生的伟大，死的光荣”，并嘱咐任弼时要把刘胡兰的事迹告诉新华社播报，号召全国各解放区组织学习刘胡兰。新华社当即广播了刘胡兰的英雄事迹和毛泽东的题词，一个向刘胡兰学习的热潮在各解放区掀起。

1947 年 2 月，战斗剧社剧作家魏风在《晋绥日报》上读到刘胡兰英勇就义的消息，便随部队来到云周西村采访，了解她的成长经历后用三天三夜时间写出话剧《刘胡兰》，这部话剧进一步激发了战士们对敌人的阶级仇恨，获得极大成功。后来在战斗剧社调往第一野战军时，创作组又集体创作歌剧《刘胡兰》，贺龙也曾特别指示："刘胡兰就是中国的卓娅，是了不起的英雄。战斗剧社要编好、演好刘胡兰。"

刘胡兰的事迹在各部队和解放区引起巨大反响，她忠于革命、忠于党、忠于人民，慷慨赴死的无畏精神激起广大官兵的革命热情和对国民党反动派的憎恨，尤其是歌剧《刘胡兰》在演出过程中，观众的哭声常常淹没了演员的声音，时有战士以假为真走上台要击毙演匪军的演员。战士们自发成立了"学习刘胡兰班""为刘胡兰报仇小组"。在解放文水战斗中，突击队员们高喊："为刘胡兰报仇！"英勇地摧毁了敌人的火力点，终于把红旗插上文水城头。彭德怀率一野部队举行宜川战役时，看过歌剧的部队英勇战斗，振奋士气，歼灭了大批敌军。随着剧团的演出，"刘胡兰"这个光辉的名字很快传遍整个解放区。

建国后，在国家建设的各条战线，刘胡兰精神成为感召人们创业奋斗、建设国家的强大动力。1964年，由山西省军区命名的"刘胡兰女民兵班"成立，她们以刘胡兰事迹为激励不断强化自身军事技术训练，在全国性的射击比武和军事表演中几乎都是第一名，先后为120多个国家的来宾进行军事表演，受到党和国家、解放军总部、北京军区和省地县的表彰50多次，多次被评为"学雷锋先进集体""精神文明建设标兵班""军事训练先进班"，是全省民兵战线的一面旗帜。而太原矿山机器集团公司"刘胡兰小组"无论社会主义建设时期还是改革开放新时期为刘胡兰精神注入新活力。她们以刘胡兰精神相激励，不断提高自身素质，创新技术，创造了辉煌业绩。

刘胡兰精神曾激励无数青年在战争年代获得一个个胜利，在社会主义建设时期攻克一个个难关，在改革开放的今天仍滋养着一代代新人。但近些年来，随着历史虚无主义思潮的泛滥，有些人打着"研究""揭密"的幌子重新"解读"却是大肆戕害红色资源。我们必须正本清源，还英雄真相。

二、历史虚无主义对刘胡兰的诋毁

早在2007年1月12日，北京某高校一位副教授发表了一篇《在武力胁迫下乡亲们颤抖着铡死了刘胡兰》博客文章，作者自称随中国教育电视台《翻阅日历》记者到刘胡兰家乡参访，“这次采访最令人震惊的是，老人们说，刘胡兰并非被国民党军铡死，而是用枪托击打强迫几名老乡去铡刘胡兰。乡亲们出于恐惧，颤抖着铡死了他们看着长大的小闺女。事后，有的老乡精神失常……在宣传刘胡兰时，完全剥除了这个事实。”此事一经爆出迅速扩散，到17日晚网上点击量超过20万。

1月19日，《解放军报》以《刘胡兰被老乡铡死说法纯属歪曲事实》为题，通过采访了当年目睹刘胡兰就义场面的仅剩的两名老人高二成和白天广，否定了上述不实之词。

随后，《太原晚报》记者耿长春、冯海查阅山西省档案馆的珍贵档案，通过杀害刘胡兰的凶手——阎锡山部军官张全宝伏法前的供词展开扎实调查，并采访相关专家及各方人士再现她英勇就义时的悲壮情景，证实她是被张全宝、徐德胜等杀害。2007年2月2日，以《珍贵档案再现刘胡兰就义壮举》登于该报，再次有力地反驳了诋毁刘胡兰的有关说法。

然而，到此为止事情远未结束。不久，网上又出了一篇《刘胡兰死亡真相：是悲剧而不是英雄!》，再次引起轩然大波。文章说，刘胡兰死因是她配合敌后武工队处死了村长石佩怀。此村长为省政府主席阎锡山的军队派粮派款递送情报。刘胡兰替共产党的武工队出力并最终走上杀人之路。刘胡兰的死，是两种她个人无法抵御的强大社会力量对她的利用、欺骗和无情的侵犯造成的。她并不知道她在做什么，她所坚信并为之献出生命的理想、事业，并没有她所听到的那样伟大。她的英勇和坚强，不是为了一个崇高的人类普世的目的，也不能体现人类本质价值，而是为了部分人私利的执着；她的从容就义，不是为了更加崇高的自由和社会的进步，所以，这个少女的死是可悲的，而不是英雄式的。

后来，关于刘胡兰的谣言进一步泛滥。1946年10月，八路军连长王本固因病在文水县云周西疗养，刘胡兰被安排照顾，二人之间渐生感情。有网文说："刘胡兰的好友金仙曾对王本固说：'你俩很好，是不是谈一谈婚姻问题？'王本固回答：'情况不许可，环境也不好，所以我不同意这样做。'"有人以此为据说刘胡兰是"红军连长的小三""小婊子"，更有甚者称其勇敢行为是"精神有问题"等。

事实上，该网文内容在张俊山主编的《巾帼英豪刘胡兰》中有详细记述，但无论是说者无意还是听者有意，博文内容剥去一个重要事实，即王本固主要是考虑当时战争环境的险恶，而刘胡兰之所以同意则是因为她相信革命很快会胜利："我现在年纪小，也不需要马上结婚，这是以后的事情。我想革命胜利是不会需要多长时间的。"而且这点得到了王本固本人的确认：1957年，在纪念刘胡兰牺牲10周年时，时任解放军中校的王本固，在山西人民广播电台发表了一篇刘胡兰的广播谈话，后刊登在《山西日报》上。所谓的"小三"之说纯属无稽之谈，是居心不良恶毒攻击之举。

刘胡兰被黑事件是近年来我国思想理论界历史虚无主义盛行的结果，消解英雄、戕害红色资源是其主要特征。这类事件背后折射出的历史虚无主义本质值得我们警惕。

三、对历史虚无主义戕害红色资源的客观分析

历史虚无主义滥觞于19、20世纪之交的西方，尼采曾把否定历史传统和道德原则的现象统称为虚无主义。它大体可分为两类三种，一类是显性直接的历史虚无主义，有两种表现：一是罔顾实际的历史进程，抽象地假设、推演乃至否定和歪曲历史事实；二是借助反讽性和戏谑性解释，恶搞、贬损和诋毁已有定论的正面历史人物和崇高历史事件及其意义，或彰显反面人物的"人性"以图为之翻案。另一类是隐性历史虚无主义，它借助精心挑选或"发现"部分碎片化的历史事实，或通过对整体历史无限细分，来实现对民族史或世界史中宏大问题的解构或重构，结果呈现一种伪造的"历史"。

首先，需要指出的是，历史虚无主义对红色资源的戕害是建立在背离实事求是原则的基础上。它对待历史资料的最大特点是选择性，即对历史资料有所"虚无"，有所不"虚无"——凡是符合自己观点的材料就予以保留，不符合的就"虚无"掉。以史实为依据从实际出发，实事求是，是历史研究

的根本原则和根本方法。而在“刘胡兰被黑”中那些别有用心之人全无实事求是之意，有的只是哗众取宠之心，不尊重历史事实片面引用史料，根据自己的政治诉求和主观臆断任意打扮历史、假设历史，胡乱改变近代史上关于刘胡兰的传统形象，以貌似“客观公正”的面目出现，按照所谓“人性论”的说法，以“好人不好”“坏人不坏”的模式，以反对“脸谱化”为幌子，肆意糟蹋和歪曲历史，完全背离了科学研究中实事求是的根本原则，显然是完全错误的。同时，这种历史观也是对历史研究中阶级分析法的直接否定。马克思和恩格斯在《共产党宣言》中说：“到目前为止的一切社会的历史都是阶级斗争的历史。”毛泽东则说：“在阶级社会中，每一个人都在一定的阶级地位中生活，各种思想无不打上阶级的烙印。”暴力革命是解决阶级矛盾和冲突的直接手段。刘胡兰为了工农阶级的自由和解放不惜付出生命的代价，可《刘胡兰死亡真相：是悲剧而不是英雄!》的作者，却用常规社会的法律来分析革命风暴中的刘胡兰，肯定地主和买办资产阶级剥削和统治人民的自由，否定了人民群众反抗统治阶级，争取自身解放的自由，完全否定了中共为进行革命的合理性和正义性。

按照主观需要随意取舍资料及对阶级分析法的背离，都反映了历史虚无主义的唯心史观本质。正如列宁所说：“在社会现象方面，没有哪种方法比胡乱抽出一些个别事实和玩弄实例更普遍、更站不住脚的了。挑选任何例子是毫不费劲的，但这没有任何意义，或者有纯粹消极的意义，因为问题完全在于，每一个别情况都有其具体的历史环境。如果从事实的整体上、从它们的联系中去掌握事实，那么，事实不仅是‘顽强的东西’，而且是绝对确凿的证据。如果不是从整体上、不是从联系中去掌握事实，如果事实是零碎的和随意挑出来的，那么，它们就只能是一种儿戏，或者连儿戏都不如。”

其次，历史虚无主义思潮对红色资源的戕害已超出学术领域，它有着明确的政治诉求——把中国纳入西方资本主义体系之中。改革开放以来相继出现了各种危害社会的错误思潮，如新自由主义思潮、民主社会主义思潮、普世价值观等等，虽然他们主张各异，表现形式不同，却有着共同的政治诉求，主要表现在：反对四项基本原则这一立国之本，力图扭转现代化建设和改革开放的发展方向，把中国纳入到西方资本主义体系中去。历史虚无主义思潮以它自身的特点来表达这一政治诉求。《刘胡兰死亡真相：是悲剧而不是英雄！》称刘胡兰“并不知道她在做什么，她所坚信并为之献出生命的理想、事业，并没有她所看到或是听到那样伟大”。并断言“英雄是能经得起时间考验的，是具有较为恒定的内涵和普适的价值的”，而她的“英勇和坚强，不是为了一个崇高的人类普适的目的，也不能体现人类本质的价值”，因此，她的死也就变成了“可悲的，而不是英雄式的”。而另一位学者针对毛泽东为刘胡兰的题词发出“无数的‘光荣’，成就了谁的‘伟大’?”的疑问，更是赤裸裸地对党及其领导的中国革命的否定。最终是为了否定社会主义道路，否定今天的现实。正如邓小平曾经说过的那样：“他们想要走另一条道路”，习近平也不止一次指出，“历史虚无主义以所谓‘重新评价’为名，歪曲近现代中国革命历史、党的历史和中华人民共和国历史”，其要害“是从根本上否定马克思主义指导地位和中国走向社会主义的历史必然性，否定中国共产党的领导。”具有明确的政治诉求。

再次，历史虚无主义对红色资源的戕害迎合了敌对势力西化、分化我国的战略企图。“颜色革命”“和平演变”是西方敌对势力颠覆社会主义制度的重要战略，他们以经济、政治、思想和文化渗透为主要形式，从社会主义国家政权内部入手，以达到颠覆社会主义制度的目的。美国历届政要对社会主义国家都一直奉行这一战略。苏东剧变后他们的主要矛头就转向了社会主义中国。在先后恶搞邱少云、雷锋、方志敏、黄继光、江姐、李大钊、狼牙山五壮士等英雄人物后又编造刘胡兰死于老乡之手、称她精神有问题时人们再次惊奇发现，历史是何其相似！

“灭人之国，必先去其史”。历史虚无主义对红色资源的戕害、对刘胡兰的诋毁，必须引起我们的重视。“没有英雄的国家是悲哀的，有了英雄而不加以尊重的民族是没有前途的。”红色资源是我们的宝贵财富，是我们砥砺前行的精神动力，捍卫红色资源、捍卫英雄，不是杞人忧天，尤其是在当前，一方面，“东弱西强的国际格局将会持续相当长一个历史时期，西方反共势力的渗透活动一刻也不会停止，而且国内也还存在着产生资产阶级自由化的社会基础和思想基础。”另一方面，新媒体的发展、信息传播的速度加快及成本变低，历史虚无主义思潮传播内容分散、传播形式隐蔽，常常使人们在不知不觉中受到影响，因此，反对历史虚无主义、捍卫红色资源是一个长期的任务。我们必须旗帜鲜明地反击历史虚无主义，坚持巩固壮大主流思想舆论，弘扬主旋律，传播正能量，激发全社会团结奋进的强大力量。只有这样才能让历史虚无主义者搞乱人心、动摇社会主义中国的立国之本和强国之路的图谋破产。

（作者单位：江苏师范大学马克思主义学院）

（原载《党史文汇》2017 年第 7 期）

第四辑

清除文艺创作中的历史虚无主义刻不容缓

仲呈祥

由于世界范围内社会主义运动处于低潮和西方对我国和平演变的既定目标没有改变，也由于的确有人妄图扭转当今中国改革开放和中华民族伟大复兴的历史走向，当前，一股历史虚无主义思潮沉渣泛起，不仅染指哲学观点、历史观点、政治观点、法学观点，而且也顽固地渗透于文艺创作之中，严重扭曲着人们的历史观，并颠覆着附着于历史观之上的民族观、国家观和价值观，理应引起我们高度警醒与关注。

2014 年 5 月 4 日，习近平总书记在北京大学与师生交流时指出，推进中国改革发展，实现现代化，需要哲学精神指引，需要历史镜鉴启迪，需要文学力量推动。这里的排序是“哲、史、文”：哲学管总，哲学通，一通百通；史学是镜鉴，值得重视；而文学在此既包括各种文学体裁，也包括音乐、美术、戏剧、电影、电视剧、曲艺等人类以审美方式把握世界的其他各种艺术形式，时代和人民需要作家艺术家以优秀作品提供智力支持和精神能源。这“三个需要”，与毛泽东同志当年向全党全国人民发出的“读点哲学”、“读点历史”和“读点鲁迅”的伟大号召一脉相承。“灭人之国，必先去其史”。历史虚无主义鼓吹者意欲逆转改革和历史的走向，也势必要渗透文艺创作，炮制代表他们哲学观、历史观、审美观的作品，去搞乱人们的哲学思维，去歪曲历史精神兜售唯心史观，从而败坏中华民族的哲学素养、史学修养和美学涵养。

文艺作品对重要历史人物的艺术塑造和对重大历史事件的艺术再现，历来是唯物史观与唯心史观交锋的焦点。对于经过历史和人民长期检验已有定评的重要历史人物与历史事件，历史虚无主义鼓吹者往往祭起“还原历史”、“重写历史”、“反思历史”的旗号，以二元对立、非此即彼、好走极端的单向度思维方式加以逆向重塑，颠倒黑白，大作翻案文章。对近代历史上如慈禧、琦善、李鸿章、袁世凯这样的人物形象塑造，不是考其全人，透过现象抓住本质，全面把握；而是随意剪裁，拼凑史料，以偏概全，指鹿为马，渲染个别现象掩盖本质、夸大支流否认主流。有个别剧作者甚至认为，慈禧是“一个优秀的政治家”，李鸿章是“争取国家利益”者，袁世凯是一个“有能力的人”；这些人都是在为困境中的中国寻找出路，是推动中国现代化和走向共和的“英雄”。这样的观念渗透文艺创作，必然会导致读者或观众的历史认知扭曲错位。

在纪念抗日战争和反法西斯战争胜利 70 周年时播出过这样一部电视剧，从 1943 年春写起，开篇便道：六年前，国民党“军统”就派五十余名特勤人员化装成老百姓潜伏在某个城镇，与日本侵略者展开谍战，争夺从北京故宫转移到此的一批国宝。这是明显的历史虚无主义的编造。六年前即 1937 年春，七七事变前，还没有成立“军统”，戴笠手下的组织还叫复兴社。之后，该剧不是从抗日战争的生活这个创作的“源”出发，而是完全从西方“类型片”中的“谍战剧”和“夺宝剧”的结构模式和艺术技法这个创作的“流”出发，去编织情节、塑造人物。这就完全悖离了唯物论的反映论，陷入了唯心史观的泥潭，虚构出的抗战历史极度失真。只有中国共产党倡导的抗日民主统一战线才能充分发动人民群众团结抗日，而蒋介石的抗日只是“国军”抗日，历史上哪里有过“军统”发动人民群众抗日保护国宝的实绩?

毋庸讳言，过去由于“左”的思想影响，银屏上影视艺术作品曾一度只表现中国共产党领导下的八路军、新四军和人民抗战，但后来也出现了如《血战台儿庄》、《中国远征军》等一批描写国民党军队在正面战场抗战实绩的作品，这就比较全面了。然而，再后来，一些作品为了吸引观众眼球，片面追求票房和收视率，越来越背弃历史的真实，走向极端，专门编织“歪瓜裂枣”和小尼姑抗战的故事，不是说在共产党和进步势力影响下完全没有发生过这些故事，而是说此乃支流，决非主流。甚至极端到针对中华传统诗词所讲的“商女不知亡国恨”，有作品就专门反其道而行之，渲染“妓女最有爱国情”。历史虚无主义鼓吹者所持的这种二元对立、非此即彼、好走极端的单向度思维方式，是与唯物史观历来倡导的考其全人、观其全事、兼容整合、全面辩证的哲学精神格格不入的。

历史镜鉴值得珍视。中华民族历来有着以史为鉴、以古观今的文化传统。不懂得自己民族历史的民族，是没有希望的民族；不珍视自己民族历史镜鉴的民族，是悲哀的民族。所谓文化自觉，要义之一就是自觉认清自己民族的历史文化、历史精神、历史经验的独特价值与作用；所谓文化自信，要义之一就是要自信自己民族独特的历史文化、历史精神、历史经验至今仍能与当代文化相联系、与现代社会相协调，仍能与时俱进地实现创新性转化、创造性发展，仍具有强大的生命力，仍能给人们带来深刻的启示。

在中华民族丰富多彩的艺术画廊里，有着一系列优秀历史题材作品及其所塑造的典型人物形象。它们代代相传，深入民心，已经形成了一种审美习惯和审美定势，哺育了广大观众。比如，尽管“春秋无义战”，但以春秋吴越之战为题材的不少成功作品，如由陈道明和陈宝国分别主演的两部长篇电视剧和梅兰芳先生的代表作之一京剧《西施》等，都把越王勾践塑造成“十年生聚，十年教训”、卧薪尝胆的民族精神形象，把西施塑造成热爱故土、牺牲自我、外美内秀的伟大女性形象，把范蠡塑造成足智多谋、顾全大局的优秀知识分子形象，把吴王夫差塑造成以强凌弱、失道寡助的侵略者形象。这些成功的艺术形象，蕴含着中华民族的优秀文化基因，彰显着中华民族极富生命力的美学精神，体现着中华民族的历史传统、精神境界、价值取向和道德追求，早已深入民心，赢得共识，成为一种凝魂聚气、强基固本的精神资源。但是，却有一部作品打着“创新”旗号，借“重写”历史和“发掘”人性复杂性，将这些典型人物形象完全颠覆了。第一场戏描写越王勾践战胜吴王夫差完成复兴大业后，亲自迎接西施归国，一见西施如此美貌，心想岂容范蠡享用（西施与范蠡有约在先，越胜吴后是要有情人终成眷属的）？于是背信弃义地将西施拦劫进宫，纳为嫔妃。这一笔，竟把中华民族艺术画廊里的这位卧薪尝胆的民族精神艺术形象，改写为“一匹色狼”。往后，便描写一旦入宫，龙床上发现西施腹中已怀夫差的敌种，于是龙颜大怒，将西施发配。范蠡闻听此讯，怒发冲冠，赶去当面怒斥西施背弃当年的山盟海誓。这一笔，进一步把中国历史上这位深入民心的了不起的知识分子形象改写成“一个头顶绿帽子的小肚鸡肠”。这样，中华民族艺术画廊里的这一系列优秀的人物形象都被逆向改写了。也就是说，这些优秀的人物形象中蕴含的优秀文化基因都被“西化”为“转基因”了，所彰显的中华美学精神都被解构为

“时尚”和“市趣”了，所体现的历史传统、精神境界、价值取向、道德追求都被“反其意而用之”了。

文艺创作中历史虚无主义思潮的影响和危害，严重地表现在其对中华民族经典文艺名著的解构上。珍视经典名著，敬畏经典名著，是一个民族文化自觉与文化自信的标志。经典名著之为经典名著，就因为其经过历史上人民的检验，显示出史学上、美学上的永恒价值与魅力。随着历史的行进，对经典名著丰富蕴涵的解读与阐发当然也须不断重新发展、不断与时俱进。把经典名著改编为影视艺术作品，是传承、普及和发扬优秀文艺历史传统的必要路径。但须指出，正确的改编，务必尊重原著的精神价值取向和审美风范，沿着顺势方向在新的时代背景和文化语境中加以丰富、深化、发展，以求真正意义上的创新；切不可反其道而行，朝着逆势方向编造，或东施效颦投射“西化”观念，或对其固有蕴涵横加扭曲和篡改，并美其名曰“创新”。

鲁迅先生高度评价过的“左联”成员柔石的著名小说《为奴隶的母亲》，描写我国半封建半殖民地时期一种反人性反人道的丑恶社会现象：富有的地主的老婆不能生育，便花钱“租”用穷人的妻子来家当生育机器，为自己生子后再赶出家门。有一部戏，居然把原著的这种深刻的批判意识和人文精神都解构了，将其改编成地主花钱把农民的妻子“租”到家，为自己怀孕生子，地主背着老婆慈善地“关照”农民的妻子，时而赠其手镯，时而送其金钱，终于“感化”了农民的妻子，令她深感“幸福”，甚至要抛弃丈夫儿女，自愿留在地主家不走了。这岂不是把“为奴隶的母亲”改编成了“当奴才的母亲”，岂不是完全颠覆了原著的主题意蕴和价值取向？令人不解的是，这部作品居然还受到追捧并获得奖项。

《三国演义》作为古典名著，早已妇孺皆知。赤壁之战作为我国战争史上实行统一战线以弱胜强的著名战例，早已彪炳史册。但近来有部拿了大奖的戏，竟以“创新”名义作如此改编：一开场，曹操兵发 83 万，浩浩荡荡，要荡平东吴。当晚，他头风病发作，名医华佗为其针灸，解除病痛，医者仁心，华佗劝其不要发动这场战争，以免涂炭生灵，伤及无辜。他向华佗口吐真言，说自己其实也不想打仗，主要为的是朝思暮想美女小乔，如果周瑜答应献出小乔，他就收兵。不论曹操这话究竟是戏言还是用计，都完全歪曲了《三国演义》中的曹操形象。鲁迅先生在《魏晋风度及文章与药及酒之关系》

一文中曾精辟指出，提及曹操，人们很容易想起戏曲舞台上那一位“花面的奸臣”；其实，历史上的曹操并非如此。在他看来，曹操至少是一个英雄。确乎如此，曹操是一位大政治家、大军事家兼大文学家，他发兵破吴，旨在完成统一大业，决非为了一个美女。接下去，《三国演义》竟被改成“二国演义”，这里没有蜀国刘备、诸葛亮等人的事了。小乔变成草根民间女子，既无姐姐大乔，也非乔玄国老之女。得知周瑜发兵抗曹，小乔赶紧回家劝阻，独自一人，驶一叶小舟，跨过长江，直奔曹营而去。这边曹操因华佗再劝其收兵而被激怒，将华佗关押起来，药箱还扔在曹操帐中。曹操怒气不息，抬头看见小乔不期而至，由怒转喜。小乔义正辞严地教育曹操：做人要讲诚信，丞相许诺，只要我至，即刻收兵，现在我来了，该你兑现诺言了！曹操听罢，一受刺激，头风病又发作了。小乔便让大家镇静，说自己曾跟华佗先生学过针灸，于是从药箱里拿出根针，扎将下去，顿见奇效。曹操病痛解除，嚯地大叫一声“大都督夫人，收兵！收兵！”在这里，历史上的著名战例赤壁之战完全被虚无了，蜀国的刘备、诸葛亮在这场战争中完全被虚无了，曹操的大政治家、大军事家、大文学家形象也完全被虚无了。更严重的是，这股有哗众取宠之心、无实事求是之意的戏说历史、解构经典的虚无主义歪风，正在危及并削弱中华民族优秀的历史传统、历史意识和历史精神。

《中共中央关于繁荣发展社会主义文艺的意见》明确提出，要旗帜鲜明反对文艺创作中的历史虚无主义倾向，“抵制否定中华文明、破坏民族团结、歪曲党史国史、诋毁国家形象、丑化人民群众的言论和行为，反对以洋为尊、唯洋是从，引导人民树立和坚持正确的历史观、民族观、国家观、文化观，不断增强中国特色社会主义道路自信、理论自信、制度自信”。在今天这个“读图的时代”，文艺作品，特别是影视文艺作品，对于整个民族的历史观、文化观、审美观的形成至关重要。坚持唯物史观反对唯心史观，坚持实事求是反对形而上学，严肃、认真地清除文艺创作中的历史虚无主义，刻不容缓！

（作者单位：中国文联、中国文艺评论家协会）

（原载《红旗文稿》2015 年第 21 期）

文艺上的历史虚无主义思潮

刘润为

改革开放以来，在文艺如何对待历史的问题上，多数作家、学者做得是好的，因而产生了不少优秀文艺作品和学术著作。与此同时，历史虚无主义的东西也在滋长蔓延，其主要表现是：“有的调侃崇高、扭曲经典、颠覆历史，丑化人民群众和英雄人物”。（习近平《在文艺工作座谈会上的讲话》）只有彻底纠正这一错误倾向，才能保障以人民为中心的创作导向落到实处。

一

文艺历来是社会思潮的晴雨表。自《苦恋》发表以来，36 年间，历史虚无主义思潮几乎渗透到文艺创作的一切方面。在此略举几例，稍作分析。

大凡了解一点中国近代史的人都知道，在半殖民地半封建的旧中国，是中国共产党团结带领全国各族人民，在继承孙中山领导的旧民主主义革命宝贵遗产的基础上，经过 28 年的奋斗牺牲，取得新民主主义革命的胜利，从而实现了真正的人民共和。然而，有的电视剧却指鹿为马，极力贬损孙中山、宋教仁等追求共和的先驱，而把慈禧、李鸿章、袁世凯这样顽固维护封建专制的人物描绘成为共和奠基的悲剧英雄，同时提示人们：时至今日，走向共和仍未成功。这不仅颠覆中国的近代史，也颠覆中国的现实和未来。

对于被压迫阶级和被压迫民族来说，革命是诞生新世界的分娩，但是“分娩是痛苦的。除了生下一个活生生的、有生命力的生物，它还必然会产出一些死东西，一些应当扔到垃圾堆里去的废物。”① 很明显，如果只看到“死东西”、“废物”，而看不到“活生生的、有生命力的生物”，则是在把握

① 《列宁选集》第 2 卷第 216 页，人民出版社 1995 年第 3 版。

事物本质方面的一种倒错。然而，有的“文化”散文却无视近代革命对于实现中华民族伟大复兴的基础性作用，对太平天国、辛亥革命，尤其是中国共产党领导的革命横加指责，甚至说这些革命对于中国经济的破坏比西方列强的侵略还要严重；有的小说则直接控诉道，中国共产党领导的革命没有革命，“只剩下一堆‘暴力’”，由这样的革命所创建的政权也是“独裁和排他得可怕”。指引中国共产党取得革命胜利的指导思想——马克思列宁主义，简直“把我们折腾得死去活来”。至于这个党的领袖毛泽东，则是一个靠《笑话大全》进行决策的玩笑家，像某些人“熟悉男女间的调情一样”，“熟悉怎样挑动群众斗群众”，“常常做出些莫名其妙的事”。说这部小说“以最恶毒的敌意、最疯狂的仇恨、最放肆的诽谤”反对中国共产党及其领导的一切，似乎并不过分。

毋庸讳言，中国共产党在领导农村社会主义建设、改革的进程中，有过失误，甚至很严重的失误，但是中国农业现代化毕竟以举世罕见的速度发展，中国农村的面貌毕竟发生了翻天覆地的巨变，中国农民的生活水平、人权状况、精神面貌毕竟不可与旧社会同日而语，这是95%以上的亿万农民都能感觉得到的事实。然而充满希望的新中国农村在个别作家笔下却变成了一个肮脏、恐怖、丑恶、混乱、荒诞的世界。这样的作家“用夸张、滑稽模仿加上变异的神话和民间故事，对50年来的宣传进行修正”，“令20世纪中国的残酷前所未有如此赤裸地呈现，向我们展示一个没有真理、常识、怜悯的国度，以及那里鲁莽、无助和荒唐的人们”，从而“揭露了人类最黑暗的一面”。这些出自“颁奖辞”的评语再也清楚不过地表明，西方之所以奖励这样的作家，是因为这样的作家对中国共产党、对社会主义、对中国农民以至对整个中华民族的描写，迎合了西方的政治需要。事实正如习近平同志所说：“如果‘以洋为尊’、‘以洋为美’、‘唯洋是从’，把作品在国外获奖作为最高追求，跟在别人后面亦步亦趋、东施效颦，热衷于‘去思想化’、‘去价值化’、‘去历史化’、‘去中国化’、‘去主流化’那一套，绝对是没有前途的！”①

① 习近平在文艺工作座谈会上的讲话。

创作领域虚无历史的另一个表现，就是恶搞红色经典。红色经典是红色历史的艺术再现，红色精神的载体，中国文化软实力的坚实基础。珍爱、保卫、传承本民族的经典，是世界上一切有出息民族的共同选择。然而，有的作家却无视民族尊严和民族感情，以一种极为轻薄的态度对红色经典进行肆意的篡改。流风所及，几乎没有一部红色经典能够幸免。沪剧《芦荡火种》和京剧《沙家浜》中的郭建光、阿庆嫂，本是家喻户晓的抗日英雄形象，可是到了新编小说《沙家浜》那里，郭建光却成了品位低下、遇事窝囊的委琐之徒，而阿庆嫂则成了一个卖弄风情的荡妇。郭建光、阿庆嫂与胡传魁的矛盾冲突，也不再具有任何严肃的内容，而变成了情色纠缠、争风吃醋的“三角”戏。凡此种种轻佻和放纵，使文艺工作者在全国人民中蒙受耻辱，使中华民族在世界民族之林中蒙受耻辱。对于实现民族复兴的大业来说，这是一种极具腐蚀性的负能量。

二

历史虚无主义反映到文艺研究领域，就是否定五四运动以来的革命文艺史，尤其是1942年毛泽东《在延安文艺座谈会上的讲话》发表以后的革命文艺史。比如，有的认为，在延安革命根据地，封建思想占统治地位，谁反封建谁就是反革命，所以反封建的作家们便由启蒙者变成了革命的对象。这一耸人听闻的立论，显然是经不住事实的检验的。它不能解释当时的革命根据地怎么会成为那么多追求民主的青年们向往的圣地，也不能解释延安的共产党人何以那么坚决彻底地反对封建主义的经济、政治和文化。事实上，随着“三三制”及“保障人权”等各项制度的落实，在当时的革命根据地，不但经济上、政治上是民主的，文化上也是民主的。例如毛泽东《在延安文艺座谈会上的讲话》，就是从文艺工作者和广大群众中来，又到文艺工作者和广大群众中去的产物，集中文艺工作者和广大群众智慧和意志的产物。美国记者冈瑟·斯坦在深入考察革命根据地的民主实践之后，曾明确指出：中国共产党“建立了一个对人民不构成沉重负担的，同时又勇于承担重大责任的行政机构，即一个从人民中产生，通过民主方式选举出来并向他们负责的政府。”把革命根据地这样的人民民主政权说成是一个“偏安的封建小朝廷”，丝毫无损于中国共产党和毛泽东的形象，而只能暴露论者的深刻偏见。

再如所谓“重写文学史”的主张。其实，这并非“重写”论者的发明，而是拾自美籍华裔学者夏志清的牙慧。必须肯定，人们对于历史的认识是不断深入的，不可能永远停留在一个水平上。从这个意义上说，重写文学史是一个无止境的过程。然而，这些论者所谓的“重写文学史”，却不是一个严肃的科学命题。在他们看来，“构建”在“社会历史”基础上的文学史是“非文学史”，必须“改变这门学科原有的性质，使之从从属于整个革命史传统教育的状态下摆脱出来”。这就怪了。综观现代作家，大概没有一个是桃花源中人。既然如此，文艺怎么能够脱离社会历史呢？“文变染乎世情，兴废系乎时序。”五四以来的最大世情，就是中国共产党领导的反帝反封建的新民主主义革命。离开这一中国现代史的本质方面，一切文艺的发展变化都会变得不可理喻。比如，陈独秀为什么会提出“文学革命”的口号，李大钊为什么要“导以平民主义的旗帜”，左翼文艺阵营为什么要发起无产阶级文学运动；五四运动之前流行的鸳鸯蝴蝶派小说、后期文明戏等等为什么会衰亡，赣南的山歌为什么在 1927—1937 年间如火如荼，延安的秧歌剧为什么在抗日战争时期空前繁荣，所有这些文意的变化、文体的兴废，离开革命史能够说得清么？客观事实是，五四运动以来，文学史的发展与革命史的发展是相辅相成的。革命实践发展到一定阶段，必然要催生新的文艺内容和形式；新的文艺内容和形式又反过来推动革命实践的发展。正是在这个意义上，鲁迅把左翼文艺称为革命的“一翼”，毛泽东把革命文艺看作“团结人民、教育人民、打击敌人、消灭敌人的有力武器”。因此，对于党和人民来说，革命文学史的教育与革命史的教育是不可分割的，这里没有任何矫情、亏理之处。新中国成立以后，唐弢、王瑶、刘绶松等编写的几部新文学史或现代文学史，尽管有这样那样的毛病，但是基本上贯彻了唯物史观的原则，基本上实现了历史与美学的统一。今天的学者重写文学史，应当在继承前辈宝贵遗产的基础上，裨补他们的遗漏，纠正他们的局部失误，把他们未及深化的方面深入下去。如果全盘否定前辈的研究成果，甚至把他们坚持的基本立场、原则和方法也一起否定，就不仅否定了中国革命文学史，也否定了中国革命史。而由否定之火生成的灰烬拼凑起来的文学史，才是地地道道的

“非文学史”。

否定革命文艺史的“理论依据”主要有三个：

一是唯启蒙论。在“否定”论者看来，救亡压倒了启蒙，革命更是压倒了启蒙，于是向人民启蒙的作家便志不得酬、才不得展，革命文艺史自然也就变得一塌糊涂。问题在于什么是启蒙？顾名思义，启蒙就是启智开蒙，让自在的人变成自为的人，自在的阶级变成自为的阶级，自在的民族变成自为的民族。在一个濒临亡国灭种边缘的民族，最大的启蒙应当是认清中国国情，把握社会发展规律，明确前进道路，以历史首创精神去争取民族独立和人民解放，进而实现民族的伟大复兴。没有这一本质性的启蒙，中国就永远是半殖民地半封建社会。在这样一个灾难性的社会，其他一切启蒙，如提倡新道德、反对旧道德，提倡新风俗、反对旧风俗，提倡科学、反对迷信，提倡恋爱自由、反对包办婚姻等等都无从谈起。怎么能把救亡、革命与启蒙割裂开来、对立起来呢？即以论者认为受到革命束缚而不得启蒙的丁玲而论，其早期呼吁个人反抗压迫是启蒙，参加革命后弘扬集体反抗压迫也是启蒙，但是哪一种启蒙才具有现实性的品格呢？显然是后者而非前者。其实，这种用启蒙否定救亡、否定革命的论调并非新鲜的东西，而是近80年前蒋廷黻的近代史观的翻版。在蒋廷黻看来，近代中国的根本问题只有一个，就是能否赶上西洋，实现近代化。而要赶上西洋，就只能学习西洋而不能反抗西洋。按照这样一种逻辑：学习西洋就是启蒙，反抗西洋就是反对启蒙。一部中国近代史早已证明，蒋廷黻的近代史观是一种虚幻的史观，指引中国在半殖民地半封建社会打转转的史观，对侵略势力有好处、对中华民族没好处的史观。在中华民族已经独立了一个甲子以后，“否定”论者仍然坚持这种史观，不能说没有文艺以外的诉求。

二是唯个性论。在“否定”论者看来，作家一旦参加革命，一旦来到延安，一旦选择为人民服务的道路，就会导致个性泯灭，沦为工具，因而其创作也不可能具有任何积极的价值。什么是个性？就是人的精神世界的特定结构。对于文艺创作来说，个性尤其占有至关重要的地位。没有作家的个性，就没有风格，没有独特的审美发现，因而也就没有创作可言。然而，人的个性不是一种独立自足的存在，它的培养和发挥必须依托于一定的群体、一定的社会实践。一个离群索居的人，不可能获得丰富的个性，更无从表现什么个性。恰如马克思、恩格斯所说："只有在共同体中，个人才能获得全面发展其才能的手段"。[①] 一般地说，在具有历史先进性的集体中，一个人的集体共性（群体规范意识、责任意识、价值目标意识等）越强，他的个性（意志、品格、能力等等）内涵和个性发挥也就越丰富、越充分。欧阳山早期是一个小资产阶级个人主义者。生活领域的狭隘和无归属的彷徨，极大限制了他的个性发展和发挥，所以只能创作一些表现小资产阶级苦闷、感伤情调的作品，直到去了延安，在一段时间内也未能摆脱这种因袭的重担。但是经过延安文艺整风之后，他在毛泽东《讲话》精神的感召下，逐渐融入延安的大集体，融入延安的人民群众，融入争取民族独立和人民解放的伟大洪流，于是他的集体共性日益增强，个性的发展也愈益充实、深沉和丰富，终于写出了深受党和广大群众称赞的长篇小说《高干大》。如果我们把这部作品和其早期作品《桃君的情人》、《密斯红》等等作一番比较，便不难看出：二者无论在思想深度、生活厚度还是艺术高度上，都是判若云泥的。大批作家成长的经历证明，革命队伍和革命实践，是作家培养健康个性的深厚沃土，扬厉创作个性的广阔舞台，实现个人价值的坚实阶梯，哪里会压抑、泯灭个性呢？著名诗人贺敬之说过，"不参加革命，我将不我"。其实，那些诬称革命作家失落个性的人，绝不是在尊重、维护作家的个性，而是要用另一群体的共性，一种与广大人民群众的意志和利益相悖的共性来主宰作家。这当然是为我们所坚决反对的。

三是唯艺术论。在"否定"论者看来，鲁迅是"鲁祸"，茅盾的《子夜》是"高级形式的社会文件"，闻一多的爱国诗篇是诗人"狭隘性"的表现，赵树理的小说是"问题小说"，柳青的作品存在"明显的政治化倾向"……一言以蔽之，所有革命作家的作品，都不能称其为艺术。他们重写文学史，就是要建立"一门独立的审美的文学史学科"。当然，文艺作为人类把握世界的方式，自然具有不同于其他把握方式（哲学的、宗教的、伦理的）的特质，其中最基本的特质就是形式。一旦消解了形式，文艺便不成其为文艺。

① 《马克思恩格斯选集》第1卷第119页，人民出版社1995年第2版。

然而，一切文艺的形式都不可能成为一种孤立的存在。首先，艺术形式本身就是社会历史的产物，比如抛开古代城市经济和市井生活，就无法解释词曲的产生和发展；其次，形式必须“是活生生的实在的内容的形式，是和内容不可分离地联系着的形式”[①]。作家对一定艺术形式的追求，也必然是对一定内容的追求；作家对世界的艺术把握，也必然蕴涵着对于社会历史的把握。当然，有的作品可能以艺术胜，有的作品可能以内容胜，但是无论以哪一方为胜场，都不可能把另一方完全赶走。也就是说，在这个世界上，根本没有纯粹的文艺，唯艺术论恰如皇帝的新衣，是一个自欺欺人的伪命题。即以夏志清认为文学成就高于鲁迅的张爱玲而论，在民族危亡、举国抗战的时候，她却在那里沉迷于“玩世不恭的享乐主义的精神游戏”（傅雷评《倾城之恋》语），这难道不是一种明显的社会倾向？在全国人民保卫新中国、建设新中国的时候，她却在《秧歌》、《赤地之恋》中对人民中国极尽诬蔑毁谤之能事，这难道是纯艺术么？经过时光的洗涤，一切遮遮掩掩都已脱落，如今人们已经看得十分明白：“否定”论者否定革命作家的作品，绝不是因为这些作品缺失艺术，而是因为他们不赞成这些作家坚持的以人民为中心的创作导向。当然，我们不是说革命作家的作品完美无缺，也不是说因为那些作品内容进步就可以掩盖艺术上的缺陷，但是有缺点的战士毕竟是战士，完美的苍蝇毕竟是苍蝇。夏志清在艺术上是极力贬低丁玲而拔高张爱玲的，且不说丁玲在艺术上未必逊于张爱玲，退一步说，即便就是如此，丁玲也要比张爱玲高尚得多，因为她站在争取民族独立、人民解放伟大斗争的潮头。

三

历史虚无主义在文艺领域的泛滥，有其深刻的历史哲学根源和国际政治根源。

自20世纪80年代起，随着世界社会主义运动走向低潮，否定唯物史观的思潮也开始泛滥开来。其中，对我国影响最大的，当推卡尔·波普尔和海登·怀特。

---

① 《列宁全集》第55卷第77页，人民出版社1984年第2版。

波普尔是英国学者，新自由主义经济学魁首哈耶克的朋友。波普尔认为，马克思主义是最精致、最广泛同时也是最危险的“历史主义”。马克思关于生产力决定生产关系、经济基础决定上层建筑的理论，关于资本主义基本矛盾的分析，关于社会主义取代资本主义的论断，都强调了经济的决定性作用。这是根本错误的，因为知识的增长极大地影响着人类历史的进程。知识的增长不可预测，人类历史的未来也无法预测。举凡历史的确定性、社会发展规律等等，都是子虚乌有的东西。正是从这种唯心史观出发，波普尔指责马克思主义的“历史主义”蓄意挑拨无产阶级和资产阶级之间的矛盾，而在事实上，资本主义的灭亡并非不可避免，因为随着民主制度的确立，资本主义的基本矛盾已经缓和，资本主义初期的残酷剥削现象已经成为历史。此后人类的历史任务不是革命，而是不断改良和发展民主。一方面鼓吹历史的不可知论，一方面又预言共产主义不可能实现；一方面反对历史的任何确定性，一方面又确定资本主义制度永世长存。仅此自相矛盾之处，就足以暴露这个披着现代科学外衣的学说的反科学本质，为国际资本张目的实用主义本质。值得注意的是，自 20 世纪 40 年代起，波普尔的历史唯心主义与哈耶克的新自由主义一样，一直影响甚微，甚至屡遭冷遇。直到 20 世纪 80 年代柏林墙倒塌以后，才成为西方向第三世界极力兜售的“显学”。其命运在特定历史节点上的浮沉，足以证明它是西方进行意识形态战的武器。

海登·怀特是美国人，后现代主义史学观的开创者。应当说，怀特的后现代主义史学观对于纠正现代主义实证史学的机械性具有一定的作用，但是由于他对史家的主观能动性作了完全脱离客观的抽象夸张，毕竟沦为一种彻头彻尾的唯心主义。唯物史观认为，以物质生产为核心和基础的实践是人的基本存在方式。正是因为有了实践，才有了人的发展，有了历史，有了语言；有了历史、现在与未来的联系，有了人的意识、语言和客观世界的联系。实践赋予人类、历史和语言的统一性。然而，在怀特看来，历史却是一个杂乱、无序、矛盾、混沌的领域，没有任何统一性或普遍联系。是写作者的主观意识（思维方式、政治立场、伦理观念、审美倾向等）和特定解释（情节化解释、论证式解释、意识形态蕴涵式解释），赋予历史以联系、生命和意义。写作者的这一切主观因素，可以归结为语言，而且历史的叙述也必须以语言的形式出现，所以在历史写作中，处于核心地位的不是历史，而是语言。这样一来，历史叙述也就没有真假、优劣的区别，而成了人们可以随意玩耍的语言游戏。值得注意的是，2004年，其《元史学》在中国出版时，怀特着意在《中译本前言》中写道："史学家们需要一种更多地是'文学性'，而非'科学性'的写作"。很明显，这是在鼓励中国的历史写作更加放纵写作者的主观意识。

有了以上简略分析，我们就可以归纳波普尔和怀特对于中国文史领域的特定影响：如果说波普尔颠覆人们对唯物史观以至整个马克思主义的信仰，那么怀特则为人们随意涂改、编造历史提供了"理论依据"。当然，搞文艺的人不一定去读他们那些晦涩的著作，也不一定能懂他们那些玄虚的理论，但是通过理论界特别是高校的似懂不懂、似通不通的鼓噪，可以形成一种舆论氛围：唯物史观被波普尔推翻啦，以往的历史结论不对啦，文艺可以随便书写历史啦。如此等等，无疑是对历史虚无主义的"解放"和"开放"。

历史是什么？它是一个民族得以凝聚的纽带，得以寄托心灵的港湾，得以自立的一切精神文化、制度文化和行为文化的母体，得以开创未来的智慧和勇气的不竭源泉。国际资本要把中国纳入其主导的世界体系，必须摧毁中国共产党领导的经济体系、政治体系和文化体系。而要摧毁这一切，就必须摧毁中国历史宫殿的一切建筑，尤其是中国共产党成立以来的核心建筑。关于这一点，丹尼尔·贝尔的"意识形态消亡"论和弗朗西斯·福山的"历史终结"论说得十分明白，即消亡非西方的意识形态、终结于西方的历史。在这一旨在"西化"、"分化"的战略图谋中，国际资本在国内买办势力的策应下，除了发动外部攻势和派人打进来以外，就是以大奖、资助、访问等等名目繁多的"实惠"诱惑一些作家、学者上钩。这是一场你追我赶的竞赛，无论是作家还是学者，谁伪造的历史最符合国际资本的利益，谁获得的奖励、报酬也最多。

至此，我们便可以得出如下结论：如果说唯心主义史学观的渗透为历史虚无主义提供了"理论"支持，形成来自后方的推力，那么国际资本的诱惑则为历史虚无主义提供了激励机制，形成来自前方的拉力。这样一推一拉，倘若正能量又未能得到应有的发挥，那历史虚无主义能不愈演愈烈吗？

四

历史虚无主义思潮的泛滥，已经对我国的经济安全、政治安全和文化安全构成了严重的现实威胁。保卫中国历史，保卫中国近代历史，尤其是保卫中国革命建设改革的历史，已经成为坚持民族独立、维护国家主权、实现民族复兴的迫切要求。

必须坚持反对唯心主义与反对机械决定论的统一。在历史领域，机械决定论不承认偶然性和人的主观能动性的作用，把复杂、曲折的历史过程看作一条直线，把用唯物史观研究历史当作按图索骥式的演绎推导；在文艺领域，机械决定论把文艺作品看作意识形态的简单传声筒，把复杂的极具精神个体性的艺术创造等同于机械式的生产。这些违背历史研究规律和文艺创作规律的错误倾向，往往以唯物史观和马克思主义文艺观的名义大行其道，因而让后者的形象受到极大玷污和损害。其结果是让唯心主义抓住“把柄”，钻了空子，从而给予历史又一种更加深广的破坏。事实就是这样，机械决定论看上去好像是和唯心主义对立的东西，其实他们是兄弟，总是要一前一后跑到前台来表现自己。只有把清理机械决定论和清理唯心主义的工作全都进行到底，才能剥夺它们相互依赖的依据，堵塞它们得以招摇过市的空间。当然，这两项工作在不同时期有不同的重点，当下的重点无疑是清理唯心主义。

必须坚持自由与责任的统一。在我国，随着经济体制深刻变革，社会结构深刻变动，利益格局深刻调整，思想观念深刻变化，人们思想活动的独立性、选择性、多变性、差异性不断增强，社会思想文化日趋多元多变多样，各种社会思潮不断涌现，这是不能回避的现实。给人以思想自由、学术自由和创作自由，既为社会发展的客观趋势所决定，也是哲学社会科学和文学艺术发展繁荣的必然要求。但是，自由不是一厢情愿的幻想，而是脚踏实地的社会实践。既然是社会实践，就必然离不开群体和社会；既然离不开群体和社会，就必然要对群体和社会承担责任或义务，而不能想怎么样就怎么样。自我放纵不是自由，而是无政府主义的自专。恶搞历史、抹黑历史绝不是学术或创作，而是对民族尊严、国家利益的肆意伤害，对学术自由、创作自由的粗暴践踏。这好比踢足球，你无视比赛规则，不与队友配合，抱起足球横冲直撞，哪里还有踢球的自由？又好比过日子，你吃着自家的饭又砸着自家的锅，哪里还有全家人吃饭的自由？有必要对那些搞历史虚无主义的人提出忠告：既然身为中华人民共和国公民，那么无论你怎样强调个人的思想自由，也不能逾越爱国主义的底线；无论你怎样翻滚腾挪，也不能侵犯国家民族的利益。在这个地球上，除了沙漠，凡有人群的地方，都没有绝对的自由。即使是在某些学者、作家视为自由天堂的美国，也绝不允许抹黑美国独立的历史，污辱华盛顿、林肯这样的领袖人物。君不见，3 年前恶搞林肯的电影《亚伯拉罕·林肯：吸血鬼猎人》刚一出笼，即遭到美国民众的“拍砖”。

必须坚持主体性与客体性的统一。无论是历史研究还是文艺创作，都是复杂的精神劳动。没有主体的主观能动性，不可能产生任何成果。即使是最严谨的史学著作，也会留下作者深刻的精神印记。对于以虚构见长的文艺创作来说，更是如此。不过，问题还有另一面，即主体性不能离开客体性的依托，主观意识不能背离历史的真实。只有站稳尊重历史的立场，才能实现主客体的无垠融合，从而使主体的主观能动性得到正面的激发和表现。恰如古希腊神话中的安泰，只有立足大地才有无穷的力量一样。前述那些抹黑中国革命建设改革史的作家，由于其创作意图处处与历史的真实抵触、与自己的生活经验抵触，创作起来只好求助于生编硬造，于是文思不畅、笔下滞涩也就势所必然。请看他们的作品，那里除了概念化的政治宣泄，就是对于外国作家（如米兰·昆德拉、加西亚·马尔克斯等）的拙劣模仿，哪里有什么戛戛独造、生气灌注的东西呢？

对于历史题材的创作来说，所谓坚持客体性，并不是要求作家像史家那样去追求历史事件、历史情节的真实，而是要求必须尊重历史本质的真实。也就是说，即使你在某些历史事件、历史情节上达到了相当程度的真实，但是对历史的本质方面却作了扭曲的描写和评价，也不能说是尊重历史客体性的创作；即使你对某些历史的描写，其事件、情节完全是虚构的，但是正确反映了那一时代、那一时代特定阶级的本质方面，也可以说是尊重历史客体性的创作。毛泽东的《蝶恋花·答李淑一》，写了杨开慧、柳直荀的忠魂飞到月宫的情景，这自然是游仙体的艺术虚构，然而却真实表现了人民革命的本质方面，千千万万革命烈士的本质方面。可以说，历史题材的创作好比一个线段：一极是历史真实，一极是艺术虚构，这两极之间的广阔地带都是作家的用武之地。你可以往历史真实那里靠近，艺术虚构较少；也可以往艺术虚构那里靠近，历史真实较少。但是无论你选择哪一个点，都不能与两极中的任何一极重合。和历史真实一极重合，就成了历史学著作而非文艺作品；和艺术虚构一极重合，就会因违背历史本质真实而陷入历史虚无主义的泥淖。归根结底，历史真实与艺术虚构的统一，就是历史规律与艺术规律的统一。作家要实现这样的统一，自己首先必须实现唯物史观与社会主义文艺观的统一。只有这样，才有可能成为一个人民作家、一个有前途的作家。

（作者单位：求是杂志社）

（原载《红旗文稿》2016 年第 6 期）

让文艺上的历史虚无主义没有藏身之地

董学文

我们目前谈论的历史虚无主义，是指通过各种方式重新解读历史，通过否定马克思主义的指导地位和中国走向社会主义的历史必然性，来否定中国共产党执政合理性的一种社会思潮。历史虚无主义往往通过否定历史主体，颠覆唯物史观，强调用所谓的个体性叙事及个案和细节的展示，来演绎整体历史。它从丑化、妖魔化中国共产党领导的革命、建设和改革的历史开始，发展到贬损和否定近现代中国一切进步的、革命的运动的程度。文艺上的历史虚无主义思潮，同政治学、历史学、法学、经济学等领域的历史虚无主义思潮是互为表里、彼此相通的。

一

文艺上的历史虚无主义，在编造和歪曲历史的时候，往往声称自己是在进行“艺术创造”，是在实现“审美范式”的转换。实际上，它是以“审美”“娱乐”之名，行拆解历史（特别是党史）、否定马克思主义（特别是党的领导）之实。文艺上的历史虚无主义，同艺术上的现实主义精神和浪漫主义情怀是背道而驰的。它是一种伪现实主义、伪浪漫主义。因为它在否定革命的正义性和必要性，把推动历史前进的政党、领袖和群众加以丑化、边缘化和碎片化之后，心仪的却是阻碍历史前进的反动势力，对其代表人物极尽吹嘘、夸赞和颂扬之能事。也就是说，它对历史不是完全“虚无”，而是有所“虚无”，有所“不虚无”。这就从根本上扭曲和颠倒了历史真相，搞乱了读者或观众的历史认识。

文艺上的历史虚无主义，不是一个单纯的艺术问题，而是有着明确政治诉求的一种错误思潮。它善于从个人好恶出发评断历史，喜欢以个人想象来虚构历史情境。它往往在“创新”“探索”“翻案”“戏说”的名义下，采取极端不尊重历史事实的态度；它往往片面引用史料，取其一点、不及其余，无中生有、胡编乱造，任意改变对历史中重大事件、人物和问题的科学结论；它往往貌似“客观”“公正”“中立”，实则将人物写成“好人不好”“坏人不坏”的“中性人”，混淆人们对于是非的判断。与此同时，它极力主张要按照抽象“人性论”的原则来描写事件、刻画人物，主张一切都要过“人性”的筛子，否则就是“概念化”“脸谱化”。如此一来，历史在历史虚无主义者的笔下就被严重扭曲变形了，主流意识形态也被玷污、解构了。

文艺上历史虚无主义危害的严重性在于，它所散播的种种观念，不仅混淆了历史领域的是非曲直，而且直接动摇了做人和立国之本。例如，文艺应高扬民族精神，还是鼓吹妥协投降；应从历史主流中汲取精神力量，还是在历史支流中寻找负面影响。这就涉及如何对待民族虚无主义和文化虚无主义的问题了。道理很简单，颠倒历史，必然会导致是非、美丑、善恶、荣辱标准的颠倒。而这种标准一旦颠倒，就势必在价值观和人生观上造成整体性的混乱。有学者指出，历史虚无主义思潮最显著的特点就是以西方“普世价值”为标准，以“重新评价”为名头，歪曲和否定党的历史和新中国的历史。它往往祭起“还原历史”“重写历史”的旗号，以二元对立、非此即彼、好走极端的单向度思维方式加以逆向重塑，颠倒黑白。这种意见我认为是正确的。用这种意见来观察和说明文艺上历史虚无主义的危害，也是适当的。把历史观及以之为基础的民族观、国家观、文化观、价值观搞乱的结果，将会带来犯颠覆性错误的危险。

二

文艺上的历史虚无主义，是一种与历史唯物主义文艺观相对立的形而上学的否定性思想倾向。我国文艺上的历史虚无主义有其特点，它不同于俄国十月革命后的“无产阶级文化派”企图抛弃以往一切人类和民族文化遗产的虚无主义；也不同于为了区别“机会主义的虚无主义”，列宁提出的那种对反动的社会秩序抱有合理否定态度的“革命的虚无主义”。目前我国文艺上的历史虚无主义，是以集中否定、消解中国共产党的历史，否定革命的、进步的、面向人民的优秀作家和作品为其特征的。习近平总书记在文艺工作座谈会上的讲话中指出，“在有些作品中，有的调侃崇高、扭曲经典、颠覆历史，丑化人民群众和英雄人物”。他还批评有些创作“热衷于‘去思想化’、‘去价值化’、‘去历史化’、‘去中国化’、‘去主流化’那一套”。我认为，这些主要就是针对文艺上的历史虚无主义思潮讲的。

文艺上的历史虚无主义思潮为什么能够盛行？原因固然很多，有客观环境方面的，有主观认识方面的。但在我看来，最根本的原因还是由于创作主体在理想信念方面出现了问题，以致其转变了立足点或创作立场。这一点，甚至在一些有名的或获大奖的作品中也有较为突出和明显的表现。譬如，把共产党的干部写得跟国民党反动派一样坏，把人民军队写得和反动军队一样凶残，把人民领袖写得同人民公敌一样毒辣阴险，把社会主义制度写得和旧社会的制度一样横暴黑暗……凡此种种，不管作者采用什么样的隐蔽手法，拿出何种堂皇的借口，都只能令人怀疑是其创作立场和世界观发生了偏转。否则，是不会指桑骂槐、指鹿为马，丧失基本的理性判断的。

2013 年 6 月 28 日，习近平总书记在全国组织工作会议上的讲话中指出，“事实一再表明，理想信念动摇是最危险的动摇，理想信念滑坡是最危险的滑坡。”[①] 如果创作主体不是对党、对社会主义和共产主义、对马克思主义发生理想信念上的动摇、滑坡，怎么会去“虚无”本不该“虚无”的东西？怎么会去美化历史上的罪人、丑恶和黑暗，并为其翻案？怎么会去鼓吹“共产主义虚无缥缈论”？没了理想信念，或理想信念不坚定，精神上就必然“缺钙”，就必然会得“软骨病”，就有可能导致政治上的变质。对此，习近平总书记提醒道：“要坚定理想信念，切实解决好世界观、人生观、价值观这个‘总开关’问题。‘总开关’问题没有解决好，这样那样的出轨越界、跑冒滴漏就在所难免。”他在新进中央委员会的委员、候补委员学习贯彻党的十八大精神研讨班上的讲话中说：“我们一些同志之所以理想渺茫、信仰动摇，根本的就是历史唯物主义观点不牢固。”[②] 面对这个以历史唯物主义观点为哲学基础和方法论的“总开关”，难道作家、艺术家能够例外吗？显然是不能的。如何保证作家、艺术家的理想信念不缺失、不动摇、不蜕变、

① 《十八大以来重要文献选编》（上），中央文献出版社 2014 年版，第 339 页。
② 同上，第 116 页。

不滑坡，这确是一个需要引起高度重视的问题。

文艺家失去了理想信念，灵魂就会沦陷，创作的作品就会“热衷于‘去思想化’、‘去价值化’、‘去历史化’、‘去中国化’、‘去主流化’”。这五个“去”，实际上，就是对一些文艺作品通过臆想和独断对“五四”以来的进步历史、对共产党领导的革命史和社会主义的辉煌进程加以回避、稀释，加以扭曲、否定和妖魔化现象的凝练概括与表述。当下出现的对中国共产党领导的抗日战争的怀疑，对刘胡兰、黄继光、邱少云等革命英雄的质疑，等等，其目的就是使历史变成一种没有理想、没有深度、没有本质、没有是非的东西，其核心是怀疑和否定党的领导、否定社会主义制度、否定共产主义理想。这样的历史虚无主义渗透于文艺作品，必然使其精神价值枯干萎顿，失去引领人民前进的资格和作用。

三

那么，我们如何抵制和克服文艺创作上的历史虚无主义思潮呢？我觉得，这里既有解决思想问题和认识问题的层面，又有解决现实问题和实际问题的层面。综合来看，我们应以时不我待的紧迫感和繁荣发展社会主义文艺的使命感，加强理论学习，开展对不良作品、现象和思潮的批评，深化新时期文学史研究，传承和弘扬中华美学精神，让文艺上的历史虚无主义没有藏身之地。

其一，要在文艺界开展历史唯物主义文艺观的学习和宣传。这是保持理论清醒和正本清源的一项根本举措。在学习宣传历史唯物主义文艺观时，要重点辨析批判抽象“人性论”，因为这是文艺上滋生历史虚无主义的一个重要的观念上的根源，也是其比较容易欺骗人和迷惑人的地方。这些年来，我们对马克思主义文艺理论和文艺观的宣传和学习，做得很不够。文艺上上层建筑和经济基础的关系问题，文艺上的阶级分析和阶级观点问题，作家立足点、世界观与文艺创作之间的关系问题，艺术真实与历史真实的关系问题，等等，几乎没有人提了。相反，西方资产阶级文艺观，如“新历史主义”“存在主义”“新人本主义”“怎么说都行”的“后现代”理论，却肆意流布、大行其道。这怎能不给以所谓客观主义姿态掩盖其资产阶级立场、以抽象“人性论”来取代和颠覆唯物史观的社会思潮提供泛滥条件呢？认真补上马克思主义文艺观这一课，势在必行。这是克服文艺上历史虚无主义思潮的根本工程。

其二，要把文艺批评和文艺争鸣切实地开展起来，敢于同文艺上的历史虚无主义现象作斗争。真理越辩越明。历史虚无主义的文艺作品，是经不起检验和批评的。事实是最无情面的东西，它能把空言和谎话打得粉碎。可惜，我们文艺界很少有真切的批评，很少有敢于向历史虚无主义开刀的文章。面对这类作品，多是恭维遮掩，明知不对，少说为佳，装聋作哑，假冒开明，甚至吹捧炒作、推波助澜。这怎能不给充斥历史虚无主义毒素的作品留下存活的空间？习近平总书记在文艺工作座谈会上的讲话中是把文艺批评比作“镜子”、比作“良药”的，他指出，“文艺批评要的就是批评”。可我们的一些批评呢？恰恰是在庸俗吹捧、阿谀奉承，把批评这把“利器”变成了“脂粉”和“鸡汤”。没有批评，事实上就给历史虚无主义开了绿灯。而只空对空地从学理上分析文艺上历史虚无主义的危害，也很难有什么实际的效果。因之，文艺界要对有代表性的历史虚无主义文艺作品，展开旗帜鲜明、实事求是、充分说理、指名道姓、短兵相接的分析和批评。这样，才能遏制历史虚无主义蔓延的势头。这应是克服文艺上历史虚无主义思潮的核心工程。

其三，要积极开展新时期以来文艺思想史和文艺创作史的研究，在总结经验教训中找到解决问题的办法。应该说，这些年不是没人在做新时期以来的文艺思想史和创作史研究。但毋庸讳言，这些研究还缺乏反思的深度，缺乏习近平总书记所说的那种“对各种不良文艺作品、现象、思潮敢于表明态度，在大是大非问题上敢于表明立场”的精神；往往流于表面梳理，急于评功摆好，不作善恶辨析。这就极大地削弱了文艺史研究的价值和功能，给包括历史虚无主义在内的各种错误思潮以栖身之地。从上世纪 80 年代中期开始，有不少错误的、有害的文艺理论和观念没有得到清理，至今还在影响着一些人。“人物性格组合论”“主体性论”“告别革命论”“审美至上论”，等等，仍被一些研究者摆在文艺思潮史的重要位置加以肯定。这就把一些人特别是年轻学生的思想搞乱了。所以，要高度重视文艺思想史和文艺创作史的研究，把它作为一个重要的思想阵地，努力发挥其破除历史虚无主义倾向的作用。这是克服文艺中历史虚无主义思潮的关键工程。

其四，要结合新的时代条件大力传承和弘扬中华美学精神，把文艺上的历史虚无主义清除出去。习近平总书记在文艺工作座谈会上的讲话中提出了“传承和弘扬中华美学精神”这一新命题。这一命题，对破除文艺上的历史虚无主义具有重要意义。按照鲁迅的说法，中华优秀传统文化“写着中国的灵魂，指示着将来的命运”。中华美学精神是中华民族精神的一种命脉，是涵养社会主义核心价值观的一个源泉，是我们在世界审美文化激荡中站稳脚跟的一块基石，是在文艺领域抵御历史虚无主义思潮的一道坚固堤坝。文艺创作不仅要有当代生活的底蕴，而且要有文化传统的血脉。“求木之长者，必固其根本；欲流之远者，必浚其泉源。”文艺工作者要增强文化自觉和文化自信，要增强中华审美文化、中华美学精神的自觉与自信。坚决拒绝“以洋为尊”“以洋为美”“唯洋是从”，摒弃虚无历史、虚无价值、虚无中国，在创造性转化和创新性发展中传承和弘扬中华美学精神。这是克服文艺上历史虚无主义思潮的基础工程。

（作者单位：北京大学中文系）

（原载《红旗文稿》2016 年第 3 期）

新文学史编写中的历史虚无主义

——点击《中国新文学史》部分篇章

张永健

改革开放以来，全国的专家学者在国家教育部有关部门的组织、领导下，编写了不少教材，取得了前所未有的成果，出现了一些好的文学史，如华中师范大学以王庆生同志为首编写的《中国当代文学史》，尽管还有一些不尽如人意的地方，但其总体构思、指导思想是忠于历史、实事求是的，是当前较为科学、公允地宣传社会主义正能量的当代文学史书，而有些当代文学史书却存在着比较严重的历史虚无主义倾向问题。前年唐德亮同志在《文学自由谈》2013 年第 2 期就《中国当代文学史教程》发表看法的文章《〈中国当代文学史教程〉的错谬》是十分中肯的。这里，就 2013 年由国家高等教育出版社出版，教育部中文学科教学指导委员会组编的《中国新文学史》为例，就可见历史虚无主义在当前教材编写中已到什么样的地步。

这本书是在“中国高等教育经过多年改革与发展，已经进入了一个新的非常重要的历史发展阶段”而编写出版的，教材的主编人员“均为国内知名高校的专家学者，不仅在学术上成绩卓著，同时也非常重视教学模式改革的探索。尽管日常教学、科研等工作极为繁忙，但基于对教材改革重要意义的共识以及教书育人的强烈责任感，所有参编者对教材编写均给予了高度重视，倾注了大量心血”。该书出版之后，有不少赞叹之声。

这里，只粗略点击一下这部教材的部分章节，就可见其历史虚无主义倾向之一斑。

一、中国新文学史的起始时间，是辛亥革命爆发之后建立中华民国即民国元年。编者们认为“中华民国的创立，为意识形态设立了一个可以依据的法律和制度的保障，惟此，才有可能萌发、孕育和产生出‘五四’新文化运动，才有辉煌的‘人的文学’”。这里，强调的是辛亥革命，是国民文学，名为淡化“五四”文学运动之“新”，实则淡化“五四”新文化“反帝反封建”之实。把1912至1949年的文学史统称为“民国文学”，抹煞了旧民主主义革命与新民主主义革命的本质区别，把近百年的新文学史分为大陆、台湾、香港及世界华文文学，看起来好像平分秋色、不偏不倚，实则用较大篇幅书写旧民主主义文学，对于描写新民主主义革命的作家作品该书基本上是回避、贬斥的。

二、整个“文学史”由泾渭分明的两条线索贯穿始终，一是以“人的文学”为线索，对写人性，写感情纠葛的作家、作品报以极大的热情、充分地肯定。一是以为人生的文学为线索，写阶级压迫、贫富不均、追寻贫富的阶级根源与社会根源，鼓励劳动者反抗斗争的作家及其作品，报以谨慎地审视、严厉的苛求、评价用语同实际情况相去甚远。比如对人们普遍认为描写农业合作化运动的优秀作品《山乡巨变》（周立波）和《创业史》（柳青），书中是这样评价的，周立波的《山乡巨变》“带有为政治服务，甚至图解政策的明显痕迹”（该书第48页，以下只标页码）；而柳青的《创业史》则是“作者用小说图解现实政策”（50页），梁生宝的形象“不仅脱离现实，而且严重地拔高了这个人的形象”（50页），并且说“《创业史》既丧失了《三里湾》的农民立场，也毁弃了《山乡巨变》的民间伦理，突出的是一个党员对党的意识形态忠实诠释的‘真诚’歌颂，离浩然式的创作就一步之遥了”（51页）。

面对表现人性、人情、性爱的女性作家的作品却给予了充分的肯定：“女性叙事作为90年代的微观美学，给汉语叙事中的美学变革带来了巨大契机。”说“她们所呈现的叙事意象具有超现实甚至是超验的特征。中国文学在此之前还没有如此丰富的关于人的内心世界的长篇书写。”（389页）称赞另一位女性作家的“文本的结构如流水一样的散漫、灵动，那么她的语言则是一种诗性的飞翔、丰繁、流美而富有灵感”（389－390页）。对于因为“色情”、因为“黄色”而“遭到”“批评界”“强力干预”，甚至被列为“禁书”的作品该书称赞其“写作显示了‘70后’一代作家新的美学话语群体正在崛起。”（394页）

三、否定延安文艺整风、否定毛泽东同志在延安文艺座谈会上的讲话，否定文艺的工农兵方向。史书中对延安文艺整风是彻底否定的，对当时出现的一些受到批判的作品都是肯定的、称“这些文章以知识分子特有的焦虑、愤激，批评延安残存的旧习气以及新滋生的不良倾向，反映了他们积极参与整风的热忱。这种尖锐犀利而又普通广泛的批评在普通人群里引起了巨大反响……”对于《讲话》采取明褒实贬的手法，一方面指出“‘讲话’提出的许多命题今天仍不失其意义，如文艺与生活的关系及来源问题的辩证论述，也符合审美创作规律，但作为特定历史环境的产物，它的更多的一些提法，如‘政治标准第一，艺术标准第二’的观点，文艺家的世界观与创作方法的关系等问题，都存在不同程度的机械成分，极容易导致公式化的弊病”。(449—450 页)

史书不认为《讲话》是“五四”反帝反封建精神的继承和发展，而认为是对“五四”精神的背叛和否定：“其后果，包括文艺界的整风对‘五四’新文学个性解放思想的否定，彻底颠覆了知识分子与民众之间的启蒙与被启蒙的关系；知识分子成为大众的改造对象。”(450 页)

编写者在篇幅和容量上很吝啬。只用了一节的篇幅写了赵树理、孙犁、周立波、丁玲四位作家的作品，对于当时产生很大影响、在思想上、艺术上都比较高而且经受了历史考验的为老百姓所喜爱、具有中国民族特色的优秀作品如《白毛女》《王贵与李香香》《漳河水》以及《兄妹开荒》《血泪仇》《逼上梁山》《吕梁英雄传》《新儿女英雄传》《我的两家房东》《刘巧团圆》《刘胡兰》等戏剧、小说、诗歌则提都未提。

四、以“挖掘”“史料”为名，把一些旧时代的反动作品捧上了天，把一些受到人们喜爱的革命作家的作品，如魏巍、李准、柯岩、田间等的作品很少提及或只字不提，而把无名氏的所谓《无名书》吹捧上天，说这部作品是作者在“极其艰苦环境下秘密写作”的，1980 年代“在台湾陆续出版的，引起轰动”。新文学史对这部作品花很大篇幅，分别从四个方面作了充分的肯定。称赞其主人公印蒂具有“生命不息、奋斗不止的精神”(35 页)，该小说“融合东西的文化视野和文化理想”(35 页)，作品是“对中国 20 世纪 20 年代初到 40 年代末的社会现实的批判与反思”(35 页)，“艺术形式上尝试了一条哲理小说、诗小说的路子”，称赞“作者用娴熟的现代主义手法，营构紊乱繁复的象征意象，迭影、错综、颠倒、跳跃、亦真亦幻，迷离怪诞的文本世界”（35—36页），称赞《无名书》无论是主题意蕴还是艺术形式，都称得上是一部奇书，是“20世纪中国文学史乃至文化史上的一个奇迹”，是“‘文革’期间地下写作的先声”（36页）。然而，这样一部作品的作者无名氏，据由贾植芳、蒋孔阳、潘旭澜为顾问，由贾植芳作序，由陆士清、陈思和等36人撰稿，由上海辞书文化出版社于1990年出版的《中国现代文学词典》介绍，无名氏“抗日战争爆发后，去重庆，曾在《扫荡报》工作，后任国民党教育部图书杂志审查委员会审查干事”，“1943年—1949年发表中篇小说《北极风情画》《塔里的女人》等作品，宣扬恋爱至上，1946年出版长篇小说《野兽·野兽·野兽》（后改名《印蒂》），表现了鲜明的反动倾向。建国后长期蛰居杭州。1983年去香港，旋去台湾。”（见《辞典》324页）。而《无名书》则正是《野兽·野兽·野兽》全书的延伸或扩展，印蒂是贯穿全书主要人物。对于这部具有“鲜明反动倾向”的作品情有独钟，而对于一些高扬反帝反封建旗帜、歌颂工农兵英雄人物的作品却异常冷漠、不屑一顾，只字不提，如对魏巍的《谁是最可爱的人》《东方》《地球的红飘带》，李准的《李双双小传》《黄河东流去》柯岩的《周总理，你在哪里》《寻找回来的世界》以及新时期蒋子龙等人的作品则略微一提，一笔带过。

（作者单位：华中师范大学）

（原载《中华魂》2016年第5期）

历史虚无主义在文化市场上演进的三段历程

张俭松　张伟英

改革开放以来，文化市场在发展的同时，历史虚无主义思潮也在文化市场表现得很猖獗，制造了不少思想混乱，迷惑了不少人心。回溯过往，改革开放以来历史虚无主义在中国文化市场的演进大致可以分为三个阶段。

第一个阶段：20世纪70年代末到80年代初期。以伤痕文学的一些不健康的作品为载体，埋下历史虚无主义的种子，开始对改革开放以前的30年历程和社会主义制度进行试探性否定。

作为对“文化大革命”（甚至包括整个社会主义建设史）的反思，以及对“文革创伤”的宣泄，从现实意义上看，伤痕文学的确起到了控诉“四人帮”的作用，也弥补了当时文化产品数量缺乏、形式单一等不足。

然而，被视作文学思潮的伤痕文学其实复杂多样、鱼龙混杂，并逐渐出现了较明显的、不健康的政治倾向。一些作品借宣泄和暴露“伤痕”，开始引向对新中国成立后整个历史更多领域、更多方面的怀疑，歪曲和编造也愈益增加。一部《李顺大造屋》，就通过杜撰的故事，将我党领导下的社会主义建设探索历程进行了全部的否定。而另一些作品则采用极端的方法暴露所谓的“极左”错误，引向了对社会主义制度的全盘否定，如《苦恋》（由其改编的电影名为《太阳与人》）。值得一提的是，《苦恋》中女儿自己强占道德制高点后对父亲提出了一个耐人寻思的反问：“您爱这个国家，苦苦地恋着这个国家……可这个国家爱你吗?”此后，这个发问及传递出的情绪几乎成了自由化分子、“民主派”用来粉饰自我、攻击国家的武器。

鉴于一些伤痕文学作品对“文化大革命”及之前历史阶段的合理反思逐渐走向了颓废、极端，必须要对像《苦恋》这样的作品进行批判。但这种批评在当时遭到了许多人的不解甚至反对。就此，邓小平1981年7月在同中宣部主要负责同志的谈话中指出："《苦恋》……无论作者的动机如何，看过以后，只能使人得出这样的印象：共产党不好，社会主义制度不好。这样丑化社会主义制度，作者的党性到哪里去了呢？有人说这部电影艺术水平比较高，但是正因为这样，它的毒害也就会更大。这样的作品和那些所谓'民主派'的言论，实际上起了近似的作用。"①

总体而言，这个时期的伤痕文学、反思文学作品格调是不高的；部分作品出现消极看待历史、否定"四项基本原则"的倾向，不但是一种危害甚大的精神污染，而且具有乱人心、动国本的发展趋势。如果任其发展，则与情、理、法都是不相容的。在党的正确领导下，相关部门开始治理整顿，相关措施如《中共中央关于当前报刊新闻广播宣传方针的决定》（1981年）、《中共中央、国务院关于处理非法刊物、非法组织和有关问题的指示》（1981年）等政策也相继出台。经过这场整治，裹挟在文学潮流里的历史虚无主义的苗头暂时被遏制下去，文艺界广泛讨论、加强引导，"向后看"的创作倾向逐渐被"向前看"取代，文化市场上的消极风气也暂时得以好转。然而，不能不强调，以部分伤痕文学为载体的过度反思和对社会主义建设史的种种怀疑和攻击，通过文化市场以出版物的方式在人群中得以传播扩散，实际上就为今天的历史虚无主义思潮的形成埋下了种子。

第二个阶段：20世纪80年代中期到90年代初期。历史虚无主义在"文化热"的浪潮中，以"文化反思"为名，否定民族文化，鼓吹拥抱"蓝色文明"，为搞"全盘西化"造势。

这个时期，随着改革开放政策的不断落实，人们的思想不断解放，文化市场上也呈现一片繁荣的景象：民国时期的钱钟书、徐志摩、沈从文等作家的作品，在沉寂了几十年后再次畅销，而王小波、海子等当代作家的作品也在市场上畅销。在译著的出版方面，索尔仁尼琴、卡夫卡等国外作家的著作更纷纷敲开国门，走红市场。各出版社开始进行大规模的丛书出版，比较著名的就有"走向世界丛书"、"走向未来丛书"、"二十世纪西方哲学译丛"等。萨特、海德格尔、尼采等西方学者随着著作被译介到中国，更隐隐有成为青年学子的精神导师之感。对各路非马克思主义文化的狂热追捧和发酵所

① 《邓小平文选》第2卷，人民出版社1994年版，第389页。

导致的“文化热”中的一部分景象，至今还有人称之为自新文化运动以来的又一次思想“启蒙”。

尽管文化景象蔚为大观，但一个不可忽视的现象却是共产主义理想信念在逐渐淡化，关于人性、人道主义、个性解放的文学影视作品比反映共产主义理想信念的作品更加畅销、更加卖座；对革命精神的强调和传承逐渐被赋予“僵化”的色彩，对英雄的崇拜逐渐转为对明星的崇拜。生活好转了，精神世界丰富了，人们却也不再“忆苦思甜”了，享乐主义、官僚主义、腐败现象也开始增多了。历史是什么？传统是什么？这在一些人眼里成了必须重构、重建甚至抛弃的东西。

1988年，苏晓康等人策划、金观涛等人做顾问的电视纪录片《河殇》在中央电视台播出，海内外一片哗然，这是一个标志性事件。因为一部分中国学者和一部分官方媒体居然可以做到，既把整个中华传统文化全盘否定，也把革命的红色文化全部否定，总之是要放弃自身的文化，去搞“全盘西化”，要奋力去拥抱“蓝色文明”。对于此，当时的一些主要领导人，不但不加以制止，竟然还对《河殇》大加吹捧。可见，历史虚无主义在这个时期的文化市场上，疯长到了何等无以复加的地步。说到底，在《河殇》这个节点上，历史虚无主义已经成为20世纪80年代中后期资产阶级自由化的一部分。在逆流的躁动中，《河殇》播出后不到一年，1989年政治风波爆发了。好在这场政治风波被果断及时地制止，才没有酿成更严重的后果。关于这场政治风波，邓小平同志有个重要讲话，他指出：“这场风波迟早要来。这是国际的大气候和中国自己的小气候所决定了的。”《邓小平文选》第3卷，人民出版社1993年版，第302页。其实，邓小平所说的“中国自己的小气候”就是指国内资产阶级自由化的泛滥，而历史虚无主义则帮助自由化分子扩大了声势，迷惑了更多的年轻人，加大了产生动乱的可能性。

由于这场政治风波反映出文化市场存在的问题，1989年10月，国务院发出了《关于压缩整顿报刊和出版社的通知》，国家新闻出版署也随后相应发出《关于出版社重新登记注册的通知》。就此，全国各省市开始对报刊、图书、音像制品出版行业进行严格的治理整顿，取得了不错的效果。在这场整顿中，文化市场上存在的历史虚无主义现象逐渐得到了遏制。

第三个阶段：20世纪90年代中期至今。历史虚无主义企图借文化体制改革的大潮，以商业化文化产品作为掩护，逐步渗透或占领各种媒介，形成了一套全方位、多形式抹黑历史的途径和方法，力图实现历史虚无主义的大众化。

20世纪90年代中期以后，各类出版单位纷纷改制转轨，开始走向自主经营的道路。在这个过程中，民营、外资参股的传媒机构如雨后春笋般大量出现。一些地方文化监管部门渐渐放松了对文化市场的监管，文化市场上又开始出现各种无序、滑坡或新的乱象，如对文化产品内容把关不严、盗版猖獗，走私光碟、图书等现象屡禁不止。这些乱象为历史虚无主义在文化市场上卷土重来创造了条件，加之2000年以后互联网技术加速发展，不良文化产品传播的速度较之前显得更快，传播的范围更广。

最近的这波历史虚无主义浪潮，从形式上看，既延续了之前的借助小说、影视作品、学术出版物等进行观念诱导的老套路，又产生了利用门户网站、微博、微信等新媒体平台，通过捏造史实、夸大碎片信息、编制搞笑视频、低俗段子来进行抹黑历史伟人、丑化人民群众的新做法。就内容而言，主要表现如下。

一是集中力量攻击毛泽东同志，诋毁其个人形象。在这方面，既有影视作品、电视评论，借着否定个人崇拜之名，完全无视毛泽东同志领导建立新中国、探索社会主义建设经验的历史功绩，而把毛泽东同志抹黑成一个给中国带来灾难的形象；又有如某网站通过对毛泽东同志个人生活琐事进行扭曲，炮制出一些低俗文章来矮化其人格，并被广泛转载；还有如一些公开出版并大量发行的杂志，作为污蔑毛泽东同志的平台阵地，竭其所能地歪曲捏造。此外，更让人瞠目结舌的是，有些人尽管其人因恶毒攻击毛泽东已经招致公愤，但出自其手的瞎编乱造之作却依然不乏出版社、书商在市场上予以兜售贩卖。

二是美化帝国主义侵略者，并为其帮凶翻案、正名。帝国主义入侵给近代中国人民造成了极大的灾难，这是中华民族惨痛的记忆。然而，在抽象"人性论"影响下，美化侵略者的作品开始走向市场。例如在一些出版物中，对外国殖民侵略者在中国留下的历史文化痕迹歌功颂德，鼓吹殖民统治推动了中国的现代化；更有甚者在一些影片中，对于日本侵略者不但不予以控诉，反而将其罪行虚化，去展现其所谓人性的一面。除美化殖民统治之外，为汉奸、卖国者、反动人物辩护、翻案似乎也成了一种时尚，例如为李鸿章翻案，为慈禧正名；美化汉奸，贬低抗日青年；一些历史类读物更在关于蒋介石、汪精卫、张作霖等人物的评介上，通过选取、夸大历史碎片，采用与主流相反的叙事方式为民国时期国民党反动派翻案、正名，把原本背叛人民的独裁者、军阀塑造成民族脊梁的形象。此外，某些汉奸的著述更是直接得以出版，例如胡兰成，一个曾效力汪伪政权的汉奸，而今他的著述不但公开出版，而且经过商业化包装、推介，更在文化市场上获得一定的追捧。

三是戏谑历史人物，抹黑革命英雄。受20世纪港台影视文化中的戏说、无厘头等创作风格的影响，内地的一些制作单位或个体为了获取市场，也纷纷开始效仿。最先的做法是以不严肃的方式，制作出娱乐化的影视类古装片。这类古装片由于存在大量与史实相悖的地方，而且传播君臣文化，所以在播出之时就受到许多社会舆论的批评。然而，这样的片子毕竟尚未触及原则底线，且收视率、经济效益较好，也就被当作新的影视创作方式来看待和接受。不过，这样一来就等于开了口子，文化市场上消费历史，把历史人物形象世俗化、戏谑化的倾向逐渐明显。在此影响下，各种惊人的低俗文化创作纷纷登台亮相：宋代包拯在某话剧中被恶搞成了垂涎美色的无耻之徒；花木兰的形象成了捧着烧鸡、满嘴胡话的“大傻妞”；三国关羽的形象在网络游戏中竟成了性感化打扮的女性。不但如此，一些心术不正之徒更通过模仿此类恶搞，学会了抹黑人民英雄大搞历史虚无主义的方法。一时之间，刘胡兰、董存瑞、黄继光、邱少云、雷锋等凡是构成国家价值信仰的英雄，似乎都成了可供消遣的素材，相关的搞笑微电影、段子、骗点击率的网络文章层出不穷。虽然这些东西由于太过低俗，目前不太可能出现在电视或正式出版物上，但是由于互联网、新媒体这样的文化载体的存在，相当多的人依然不可避免地形成了被动式的接收。

四是彻底否定阶级斗争。而今，在小说、影视类文艺作品中已经很难看到正面歌颂人民群众反抗剥削阶级压迫的内容。在一些作品里，历史上的农民起义或群众运动的意义被彻底否定，一描写太平天国就是“杀戮成性”、“荒淫”、“内斗”；一谈李自成，就毫无根据地瞎编其与陈圆圆的绯闻；一讲八国联军侵华，就怪罪于义和团运动。甚至在一些网络历史专栏文章里，“引经据典”大谈民国时期工人的工资收入甚高，待遇如何如何等，大显诱导读者之能事，让人产生近代工人运动并不具有历史必然性的联想。此外，一些新拍的革命历史剧在重现解放战争背景时，也存在既不展现阶级矛盾，又不摆明阶级立场的情况，仿佛这只是一场由国共两党的利益争斗导致的战争，成王败寇而已。

五是消极评述国际共产主义运动。国际共产主义运动是在马克思列宁主义指导下各国无产阶级和被压迫人民反对资本主义，寻求自身解放乃至探索、建立共产主义社会的伟大运动。各国无产阶级的联合行动是国际共产主义运动的重要基础，同时，独立自主地立足于本国具体实际开展斗争也是国际共产主义运动的重要部分。然而，由于西方观念的影响和渗透，除严肃的学术著作外，现今相当一部分历史读物、影视节目作品都不能给共产国际以正确的评价，而是把它和“空想”、“激进”、“瞎指挥”的概念画等号。纵观文化市场，为二战时期美国“飞虎队”歌功颂德的刊物、节目不少，相比之下对共产国际在抗战中给予中国的帮助却往往少提或不提，而像苏联的肃反运动、尼古拉二世之死等问题却成了出版图书或制作节目的噱头。

如果说前面第一和第二阶段，文化市场上的历史虚无主义还集中在以知识分子为读者和受众的文化产品中，到第三个阶段情况却发生了显著的变化。在这个阶段，由于新媒体的参与，历史虚无主义文化产品的受众是数以亿计的，这样大范围、全方位的传播，对人民群众的历史认知和社会主义意识形态安全的危害也更大。

党的十八大之后，文化市场上的历史虚无主义正在得到有效遏制，但战斗还未有穷期。

（作者单位：中国社会科学院）

（原载《世界社会主义研究》2017 年第 5 期）

《软埋》是新形势下意识形态领域尖锐斗争的反映

张全景

《软埋》这本书的出现不是偶然的，它是新形势下意识形态领域尖锐斗争的反映，是对我们党领导的土地改革运动的反攻倒算。这篇小说以及其他不好的作品的出现，证明文艺界在贯彻习近平同志在文艺工作座谈会上的讲话精神方面还有很多问题，还很不到位。

有人说土改好，有人说土改很糟、很坏，对这个问题必须进行阶级分析。如果你是站在封建地主阶级的立场上，必定会认为土改很糟、很坏，因为他们失去了作威作福的天堂。如果你是站在广大贫苦农民的立场上，必定会认为土改很好，是翻天覆地的大好事，几千年来从未有过的大好事。

大家都看过贺敬之同志的《白毛女》。杨白劳、喜儿那些农民的命运为什么那么惨？就是因为失去了土地，土地都被地主掠夺去了。杨白劳、喜儿的悲剧，不仅是近代农民的悲剧，也是几千年来农民的悲剧。正是因为如此，自古以来，中国农民一直盼望能够有一块属于自己的土地，盼望能过上没有剥削压迫的生活。

《诗经》收集的是从西周初年到春秋中期（公元前11世纪至公元前6世纪）的诗歌作品。其中有一篇名叫《硕鼠》的诗，说：

“硕鼠硕鼠，无食我黍！三岁贯女，莫我肯顾。逝将去女，适彼乐土。乐土乐土，爰得我所……”

意思是大大小小的统治者剥削得太狠了，我要离开你们，到一个没有你们这样的大老鼠的地方去。

我不是搞文学的，不知道这首诗究竟产生于哪一个具体年代。往最近里说，也有两千六百年了吧？你看，起码从那时起，中国农民就向往没有剥削、没有压迫的社会。而获得土地，是摆脱剥削压迫的一个最基本的前提。

农民革命，实际上就是土地革命，所以历史上很多农民起义军都把“均田”作为行动的纲领。比如北宋农民起义军领袖王小波提出：“吾疾贫富不均，今为汝均之！”明末李自成领导的农民起义军，把“贵贱均田”作为自己的口号。洪秀全领导的太平天国颁发的《天朝田亩制度》提出“有田同耕，有饭同吃，有衣同穿，有钱同使，无处不均匀，无处不饱暖”的社会主张。

孙中山领导的旧民主革命也提出“平均地权”的纲领。

但是，广大农民的这种要求依靠自身的力量是不可能实现的，因为他们是小生产者，不代表新的生产方式，也没有科学的世界观为指导。依靠资产阶级的力量也不可能实现。在半殖民地半封建社会，资产阶级具有软弱性和妥协性，不敢和帝国主义斗争到底，也不敢从根本上触动封建地主阶级的利益。只有用马克思列宁主义武装起来的共产党能办到，因为只有共产党才能实现工人阶级的领导，建立起稳固的工农联盟，才能动员、组织起“千千万万”、“浩浩荡荡”的大军。事实证明就是这样的。

中国共产党领导的第二次国内革命战争和第三次国内革命战争，都是要解决农民的土地问题，我们党早在1933年就制定了土改的两个文件。

在延安时期，毛主席更加明确指出：中国革命的根本问题是农民问题，农民的根本问题是土地问题。谁能够满足农民对于土地的要求，谁就能在中国取得胜利。

事实证明毛主席的论断是正确的，是符合中国国情的。土改的历史进步性毋庸置疑。土改极大地解放了农业、农村、农民的生产力，而农业的发展又为工业的发展提供了有力的基础性的支持。新中国在前30年能够建立起独立、完整的工业体系，又经过后30年的努力，使中国成为世界第二大经济体，如果没有当初的土改，我们能取得这样的成就吗？

《软埋》无视土改的这个本质方面，给土改泼了一大盆脏水，这是对历史的歪曲，是历史虚无主义在文艺领域的典型表现，是“和平演变”与反“和平演变”斗争的具体表现。

土改有作者写得那么糟吗？没有。

早在苏区，毛主席在掌握土地改革政策时就一直反对乱打乱杀。1947年毛主席转战陕北，解放区的土改出了一些问题，毛主席一过黄河就纠正了。毛主席有两个很重要的讲话，一个是在晋绥干部会议上的讲话，一个是和《晋绥日报》编辑人员的谈话。这两个讲话就是纠正土改中“左”的错误的，那个时候我们都学习过。与此同时，习仲勋同志也发现了土改中一些“左”的做法，他亲自写信向毛主席反映，毛主席是非常支持他的。

当然，在土改当中，也有个别地方出现乱打乱杀的，这是很难避免的。为什么？一是群众苦大仇深，一是有些地主分子罪大恶极，甚至有血债。群众被发动起来了，有时很难掌控。那个时候中国革命还没有取得完全胜利，阶级斗争还很激烈，还乡团回来就杀农村干部和积极分子。

《软埋》作者写的时代背景是1951年、1952年，那时全国已经解放，老区的土改都已结束，我们在土改方面已经积累起相当成熟的经验。南方新解放区的土改充分吸取了过去的经验教训，掌握政策比较稳，即使执行镇压反革命的政策也是比较稳妥的，没有乱打乱杀了。对没有明显罪恶的地主，群众是不会对他们绳捆索绑的，把土地和浮财拿出来就完了。作者说的那些荒唐离奇的事儿，我不知道是怎么捏造的。“软埋”这个词，我在土改时从来没有听说过，这还是头一次听到。小说里还有把地主家的年轻女人给分掉的事，更是荒唐，土改中根本没有这种事。

从这篇小说以及它所受到的热捧可以看出，意识形态领域的斗争是长期的、复杂的，有时还是很尖锐的。过去常说阶级敌人人还在、心不死，这是有道理的。现在第一代的人不在了，第二代、第三代还在，我们绝不能放松警惕。西方搞颜色革命，搞和平演变，这些人就是内应。里应外合，弄不好是要出大问题的。当然，我们党的政策不是唯成分论，但谁反党、反社会主义、反毛主席和毛泽东思想也不行。

当然，我们不能说作者本人是封建地主阶级，但是她的小说骂土改，确实是站在最狭隘、最顽固、最僵化的地主阶级立场上来说话的，是站在最落后的生产力的立场上来说话的。这连蒋介石都不如。蒋介石败走台湾以后，痛定思痛，总结失败教训，还意识到了没有满足农民对于土地的要求是自己失败的重要原因，还在台湾搞了“土改”。

毛主席强调阶级斗争，绝不是说天天搞斗争，而是让人们心里有这根弦，学会用阶级和阶级分析的方法看问题、处理问题。我看现在有些同志就是不愿意这样来看问题、处理问题。面对意识形态领域的尖锐斗争，他们总是不肯面对，总是把严重的斗争轻描淡写成学术问题，总是采取“捂”和

"盖"的态度。斗争是客观存在的，"捂"和"盖"就没有了吗？就能解决问题吗？不可能的。采取"捂"和"盖"的态度，不管动机如何，客观上只能是助长错误思潮的气焰，而束缚广大党员群众的手脚，结果是让错误思潮越闹越凶，而让广大党员群众寒心、灰心。这样做一两回问题还不大，如果一贯这样做，广大党员和群众就会认为你不向着党和群众，认为你偏向错误的东西，而你又是代表党的，久而久之就会让广大群众产生与党离心离德的情绪。尼克松写的《不战而胜》不就是鼓吹这类东西吗，有些社会主义国家不就是败了吗？这是一场没有硝烟的战争，我们应当清醒。

有人说不让批评错误思潮是为了给党的十九大创造良好的文化环境和舆论环境。这就怪了。我们在家里办喜事，总是要打扫一下屋子、清扫一下院子垃圾吧？垃圾遍地总不能说是好环境吧？对于一个国家来说，也是这样。不有效清理错误思潮，把人们的思想搞乱了，哪来的好环境呢？说到底，有些同志这么做的原因，还是习近平同志批评过的：太爱惜自己的羽毛，怕当战士，老想当开明绅士。这个问题不解决，就不会在意识形态领域里有什么积极的作为。

最后，建议有关部门成立两个调查组，一个调查组去找好作家、好作品，找准了就大张旗鼓地进行宣传、表彰；一个调查组去找创作倾向与中央对着干的作家作品，找准了就旗帜鲜明地予以批评。这才是真正做导向工作。这样坚持下去，才能真正解决创作导向问题，把习近平同志在文艺工作座谈会上的讲话精神落到实处，同时也让广大党员、群众看到我们党坚持党的领导、坚持人民民主专政、坚持社会主义的决心，从而更加紧密地团结在以习近平同志为核心的党中央的周围。

（作者单位：中共中央组织部）

（原载《中华魂》2017 年第 8 期）

《软埋》——历史虚无主义一个怪胎

赵可铭

长篇小说《软埋》是历史虚无主义思潮在文艺界的一个典型代表。对它进行实事求是的分析批评，我觉得十分必要，对于更好地运用习近平总书记在全国文艺工作座谈会上的讲话精神和一系列指示统一思想认识，消除历史虚无主义等错误思潮对读者特别是青年读者的思想毒害，一定会起到积极作用。

一、《软埋》全盘否定中国土地改革伟大斗争，存在严重的政治错误

新中国成立前后，我们党领导开展了轰轰烈烈的土地改革运动，消灭了延绵两千多年的封建土地制度，实现了“耕者有其田”的千年梦想。几十年来，全国各族人民和各界人士，对土地改革的合理性及其伟大意义有着最高的共识，就连国际反华势力也少有拿土地改革来批评新中国的。被赶到台湾的蒋介石集团，总结败亡的一条教训，就是在统治大陆期间没有进行土改，到台岛很快地也搞了土改。土地改革是新民主主义革命阶段的必然成果和伟大成就，是解放军得以打败国民党军队、新中国得以建立和巩固的重要基础，是我国工业化、现代化建设的重要前提条件。

令人难以置信的是，身为湖北省作协主席的方方女士，竟冒天下之大不韪，站在已被消灭的地主阶级立场上，用假造的历史，对土地改革进行了全面清算和控诉，正如有的读者所说，当年“地主还乡团”是以刀枪为武器，对翻身的农民进行反攻倒算，夺回全部财产，疯狂屠杀迫害分田分地的农民；今天《软埋》这本书则是以笔为刀枪，向土地改革分田分地的广大贫下中农进行政治上、道德上、人性上的控诉与清算，这实在是匪夷所思。

首先，作者对土地改革的群众运动进行妖魔化的渲染和深仇大恨的控诉。《软埋》以川东地区土改这一真实时空作为写作背景，围绕控诉土改的中心主题，分两条线展开：一条线是大地主女儿、儿媳丁子桃（原名胡黛云），在地主第二天要被批斗之前，婆家全家在极度恐惧中自杀后，她按公公事先的安排出逃，慌乱中落水，被救后失忆，50多年里一直失忆，却又在潜意识里刻下了对土地改革中娘家、婆家遭受残酷斗争的深深印记，始终生活在恐惧之中。作者为她设计了一个突然恢复记忆却又处于失语的状态，让她的记忆从现实穿过“十八层地狱”，一层一层地揭示土改时被“打入地狱”般的悲惨情景。通过这一条线索，作者描绘了川东地区陆子樵、胡如匀、李盖五三个地主家庭，和丁子桃丈夫吴家明的父亲山西地主董某，在土地改革中遭残酷“灭门”的恐怖和血淋淋的悲惨过程。

作者笔下的另一条线是叙说丁子桃和吴家明的儿子青林。他通过阅看已死去的父亲留下的日记，以及到川东地区实地寻访考察，沿途的老人介绍和最终找到陆子樵一家自杀“软埋”的陆家大院现场，成为至今无人敢往的“鬼屋”，与他母亲爬越十八层地狱的描述相互印证，从而强调了土地改革残酷暴行的真实性。

作者为了把她假造的历史真实化，在《后记》中更是讲得十分直白。她说《软埋》这个题目和人物原型就是她一个朋友母亲的真实故事。她写道：“我小说里写到的土改部分，正是她母亲的一段历史。非但她家，我自己的父母家，我诸多的朋友家，以及我四周很多邻居的家人，无数的无数，也都共同经历过。他们的人生各不相同，但他们背后家人的不幸却几近雷同。而株连到子女们，延展开来难以计算。”

这就表明，她在《软埋》中对土改的清算与控诉，一是生活的真实、历史的真实；二是小说中所描述的四家地主被灭门，不是土地改革中个别违背党的政策的过火行为，而是“无数的无数”这一普遍现象，是土改的本质真实。当年中国的地主竟有“无数的无数”如此之多，真是方方女士一个伟大发现。果真如此，就不是少数地主压迫剥削广大劳苦农民了。这岂不就是颠覆了土改了吗？

其次，《软埋》极力美化地主阶级，否定土地改革的合理性。通观全书，我们未看到作者严肃揭露批评地主对广大贫雇农的残酷剥削和压迫的文字，行文中涉及到川东其他地主，也都无明显罪行。相反，几个地主头子，都是对农民行善积德，有的计划要帮助村里农民修路，将自家庄园划出一块为农民办学；有的帮助解放军剿匪出钱出粮；有的是一辈子“勤劳善良”；有的读书修身，具有良好的文化修养，有风度，有尊严。他们都同本地本村的农民相安无事，无仇无怨。陆子樵还能让村民签名具保书，向土改工作组请求不要斗争他。作者还刻意描写地主家庭内部主人与佣人、长工、陪嫁丫鬟之间的亲密关系。陆子樵决定全家自杀，没有一个人不愿意陪葬的，他安排护送胡黛云（丁子桃）出逃的长工吴童，对陆家感恩戴德、忠心耿耿。陆家人自杀后的50多年间，他一直守护陆家大院“软埋”的冤魂，成为一个“疯老头”后仍然忠心不改。作者就是这样控诉土改，使得“好人”、“善人”招满门灭杀，是多么的不仁不义，是多么的伤天害理，是多么的残忍狠毒！而稍有历史知识和生活经历的人都知道，这些地主形象都是《软埋》作者的欺世之作。封建地主阶级是压在中国人民头上的三座大山之一，是剥削广大贫苦农民的吸血鬼，其中许多人恶贯满盈。电影《白毛女》中的黄世仁才是真实再现了地主的吸血鬼形象。《软埋》试图将《白毛女》所揭示的“旧社会把人变成鬼，新社会把鬼变成人”这一深刻主题彻底颠覆，真是可笑不自量。

再次，《软埋》把土地改革这场严肃的阶级斗争，着意刻画成地主阶级少数人之间的私仇。陆子樵和胡如匀都曾与破落地主争夺土地，而破落地主的后人参加了革命，带人回乡公报私仇，才有了陆家、胡家被“灭门”的悲剧。这就抹杀了土地改革的革命性质，抹杀了农民阶级反对封建地主阶级的阶级斗争的正义性质。

或许有人说，《软埋》也正面写到解放军刘晋源及两个儿子和川东剿匪。但她写的这些，都是为写四家地主被“灭门”服务的，是为她把捏造的故事和人物勾连起来服务的。

从以上粗略的解析可以看出，《软埋》作者假造历史是何等的离谱，其地主阶级的立场、观点、情感是多么的鲜明！这不是对土改的反攻倒算又是什么？

二、伟大的中国土地改革不容否定，《软埋》的政治错误必须严肃批评

1. 中国土地改革具有极大的历史合理性和社会进步性。中国封建社会具有两千多年的历史。长则几百年，短则几十年，就发生一次王朝更替，其基本原因就是地主阶级的统治集团依靠广大农民起义力量，在刚取得政权时，向广大贫苦农民做出一些让步，抑制地主阶级豪强势力对于农民的土地兼并，减轻地租对农民的剥削。不久，王朝的控制势力衰减，地主豪强又开始新一轮的土地兼并，加大对佃农和雇农的残酷剥削，广大农民没有了活路，被迫举行武装起义推翻以帝王为总代表的地主阶级，迫使地主阶级又一次让步。中国历史上几十个大大小小的王朝如此更迭往复。正是这种万恶的封建土地制度，阻止了中国社会的发展进步，以致在西方进行第一次工业革命时，中国就彻底落后了。广大贫苦农民始终未能根本解决温饱问题，地主阶级造成了太多太多的人间惨剧。

所以，消灭封建土地制度，“平均地权”，“耕者有其田”，早已是人民的呼声，是历史的呼唤。它不仅是中国共产党人的主张，也是孙中山先生及晚清以后无数仁人志士的主张。我们要看到，在新中国成立时的1949年前，7%的地主、富农，占有全国农田的一半以上。而占农户人口的57%的贫苦农民，人均所占土地只有地主占地的1/40。让这样的极不公平的土地制度延续下去，就是延续中国广大人民的苦难，就是延续中华民族的沉沦衰亡。

中国共产党是最具有历史担当的政党。她领导了两次土地革命。第一次国内战争，也称为土地革命战争。抗日战争胜利后，立即在根据地和解放区进行了土改，取得全国政权后，除西藏等少数地区外全部进行了土改，在中国土地上永久终结了封建土地制度，砸掉了千百年来套在广大农民颈上的枷锁，极大地激发了广大翻身农民的劳动热情，农村经济迅速发展，一些地区连绵不断的匪患也随之被彻底剿灭，农村安定祥和。“得民心者得天下”这一颠扑不破的真理，在土改中又一次得到了证明。中国共产党之所以能战胜强大自己多少倍的国民党，正是因为在推进土地改革中，进一步赢得全国民心所向。正如一首歌中唱的：解放战争中，农民把“最后一袋面，留作做军粮，最后的好儿郎，送去上战场，最后的老棉袄，盖在伤员身上。”正是土

地改革为人民当家作主的政权的建立奠定了坚实的社会基础，也为社会主义改造和现代化建设奠定了坚实的基础。

2. 中国土地改革的历史进程不容抹黑，善恶是非不容颠倒。土地改革自始至终在我们党的领导下进行，有组织，有领导，有法律政策规范，有实践经验借鉴。土改最先是在较稳定的解放区和抗日根据地进行的。在取得实践经验的基础上，于1948年前后，党中央制定了《中国土地法大纲》等一系列法规政策，并且在实际工作中得到认真的贯彻落实，同时又及时总结推广经验，及时纠正个别的具体做法上的偏差，包括斗争中的过火行为，如“地主不分田”或者“地主分坏田”等等。当时，也有的贫苦农民在控诉恶霸地主时怒不可遏，冲上去打骂地主的事情总是难免发生的，但绝大多数都得到土改工作组和农民协会的纠正和制止。从总体上说，农民控诉和斗争地主是悲愤而又理性、克制的。起初，贫雇农还是怕地主报复的，有仇有恨有诉求，但不敢站出来斗争，祖祖辈辈受剥削受压迫，敢怒而不敢言。经土改工作队组织农民诉苦，算账，当时，工作队教农民唱《谁养活了谁》这首歌，教一句讲解一句，唱得农民热血沸腾，唱得眼睛发亮。有了阶级觉醒后，农民群众就自己起来解放自己。在农民觉悟前，土改工作队绝不包办代替；农民觉悟后，则引导他们听党的话，按党定的规矩行事。

我本人年纪不是很老，但也可以称得上家乡土地改革的亲历者之一。我清楚地记得，当时被枪毙的地主很少，凡是被枪毙的都是恶霸地主，有杀害农民或直接迫害农民致死的“有血债”的，罪大恶极、民愤极大，不杀不能平民愤的。即使是这些恶霸地主，也必须经农会组织农民充分民主讨论，一致要求枪毙的，还必须经县、市以上人民政府批准。召开农民大会斗争地主，也只斗地主一人，而不是把全家老小都拉到台子上斗。土改工作队和农民协会骨干还找地主谈话做工作，动员他们把家里的地契等拿出来，农会则在工作队的指导下，经过充分讨论，在得到绝大多数农民认可后，实行土地的公平分配。地主也同农民一样，根据人口多少，分得相应的土地。《软埋》所说的杀灭地主满门的事，见所未见、闻所未闻。

结束封建土地制度是一场伟大的社会变革，确确实实是发生过、经历过血腥和暴力的，但那是发生在第一次、第二次国内革命战争的战场上，是在共产党领导下的、以贫苦农民为主体的人民军队消灭国民党反动军队的无数战役战斗中，是在三大决战中。把国民党军队从根本上打垮了，我们党才开展大规模的土改。所以，土改阶段对不拿枪的地主是不需要暴力的。

如果我们把中国的两次土地革命联系起来看，倒是让我们看到一幅幅“地主还乡团”穷凶极恶地报复分他家田地的贫民，杀的杀，关的关，血淋淋，令人不忍卒睹。电影《闪闪的红星》中的胡汉三，就是基于生活的典型形象。值得指出的是，“地主还乡团”不仅在土地革命战争时期红军从苏区转移后出现过，在解放战争时期，有的地方进行了土改后，解放军大部队调动了，“地主还乡团”同样疯狂过。可是，以土改为题材的《软埋》，却对“地主还乡团”的罪恶只字不提，反而捏造事实对善良的翻身农民肆意进行妖魔化。

3.《软埋》是历史虚无主义思潮产下的一个怪胎。《软埋》得以问世，并得到一些人的吹捧，绝非偶然，是资产阶级自由化思潮特别是历史虚无主义长期滋长蔓延的必然恶果。历史虚无主义作为一支魔剑，伸向中国人民革命、建设、改革的历史领域，肆意横行多年，从抹黑领袖和老一辈革命家，到抹黑否定革命英雄、民族英雄；从告别革命、告别崇高，到为民国唱赞歌、为殖民侵略洗地；从否定土地改革到否定社会主义改造，从“汉奸有功”到咒骂“爱国贼”，看似荒唐而又十分混乱庞杂，但其政治企图却十分明晰，那就是颠覆，就是通过“挖根”、“挖墙”颠覆中国近现代以来的全部革命历史、建设历史，进而呼应国外敌对势力煽动“颜色革命”，以达到他们梦寐以求的颠覆共产党执政的合法性，颠覆社会主义的合理性，“西化”、“分化”社会主义中国的目的。

历史虚无主义思潮尽管受到党和人民的有力抵制和批评，但仍在以各种形式滋长蔓延。除了在历史研究领域，在讲台、论坛上不断欺骗毒害人们，近些年在文学创作领域也表现得十分猖獗。为地主阶级翻案、控诉土改的小说《软埋》只是其中最新出版、最露骨的表达罢了。在此以前，有《活着》、《生死疲劳》、《白鹿原》、《古船》等等。长期以来，这些作品基本上没有在主流媒体上受到有分量的分析批评，也未听说其所在单位党的组织对此有过批评指正，有的人反而获得了很高的地位、炫目的光环，有很多粉丝和吹鼓手。这就在客观上产生了一种导向，写这类颠覆历史的东西可以出名得利，可以风光无限。可以说，《软埋》正是历史虚无主义思潮产下的一个怪胎。

据了解，身为湖北省作协主席的方方女士，写作的政治倾向原本是比较好的，写过若干较好的作品，有人说她是改革开放以来比较突出的四个女作家（王安忆、铁凝、方方、池莉）之一。从《软埋》也可以看出，方方还是有一定的文学功力的，结构和语言都有一定技巧，可惜一旦有了观风求利求大奖的动机，一旦堕入历史虚无主义的污泥潭，那就愈有艺术性也就愈有危害性。这是不是在一定程度上反映了文学界的政治生态还未根本好转？实在令人忧心。

值得特别关注的是，《软埋》出版在2016年哪！党的十八大以来，以习近平同志为核心的党中央十分关心文艺战线。习近平总书记在全国文艺工作座谈会上发表了重要讲话，鲜明提出“以人民为中心”的创作方向，在后来的有关思想政治工作的各种会议的讲话中，他又语重心长地谈到文艺工作的创作方向和责任任务，谈到“四个自信”。广大人民群众多么期待和欢迎更多一些如最近播出的电视剧《人民的名义》以及去年《绝命后卫师》等弘扬正气、正能量的作品啊！可是《软埋》竟在最高级别文学月刊上发表了，并很快又大数量地出版发行单行本，同时受到一些主流媒体的毫无原则的吹捧。我们迄今未听到，中国作协方面有任何分析批评《软埋》的文章，或持批评的态度。试问，中国作协是如何学习贯彻习总书记指示的？各级作协党组还管不管干部？还管不管创作导向？党员作家还要不要遵守党的纪律？

三、几点建议

1. 建议有关部门和中国作协组织作家队伍确实认真学习习近平总书记在全国文艺工作座谈会上的重要讲话和一系列重要指示，真正把“以人民为中心”的写作方向树立起来，在思想上清楚资产阶级自由化、历史虚无主义、普世价值观、抽象的人性论等错误思潮对文艺创作思想的侵蚀影响。

2. 有关部门和各级作协要把马克思主义的文艺批评武器切实用起来，促使文艺创作沿着以习近平同志为核心的党中央指引的方向发展。许多同志都认为，现在太缺少像样的、负责任的文艺评论，人们看到的大多是庸俗的吹捧与自我吹捧，即使有一点批评，也无关痛痒。要培养和重用一批青年马克思主义文艺批评家，这是繁荣中国社会主义文艺的必要条件。

3. 要像其他工作部门一样，建立责任制和责任追究制。各级党的组织要负起责任，文艺作品的相关传播平台也要负起责任，失职应当受到追究。党员要守党纪，文艺界不应有不受纪律约束的特殊党员。不是党员的干部也要受到政纪的约束。

4. 建议在一个适当的时机，对于集中表现资产阶级自由主义、历史虚无主义的有代表性的作品，进行反面典型的解剖分析批评，用于教育团结作家艺术家。要改变那种对有严重政治错误的作品不敢批评、怕批评反而扩大其影响的认识误区。其实，“不理睬”的冷处理就是不处理，就会形成放任，实践证明社会效果是不好的。要学习邓小平同志在上世纪80年代批评《苦恋》、《河殇》等错误作品的鲜明无产阶级立场与彻底的唯物主义的态度。只有经过批评与必要的思想斗争，才能达到教育团结绝大多数作家艺术家，同时也教育广大人民和青年的目的。如果放弃严肃批评，总是忍让和迁就，其危害是很深的，会把人们的心和力搞散，被国内敌对势力进一步利用。

（作者单位：国防大学）

（原载《国防参考》2017年第11期）

欧美著名学者热烈赞扬中国大陆 1950年代的土改

〔美〕罗恩·腾博斯

几乎所有研究中国问题的专家都认为，中国之所以能取得现在的巨大成就，其关键是中共掌权以后不久进行的土地改革。耶鲁大学历史学教授Jonathan D. Spence发现，就在1949年共产党胜利后的那几年，中国南部和中部农业区有40%的土地从地主手中没收，然后重新分配出去，大约有60%的农民得到了好处。目前在中国的乡村地区正出现土地改革的成果受到侵蚀的现象。中国农民仍然不许直接拥有土地，但是许多人已经占有大片他们经营和管理的土地，跟实际拥有没什么差别。印度从来就没有过土地改革。德里大学的莫汉提说：“同中国相比，印度的发展战略不能确保耕者有其田，大部分地区仍然盛行在外地主、合耕和暗藏地主制度。”印度最富庶的两个邦——上普拉得什和比哈什——仍然受困于在外地主和佃耕这一迹近封建主义的制度。新西兰前驻北京大使、最近才卸下驻印度大使职务的尼克·布里奇说：“我认为中国占有优势的主要原因之一是中国经历了暴力革命。中国人把地主杀了。印度仍然还有地主，扯国家的后腿。”

五十年前的这个星期，印度次大陆挣脱了英国的殖民枷锁，组成了印度和巴基斯坦两个国家。印度选择了民主的道路。印度人可以公开说他们所想的，几乎什么都可以。而中国的言论自由很少，特别是在政治事务方面。人民大会开会很枯燥，没有什么公共辩论或争议。虽然中国领导人也会不迟疑地提到中国很穷，但都是拐弯抹角地提到，不把责任扯进去。可是在印度领导人的快语背后，是对两个国家之间的发展差距的高度关注。但是，当印度领导人今天在准备庆祝印度头一个五十年的时候，却不得不承认除了在人权和公民自由的领域外，几乎在每一个层面，中国都在改善其人民——包括最穷的公民——的生计方面比印度做得更多。印度的外交部长和前驻中国大使海达尔也在最近接受采访时评论说："毫无疑问，从直接的对比当中，中国做得比印度更好。所有的主要指标都比印度更好。"

学者、外交官和经济学家都想用不同的理论解释中国在教育、保健和一般生活水准方面对印度巨大而又日益增加的优势。最常见的理论是印度太过于多元化，有15种语言、五种主要宗教和数不清的等级，缺少实现有效的全国教育和灭贫计划的统一性和共同感。为了赶上中国和东南亚国家，印度最近开展了类似于中国的市场改革，最重要的是降低限制性关税和奖励外国投资。

令印度不安的是，他们越来越发现中国的进展，并不只是经济步骤而已。许多专家现在相信到目前为止中国得以如此迅速向前推进，部分得力于较早时粗暴的改革，特别是在共产统治初期的1950年代，得利于土地的重新分配、普及义务教育、简体字和保健与福利政策以及有助于恢复中国的精神和自尊的其他改革。虽然从今天来看问题要复杂得多，但是对宗教、迷信、秘密会社、三合会和宗派的镇压，也帮助中国打破了盘踞地方上的不平等势力，即因权力（权利）和经济实力过于悬殊而导致的永久贫穷。

哈佛大学经济学家，1998年诺贝尔经济学奖获得者阿马提亚.沉（Amartya Sen）是在印度西孟加尔生长的人，他辩称"中国对印度的相对优势是其改革前（1979年以前）奠基工作的产物，而不是其改革后重订方向的结果。"过去半个世纪的大部分时间中，印度同中国的生活水准是相差不多的。就基础设施——铁路运输和道路——和公务员制度来说，印度实际上比中国开始得更早。独立以后两国的进展都踌躇不前。即使是迟至1960年，两国在减少文盲、营养不良和婴儿死亡率方面记录都不是很好。独立后的头几年，两国都依赖外国的援助和专技知识。中国依赖的是苏联，印度依赖的是大英国协和西方捐助国。但是中国在1962年就突然切断了同苏联的关系，而印度仍然是西方外援的主要受援国。到1970年代末期，即使是在邓小平的经济改革实施之前，中国也已经几乎在衡量经济和社会发展的每一个尺度上开始超越印度。

据联合国开发计划署最新的各国人力发展指标显示，根据识字率、平均寿命和平均收入计算，中国的得分是60，接近所有发展中国家的最高分，但是印度只有44分。亚洲国家中唯一低于印度的是老挝（寮国）和孟加拉国。美国前驻印度大使莫尼汉把印度的民主称为“功能性无政府状态”。虽然等级制度和普遍对妇女的歧视大大限制了印度的自由，但是活跃的民主事例却很突出。该国人权事务委员会的官员去年报告说，在印度最穷的奥利萨邦的卡拉汉蒂至少有12人饿死。但是卡拉汉蒂有人饿死的同时，当地的政治官员却说当地选举的投票人数却是破记录的。德里大学的学者也是奥利萨本地人的莫汉提说：“有人饿死，但同时也有人真正在竞选。饿肚子的人也去投票。”对莫汉提来说，这是印度的矛盾之处。贫穷与不平等同上升中的权利参与感同时存在。

印度的民主让人印象深刻，却几乎落后于中国20年才开始放弃基于失败的苏联模式的经济体制。哈佛经济学家阿马提亚·沈是越来越多研究中国—印度的学者之一，他说：“中国是唯一人口与印度相当的国家，而两国刚开始现代化的时候，穷困的程度都差不多。”“1940年的时候，两国的情况是如此的类似，一直到1970年代两国的经济和社会发展程度都极为相近。因此很自然的人们要问，从那以后，两国的进展情况到底怎样了。”至少到目前为止，中国是更好地实现了尼赫鲁所说的消灭“贫穷与无知和疾病与机会不等”的挑战。例如，从1960以来，中国使公民的平均寿命增加了20岁以上，中国男人的平均寿命为69岁，中国妇女为71岁。印度的平均寿命虽有增加，但平均只有62岁。在识字率方面，差别更大。尽管中国有十年文革的动乱，很多学校都关了，但实现了人口81%的成人识字率，而印度为52%。同时中国的青少年已接近从前认为不可能实现的普及识字率。中国只有3%的青少年男孩和8%的青少年女孩是不识字的。印度则有四分之一的青少年男孩和几乎一半的青少年女孩是不识字的。几乎在所有的经济类别上中国都一面倒地超越印度。从1990—1994年，中国的年均国内总产值增长率为12.9%，印度为3.8%。1994年的印度人均收入为320美元，只占中国的530美元的60%。印度也丧失了它从英国统治以来在铁公路方面占有的优势。中国刚刚完成了两条铁路，一条为北京－香港线，一条为上海－新疆线，现在的铁路里程数与印度相当。中国的城市，即使是在最穷的省份，也都在到处盖房子。印度的高级外交官海达尔回忆说，当他还是驻北京大使的时候，中国宣布要在十个月内修好一条环城公路和十来个立交桥。他说："之后我看到就像他们所说的。想想当我回到德里时，连我离开时所盖的那个立交桥都还没盖好，那份难过就不用说了。"

（作者系美国知名学者）

（原载《中国新闻网》2000年8月25日）

第五辑

苏联放弃政治安全防线的悲剧

李慎明

2000年，中国社会科学院设立“苏共亡党的历史教训研究”这一重大课题，2001年该课题又被列为国家社会科学基金项目。现在奉献在读者面前的这些内容，就是我们课题组这几年研究成果中的一部分。相信在如何确保共和国政治安全问题上会有助于大家的思考与研究。

苏联舆论阵地和思想阵地失守问题

二战以后，硝烟未尽，“冷战”开始了。以美国为首的西方国家在加紧进行军备竞赛的同时，积极准备心理战：美国中央情报局一马当先，声称要“调动一切手段，包括精神手段，摧毁敌人意志”。他们广泛招募各个学科的专家学者，利用宣传、互动、侦察、谍报等手段，对苏联进行大规模的心理战；通过援助，支持“持不同政见者”；利用民族矛盾，煽动社会不满情绪；散布政治谣言，丑化领导人的形象，制造对苏联制度的仇恨，培养对西方的向往。1948年8月18日，美国国家安全委员会批准了第20/1号指令——《美国对俄关系所要达到的目的》。这项指令揭开了一场本质为新型战争的序幕，信息成了武器，目的是要操纵和改变苏联的社会意识形态，使苏联社会形成对周围世界的虚假认识，以便进一步影响苏联的管理精英。

20世纪50年代以后，西方对苏联的心理战进一步加强。美国当局认为，意识形态领域是与苏联进行战争的重要战场。美国先后成立了一些以苏联和东欧国家为对象的研究所，一些大学开设了苏联东欧历史和政治专业的课程，美国外交政策的智库也将关注的重点转到苏联和华沙条约组织上。这些研究机构的研究活动形成了美国社会科学的一个特殊领域——“苏联学”。与其他学科明显不同的是，美国“苏联学”具有鲜明的意识形态色彩，无论是思想理论基础，还是研究对象和功能，均表现出强烈的政治倾向。总体说来，美国“苏联学”与政治联系紧密，在两种制度和两种意识形态斗争中发挥三种功能：一是为美苏对抗和两种社会制度的斗争提供思想理论支持；二是直接为美国对苏外交政策服务；三是配合情报部门进行反苏工作。

美国和西方的智囊和谋士们认为，心理战是对苏斗争的有力武器，为了取胜必须“里应外合”。因此，他们非常关注苏联国内出现的各种社会思潮和政治流派，并努力与之建立对话的渠道。他们希望苏联出现一种“内部力量”，以便促进苏联进行有利于西方的“改革”。布热津斯基曾提醒多关注苏联的民族问题，认为民族主义是强大的政治力量，如果克里姆林宫在非俄罗斯族群日益增长的民族自觉意识的压力下作出让步，那么通向和平演变的大门就打开了。为此，西方专家提出，必须破坏苏共对大众传媒的全面控制体系，提倡公开的政治竞争，保障选举的自由。他们认为，共产主义的光环一旦褪色，它的灭亡也就指日可待了。

戈尔巴乔夫上台以后的所作所为，正好符合西方国家的愿望，甚至超出了西方的想象。1986 年 10 月 1 日，苏共召开全苏社会科学教研室主任会议，戈尔巴乔夫在会上公开批评苏联社会科学教学中存在“教条主义和经院哲学”，强调要“改革教学大纲，重新编写讲义，更新教科书”。在 1987 年苏共中央一月全会上，戈尔巴乔夫又点名批评苏联社会科学的种种缺点，称社会科学的研究不能适应改革和民主化的需要。随后，苏共主动打开“闸门”，自愿放弃思想信仰，拱手让出舆论阵地，任凭反对派争抢。原苏共领导人利加乔夫说道，苏共失去了政治斗争的经验，已经 40 余年没有进行斗争，失去了应有的警惕性。这样，在戈尔巴乔夫的有意放纵和雅科夫列夫的背叛下，苏共逐渐丧失了意识形态领域的阵地，让许多自由派人物把持了主要报刊等舆论工具。他们纠集和网罗一些“笔杆子”，肆意歪曲历史，恶毒攻击苏共。戈尔巴乔夫和雅科夫列夫等人还鼓动一些作家或报刊打开苏共意识形态的“突破口”。小说《阿尔巴特街的儿女们》的作者阿·雷巴科夫给戈尔巴乔夫写信后又寄来书稿。戈尔巴乔夫看后认为，小说有利于消除极权主义的后果，因此不顾党内的反对，亲自下达指示，允许公开发表。影片《忏悔》的拍摄是在苏共政治局委员、格鲁吉亚第一书记谢瓦尔德纳泽的庇护下进行的，影片隐喻斯大林时期的政治生活。小范围放映后，艺术家和思想界都有不同看法，建议提交政治局讨论。戈尔巴乔夫明确表示反对，说应当由电影工作者、创作协会自己去决定。他甚至后悔自己在大学时代竟然没能读到这一切从 1986 年 12 月初开始，莫斯科 15 家影院持续三个月放映这部《忏悔》电影。雅科夫列夫称，《忏悔》的公映是苏联“共产主义意识形态崩溃的开始”。这位原苏联科学院世界经济与国际关系研究所所长、1990 年成为苏联科学院院士的雅科夫列夫，曾亲自到苏联科学院主席团训话。他言辞激烈，批判苏联的社会科学充满教条主义，至死还死死抱着 1930—1940 年间的陈旧格式不放。他号召苏联的人文和社会科学工作者要敢于批评、扩大批判对象，直到能够清除所有的垃圾和解放学者的思维为止。

1988 年，苏联取消报刊检查制度，苏共放弃了对文化艺术的领导权。而后，开禁的书单越来越长。1990 年后，苏共完全解除报禁。报刊解禁的结果一方面是舆论失控，苏共阵地丧失；另一方面也催生了某些激进报刊的“泡沫”。一些报刊靠揭露历史阴暗面而发行量剧增。例如，《各族人民友谊》杂志 1985 年的发行量不到 12 万份，1989 年由于刊登雷巴科夫的小说《阿尔巴特街的儿女们》，发行量激增至近 80 万份，1990 年更突破 100 万份；《新世界》杂志 1985 年的发行量只有 42 万份，由于刊登索尔仁尼琴的《古拉格群岛》，1989 年夏天的发行量猛增至 250 万份。这些还只是订户统计数字，不包括零售数量。其他由民主派把持的报刊发行量也十分惊人：《论据与事实》周报 1991 年发行 2400 万份；《星火》画报 1988 年发行 180 万册，1989 年发行 350 万册，1990 年发行 760 万册。

1990 年上半年，苏联境内各种“非正式”出版物达上千种。1990 年 6 月 12 日，苏联《新闻出版法》正式颁布，使反对派和私人办报合法化。这个重要的法律文件出台很仓促，自酝酿到颁布仅一年左右时间。该法明确规定，禁止对大众传媒进行书报检查；国家机构、政治组织、社会团体、劳动集体，以及任何年满 18 周岁的苏联公民均可获得登记出版资格。在《新闻出版法》的鼓励下，一些报刊宣布“自主办报”，完全摆脱苏共和主管部门的束缚。一些苏共或国有的报刊纷纷“独立”，成为社会刊物或为编辑记者集体所有。例如，《论据与事实》周报是社会上十分流行、发行量位居首位的报纸，它在1990年10月获得重新登记后马上在头版发表声明：请读者注意，我们报头上原来标注的全苏知识协会（相当于“科协”）主办，已经变更由记者集体主办。另外，1990年前后，《消息报》的编辑及记者为获得“财产和报纸的独立和自由”，与所属的苏联最高苏维埃闹得不可开交。最后结果却是，掌握权力的最高立法机构惨遭失败，失去了拥有70多年的报纸。由此《消息报》变成激进派、自由派的舆论阵地，而且一度为外资所控制。据报道，在办了登记手续的报纸中，苏共掌握的仅占1.5%。当时的苏联知识分子自嘲，“虽然腹内空空如也，但却贪婪、如饥似渴地呼吸这‘自由’的空气”。本来以批判美国而受到赏识的维·科罗季奇，在成为《星火》画报主编后，很快将刊物变成侮辱苏联军队、丑化历史、否定斯大林的阵地。苏联解体后，他移居美国，受到隆重的接待和欢迎。同时，一些激进分子还极力挤进电视台，要求直播，以免被控制和剪辑。一时间，许多哗众取宠、造谣惑众的信息满天飞。

当时的形势是，各种攻击、谩骂苏共和社会主义制度的言论、文章纷纷出笼，反马克思主义思潮肆意泛滥。许多报刊、学术刊物和书籍把整个苏联时期冠以“极权主义”的帽子，把苏共涂抹得一团漆黑。有人宣布，二战是苏联军队靠督战队才打赢的，因为士兵害怕来自背后的子弹。有人居然言之凿凿，说朱可夫曾经用尸体填平壕沟，让军队踩着通过。报刊解禁后，受金钱和商业利益的驱使，宣扬色情、暴力的报刊纷纷出笼。一些本应严肃的报刊，包括莫斯科地区一些畅销的报纸如《莫斯科共青团员报》也堕落为“街头小报”，经常刊登色情、乱伦的内容，以吸引读者眼球。媒体和社会上要求开放妓院和卖淫合法化的呼声此起彼伏，有人甚至公开建议莫斯科市划出专门街道成为“红灯区”。在市场和物欲的影响下，报刊、电视、电台以及出版社纷纷追求利润，不但忘却了自身的政治责任，甚至失去了社会良心。苏联时期严肃的学术著作几乎销声匿迹，只能靠内部印刷在小范围交流。

当时，戈尔巴乔夫等苏共领导人一方面拱手让出思想舆论阵地，另一方面又将一些全国性报刊和苏共中央级出版社变成传播自己背叛思想的工具。例如，为配合“公开性”运动而出版的《苏联共产党中央委员会通报》，由戈尔巴乔夫亲自出任主编。就是这样一个重要刊物，却有意回避现实生活问题，热衷于揭发斯大林问题，诋毁和“反思”苏联历史的文章有时占据三分之二的篇幅。于是，苏共党内自上而下借放开舆论之际，彻底打开思想大门，而苏联中央一级的报刊在其中起了先锋带头作用。

不仅如此，苏共的党代会和后来全程电视直播的苏联人民代表大会也成为传播反对派思想的重要舞台。1989 年春天，全苏各地进行人民代表差额选举。对于苏共反对派来说，此时的竞选活动可谓天赐良机，不仅有了染指权力的机会，而且可以合法地批判苏共，宣扬自我，以后甚至还能走上最高议会论坛，通过电视直播将自己的声音传遍全国。人民代表的竞选活动实际上是为反对派大肆公开宣传搭建了舞台，苏共的舆论阵地进一步被挤压。其间，激进派周围聚集起强大的竞选班子，对竞选演说进行精心设计。他们迎合民众心理，挑选民众最关心、对苏共最不满意的问题，制定和阐述自己的“改革”主张。他们利用各种讲坛，以富于煽动性的演说猛烈抨击苏共的错误，同时又为激进的改革纲领勾画出一幅诱人的美好蓝图。他们高呼“反对苏共特权”，实现“社会公开”；进行激进经济改革、迅速提高生活水平；打击腐败、建立“法制国家”，等等。在这种形势下，谁对当权者的批评愈多，讽刺指责愈激烈，谁选举成功的保障就愈大；凡是共产党厌恶的人，无论是谁，都一定是“英雄”，是“民主人士”。一些苏共异己分子乘机改换颜色，踏上“自由化”的浪尖，振臂一呼，赢得了痴迷百姓几乎狂热的信任和崇拜。

苏共的叛逆者先是故意拱手出让意识形态阵地，给反对派以宣传自己观点的机会。后来看到苏共大势已去，他们就乘机扔掉自己的党证，背叛自己的誓言，改弦易辙，反戈一击。1990 年 1 月，叶利钦在对《莫斯科新闻》周刊主编叶·雅科夫列夫谈话时声称，问题不在于是什么主义，问题在于实质：在于人权，在于选举自由。他还声称，“共产主义对于我来说是某种脱离现实的东西”。在与戈尔巴乔夫争夺权力的过程中，叶利钦完全抛弃了社会主义和共产主义，抛弃了马克思列宁主义。1991 年夏天，刚当选为俄罗斯联邦最高领导人的叶利钦在美国纽约大学发表演讲说，俄罗斯已经作出了自己最终的选择。俄罗斯不会走社会主义道路，不会走共产主义道路，它将走美利坚合众国及其他西方文明国家走过的那条文明之路。

苏共亡党、苏联解体给俄罗斯人民带来了巨大灾难

1991年12月25日晚7点，随着戈尔巴乔夫发表电视讲话宣布辞去苏联总统的命令，克里姆林宫总统府圆屋顶上红色的带有镰刀锤子的苏联国旗悄然落下，标志着在没有外敌入侵和特大自然变故的情况下，苏联——这个曾经的世界大国、强国顷刻间解体覆亡。这一事变迅即给俄罗斯人民带来了巨大的灾难。

为更好地完成“苏共亡党的历史教训研究”这一课题，笔者数次亲身了解考察苏联解体后的俄罗斯，2003年10月笔者再次访问俄罗斯。访俄期间，笔者与俄罗斯社会科学院院士、莫斯科大学社会学系主任多博林科夫长谈。他说：“俄罗斯近年来所遭受的精神和物质损失，无法计量。实际上，所谓的改革使俄罗斯倒退了20—30年，有些精神损失，无法估量。”在这次访问中，我们获得从苏联解体到20世纪末大约10年间有关俄罗斯社会倒退的不少具体资料，概述如下：

（1）经济领域：国内生产总值急剧下降，现代工业大国变成原材料附庸国。从1991年苏联解体到20世纪末，俄罗斯国内生产总值比1990年下降了52%，而1941—1945年的卫国战争期间仅仅下降了22%；同期工业生产减少了64.5%，农业生产减少了60.4%，卢布贬值，物价飞涨5000多倍。一些现代化航空航天企业改行生产简单的日用品。1990—2001年间，科技领域就业人数从250万下降到80万，大量的高素质人才到美国、西欧甚至发展中国家就业或谋生。从一定意义上讲，俄罗斯已变为西方欧美发达国家甚至新兴工业国家的原材料附庸国。

（2）社会领域：分化混乱、人口锐减。今日俄罗斯，严重的贫富两极分化成为现实。1989年10%最贫穷人口收入与10%最富裕人口收入比为1∶4.7，而1999年这个比例将近1∶80。另外，酗酒、精神疾病、无家可归、流浪儿童、卖淫、艾滋病和性病等社会问题成堆。每年约有50万妇女流落到国外卖淫。苏联解体后，俄罗斯的人口也在逐年减少。根据2002年10月人口普查结果，俄罗斯全国人口总数仅为1.45亿人，比1989年减少200万人。根据俄罗斯国家统计委员会2005年提供的数据，俄罗斯男子的平均寿

命为 58.6 岁，比 20 世纪 90 年代初苏联解体时男性平均寿命的 63.4 岁还低 4.8 岁，这使得俄罗斯成为全欧洲男子平均寿命最低的国家。

（3）社会治安领域：犯罪猖獗，罪犯逍遥法外。在剧变后十年间，各种犯罪，尤其是重大犯罪案件剧增。1990 年俄罗斯杀人案 1.43 万起，1998 年 2.3 万起，2001 年为 2.98 万起，2002 年已超 3.2 万起。每年由于犯罪造成的失踪人口超过 10 万。实际上每年有 20 万人被害。犯罪案件急剧增加，每四个成年男人中，就有一个有前科。俄罗斯平均每 5 分钟就有一人被杀。平均每 10 万人口有 1000 个犯人——这是世界上最高的比例。针对平民百姓的那些犯罪现象非常猖獗，有组织犯罪甚至渗透到一些高层的权力机关。事实上社会现在处于全面的恐怖状状态。然而，在这种情况下，俄罗斯的自由派却依然要求用市场作为解决所有社会经济问题的纲要，他们依然竭力鼓吹“小政府”，继续弱化、削弱国家各方面的职能，这些自由派所说的“人权保护”实际上保护的是罪犯。

（4）国家职能领域：严重退化。由于照搬西方的多党制，严重搞乱、破坏了其政治制度，弄虚作假盛行，贪污腐败成风。每年用于贿赂的金钱高达数百亿美元，政府和居民之间缺乏信任和有效的互动。国内到处都是政治公关和政治作秀，一些私人的新闻传媒往往把人民看作可以操纵、欺骗的对象。在社会生活许多重大问题上，普通人民的意见被漠视、被排斥。国家缺乏经过科学论证的发展构想，缺乏解决内政、外交问题的战略性思维。人们对政治领域的失望在增加，对其“民主制度”的失望增加。

（5）精神道德领域：社会盛行“丛林法则”，理想信念混乱，伦理观念混乱，丧失传统的善恶观念和区分是非的能力，社会道德基础恶化，精神面貌全面倒退，一些大众媒体向社会民众灌输西方的价值观，这些价值观只是为了巧取豪夺和追逐个人的利益，从而造成原有的劳动伦理和热爱劳动品德的丧失；造成是非混淆、善恶混淆、世风日下、金钱至上。许多青年不愿从事劳动，更多的是希望一夜成为银行家、公共关系专家，甚至向往罪犯、抢劫犯或者敲诈者。一些大众传媒，如一些电视节目和电视剧甚至公开美化罪犯和黑帮。在严重的社会经济和精神道德危机下，没有出路的悲惨生活导致了自杀这样一种社会悲剧现象迅速攀升。1990 年俄罗斯自杀人数达 2.64 万人，1998 年 3.54 万人，而 2001 年已经达到 3.97 万人。

(6) 国际地位方面：从超级大国沦为二流国家。俄罗斯当局在剧变后相当长的时期内，迎合以美国为首的西方世界的需要，在世界上很多地方主动放弃自己的盟友，甚至全面撤退，逐渐丧失超级大国的地位。俄罗斯在独联体的地位同样在弱化，致使其他国家迅速填补空白。俄罗斯的地缘政治也发生了巨大的逆转：昔日祖国的概念，今日分崩离析，已付东流。自波罗的海三国、中亚和外高加索各前加盟共和国独立后，俄罗斯的版图锐减到 17 世纪初彼得一世时的规模，并失去波罗的海沿岸的出海口和黑海一带的天然良港，正所谓“独自莫凭栏，无限江山。别时容易见时难，流水落花春也去，天上人间”。

近几年，笔者先后 3 次访俄，无论是季塔连科、多博林科夫还是其他有识人士，在谈到苏联解体、苏共亡党所造成的巨大灾难时无不痛惜万分甚至泪光闪烁。1994 年，著名作家、前持不同政见者马克西莫夫去世前躺在病床上对《真理报》记者谈道：“我从来没有想过我会对现在发生的一切感到如此痛心”，自己的祖国被糟蹋成这个样子，好像“眼睁睁地看着自己的母亲被强奸一样。再没有比这更难受的了”。

苏联部长会议原主席尼·伊·雷日科夫在其新著《大国悲剧》中也说，苏联解体“给俄罗斯造成巨大损失，可以毫不夸张地说，这种情况涉及生活的方方面面——涉及我国在国际社会的威信和作用，涉及经济、国防能力、科学发展、生产和文化、居民生活水平，等等”。为了说明这点，他从无数确凿的事实中，仅举 1999 年国家杜马专门委员会弹劾俄罗斯总统叶利钦材料中的几例。但这几例却用去整整 9 页的篇幅。雷日科夫在这 9 页中说：“苏联解体后，苏联统一经济空间、国民经济和科学的破坏，产生了近千万人的失业大军”，且“1998 年的失业人口超过 2500 万”，“比较幸运的 20％的居民身上，集中了一半以上的国民总收入，而收入的主要部分，则被 200—300 个家族据为己有，他们攫取了国家财富的绝大部分，同时也攫取了国家的权力”。

我们党的几代领导集体多次反复强调反面教员的独特作用。从一定意义上讲，没有苏联解体、苏共垮台这一社会主义和共产主义乃至人类历史的重大灾难，我们便不知社会主义和共产主义事业的艰辛与壮烈，因而也反衬不出社会主义事业和共产主义事业的雄伟与瑰丽。邓小平曾说：“东欧，苏联的事件从反面教育了我们，坏事变成了好事。问题是我们要善于把坏事变成好事，再把这样的好事变成传统，永远丢不得祖宗，这个祖宗就是马克思主义。”因此，对苏联解体，苏共亡党这一重大历史现象进行深入剖析，汲取深刻教训，对加强我们党的先进性建设乃至人类解放事业，都具有十分重大的意义。

（作者单位：中国社会科学院）

（原载《国防参考》2015 年第 2 期）

俄罗斯如何反击历史虚无主义

吴恩远

苏联解体以来，在俄罗斯历史领域一直存在一股歪曲国家历史的现象。这在社会思想方面表现得尤为突出：原有的价值观念崩溃，价值观定位出现偏差，许多人认为只有西方的政治制度、价值观念、生活方式才是唯一正确的选择；个人主义情绪增长，无视他人权利，人际关系淡漠；在社会情绪方面，相互敌视情绪激增，反社会的行为表现大幅增加；在社会教育方面，歪曲历史记忆，甚至完全否定国家历史的重大时期，传播俄罗斯历史落后性的虚假概念。多年来，俄罗斯一直试图改变历史研究领域这种乱象。

俄罗斯政府认为：如果一个社会的主要政治力量，一个国家的基本阶层在发展目标、发展水平等方面信奉南辕北辙的价值观念，那是无法对国家进行“富有成效的建设性工作”的，因此“为了维护国家的统一，公民认同的建立需要共同价值观、爱国主义意识、公民团结及责任感、遵纪守法、共同参与决定祖国的命运”。这就是今天俄罗斯在历史研究领域拨乱反正的战略考量。

增强国家共同价值观念的举措

加快推进国家历史教科书修改委员会工作。苏联解体后，各学校自行选定观点不同的历史教材。2014 年普京专门接见国家历史教科书修改工作委员会，指出其主要任务是剔除现行学校教科书中，国家、人民绝对不能接受的思想领域的垃圾，并要求在 2015 年发行全国统一的历史教材。

颁布文化法令、打响捍卫俄罗斯文化保卫战。俄政府运用法律手段来捍卫俄罗斯民族价值观念，确立国家文化政策的主要目标是巩固俄罗斯社会的统一，加强爱国主义教育，把公民教育尤其是青少年的教育放在第一位。

开展全民普及的历史教育。根据全俄社会舆论调查中心的调查证实：俄罗斯59%的民众表示对历史有强烈兴趣；而85%的人为俄罗斯历史感到自豪。俄罗斯政府决定支持、并且以资金保证历史研究的发展，要用比现在更大的力度在全社会普及历史知识，准备以新的观念培训大约6000名历史教师。

俄罗斯历史教学确立“新的历史观念”

在对民众进行历史知识普及中，最为重要的是确立“新的历史观念”。普京总统强调指出：修改历史教材关键在于确定俄罗斯历史的“新观念”。2014年俄罗斯历史教科书修改委员会学术领导、俄罗斯科学院世界历史研究所所长丘巴里扬院士向普京总统汇报委员会对历史“新观念”讨论的结果，指出最重要的是确立了对20世纪俄罗斯历史的看法。此后在2014年底和2015年，特别在庆祝第二次世界大战暨苏联卫国战争胜利70周年之际，普京曾经多次会见历史学家，谈及这些“新观念”，从而引起俄罗斯社会极大反响。

第一，关于十月革命。否定十月革命的发生和结果一度充斥苏联解体后的俄罗斯史学界。俄罗斯历史教科书修改委员会认为：1917年二月革命、十月革命和与此相连的国内战争，较之其他国家类似的革命，完全可以称之为“伟大的革命”。因为其对俄罗斯来说，至少是促进了社会的进步和发展。普京对被十月革命取代的沙皇专制制度评价不高。他指出“旧俄国的思想不适于今天”，“如果我们还处在（末代沙皇）尼古拉二世时期，肯定不能取得这场反法西斯战争的胜利”。

第二，关于苏联参与第二次世界大战的评价。在第二次世界大战胜利70周年之际，国际上否定苏联在二战中的作用，主要是把苏维埃体制和纳粹体制等同，认为是它们共同发动了二战；同时否定苏联为二战胜利做出的贡献。普京对此尖锐反驳道：“不能把纳粹主义与斯大林主义相提并论。纳粹公开宣称其政策的目标之一就是要消灭犹太人、斯拉夫人和吉普赛人。尽管斯大林制度有镇压的一面，甚至驱逐整个民族，但从未把种族灭绝作为目标。因此，两种制度没有可以等同的基础。”普京强调，今天特别需要做的是，要加强和其他国家历史学家的合作，共同做到以最为客观的态度评价历史。

第三，怎样评价苏联历史？关于苏联70年历史、特别是20世纪30年代所谓“斯大林模式”的评价，一直是史学界争论焦点。戈尔巴乔夫正是全盘否定苏联历史导致苏联的解体。2014年11月5日普京会见俄罗斯历史学家时，分析了二战胜利的政治原因。他说：“如果当时的（苏维埃）政权不是那样严酷，而是处于沙皇尼古拉二世时期，我们能够赢得战争的胜利吗？肯定不可能。”

的确，在严酷的体制下，社会一般要承受更大的代价，包括政治、经济等各个方面。普京明确指出：要尊重过去年代历史上一些杰出人物和重大事件的影响。其中最为专注的目光要注意苏联时期。对苏联时期取得的成就，这是无可怀疑的。无论在什么情况下，都不能从某种意识形态的考虑出发，对我们国家和我国人民在我们生活中这一极其重要的时期取得的这些成就加以诋毁。普京总统过去很少涉及对苏联体制的评价。在2015年，特别在庆祝二战胜利70周年的时候，可以看到他对这个问题的明显态度。

对斯大林态度新动向

2015年7月3日，俄罗斯政府在特维尔州勒热夫区竖立了一座斯大林个人胸像。从上个世纪苏共二十大以来，政府主要在拆斯大林塑像，没有新建其雕像。俄罗斯军事历史协会会长、俄罗斯政府现任文化部长弗拉基米尔·梅金斯基专门撰文阐述建立斯大林纪念碑原因。他明确指出：在当时的年代，既有伟大的人民所创造的伟大功勋，也有斯大林的贡献。它们之间相互融合在一起，不可分割。在我们历史和对历史的纪念中应当有斯大林的位置”。这个评价反映出俄罗斯政府的态度。

勒热夫区政府首脑鲁缅采夫认为，长时期以来对斯大林作为领袖的作用我们没有给以足够重视。正是在他的领导下，发挥了全体军事人员的作用，才取得了卫国战争的伟大胜利。正因为如此，我们为他修建了这座纪念碑。但战后出生的一代人却仅仅把斯大林看作是一个暴君，我认为这是不公平的。应该承认俄罗斯社会对斯大林的评价还存在不同观点，但上述意见反映了当前俄罗斯对斯大林评价的主流观点。

（作者单位：中国社会科学院俄罗斯东欧中亚研究所）

（原载《人民论坛》2016年第10期）

俄罗斯重新修改历史教科书

吴恩远

苏联解体后，俄罗斯史学界充斥着全盘否定、甚至丑化俄罗斯历史的各类历史教科书。普京总统多次会见历史学家，提出修改历史教科书的要求。2014年新年伊始，普京再次会见国家历史教科书修改工作委员会成员，论述了他对历史教科书修改的原则性意见，要求以客观、公正、尊重的态度对待俄罗斯历史，坚决反对以各种理由、甚至无中生有挑衅国家历史的行为。新教科书谈到对苏联历史一些重大争论事件的看法，认为十月革命完全可以称之为“伟大的革命”；提出苏联30年代的发展是苏联现代化道路的一种选择，这就驳斥了国内外一些人把30年代斯大林时期称为“大恐怖”时期的谬论；肯定了乌克兰、中亚、高加索地区民族加入俄国和苏联后社会经济的发展等等。普京还提出，要加强与国际上历史学家的合作，坚决反对否定第二次世界大战反法西斯战争成果的行为。

一、俄罗斯为什么要组织修改历史教科书

2014年年初，俄罗斯总统普京在克里姆林宫会见了正在编写具有新观念的历史教科书修改工作委员会（以下简称工作小组）成员和作者。参加者主要有：俄罗斯国家杜马主席、俄罗斯历史学会主席、历史教科书修改工作委员会主席С·Е·拉雷什金，总统助理А·А·富尔先科，教育与科技部长Д·В·利瓦诺夫，莫斯科大学历史系主任、俄罗斯科学院院士С·П·卡尔波夫，俄罗斯科学院世界历史研究所所长、俄罗斯科学院院士А·О·丘巴里扬，俄罗斯科学院祖国历史研究所所长Ю·А·彼得罗夫等人。

普京指出，当前全社会、特别是高校和中学的历史教师都在积极参与祖

国历史问题的讨论。其意义在于，对历史的评价很大程度上决定了我们今天应当怎样做，对社会近期、中期和长远的历史发展有怎样的规划。

针对苏联解体后在历史教科书领域出现的五花八门的乱象，特别是全盘否定俄罗斯历史的情况，普京说道，俄罗斯正在制定统一的历史教科书，目的是在历史教学中贯彻逻辑的一致性；要认识到我们的国家及国家体制在整个历史发展阶段中的不可割裂性和相互联系性；要看到尽管过去发生了最具悲剧性、最复杂的事件，这段历史也仍然是祖国历史不可分割的一部分。历史是民族统一和历史文化基因的基础。

普京强调，对于中学历史教学，一个重要的任务是要使孩子们对我国历史的重大事实、对我国历史杰出人物的事迹有清晰、正确的认识。过去我们不时在这方面出现问题，表现在人们时常有意无意轻视我们的先辈在过去的年代所做的一切，或者轻视近百年来俄罗斯国家的存在。普京说，我实在不明白他们为什么要这样做。应当对我们的民众在俄罗斯国家存在上千年的时间里所做的一切给予客观评价。无论如何不能夸大，更不用说以各种理由、甚至无中生有挑衅我们的历史。当然，历史如同人文科学，面对不同观点需要独立思考和研究。但普京强调，最主要的是必须客观、公正，而且要以尊重的态度对待自己的历史，要热爱自己的祖国。

普京指出，当前在形成新的历史概念的基础上，要着手准备写出包括我国所有阶层历史发展内容的历史教科书，同时形成全部考试资料，制定统一的国家考试题。

给教科书提供的材料必须进行公开的、专业的论证，这之后才能推荐给教材使用。普京赞成围绕那些最具争论性的历史事件，在依据客观事实基础上进行学术的、不带偏见的争论。统一历史教材并不限制教师给学生们讲述历史事件的不同观点，但教师必须是在依据可靠历史资料和科学客观评价基础上讲述，不容许随意歪曲历史。

普京指出，今年是第一次世界大战爆发100周年，很快就是伟大卫国战争胜利70周年，二月革命和十月革命100周年。无论我们对它们怎样评价，这些日子都具有全民族的意义。

二、当前俄罗斯历史教科书修改的进程及方法

工作小组的专家代表向普京总统汇报了历史教科书编写工作的进展。

C·E·拉雷什金说，由于这项工作非常重要，工作小组广泛吸取俄罗斯约50个地区的历史教学科研人员参与，将按照普京指示分阶段对现存历史教学资料进行修改，研究制定国家统一历史考试，同时着手准备新教科书的资料，研究相应的观点。

关于探讨历史学概念工作的进展，纳雷什金认为，由于社会对历史学的研究提出很高的需求，工作小组几乎每一项措施都处于高度关注之下。这个情况通过全俄社会舆论调查中心的调查得到证实：59％的我国民众表示对历史有强烈兴趣；而85％的人为俄罗斯历史感到自豪。未必有其他的课程能像历史课这样引起学生如此大的兴趣和来自社会如此多的评价。因此，需要支持、并且以资金保证历史研究的发展，应当用比现在更大的力度在全社会普及历史知识。工作班子首次对俄国历史上重大事件的不同认识的所谓难点进行了梳理，并且列成清单。正是这些“难点”成为制定统一历史教科书工作中的最大障碍。但现在，工作小组对于大部分难点已经达成了一致看法。

俄罗斯教育和科技部长Д·利瓦诺夫谈到研究历史学新概念的两个原则：第一，工作小组由高校、中学和科学院研究机构的优秀研究人员组成，可以掌握最适宜的历史方法论和最现代的历史观念。第二，在专业人员中及社会上对重大历史问题进行广泛地讨论。这样的讨论共进行了大约200次，专业人员提供了超过2000份建议。工作小组充分考虑到这些意见，其中主要意见集中在对20世纪历史的评价上。通过社会调查，85％以上的人赞同在学校中使用统一历史教科书。他说道：尽管现在统一教科书尚没有编写出来，但工作小组确定的关于对历史的一些基本准则、观念已经逐步在学校教学中贯彻。今年和明年，准备培训大约6000名学校历史教师；在新学年的开始，将在每个学校把适应新概念的俄罗斯历史大纲作为教学基础；2014年，将按照新的历史观念命题进行全国统一历史考试。

俄罗斯科学院世界历史研究所所长、科学院院士丘巴里扬说道，关于新历史概念的制定一开始遭到一些人的激烈反对。但工作小组召开历史教师代表大会，85％的代表赞同制定统一历史概念，因为这些年来，由于在教科书中存在不同历史观念，使教学变得复杂化。不同地区采用的观点相互矛盾，甚至与中央的观点相抵触。丘巴里扬说，好在新的历史教科书将在2015年问世。

三、对俄罗斯历史、特别是苏联历史评价的新观念

教科书修改小组主要负责人丘巴里扬谈到了对教科书中几个重大争议问题处理的看法：

第一个问题，关于俄罗斯民族的同一性，如俄罗斯民族的形成与古罗斯国的关系，它是怎样发展到今天的。古代罗斯国的起源是一个争论尖锐的问题，也是俄罗斯历史学的一个难点。主要是乌克兰学者对此有不同的观点，经过多轮商讨，现在工作小组已经和乌克兰学者找到了一些共同点。

第二个问题，应当证明，我们国家取得了伟大的成就，但也经历过困难的时期，更主要的是要说明这些困难已经被我们战胜了。例如，17 世纪的社会骚乱；1812 年拿破仑入侵俄国；1941—1945 年伟大卫国战争。在教学中要向年轻学生讲清楚，这些复杂而艰难的问题被我们的国家克服了。

20 世纪历史的讲述是一个难点。经过长时期的讨论，特别是对 20 世纪的俄国革命有以下看法。

第一，1917 年二月革命、十月革命和与此相连的国内战争，较之其他国家类似的革命，完全可以称之为“伟大的革命”。现在俄罗斯人民甚至不同派别的人多数能够接受这个观点。

第二，怎样评价苏联社会？学界专门召开了大型会议讨论这个问题，最后终于达成较为一致的意见：20 世纪 30 年代苏联所经历的是苏联现代化道路的一种选择，其中存在积极的内容，也产生了某些消极的东西。把苏联 30 年代的发展与“现代化”这个词的内涵相联系，一开始曾经引起一些人的不满，但最终还是被接受了。

第三，俄罗斯多民族国家的形成，包括中亚国家、高加索地区加入俄国，也是一个复杂问题。主要的争论在于，独联体国家的历史学家认为这是俄国殖民化过程，但乌克兰、亚美尼亚、塔吉克、吉尔吉斯、白俄罗斯的学者并不支持这个观点。后者不仅注意到多民族统一的特点，更注意从这些民族加入俄罗斯帝国、后合并入苏联的结果，从其经济发展、政治声望的提高、国民意识的增长等方面看其得到什么。例如，大多数乌克兰的社会组织都是 14 世纪在俄罗斯帝国的框架内建立的。

丘巴里扬指出，工作小组的主要目的是为了我们的青年一代通过历史学习能够增长为祖国自豪的感情，要使每一个俄罗斯人了解历史的经验，明确自己的责任，尊重俄罗斯全部的历史，尊重俄罗斯的过去，为了它的今天和未来而努力。

四、俄罗斯组织重新修改历史教科书的意义

普京指出，修改俄罗斯历史教科书这项工作的全部意义在于：不仅要使我们的民众了解国家过去发生了什么，以及怎么客观评价它们。更重要的是，每一个人通过历史学习，要明白个人对国家承担着怎样的责任。

为此，普京仔细审阅了工作小组所列出的俄罗斯历史的难点问题。他说，其中某些问题在历史学家中已经争论了几个世纪。如关于瓦良格人在统一俄罗斯国家形成中的作用。但现在我们仍然没有足够的资料来证明这个问题，仅仅是一种假设。假设只有建立在我们考古发掘的资料，并通过研究第一手的材料基础上才能成立。所以，这项工作绝非可有可无，它对于认识我们思想的同一性十分重要：我们是谁，我们从哪里来，我们将怎样发展。

普京认为，现在最主要的问题是：学校教科书，如文学教科书所讲授的一些东西，不仅对我们国家、对我们人民，甚至对任何国家、任何民族来说都是绝对不能接受的。如对第二次世界大战的评价完全是另类的、不能接受的。我还没有谈到那些有意识贬低苏联人民在反抗法西斯斗争中作用的现象。这些都是思想领域的垃圾，我们应当绝对避免。

普京再次强调，对某些历史事件所付出代价的评估，如彼得大帝改革的代价、伟大卫国战争的代价的评估当然是重要的，但更为重要的是要看到这些事件的后果和影响。一些人认为，由于第二次世界大战的结果，东欧国家陷入斯大林体制的黑暗笼罩下。应当承认，苏维埃式的机构给这些国家的发展造成一些消极的影响，但这仅仅是部分影响，我们说的是应从整个事件的后果来考虑：如果德国法西斯在这些国家胜利了，那会出现什么样的后果?可以说某些国家将会不存在了。普京认为，今天特别需要做的是，加强和其他国家历史学家的合作，共同做到以最为客观的态度评价历史。

（作者单位：中国社会科学院俄罗斯东欧中亚研究所）

（原载《红旗文稿》2014 年第 21 期）

必须重视国际共产主义运动中的历史虚无主义

——评否定十月革命的思潮

周新城

今年是十月革命100周年。

在人类社会发展的历史进程中，十月革命是具有重大意义的。马克思恩格斯运用历史唯物主义和剩余价值学说，在分析资本主义现实存在的矛盾的基础上，按照社会发展的规律，推论出未来取代资本主义的新社会（社会主义社会）的基本原则。这就是科学社会主义基本原则。但马克思恩格斯那个时代，社会主义还只是个理想，还没有成为现实。十月革命的胜利，使得马克思恩格斯提出的科学社会主义基本原则，第一次在俄国的大地上付诸实施，实际地建立了社会主义制度，社会主义第一次从理想变成了现实。十月革命道路，就是实现科学社会主义基本原则的道路。凡是相信马克思主义的人，都理所当然地相信十月革命道路。上世纪50年代中期，我们党在批判赫鲁晓夫修正主义的时候，明确指出：十月革命道路是人类社会发展的一个特定阶段的共同规律，是放之四海而皆准的普遍真理。任何国家、任何民族，在这个历史阶段，都必须走十月革命道路。这是客观规律，不以人们意志为转移的。

毛泽东早在1926年就指出：十月革命“使世界上另开了一条光明之路”。1937年，他又说：十月社会主义革命“开创了世界历史的新纪元，影响到世界各国内部的变化”。十月革命的胜利，改变了整个世界历史的方向，划分了整个世界历史的时代。用1957年社会主义国家共产党通过的《莫斯科宣言》中的话来说，十月革命的胜利，开启了人类社会从资本主义向社会主义过渡的新的时代。这个时代的根本性质至今也没有改变。

中国人民对十月革命怀有深厚的感情。1840年鸦片战争以后，中国的仁人志士都在探索救国救民的道路。当时人们都向西方学习，想通过资本主义道路来救中国，但到处碰壁，始终不能成功。正当人们迷茫、彷徨，找不到出路的时候，十月革命一声炮响，送来了马克思列宁主义，它启发我们，存在另外一条光明大道，即无产阶级和劳动大众当家作主的社会主义道路。马克思主义与中国工人运动相结合，诞生了中国共产党。从此中国的面貌发生了根本的变化。在马克思列宁主义指导下，中国人民取得了新民主主义革命的胜利。1949年全国解放，面临着一个重要问题：新中国应该是一个什么样子的国家？应该走什么道路？毛泽东旗帜鲜明地说：总结我们党28年的经验，必须“走俄国人的路”，这就是结论，决不走英美的资本主义道路。“走俄国人的路”就是走社会主义道路，也就是十月革命的道路。后来，我们党的八大再一次指出，中国共产党人把自己的事业看作是十月革命的继续。这就是我们党对十月革命的看法。

十月革命胜利100年的时间里，世界社会主义运动发生了很大变化。其中既有凯歌行进，也有严重挫折。大体上，在上世纪50年代中期之前，世界社会主义是蓬勃发展的时期。中国革命的胜利，东欧、亚洲、拉丁美洲一系列国家走上社会主义道路，使得世界范围内阶级力量对比发生很大变化。那时毛泽东对世界形势有一个形象的评价，叫做“东风压倒西风”，“敌人一天天烂下去，我们一天天好起来”。乐观的情绪，溢于言表。当时，全世界工人阶级向往社会主义，这是事实。

世界社会主义运动也出现过严重的挫折，主要有两次：一次是1956年赫鲁晓夫在苏共二十大上作了一个全盘否定斯大林的秘密报告。这个报告实际上否定了十月革命道路，因为十月革命胜利以后，列宁在世不久，苏联的社会主义制度（包括基本制度、具体体制和运行机制）基本上是在斯大林领导下建立起来的，苏联的社会主义建设是在斯大林领导下进行的，否定了斯大林，也就否定了苏联的社会主义，否定了十月革命道路。这个报告引发了全世界的反共反苏浪潮，一些共产党员在这股浪潮的冲击下，迷失了方向，模糊了理想信念。社会主义阵营发生了波匈事件，资本主义世界共产党三分之一的党员退党。在这危急时刻，中国共产党在毛泽东主席领导下，挺身而出，力挽狂澜，接连发表了《关于无产阶级专政的历史经验》和《再论无产阶级专政的历史经验》，捍卫了斯大林的正确方面，充分肯定了苏联社会主义的基本经验，坚定、明确地指出，十月革命道路是人类社会发展的共同规律，回击了敌对势力的污蔑、诽谤，稳定了国际共产主义的大局。用一些同志的说法，《一论》、《再论》在当时起到了定海神针的作用。

另一次就是上世纪 80 年代末 90 年代初发生的苏联东欧国家的剧变，这些国家的无产阶级专政的政权被颠覆，社会制度从社会主义演变成资本主义。世界政治地图上一大片红色改变了颜色。这次挫折比上次要严重得多，使得整个世界社会主义运动跌入低潮，国际格局也发生了重大变化。不要低估这次低潮的影响。上世纪 50 年代赫鲁晓夫秘密报告引发的冲击，在中国共产党的斗争下，避免了更大的伤害。这次挫折就没有这样的运气了。在苏东剧变面前，许多人包括一些参加革命多年的领导干部，患上了“低潮综合症”，怀疑马克思主义灵还是不灵，社会主义有没有前途，理想信念发生动摇。一股否定社会主义、向往西方资本主义的歪风席卷大地。沧海横流，方显出英雄本色。在社会主义处于高潮的时候，相信马克思主义和社会主义，不足为奇；关键是在社会主义处于低潮的时候，是不是还坚信马克思主义和社会主义，这个问题考验着每一个人。每一个人都要用自己的言论和行动做出自己的答案。不能否认，相当一部分人没有做出合格的答案。正是在这种氛围下，人们不再纪念十月革命了，忘记了十月革命的伟大意义，不再坚持十月革命开创的社会主义道路了。

回顾这两次挫折，都有一个共同之处，即都是否定十月革命道路，否定社会主义的成就，一句话，都是历史虚无主义导致的灾难。习近平总书记一针见血地指出，否定苏联历史、苏共历史，否定列宁、斯大林，一路否下去，城头变幻大王旗，一夜之间。否定苏联社会主义实践的历史虚无主义导致了苏联亡党亡国。时至今日，这种历史虚无主义仍然十分猖獗，甚至借着苏联演变事件而更加猖獗。有些人因果倒置：苏联演变本来是否定十月革命道路的恶果，反过来却成为否定十月革命的理由了，仿佛是十月革命搞错了。他们认为，今天苏联的演变，追根溯源，十月革命是原罪。

在中国，坚持中国特色社会主义同批判国际共产主义运动中历史虚无主义是密切联系在一起的。正如习近平总书记指出的，十月革命的胜利、苏联社会主义模式的形成、我国改革开放前的社会主义实践和中国特色社会主义，都是科学社会主义发展的历史进程中的不同时间段，它们是一脉相承的，都是科学社会主义基本原则在不同国家、不同时期的实现，都是同一棵大树根子上长出的枝叶。否定中国特色社会主义，必然否定十月革命，否定苏联社会主义模式，否定我国改革开放前的社会主义实践；反过来，在我们中国，否定十月革命道路，否定苏联社会主义模式，否定我国改革开放前的社会主义实践，目的就是为了否定中国特色社会主义。因为否定了十月革命道路，否定了科学社会主义的历史，也就切断了中国特色社会主义的理论渊源和历史渊源，中国特色社会主义也就站不住脚了。这一点，2011年在国内讨论苏联解体20周年的过程中看得很清楚。某些人全盘否定苏联社会主义模式，实际上是在说一些评论中国特色社会主义时不便直截了当说的话，借着评价苏联社会主义模式来影射中国特色社会主义。举一个例子。有人反对共产党的领导，但在讨论中国特色社会主义时，碍于党章宪法的规定，不便公开这样说，他们就借着评价苏联社会主义模式来说，拼命攻击苏联共产党的领导是“政治垄断”，专制独裁，不民主，导致苏联演变。反正苏联已经演变了，垮台了，怎么攻击都是“合理”的，言外之意，明眼人是一看就明白的：中国必须放弃共产党的领导，坚持共产党的领导，必然导致苏联那样的下场。借着苏联说中国，借着历史说现实，“洋为中用”、“古为今用”，历来如此，在讨论苏联问题时尤为明显。

我们必须警惕国际共产主义运动中的历史虚无主义。批判这种虚无主义，批判否定十月革命道路和全盘否定苏联社会主义模式的思潮，对我国来说，是具有现实意义的。

批判国际共产主义运动中的历史虚无主义，有这样四个问题。必须讲清楚。第一，十月革命是符合社会发展规律的伟大创举，还是违背社会发展规律的早产儿；第二，怎么评价苏联社会主义模式，是全盘否定，还是“三七开”；第三，苏联向资本主义演变的原因是什么，是坚持十月革命道路造成的，还是背弃十月革命道路的恶果；第四，中国特色社会主义与十月革命道路是什么关系，是十月革命的继续和发展，还是同十月革命毫无关系、甚至是批判十月革命道路的“全新的社会主义”、“独立形态的社会主义”。

十月革命是符合社会发展规律的

十月革命前后一直到现在，资产阶级政治家、思想家不断攻击十月革命是少数激进分子发动的政变，因而注定要失败的，即使一时取得胜利，也不可能持久，早晚要垮台的；国际共产主义运动中一些机会主义分子也断定，经济文化比较落后的国家，由于缺乏必要的物质条件，是不可能、也不应该进行社会主义革命和建设的。早在1917年俄国“二月革命”以后，列宁提出了“四月提纲”，制订了由民主革命向社会主义革命过渡的方针和策略。当时普列汉诺夫等人就以俄国生产力还没有得到高度发展为理由，指责列宁的“四月提纲”是“布朗基主义”、是“说梦话”，只会以酿成社会灾难而告终。十月革命胜利以后，考茨基出版了《无产阶级专政》一书，认为“只有靠资本主义所带来的生产力的大规模发展，只有靠资本主义创造的并且集中在资本家阶级手里的巨额财富，社会主义……才会成为可能。”他断言，俄国的社会主义是早产儿，是没有生命力的。列宁、斯大林曾经从理论上批判了这种错误观点，并用苏联社会主义革命和建设的实践回答了那些疑问和责难。到了20世纪80年代，社会主义国家的改革与发展遇到一些困难，又有人提出经济文化比较落后的国家不能建立社会主义制度，认为社会主义搞早了，甚至把这一点作为社会主义国家出现种种困难的“原罪”，要求“补资本主义的课”。苏东剧变以后，更有人（例如原保加利亚共产党第一书记日夫科夫）在反思剧变的原因时，把苏联东欧国家社会主义制度遭到颠覆的根本原因，归结于超越了资本主义高度发达这一阶段，忘记了“只能在发达的资本主义国家里社会主义才能取得胜利”。在我国，改革开放以后，这种否定十月革命的“社会主义早产论”也沉渣泛起，一度颇为盛行。对此，必须从理论上加以澄清，因为对这一问题的回答，直接关系到现实存在的社会主义制度的前途和命运：如果真是搞早了，那就应该退回去，补资本主义的课。

生产关系必须适合生产力的性质，这是历史唯物主义的基本原理。没有社会化大生产的发展，没有具有社会性质的生产力，就不会有工人阶级，更不会有工人阶级政党，在这种情况下，是不可能提出建立社会主义制度的要求的。封建社会里的农民起义只能在封建制度范围内改朝换代，建不成社会主义的，因为当时没有建立社会主义制度所需要的那种性质的生产力。随着资本主义的发展，生产力越来越具有了社会的性质，但生产资料仍归资本家私人占有，因而出现了生产社会性与私人资本主义占有之间的矛盾，这就是资本主义基本矛盾。在存在资本主义基本矛盾的情况下，生产方式必然起来反对占有方式，客观上要求用与生产力的社会性质相适应的社会主义公有制取代资本主义私有制。这是建立社会主义制度的必要的物质条件。在沙皇俄国，尽管资本主义没有高度发展，但已经有了一定规模的机器大工业，相当数量的产业工人队伍。在马克思主义与工人运动相结合的基础上产生了工人阶级自己的政党——共产党。因此，应该说，建立社会主义制度的基本物质条件是具备了的。向社会主义过渡的“卡夫丁峡谷”（即资本主义的高度发达阶段）是可以跨越的。

否认在经济虽然落后但资本主义已经有一定发展的国家里可以进行社会主义革命的观点，实质上是一种违反马克思主义的庸俗生产力论。第二国际修正主义分子、俄国的孟什维克以及中国的某些人就是用这种错误理论来反对俄国和中国的革命的。无产阶级的革命导师严厉批判了庸俗生产力论。邓小平指出：“列宁在批判考茨基的庸俗生产力论时讲，落后的国家也可以搞社会主义革命。我们也是反对庸俗的生产力论……当时中国有了先进的无产阶级的政党，有了初步的资本主义经济，加上国际条件，所以在一个很不发达的中国能搞社会主义。这和列宁讲的反对庸俗的生产力论一样。”至于说到像俄国、中国这样经济比较落后的国家还需要实现工业化、现代化的任务，那么完全可以在社会主义条件下完成这项任务，而决不是一定要等到实现了工业化、现代化以后再进行社会主义革命。针对像普列汉诺夫、苏哈诺夫这样的以“俄国生产力还没有发展到可以实行社会主义的高度”为由反对十月革命的人，列宁问道：“你们说，为了建设社会主义就需要文明。好极了。那么，我们为什么不能首先在我国为这种文明创造前提，如驱逐地主，驱逐俄国资本家，然后开始走向社会主义呢？你们在哪些书本上读到过，通常的历史顺序是不容许或不可能有这类的改变呢？”

俄国的十月革命以及后来其他国家的社会主义革命是符合社会发展规律的伟大创举，应该充分肯定。否定十月革命的种种言论是错误的。

必须科学地评价苏联社会主义模式

国际共产主义运动中的历史虚无主义，集中攻击苏联社会主义模式。

围绕着如何评价苏联社会主义模式，自苏联社会主义制度建立以来，一直存在着严重的分歧。到上世纪 80 年代末 90 年代初，这种争论达到了高峰，延续至今，尚未停息。这也好理解：苏联社会主义模式是科学社会主义基本原理同苏联具体条件相结合的产物，是科学社会主义基本原理在苏联条件下的具体实现，对苏联社会主义模式的评价，涉及科学社会主义基本原理是不是正确、社会主义制度是不是优越于资本主义制度、社会主义取代资本主义是不是客观必然趋势等一系列原则性问题。不同的阶级，出于自身的阶级利益，对这样的原则问题必然得出不同的甚至对立的结论。评价苏联社会主义模式的时候，阶级立场是决定性的。

在上世纪 50 年代中期，毛泽东在批评赫鲁晓夫全盘否定斯大林（苏联社会主义模式是与斯大林的名字分不开的，它有时就称之为“斯大林模式”）的错误时，针对世界上流行的反苏反共浪潮，提出对苏联社会主义模式要“三七开”的著名论断，指出苏联的成绩是第一位的，是主流，错误是第二位的，是支流。他明确指出：“因为苏联发生了一些错误，这方面讲得多了，吹得多了，似乎那种错误不得了，这种观察是不妥的。任何一个民族，不可能不犯错误，何况苏联是世界上第一个社会主义国家，经历又那么长久，不发生错误是不可能的。苏联发生的错误，像斯大林的错误，它的位置是什么呢？是部分性质的，暂时性质的。虽然听说有些什么东西有二十年了，但总是暂时的、部分的，是可以纠正的。苏联那个主流，那个主要方面，那个大多数，是正确的。俄国产生了列宁主义，经过十月革命变成了第一个社会主义国家。它建设了社会主义，打败了法西斯，变成了一个强大的工业国。它有许多东西我们可以学。”“所以，要加以分析。我们说过，对斯大林要三七开。他们的主要的、大量的东西，是好的，有用的；部分的东西是错误的。”应该指出，这并不只是毛泽东个人的看法，而是政治局一致赞同的观点。现在有人对“三七开”的结论嗤之以鼻，斥之为“左”，不屑一顾。这至少是一种不慎重、不严肃的态度。

我们党的历届领导人一直坚持这一评价。例如，在苏东剧变以后的 1993 年 7 月 5 日，时任总书记的江泽民在省市委政研室主任会议上说；“前苏联的乱，实质是先把思想搞乱了。他们把斯大林这把刀子丢了，我们对斯大林的评价是功大于过，前苏联对斯大林的否定引起了全面的思想混乱。”“功大于过”，基本意思仍然是“三七开”。他指出，全盘否定斯大林，才导致苏联的动乱。

十八大以来，以习近平同志为核心的党中央，在新的形势下，再一次肯定了毛泽东的这一判断。习近平总书记在2013年1月5日新进中央委员的培训班上谈到苏联社会主义模式时，明确指出："苏联模式的形成，在特定历史条件下对巩固苏联社会主义制度曾经起到了重要作用，促进了苏联经济和整个社会生活的快速发展，也为苏联军民夺取反法西斯战争胜利发挥了重要作用。"他还多次谈到否定苏联社会主义实践的危害，指出否定苏联社会主义实践的历史虚无主义导致了苏联亡党亡国。

从毛泽东到习近平，我们党对苏联社会主义模式的分析和判断是一以贯之的，基本精神是三七开，成绩是第一位的，问题是第二位的，反对对苏联社会主义模式采取全盘否定的历史虚无主义态度。

毛泽东是怎样得出"三七开"的判断的呢？经过政治局多次讨论，然后在他主持下写作的《再论无产阶级专政的历史经验》中运用了一个重要的方法原则，即把苏联社会主义实践的经验区分为基本经验和具体经验。《再论》指出："关于苏联的革命和建设的经验，就它们的国际意义说来，有几种不同的情况。在苏联的成功的经验中，一部分具有基本的性质，在人类历史的现阶段具有普遍意义。这是苏联经验中的首要和基本的方面。此外，苏联还有一些错误的、失败的经验。错误和失败，尽管在表现形式和严重程度上各有不同，却是任何时期都不能完全避免的。而苏联由于是第一个社会主义国家，没有成功的经验可以借鉴，它的一些错误和失败更加难于避免。这些错误和失败，对于所有共产主义者都是极其有益的教训。因此，苏联的全部经验，包括某些错误和失败的经验在内，都值得我们认真地加以研究，而它的成功的基本经验尤其重要。苏联发展的事实证明，苏联革命和建设的基本经验是一个伟大的成功，是马克思列宁主义在人类历史上第一曲响彻云霄的凯歌。"

《再论》把苏联的基本经验概括为五条，即：一、无产阶级先进分子组织成为共产主义政党；二、无产阶级在共产党领导之下，联合劳动人民，经过革命斗争从资产阶级手里取得政权；三、在革命胜利后，建立无产阶级专政，实现工业的国有化，逐步实现农业的集体化，从而消灭剥削制度和生产资料私有制，消灭阶级；四、发展社会主义经济和社会主义文化，逐步提高人民的生活水平，并且积极准备条件，为过渡到共产主义社会而奋斗；五、坚持反对帝国主义侵略，坚持无产阶级国际主义。《再论》指出："我们平常所说的十月革命的道路，撇开它在当时当地所表现的具体形式来说，就是指的这些基本的东西。这些基本的东西，都是放之四海而皆准的马克思列宁主义的普遍真理。"这些基本经验实际上就是科学社会主义基本原则，就是十月革命道路，这是在任何情况下都必须坚持的。后来，邓小平针对资产阶级自由化思潮，又把它概括为四项基本原则，用词不大一样，意思是一样的。老实说，我国一些全盘否定苏联社会主义模式的人，矛头所向，正是这些基本原则。

对于苏联社会主义模式中的错误、弊病，《再论》并不是简单地加以谴责，而是从总结经验、推进社会主义事业出发，分析了它产生的根源，指出克服错误的办法。《再论》指出：苏联社会主义实践中出现的错误，"不是由于苏联社会主义经济制度和社会主义政治制度已经过时，而不能再适应苏联发展的需要了"。问题在于，"在基本制度适合需要的情况下，在生产关系和生产力之间，在上层建筑和经济基础之间，也仍然存在着一定的矛盾。这种矛盾表现成为经济制度和政治制度的某些环节上的缺陷。这种矛盾，虽然不需要用根本性质的变革来解决，仍然需要及时地加以调整。"由于苏联是第一个社会主义国家，如何建设社会主义，没有前鉴，他们是在探索中进行社会主义革命和建设的，出现一些错误也是难免的。转换成我们现在通常用的概念来说，那就是：苏联的基本制度是正确的，但具体的体制、运行机制存在弊病。所犯的错误不是由基本制度产生的，而是在具体体制和运行机制环节上产生的。因此，克服这些错误，并不需要推翻社会主义制度，只是需要对具体体制和运行机制进行改革。而且生产力与生产关系之间、经济基础与上层建筑之间的矛盾是始终存在的，克服了一个矛盾，又会出现新的矛盾，又需要通过改革予以解决。在上世纪50年代，毛泽东就作出这样的分析，不能不佩服他的睿智和远见。

苏联演变是背弃了十月革命道路的结果

有人是借苏东剧变来散布历史虚无主义的。他们说，连十月革命的故乡苏联都抛弃了十月革命道路，足见十月革命道路是错误的，不应该坚持也坚

持不下去的。这涉及一个带根本性的原则问题：苏联演变的原因是什么？是十月革命道路错了，还是背弃十月革命道路的结果？

苏联向资本主义演变是一个重大的历史事件，它是由多种因素综合起作用的结果。人们可以从不同角度去分析这个问题。但关键是哪一种因素起着决定的作用，也就是只要出现这个因素，苏联就必然向资本主义演变。说苏联演变是多种因素（其中有外因，也有内因，有党内的因素，也有党外的因素，有历史的因素，也有现实的因素，有政治因素，也有经济、社会、文化、外交等因素）综合起作用造成的，这一点大家没有分歧，但说到哪个因素是决定性的，那分歧就很大。归纳起来，主要是两种看法：一是苏联社会主义模式是苏联演变的决定性因素，只要坚持这种模式，就必然向资本主义演变；另一种看法是，戈尔巴乔夫倡导和推行的人道的民主社会主义理论和路线是决定性因素，谁搞民主社会主义，它就必然向资本主义演变。关于苏联社会主义模式的性质和历史作用，上面已经说了很多，概括起来说，第一，它的本质是科学社会主义，就本质层次来说，它是正确的，而且具有普遍义，是“放之四海而皆准”的。既然本质上是正确的制度，怎么会成向资本主义演变的决定性因素呢？这是说不通的；第二，它确实存在一些弊病，但这是在具体体制、运行机制层次上产生的，通过改革是可以解决的。这些弊病只是证明改革的必要性，不能说明向资本主义演变的必然性。我国在坚持科学社会主义基本原则的前提下进行改革所取得的成就，就是一个很好的例证。

苏联向资本主义演变的根本原因，我们党的领导人有过十分清晰的判断。1991 年 12 月，苏联政局正在发生急剧变化的时候，时任总书记的江泽民就指出：“苏联东欧国家变化的原因是多方面的，有外因内因，而外因是变化的条件，内因是变化的根据。苏联东欧之所以发展到今天这样的程度，确有西方敌对势力推行和平演变战略的因素，但是归根到底，是苏联东欧党的领导者执行了一条错误的路线，错误的方针和政策，严重脱离了群众所造成的。”

1993 年 8 月，苏联向资本主义演变的尘埃已经落地，他在使节会议上又讲：“东欧演变、苏联解体，说到底，是因为执政的共产党出了问题，背弃了工人阶级先锋队性质，不再坚持马克思主义的指导思想、共产主义的目标、为人民服务的宗旨和民主集中制的组织原则，因此才导致政治路线和一系列方针政策的错误。”

1998年12月，他在全国政法工作会议上再一次指出：“世界上第一个社会主义国家在戈尔巴乔夫手里搞垮了。苏联的基础设施、工业基础都比较雄厚，资源丰富，人民的文化素质也是高的，但眼看着解体了，搞成今天这个样子，最根本的原因就是戈尔巴乔夫背弃了马克思列宁主义、社会主义的基本原则，包括取消党的领导、抛弃无产阶级专政。这个教训深刻得很啊！”

2001年4月2日，江泽民在全国社会治安工作会议上的讲话指出：“堡垒最容易从内部攻破。八十年代末、九十年代初，东欧国家的共产党和社会主义制度像多米诺骨牌一样纷纷垮台，最后苏联也解体了。除了这些国家长期积累的经济、政治、社会矛盾和国际敌对势力长期进行‘西化’、‘分化’战略这个原因外，关键是这些国家的共产党内部出了问题，危机时刻党内在政治上发生重大分歧，导致政治局面一发不可收拾。

1991年5月，我去苏联访问见到戈尔巴乔夫，我谈到坚持四项基本原则时，他笑起来了。他的意思是现在什么时代了，你还说这一套。

进一步的问题是，戈尔巴乔夫推行民主社会主义怎样把苏联的社会主义制度演变成资本主义制度的呢？这就涉及戈尔巴乔夫的改革了。他一上台就到处讲改革，俨然是以改革家自居。改革，谁能够反对呢？在社会主义社会里，仍然存在生产力与生产关系、经济基础与上层建筑之间的矛盾，需要通过改革解决矛盾，推动社会主义向前发展。不改革，社会主义就停滞了、僵化了，那样的社会是没有出路的。所以邓小平说，不改革，是死路一条。然而并不是所有的改革都是对的，关键是按照什么样路线进行改革。邓小平在讲不改革是死路一条的同时，强调不坚持社会主义也是死路一条。苏联的社会主义事业就是葬送在戈尔巴乔夫的否定十月革命道路的改革手里的。

那么戈尔巴乔夫的改革是怎样葬送社会主义的呢？这里只能简单地说一下。首先他完全否定苏联的社会主义基本制度，攻击科学社会主义基本原则。这是他的改革的前提。他提出，苏联社会主义模式遭到了战略性的失败。苏联社会主义模式的根本弊病是存在“三垄断”：政治上，共产党领导，党对政权的霸占，排除了其他政党通过竞争掌握政权的可能，这是政治垄断；经济上，公有制占统治地位，消灭私有制，排除了公民选择其他所有制的权利，这是经济垄断；思想上，马克思主义居于指导地位，指导思想一元化，排除了人们吸收其他先进文化的权利，这是精神垄断。这些垄断导致了各个领域出现异化现象，政治上共产党对政权的霸占，导致人与政治、与政权的异化；经济上公有制的统治，导致人与财产、与所有制的异化；思想上马克思主义的指导，导致人与文化的异化。改革的任务就是克服垄断，消除异化。说白了，他的改革就是要彻底颠覆社会主义制度。

他是怎样进行改革的呢？按照民主社会主义的理论和路线，第一，在政治上，放弃共产党领导，实行多党制，凭选票轮流执政。1990 年 2 月苏共中央全会提出实行多党制，接着修改宪法，删除第六条（即规定共产领导地位的那一条），当时我们党中央就向全党发出通知，断定苏联已经走上了资本主义的不归路。第二，经济上，否定公有制的主体地位，开始时笼统地主张发展多种经济成分，紧接着就提出对国有经济实行非国有化，很快就提出全面私有化，彻底消灭公有制经济，恢复资本主义私有制的统治，实行资本主义市场经济。第三，思想上取消马克思主义的指导地位，主张指导思想多元化，实际上把资产阶级革命时提倡的民主、自由、平等、博爱当作指导思想。这一套改革主张付诸实施，苏联的社会主义制度迅速瓦解，很快资本主义制度就复辟了。

很明显，戈尔巴乔夫推行的民主社会主义路线是苏联向资本主义演变的决定性因素。苏联的演变，不是十月革命道路错了，而是抛弃、否定十月革命道路造成的恶果。它从反面证明了十月革命道路的正确性。

中国特色社会主义是十月革命道路的继续和发展

中国特色社会主义与十月革命道路（也就是科学社会主义基本原则）是什么关系？这个问题本来是十分清楚的：党的十七大、十八大都明确指出，中国特色社会主义，既坚持了科学社会主义基本原则，又根据中国具体国情和时代特点，赋予鲜明的中国特色。这就是说，第一，中国特色社会主义的本质是科学社会主义。科学社会主义基本原则是中国特色社会主义的“根子”和“源头”。离开了科学社会主义也就没有中国特色社会主义。按照习近平总书记的说法，“科学社会主义基本原则不能丢，丢了就不是社会主义”，连社会主义都不是了，还谈论什么中国特色社会主义呢？在这一根本层次上，并没有中国特色，这是社会主义的共性。第二，在社会主义基本原则的具体实现形式层面上，则具有鲜明的中国特色。这是社会主义的特殊性。也就是说，“中国特色”，只是在社会主义基本原则的实现形式这一层次上才具有。中国特色社会主义是把科学社会主义基本原则同当前中国的具体国情（我国正处在社会主义初级阶段，处在经济全球化、和平与发展成为主要问题的国际环境中，我国具有自己的历史文化传统等等）相结合的理论结晶，是社会主义的共性（即科学社会主义基本原则）与社会主义的特殊性（在基本原则的实现形式层次上具有中国特色）的统一。

从社会制度基本原则的角度来说，中国特色社会主义与十月革命道路、苏联社会主义模式、改革开放前我国的社会主义实践是一致的，他们都是科学社会主义发展的历史进程中的一个阶段，本质上都是科学社会主义。因此，中国特色社会主义是十月革命道路的继续和发展。

在这个问题上，经常有人把中国特色社会主义同科学社会主义对立起来，不承认中国特色社会主义是十月革命道路的继续。例如，有人在我们把“有中国特色社会主义”改为“中国特色社会主义”这件并没有原则意义的事情上大做文章，提出这一改动意味着我们“不再满足于有中国特色了”，标志着中国特色社会主义已经是一种独立形态的社会主义，而与任何社会主义（包括马克思恩格斯创立的科学社会主义）不同了。一位著名科学社会主义专家则提出，中国特色社会主义是科学社会主义之外的一个社会主义流派（与民主社会主义、生态社会主义、民族社会主义并列），也就是说，中国特色社会主义与科学社会主义没有关系；还有人认为，中国特色社会主义是在彻底否定人类历史上的社会主义实践（包括苏联社会主义模式和改革开放前我国的社会主义实践）的基础上建立起来的崭新的社会主义，他们说，改革就是“去苏联化”、“非毛化”，因而中国特色社会主义是一种“全新的社会主义”。他们完全否定中国特色社会主义的理论渊源和历史渊源。种种说法，不一而足。这些说法，有一个共同点，即都把中国特色社会主义与科学社会主义割裂开来。这等于刨了中国特色社会主义的根子，堵了中国特色社会主义的源头。这样做，中国特色社会主义怎么还能活下去呢？否定了十月革命道路这个根子，中国特色社会主义就变成一个什么东西都可以塞进去的大杂烩了，变成西方攻击我们常说的“中国特色资本主义”了。

我们必须重视国际共产主义运动中的历史虚无主义，否定了十月革命道路，否定了苏联社会主义模式中的基本制度、基本经验，也就刨掉了中国特色社会主义的根子。听任国际共产主义运动中的历史虚无主义在我国泛滥，势必葬送中国特色社会主义事业。旗帜鲜明地批判国际共产主义运动中的历史虚无主义，是我国理论界的一项重要任务。

（作者单位：中国人民大学）

（原载《中华魂》2017年第2期）

历史虚无主义
在当代社会主义国家泛滥的深刻教训

刘书林

近半个世纪以来，特别是最近30多年来，历史虚无主义在社会主义国家的泛滥造成了思想舆论方面和政治方面极大的危害，最终成为国内外敌对势力颠覆社会主义国家政权、策动“颜色革命”、实现历史大倒退的重要手段和战略。曲折和错误往往是正确的前导。只要无产阶级政党和人民大众正确地总结经验，汲取历史虚无主义在社会主义国家泛滥的教训，就能避免给历史虚无主义泛滥留下可乘之机，在政治上不断成熟起来。历史虚无主义在社会主义国家泛滥的主要教训可以概括为以下几方面：

一、社会主义国家必须维护社会主义事业的实践历史，使其不被历史虚无主义思潮歪曲、否定和丑化，这是保证无产阶级政党占据执政地位、保证历史进步大趋势的必要政治条件

社会主义国家政权实行无产阶级专政或曰人民民主专政，这是在科学社会主义的指导下人类历史上出现的史无前例的新生事物。尽管各个社会主义国家产生于经济和文化比较落后的社会条件下，尽管由于自身的不成熟和旧社会因素的侵蚀出现过许多曲折和复杂的情况，但社会主义国家在历史上产生的巨大的革命首创精神和历史主动性是无与伦比的。它们以历史大跃进的姿态，推动了经济和社会的发展进步，建立了真正的人民当家作主的新社会，实现了最真实的人人平等，调动了亿万人民的生产积极性和团结上进精神，曾经震慑了资本主义世界，引发了西方社会的危机和敌对势力的恐惧。社会主义国家起步时只有镰刀和木犁，当它们的第一代领导人逝世时，普遍

发展为拥有世界最先进的科技和发展基础的国家。史实充分证明了无产阶级政党在马列主义的指导下，创造了功垂千秋的丰功伟绩。对待社会主义国家实践的历史，一定要抓住这个主题、主线、主流，才能作出正确的观察和评价。

但是，自20世纪50年代以来，无产阶级政党内部产生的修正主义思潮和西方敌对势力却以谎言和所谓细节，从抨击进而丑化社会主义国家的主要开创者入手，颠倒黑白地重新评价社会主义历史，煽动人们的情绪，达到“去其史、灭其国”的罪恶目的。历史虚无主义思潮就是至今为止国内外敌对势力惯用的武器。在改革初期，社会主义国家在追究和纠正历史上曾经犯过的错误的时候，人们经常说着一句马克思主义的名言：实践是检验真理的唯一标准。这无疑是正确的。但是，人们常常忘记了实践检验真理的特点：第一，这种实践不是一时一事，也不是孤立的个性感受，而是指千百万人的社会实践的主流趋向；第二，这种实践不是静止的、僵化的、一次性的，而永远是不断展开的、连续不断的、通过一定的过程展现的历史大趋势；第三，这种实践的过程是生动的、曲折的、不断追求真理的过程，不是简单的、直线型的、一锤定音的。实践是生生不息、永不间断的，因此实践对真理的检验也就永远不会停止。不要以为实践是检验真理的标准这个口号喊一阵子就过去了。实际上，检验真理的实践宛如一幅不断展开的画卷，它不但检验前辈的工作，也要检验我们当前的工作，也会检验我们未来的工作。对于任何时候的工作，我们都要有接受实践检验的意识。人们的实践无时无刻不在积累着相对真理，判断着真伪，向着绝对真理迈进。一时认为是真理的东西，不见得被后来的实践发展证明是真理；一时被指为错误的东西，不见得就是错误；这里的标准不是自以为正确，而是实践继续检验的结果。对于社会主义国家实践的历史，不要轻易地下结论，要留下历史检验的余地。这样才能避免在纠正错误的过程中走极端、刮翻案风。苏联历史上的一些领导人借着大权在握之机，曾经以为自己杜撰的“全民党”“全民国家”“全人类的利益高于一切”“新思维”等是对马克思列宁主义的“创新成果”，但几十年的实践越来越证明这些都是对马克思列宁主义的严重背叛。相反，列宁在第二国际后期曾经受到占主流的机会主义者的围攻，毛泽东也曾经遭到机会主义者的排斥和否定，但最终却被证明他们坚持的是真理。历史虚无主义对待社会主义国家的历史，正是违反了实践是检验真理标准的这一原则，他们的错误立场使自己一意孤行地拉历史车轮使之倒退，抓住一些历史的细节、极少数人的个人感受、主观猜测的情况等鸡毛蒜皮之事，在没有确凿事实和证据的情况下，欺骗干部和群众，煽动反叛情绪，否定和丑化开创社会主义事业的导师和领袖，否定和丑化社会主义事业的实践，企图达到不可告人的目的。对此，我们必须在政治上有足够的警惕。

对社会主义事业实践的历史考察不能断章取义，不能攻其一点、不及其余，而要具有连续性。要善于连续地看待历史发展，不要把今日的社会主义实践与过去的社会主义实践对立起来，这样才能避免历史虚无主义。因此，在改革中必须分清这些重大是非问题：第一，我们国家在新的历史条件下，强调理论创新，决不等于蔑视马克思、列宁、毛泽东等老祖宗，更不等于离经叛道地胡作非为；第二，我们国家鼓励以个人利益作为生产和市场的驱动力，决不等于抛弃我们一贯坚持的集体主义的基本原则；第三，邓小平关于"不管黑猫白猫"的说法，也不等于不讲科学社会主义原则的前提；第四，我们国家鼓励竞争，决不等于放弃社会主义原则，更不等于要实行"丛林原则"；第五，我们国家要解决历史遗留问题，调动一切积极因素，也不等于全盘推翻党在一定的历史环境下所作的工作和所得的结论。如果没有这些自觉性，就会产生历史虚无主义的狂热，把开国元勋的具体举措全盘否定，把他处理的问题和所作的结论全盘否定，鼓动全面的翻案风，这样做必然脱离最广大的群众，实际上就等于抛弃了开国元勋所举的旗帜，走到社会主义事业的反面。国际共产主义运动中的修正主义分子，常常以否定党的历史捞取个人的资本，常常以背离马克思主义的行为标新立异，最终除了受到后代和历史的嘲笑以外，一无所得。他们正是从内部来瓦解社会主义事业的骨干，也是掀动历史虚无主义的根源所在。这种人在苏联导致了亡党亡国，在中国也导致了社会主义改革事业的严重曲折。只有保持对社会主义事业实践历史的科学态度，维护实践历史的大趋势，才能防止历史虚无主义的泛滥。

二、社会主义国家的执政党必须保持思想和政治路线的正确性，这是识别和抵制历史虚无主义思潮的基本保证

保持无产阶级政党的先进性和阶级性，识别和抵制历史虚无主义思潮，两者互为因果关系。无产阶级政党在思想上和政治上的路线正确与否，是决定一切的根本所在。这有赖于无产阶级政党“四条路线”的正确，即党的思想路线、政治路线、组织路线、群众路线的正确。

（一）要有一条正确的思想路线

思想路线是无产阶级政党的灵魂，这就是马克思主义所主张的辩证唯物主义和历史唯物主义的科学世界观。这在政治上主要体现在：是不是把科学社会主义指导下的实践视为人类历史上最先进的实践，是不是坚定地坚持共产主义必然胜利、资本主义必然灭亡的历史必然性，能不能与剥削阶级的传统观念实行最彻底的决裂，能不能以科学态度对待当代社会主义制度和资本主义制度存在的现实，能不能在当前的运动中同时代表着未来共产主义的方向，能不能及时地识别和抵制一切机会主义思潮，同时坚持社会主义的意识形态和话语体系，在必要的斗争中能不能具有代表无产阶级和劳动人民的策略和魄力，一句话：在思想上能不能具有自立于世界的能力。具有这种世界观的人们，既能高屋建瓴又能明察秋毫，既能当机立断又能从容不迫，既能举重若轻又能应付自如。在这方面，国际共产主义运动史上最伟大的榜样就是马克思、恩格斯、列宁、斯大林、毛泽东。他们事业的真正继承人也能够在复杂的实践中，坚持科学社会主义的原则，能够识别那些历史虚无主义、实用主义、自由主义、私有化思潮，以及所谓的普世价值思潮、所谓的宪政思潮、民主社会主义思潮、所谓的公民社会思潮，并能够及时地组织力量与这些错误思潮的斗争。

思想路线的正确性往往来自于无产阶级政党及其主要领导人的马克思主义理论基础的修养。这种修养能将马克思主义本土化而防止教条主义和经验主义，能在坚持马克思主义的实践中体现时代精神而防止离经叛道的修正主义倾向。可惜在苏东地区的一些国家，有的领导人不学无术而装腔作势，毫无理论修养基础而附庸风雅，一朝得势就显示为所欲为的气势。虽然这样的

人一再被历史证明其失败，但种子不断萌发，恶劣先例不断。究其原因，他们首先从思想路线上就严重背离了马克思主义。这种人只能自觉不自觉地鼓动历史虚无主义思潮，而不会抵制或反对历史虚无主义思潮。

（二）要有一条正确的政治路线

政治路线是无产阶级先进政党的科学思想路线在政治纲领和政治任务方面的具体体现。它具体包括：科学地确定时代的性质和一定的社会发展阶段，正确地规定各阶段具体的政治任务、政治策略、政治原则、政治立场、政治目标的基本内容。一句话，懂得根据党的宗旨应该干什么、也懂得怎么干，起码要懂得什么是前进和进步、什么是倒退和退却。放开一部分私有制成分，运用个人利益刺激积极性，拉开贫富差距，在一定的阶段如果是必要的，也不能忘记在眼前的政策中还要代表着无产阶级的未来，未来毕竟还是发展公有制为方向。如果把无产阶级政党策略上的暂时退却当成永久性的政治方向，只能把党的事业引向资本主义道路而归于失败。同样重要的是，要懂得政治工作是一切经济工作的生命线，重视思想政治工作。如果把经济工作与政治工作对立起来，只知道以经济工作为中心，整天只知道盯住红利，轻视甚至抛弃政治工作，就会在实际上放弃社会主义的方向。

（三）要有一条正确的组织路线

组织路线是无产阶级政党的思想路线和政治路线在任用干部、组织队伍方面的体现。思想路线和政治路线决定组织路线，组织路线是为政治路线服务的。它集中表现为重用什么样的人、排斥什么样的人、打压什么样的人。正确的组织路线往往是任人唯贤、选贤举能、公正、正派的稳定持续性的任用干部，把干部团结在正确的政治路线周围。不正派的组织路线往往是任人唯亲、党同伐异、拉帮结伙、宗派主义的组织路线。不同的组织路线的要害在于所要达到的目的不同。苏联的某位领导人大反斯大林，不但制造谎言、煽动情绪，而且利用组织大权压制党内的正确意见。其实，在苏共二十大上有人提出暗指斯大林的个人崇拜问题时，与会代表是沉闷的，当大会宣读毛泽东主席来信中积极评价斯大林时，代表们爆发出热烈的掌声；当法共领导人发言赞扬斯大林时，代表们则起立欢呼[①]。可见当时反斯大林是不得人心的。但是当时出炉的秘密报告很快就把这种健康的氛围打压下去。早在1955年10月～12月，有人决定要调查并通报斯大林的“罪行”时，就遭到党的主席团成员的反对和质问。当时，莫洛托夫质问道：“这对谁有利？这对我们有什么好处？我们为什么还要去翻那些陈年旧账？”同时，卡冈诺维奇也质问：“斯大林是苏联人民伟大胜利的化身。审查列宁接班人这一可能的错误会引起人民对我们整个事业正确性的怀疑。人民甚至会对我们说：‘你们站在什么立场？谁赋予你们对死人加以评判的权力？’”[②] 但是，由于决策者掌握了组织大权，坚持正确意见的莫洛托夫、卡冈诺维奇、伏罗希洛夫等都先后被打压下去了。后来，戈尔巴乔夫以搞“公开性”为名，大搞历史虚无主义，再次掀起大反斯大林的恶浪，与此同时推行宗派主义的组织路线。他不许人民群众表达对历史虚无主义的质疑。1988年3月，一位大学女教师安德烈耶娃发表《我不能放弃原则》的来信，指出社会上以攻击斯大林、丑化列宁为突出特点的历史虚无主义的危害。戈尔巴乔夫当月便兴师动众，亲自组织对安德烈耶娃的围攻，连续举行两天的政治局会议，专横地把这封信定性为“反对改革的行动纲领”，筹划对安德烈耶娃的打压措施。[③] 人们在阅读苏联共产党文件的时候往往感到党内坚持原则的人不少，而且敢于发表自己的意见，但为什么这些正确的意见没有起作用呢？就是因为党的最高组织决策权力不在马克思主义者手里，篡夺了无产阶级政党最高权力的异己分子，利用党内监督制约机制薄弱的现实，推行了党同伐异、宗派主义的组织路线，不可逆转地把国家推向灭亡的深渊。在中国新时期，虽然各种错误思潮和势力无时不在干扰着党的发展方向，但党的最高权力掌握在邓小平等老一辈领导干部手里，即使高层出现少数离经叛道的领导人，也能够及时进行处理，使他们不能达到毁灭社会主义事业的目的。历史充分说明，组织路线常常在政治上起到了关键作用。

---

① 威廉·陶伯曼．赫鲁晓夫全传〔M〕．北京：中国社会科学出版社，2009，282。
② 威廉·陶伯曼．赫鲁晓夫全传〔M〕．北京：中国社会科学出版社，2009，289。
③ 谭索．戈尔巴乔夫的改革与苏联的毁灭〔M〕．北京：中国社会科学出版社，2006，111－113。

（四）要执行党的群众路线

群众路线也是无产阶级政党政治路线的体现。党的群众路线历经马克思列宁主义、毛泽东思想几个阶段的发展，目前已经趋于成熟：一切为了群众，一切依靠群众，从群众中来到群众中去。这条群众路线体现了党的宗旨、基本工作途径和探索真理的认识路线，它要求党时刻密切联系群众、一刻也不脱离群众。这不仅是拒腐防变的得力措施和良好环境，而且是发挥群众监督、吸取群众智慧和力量的有力手段。群众是真正的英雄。苏东国家的垮台，在某种意义上说就是因为那里的执政党完全脱离了群众，甚至排斥群众对改革方向的监督和制约，最后，人民群众不再把当时的无产阶级政党当作自己的政党了，党的生命也就危在旦夕了。一个党如果被广大群众抛弃了，敌对势力就会毫无忌惮地撕裂它的躯体，结束它的生命。苏联广大群众面对国家解体的现实，表现出毫无反抗的冷漠态度，引发了许多人的不解。其实，当时的执政党已经不是代表群众、为群众谋利益的党了，他们带头否定和丑化党和国家的历史，甚至成了推行历史虚无主义的急先锋，广大群众当然不会再和他们一道走，也不会把他们当作自己人去维护了。

三、社会主义国家必须维护国家开创者的历史地位及其思想的指导地位，及时反击和揭露国内外反动势力否定和丑化领袖和导师的污蔑和谎言，才能防止和抵制历史虚无主义思潮的泛滥

无论过去和现在，否定和丑化无产阶级新兴国家政权的开创者成为国内外敌对势力破坏社会主义国家的主要手段和主要策略。历史虚无主义的一个重要特点就是集中对社会主义国家开创者的领袖和导师进行肆无忌惮的否定和丑化。

邓小平称马克思、列宁、毛泽东是我们的老祖宗，并说老祖宗不能丢，丢了就要犯历史性的大错误。此话言之有理。因为这些属于老祖宗的人物，特别是列宁、斯大林、毛泽东，他们不是一般的国家领导人，而是科学社会主义事业在一个国家的代表，是一个国家社会主义制度的奠基者及其形象的代表，是几代革命者历史实践的指导者。对待社会主义国家开创者的态度，历来是国家命运所系，历来也是检验真假马克思主义者的试金石。正是因为如此，他们常常成为国内外敌对势力攻击的主要目标。因此，需要特别注意防止以反对所谓“个人崇拜”为名或者以其他名义否定和丑化社会主义国家开国领袖和导师的阴谋破坏活动。

20世纪50年代，苏共某领导人以反对“个人崇拜”为名，掀起大规模的反斯大林的运动，以莫须有的捏造的谎言和罪名污蔑斯大林，欺骗全党，以主观怀疑和栽赃陷害斯大林，推倒苏联境内一切斯大林塑像，把盛放斯大林遗体的棺木从红场的列宁墓中搬出，深深埋入地下的大坑，并以几卡车水泥将斯大林的棺木封固。[①] 这哪里是反对什么个人崇拜，明明就是全盘否定斯大林，惧怕斯大林坚持的科学社会主义原则。有人曾经打着“纠正斯大林错误”的旗号大反斯大林，实际上醉翁之意不在酒。他指责斯大林肃反扩大化，他自己就是主持乌克兰大搞肃反扩大化的极端分子；他曾借口反对斯大林的“个人崇拜”，他自己却真正搞起了个人崇拜，以至于在其垮台时被指责的主要罪状就是搞“个人崇拜”；他搞了干部的任期制，似乎结束了斯大林时期的干部终身制，但这一“改革”并不包括他自己及其同党骨干；他指责斯大林脱离群众，他自己却对于那些手举马克思、列宁像的示威群众，公开进行武力镇压，先后制造了大量打死打伤示威群众的惨案，如1956年4月格鲁吉亚的第比利斯惨案和1962年6月新切尔卡斯克列宁广场惨案[②]。这些惨案在相关回忆录里只字不敢提及，可见其心虚到何种程度。苏共历史上制造的大反斯大林事件，不仅在国际上使社会主义国家的动乱接踵而至，而且使社会主义国家的根基产生了巨大的裂缝，离间了党与群众的关系，培养了一批苏联社会主义事业的掘墓人。

20世纪80年代，戈尔巴乔夫进一步掀起了大反斯大林的浪潮，而且从大反斯大林转向了全面公开地否定和丑化列宁。“民主纲领派”头子尤里·阿法纳西耶夫宣称，“斯大林主义的实质在于列宁主义”，“我感到最重要的是要揭露斯大林所包含的列宁主义实质。许多人想牺牲斯大林来拯救列宁主义，这就回避了问题的实质”[③]。曾几何时，那些标榜大反斯大林是为了维护列宁的谎言，此时却变成了铺天盖地的诽谤和丑化列宁的表演。一时间，

① 威廉·陶伯曼．赫鲁晓夫全传〔M〕．北京：中国社会科学出版社，2009，525。
② 威廉·陶伯曼．赫鲁晓夫全传〔M〕．北京：中国社会科学出版社，2009，298，532。
③ 田娟玉．阿法纳西耶夫的一些观点引起争论〔J〕．俄罗斯研究，1991（1）。

有关列宁的谣言“劣迹”“罪行”不胫而走，苏联各地开始出现推倒或污损列宁塑像的狂潮。

否定和丑化了斯大林和列宁，实际上也就挖掉了苏联无产阶级政党执政的基础，剥削阶级的复辟就来到了面前。许多报刊详细描写沙皇尼古拉二世被处决的过程和细节，为之鸣冤叫屈，借此诽谤苏维埃政权的“残暴”。从1988年起，历史上被革命淘汰的人物纷纷登场，形成了浓烈的复辟氛围。《十月》杂志不断刊登《一个俄国军官的道路》等文章美化白军将领邓尼金，为之歌功颂德。《我们的同时代人》杂志还连篇累牍地刊登沙俄时期的内阁总理斯托雷平在职时对国家杜马的讲话，以引起旧社会的某些遗老遗少的怀念，便于制造复辟旧制度的舆论。一旦列宁、斯大林成为被否定和批判的对象，一旦历史上的剥削阶级代表人物成为主流媒体怀念的对象，社会主义国家灭亡的舆论准备就成熟了。

政治上成熟的政权从来不否定自己的开国领袖，也不会否定历届有代表性的领导人。美国历届总统包括华盛顿、杰斐逊、林肯、罗斯福等著名总统，并非无懈可击，李敖先生所著一本《审判美国》就把他们揭露得够清楚的了。但是美国历届总统的就职演说从来不提及自己的前任有什么过错，只讲自己的施政打算。无论某一位总统产生过什么丑闻、受过什么惩处、丢过什么样的脸面，一旦他们退职，历届总统的画像都毫无例外地悬挂在白宫椭圆形走廊里，一个个都显得慈祥、睿智、神圣不可侵犯。这无疑强化了一般人感觉中的美国资产阶级专政的正统观念，有利于美国国家政权的稳定。相比之下，前苏联人无不扼腕而感慨。但历史不存在后悔药，只有继续从事社会主义事业的人们才能从中吸取经验教训和精神财富。

四、社会主义国家必须划清共产党与社会党两类不同性质的政党在历史与现实中的原则区别，警惕“共产党的社会党化”危险倾向，坚决拒斥民主社会主义思潮

在西方敌对势力对社会主义国家采取“和平演变”的战略以来，苏联和东欧国家的执政党始终存在自我变质的危险，这就是苏共“社会党化”的危险。历史虚无主义在苏联的泛滥，把这种危险变成了无情的现实。

社会党与共产党是在世界社会主义运动的历史上逐渐明确分野、逐步分道扬镳的、性质不同的两种不同的党。虽然在当代世界和国际政治中、在一定的条件下，两类政党还可能产生一定的合作和联系，但是两者的性质是根本不同的。自从列宁领导建立第三国际之时，就与社会党划清了政治界限，特别是在社会党国际于1951年在英国工党主持下重新建立了国际组织——社会党国际之后更是界限分明。在漫长的世界两大阵营对抗的时期，社会党国际及大多数国家的社会党在政治上一般都追随帝国主义阵营的立场和主张，因此共产党与社会党之间对抗的历史既长又激烈，相互之间留下了互相攻击和批判的深刻记忆。

虽然在20世纪70年代社会党国际内部发生了一些变化和调整，共产党与社会党在新的历史条件下产生了国际交往和合作。但是，社会党人并不接受“工人阶级政党”或“无产阶级政党”的定性，他们的指导思想是多元化的理论，他们的目标是民主社会主义，他们的其他政治主张也与共产党迥然不同。

在社会党漫长的发展之中，其理论和主张曾经对临近国家的共产党人或马克思主义者产生过较重要的影响。著名的伯恩施坦修正主义就是受英国工党的社会主义理论影响而产生的。20世纪50年代出现的“东欧新马克思主义”，以及之后出现的“欧洲共产主义”派别，都是不同程度地受了社会党的主流意识形态———民主社会主义思想及其主张的影响。赫鲁晓夫的理论本质上就是“东欧新马克思主义”的一个变种在苏联的反映。

在20世纪80年代社会党与共产党调整关系之中，科学总结两种政党交往的历史经验和教训，确定独立自主、平等交往、协商合作、互不干涉内部事务的原则是必要的。但是，苏联共产党在历史虚无主义思潮的影响下，在与社会党国际调整关系的过程中却走向了极端。这就是基本上全盘否定共产党自己的历史实践，全盘肯定社会党国际的一切历史实践。似乎共产党人一切都错了，而社会党人一切都是正确的。这样就导致“共产党发生社会党化”的倾向。在这种历史虚无主义的浪潮的推动下，苏联共产党及东欧各社会主义国家的共产党，纷纷向社会党靠拢，并极力宣扬自己的本质是社会党。这不但导致苏共的加速垮台，也导致整个东欧社会主义国家的多米诺骨牌式的灭亡。所以，划清共产党人与社会党人之间的界限，保持共产党人的本色，防止共产党人向社会党人蜕变，防止科学社会主义被曲解成所谓“民主社会主义”，这也是一条重要的教训。

五、社会主义国家的执政党在宣传教育工作中必须科学地处理宣传和思想政治教育中的政策和策略，保持宣传和教育内容的连续性和稳定性，防止由于不慎而导致宣传教育的被动，以至于为历史虚无主义留下泛滥的可乘之机

在社会主义国家的改革中，出现了一种类似的现象：各国的改革都普遍从检讨自己在历史上出现的错误开始，打开改革的局面。同时，为了适应新的国际关系的环境，宣传和思想政治工作都是为外交政策和改革政策服务。这样就会造成盲目否定历史的倾向，为历史虚无主义的泛滥制造了条件。

在纠正历史实践中的错误的时候，一定要坚持实事求是的科学态度，防止全盘否党的历史上的集体决策和主要实践。防止造成翻案风的狂热，防止逐渐扩大化地纠正社会主义实践中的错误，防止把纠正所谓极“左”变成纠正社会主义。对于历史事件，一定要坚持把史实放到一定的历史条件下进行科学地分析，切忌脱离历史条件孤立地、片面地看问题，以至于走向历史虚无主义的极端。列宁的著名论断告诉我们，把史实放到一定的历史条件下进行科学地分析，这是唯物史观的首要的、绝对的前提。这一方法也是我们今日科学分析历史事实的唯一科学方法。只要坚持运用这一科学方法，我们就不会成为历史虚无主义的工具。

当因工作需要改变宣传重点的时候，必须照应到过去曾经对人民群众进行宣传的内容，不要与之矛盾，不要顾前不顾后。要保持党的宣传内容和观点的连续性和稳定性，使新旧宣传内容衔接一致，决不能背离党的一贯宣传内容和观点。这样才能防止历史虚无主义趁机制造谣言、煽动群众，否定党的历史。

在中国，也有人借纠正“文化大革命”错误之机无限扩大党在历史上“左”的错误的范围和程度，甚至把党自成立初期到现在的历史丑化为一系列“左”祸的历史。最终导致有人提出，从马克思、恩格斯、列宁、斯大林

到毛泽东的理论都是极“左”教条，认为中国的改革就是摆脱了这些极“左”教条的结果。这显然是不符合历史事实的，是走到背叛马克思列宁主义、毛泽东思想的邪路上去了。

还有一个宣传和思想政治教育常常为外交政策变化服务的问题。我们有时常常把意识形态教育与新闻宣传的内容捆绑起来进行。一些理论是非分析，往往要配合当时外交政策和国际关系的情况。这样，随着我国与某些国家外交关系的变化，宣传和思想政治教育内容不断变化，有时会陷入实用主义的困境。社会主义国家应该把外交关系方面的宣传内容与思想政治教育宣传的内容作出一定的分割，不要把外交政策的宣传与思想政治教育的宣传捆绑在一起。外交政策的宣传可以根据需要放开手脚，做足文章，但对待国内和人民内部的意识形态教育内容，不应该做经常性的调整和变动，不要把外交辞令与对人民内部的意识形态教育混为一谈。这样才能取得宣传和思想政治教育的主动，而不至于受制于历史虚无主义的思潮。

（作者单位：清华大学马克思主义学院）

（原载《理论探索》2016 年第 1 期）

从S. A. 阿列克谢耶维奇获奖看诺贝尔文学奖的政治倾向性

颜　玉

2015年诺贝尔文学奖授予了白俄罗斯女作家S. A. 阿列克谢耶维奇。瑞典文学院又一次作出“惊人之举”，将某一个在自己国度或籍籍无名或异议颇多的作家推为诺奖得主。迄今为止，在诺贝尔文学奖获奖者中，有相当一部分获奖“内幕和真相”是相同的，那就是他们的创作立场或者政治倾向符合诺贝尔奖评奖者的政治标准。这一点，现在看得越来越明白了。

一、S. A. 阿列克谢耶维奇为什么会被诺奖评委们看中

首先是和俄罗斯与西方争斗的大形势有关。近年来，叙利亚危机、乌克兰危机所引发的国际地缘政治冲突，使俄罗斯与欧美发生直接矛盾。S. A. 阿列克谢耶维奇作为出生于乌克兰、成长于白俄罗斯、成名于苏联时期的女作家，她的出身、她的文学活动主旨，她对时局的看法等，成为西方攻击俄罗斯的不二人选。S. A. 阿列克谢耶维奇1948年出生于乌克兰社会主义加盟共和国斯坦尼斯拉夫州，父亲是白俄罗斯人，母亲是乌克兰人。她的出生地是乌克兰西部地区经济文化中心，2013年的乌克兰危机与此地密切相关，当地居民和地方政府强烈主张乌克兰加入北约和欧盟，而与俄罗斯接壤的乌克兰东部地区居民和政府的观点则恰恰相反。S. A. 阿列克谢耶维奇在获奖后谈及乌克兰危机这个敏感话题时，毫不掩饰地批评俄罗斯政府应为东乌分离主义战争负责。美国的《华尔街日报》评论：在俄罗斯，一些民族主义者已经批判她痛恨俄罗斯，“会激起欧洲反俄情绪”。而俄罗斯的一位作协主席科鲁滨则直截了当地说：“一直有因为政治主题，并非由于作者出色的艺术

成就而获诺贝尔文学奖的现象。西方起初是希望把白俄罗斯当作自己的附庸国与其调情的，可能现在找到了新的攻击俄罗斯历史的方式。”

那么，S. A. 阿列克谢耶维奇的作品到底是哪些内容吸引了诺奖评委们的眼球，使其成为“新的攻击俄罗斯历史的方式”？1984 年 S. A. 阿列克谢耶维奇发表了第一部文献性质的中篇俄语小说《战争中没有女性》，此小说是根据访谈几百位亲历二战的白俄罗斯女性的内容创作的。有评论就批评了她在该小说创作中存在的自然主义和诋毁苏联妇女英雄形象的倾向。1985 年她发表的俄语小说《最后的见证者》，采访了一群二战期间白俄罗斯的孩子，被认为颠覆了苏联官方对卫国战争的宣传。而她在 1999 年发表的《锌皮娃娃兵》，是对 10 年间不同时段参加过阿富汗战争的苏联士兵的访谈，记述了和苏联官方关于阿富汗战争宣传完全不同的事实。小说发表后，一些评论者认为，阿列克谢耶维奇是在给苏联军队抹黑，是对苏军的诽谤。白俄罗斯则将其列为禁书。一些参战士兵家属更是强烈批评作者，甚至在苏联解体后还将阿列克谢耶维奇告上法院，与她对簿公堂。1986 年苏联切尔诺贝利核电站发生爆炸，成千上万的人因 20 吨高辐射核燃料泄漏而感染各种疾病，阿列克谢耶维奇用 3 年时间采写了《切尔诺贝利的祷告：未来编年史》（中译本为《切尔诺贝利的回忆：核灾难口述史》）一书，辑录了亲历者的灾难记忆，集中再现了核大国苏联及其体制弊端。2013 年创作的《二手时间》是阿列克谢耶维奇最新的作品，她将访谈对象扩大到整个原苏联国家，从 1991 年采访开始，一直持续到 2012 年。这部倾其 10 年创作心血的小说直面苏共苏联亡党亡国后普通俄罗斯人灵魂撕裂、精神麻木、信仰无定、未来无依的茫然状态，画出了当今俄罗斯人虽然倔强并富有血性，但却面临着“不容退回的过去、难以接受的现在、没有指望的未来”的尴尬境地。正如作者自己所言：“我组织起的不是真实（真实是无法企及的），而是形象，是自己时代的形象，是我们对它的看法，我们对它的感觉。”这样的“感觉”当然更适合西方的接受心理，因为每一本小说都展示了苏联不同时期的“阴暗面”，而俄罗斯是继承了苏联的大部分遗产的。

因此，在叙利亚危机、乌克兰危机都与俄罗斯有关联的国际地缘政治冲突格局下，S. A. 阿列克谢耶维奇能被诺奖评委选中是顺理成章的事。从某种程度上，这也是西方站在自己的“劳动成果”——苏联社会主义废墟面前，所搞的一次自演自赏。在这次获诺奖的《二手时间》里，作者借访谈者之口，对俄罗斯人曾经的信仰——共产主义、马克思列宁主义极尽嘲讽之能事：“我们的共产主义，本来有个疯狂的计划：要把亚当以来的旧人类改造为新人类，而且也付诸实施了，这算是它唯一做过的事情。70 多年间，在我们的马克思列宁主义实验室里，制造出了一种另类的人：苏维埃人。有人认为这是一种悲剧人物，另一些人把他们称为‘苏联分子’。”“苏联分子”一直就是冷战时期西方对苏联人的专称。而当苏联帝国崩塌后，“新一代”俄罗斯人迎来了西方资本主义，却发现他们追求的“民主自由”远不是心目中的理想自由，他们梦想融入欧洲的公民身份迟迟不来，他们甚而至于怀念起苏联的“伟大”来了。《二手时间》里选择的讲述者多是社会转型期生活中的“失败者”，他们以五味杂陈的心情缅怀着苏联社会主义的历史，和现实生活中的政治身份时时形成强烈比对。因此，当普京执政回归苏联曾经的强权模式时，普通民众虽然从内心认同，但因为自己的生活状况并没有得到改善，因而仍感到身心漂泊，无处寄放。《二手时间》里写道：“执政党就是复制版的苏联共产党。总统大权在握，如同当年的总书记，拥有绝对权力。而代替马克思列宁主义的，是东正教……”“普京式的民主，这是俄罗斯最短的笑话。”明显是对普京执政回归传统强权模式的嘲弄。可以说，诺奖评委们正是透过当今俄罗斯人矛盾复杂的人生态度，使 S. A. 阿列克谢耶维奇历经几十年精心绘制的苏联与后苏联精神地图，通过诺贝尔文学奖而放大了其攻击俄罗斯的国际政治效应。

二、诺贝尔文学奖为什么会沦为西方政治工具

俄作协主席科鲁滨在评论 S. A. 阿列克谢耶维奇获得诺奖时直言不讳地说：“作者凸显的只是这种卑鄙的层面，暴露出其倾向性，这对一个作家而言是不体面的……我要强调，超越政治的诺贝尔奖是不存在的。”翻检诺贝尔文学奖的历史，科鲁滨的话大体符合事实，因为这是诺贝尔文学奖自身的价值观所决定的。

从字面意义理解，诺贝尔文学奖按照其创始者阿尔弗雷德·诺贝尔的意

愿，是要奖给创作了“最富想象之杰作”的人。但是，这一标准在具体操作中却演化为按照资本主义思想体系和资产阶级价值观、人性观、文学观和意识形态进行选择评判，则是人人皆知的事实。道不同不相为谋。如果作品中的思想观点与西方资本主义价值观不一致，就算你声名如日中天，也绝不会与诺奖有半丝沾惹。比如列夫·托尔斯泰，曾两次被提名，却与诺奖无缘。因为此翁在作品中所表露的宗教观、战争观、国家观、政治观，其“是非”颇谬于诺奖评委。再比如高尔基，明显与资本主义世界是两个阵营的人，虽然也多次获提名，但也绝不可能得之。随着世事变迁和冷战世界的形成，诺奖评价标准不仅没有突破原有藩篱，而是更趋保守，更加意识形态化，成为被西方反复利用的政治工具。

在这方面，苏联几个获得诺奖的例子更具说服力。苏联共 5 位诺贝尔文学奖获得者，除了肖洛霍夫得到苏联官方认可（但也被斯大林指出有严重错误）外，其他 4 位都成为意识形态斗争工具。蒲宁是第一个获诺贝尔文学奖的俄罗斯作家，但蒲宁在苏联却是一个“在政治思想上堕落到腐朽的君主主义立场上的反动家伙、白俄分子”，并于 1920 年流亡法国。苏联对蒲宁获奖定调为：“1933 年授予蒲宁诺贝尔奖，同样无助于这位作家的名字在他的祖国传扬，因为这种做法显然是别有用心的，带有政治色彩的。至于蒲宁作品的艺术价值，在此不过是个借口而已。”1958 年帕斯捷尔纳克以《日瓦戈医生》获得诺贝尔奖，但苏联将帕斯捷尔纳克评价为“社会主义的污蔑者和苏联人民的诽谤者”。1965 年肖洛霍夫获奖，这与当时苏联与西方稍加缓和的国际局势有关，也与苏共苏联当年大力推动有关。苏联官方当时这样评价：“瑞典文学院终于以公正的态度对待一位伟大的苏联作家的作品……”但是，肖氏《静静的顿河》第一部刚出版时，马上遭到了主流意识形态批判，到第四部出版时，争论更加激烈，甚至斯大林也指出小说有“非苏维埃倾向”，只因为肖氏有“过人聪明”的生存策略、“过人才华”的写作分寸，才使他远离国内政治斗争漩涡。索尔仁尼琴于 1970 年获得诺奖，但他在苏联一直受到批判，甚至于在获奖后即被传讯、逮捕、流放。1974 年 2 月，苏联宣布剥夺索尔仁尼琴苏联国籍，并将其驱逐出境。但同年 10 月，美国参议院即授予其“美国荣誉公民”称号。1987 年，加入美国国籍的苏联诗人约瑟夫·布罗茨基获得了诺贝尔文学奖。同索尔仁尼琴一样，他也是被苏联当局当作“麻烦制造者”驱逐出境的。而早在1964年，布罗茨基曾被苏联法庭以“社会寄生虫”罪判处5年徒刑。可以说，随着苏联社会主义的建立，特别是自二战结束、世界分为两大阵营后，诺贝尔文学奖就越来越成为以美国为首的西方推行其意识形态、搞和平演变的工具。法国哲学家、文学家让·保罗·萨特，干脆称诺贝尔奖为“西方集团的奖金”、“一种保留给西方作家和东方叛徒的荣誉”，并拒绝领取1964年颁发给他本人的诺奖。

除苏联作家外，诺贝尔文学奖有时还会“出于支持弱小民族反抗暴政的时局的考虑”，将其授予“对政府持不同政见的人”。比如1905年授予波兰作家显克微支，1923年授予爱尔兰诗人叶芝，1939年授予芬兰作家西兰帕。特别是自20世纪70年代之后，由于西方马克思主义、女权主义、后殖民主义等后现代思潮的流行，诺奖的评审标准也更多地关注到文学中的种族、性别、殖民、文化等问题，诸如拉美国家的马尔克斯（诺奖评其为“抵制极权”）、略萨（诺奖评其为“反对独裁者”）等也进入了获奖名单。当然，自诺奖开奖以来所获奖励的110多位作家中，90%都是代表西方价值观的欧美作家。由此看来，诺奖所标榜的“最富想象之杰作”，并不是与政治毫无关系的单纯奖项，而是有着一贯的通体浸透着政治色彩的“傲慢和偏见”。透过诺奖评审可以体认到，价值观与政治体制就是诺贝尔文学奖区分“敌”“我”的不二法则。当然，诺贝尔文学奖也会奖给个别看似与政治毫不相干的作者（比如智利女诗人加夫列拉·米斯特拉尔1945年获得了诺贝尔文学奖），以体现其民主开放性与包容性，但这种“民主开放与包容”已经是通过“内部排他机制”将不同价值观念排斥出去之后的民主开放与包容，其本质首要的就是通过政治手段确定其内部的一致性与排他性。而实际上，包括一年一度的诺贝尔文学奖在内的不计其数的西方文学奖、电影奖、艺术奖等等，当他们以意识形态眼光扫描非西方世界时，他们所做的那些选择、甄别与定性的工作，就是告诉世界：什么样的作品符合他们的价值观标准，什么样的作品则必须被排斥。

三、如何跳出“把作品在国外获奖作为最高追求”的怪圈

习近平总书记《在文艺工作座谈会上的讲话》中指出：“如果‘以洋为

尊’、‘以洋为美’、‘唯洋是从’，把作品在国外获奖作为最高追求，跟在别人后面亦步亦趋、东施效颦，热衷于‘去思想化’、‘去价值化’、‘去历史化’、‘去中国化’、‘去主流化’那一套，绝对是没有前途的！”此语不啻醍醐灌顶，不知能否警醒那些“把作品在国外获奖作为最高追求”的创作者！从我国新时期以来的文艺创作实践特别是新世纪以来诺贝尔奖（包括和平奖）开始光顾中国的现实来看，我们确实应该对此保持警醒并对文艺自身进行全面检视。

2000 年诺贝尔文学奖授予了长着一副中国面孔但已移居西方的高行健，有评论称，高不过是西方与中国在“价值与政治的‘领土争端’中一个无足轻重的符号”。1989 年和 2012 年，诺贝尔和平奖明目张胆地分别发给了大搞民族分裂的“藏独”头目达赖和疯狂颠覆我国政府的在押犯刘晓波，甚至在刘晓波的获奖词里这样说：“这个奖，发给注定要给赤色中国带来麻烦的中国人……您的工作对于促进人民币按照美国人的利益升值以及政治体制改革非常重要”，使该奖项赤裸裸地沦为西方政击中国的政治工具。难道诺贝尔奖评委会看不到中国近些年来使几亿人口脱贫的巨大成就吗？难道看不到中国 2015 年宣布裁军 30 万人这么重大的国际和平诚意吗？如果诺奖真有什么公平正义的话，那和平奖项是不是该授予中国政府和中国领导人呢？由此可见其鲜明的政治导向。

应该看到，中国文艺自五四时期新文化运动、新中国成立到改革开放以来，文艺大师辈出，鸿篇巨制可观，为现当代中国人塑造民族精神、彰显民族自信、培育共同理想、凝聚共同力量发挥了不可估量的作用。但同时也要看到，不同时期的文艺创作总会呈现一些“历史的反动”，并被一些人鼓吹为文艺的“进步”。比如，一些文艺创作者常常置国家建设的巨大成就与国民精神正能量的发展方向于不顾，他们模仿西方文艺技法，创作符合西方人想象中的中国、中国人与中国文化。在他们的笔下和镜头下，中国的形象常被定格为破败落后的永恒场景，中国人的形象常被形塑为心智残缺、情感粗糙、行为丑陋的东方病夫，中国人的行为常被描摹为对性、暴力、污秽等充满病态畸恋的奇形怪象，中国大地简直成了人间地狱。他们的这些做法博得了他们“西方主子”的赞赏，名其为文艺的“进步”，还发给他们这样那样的奖项，使其成为在国内吹嘘的噱头。但于人民而言，哪里有丝毫进步可言？究其本质，则正如习近平总书记一针见血指出的：颠覆历史，丑化人民群众和英雄人物；以丑为美，过度渲染社会阴暗面；低级趣味，把作品当作追逐利益的摇钱树；胡编乱写，制造了一些文化垃圾；等等。因此，我们对西方设置的文艺奖项要保持高度的警惕和清醒，不能只顾领取奖项而出卖国格和国魂，更不能有意或无意间充当了西方的政治工具。

对诺贝尔文学奖，早在1988年，季羡林就以他对诺奖本质充分了解的睿智批评说："我们国内有一些人特别迷信诺贝尔文学奖，迷信的劲头十分可笑。"迄今为止是否还有一些人在时刻做着迷信诺奖的梦而不愿醒来呢？20世纪两大阵营之间的"冷战"虽然已经终结，但新的冷战似乎时隐时现。处在这样一个时代，我们必须准备进行同过去时代的斗争形式有着许多不同特点的伟大斗争。其中文化、文艺战线的斗争却是更为隐蔽、更加复杂。比如美国各个历史时期的战略家们通过不断调整其国际文化战略和战术，在各方面精心策划，持续强化在各个领域的影响力和霸权地位。他们针对具体目标国，通过各种资本输送手段，打造并固化亲西方的利益集团和文化精英。美国国内设有奥斯卡（电影）、格莱美（音乐）、托尼（话剧与音乐剧）等国际奖项，由此确立了以美国为中心的文化艺术评奖标准，引导了相当多的国家和地区自觉地和不自觉地按这个标准进行文化艺术产品的创作与生产。如果从意识形态的政治视角而言，这些都不过是美国推行全球文化霸权的行径而已。

如何跳出"把作品在国外获奖作为最高追求"的怪圈？最根本的还是要按照习近平总书记所强调的：坚持以人民为中心的创作导向。对中国作家艺术家而言，以人民为中心，把满足人民群众精神文化需求作为出发点和落脚点，作家艺术家的文艺之路就会越走越宽阔，越走越亮堂；否则，只能是越走越狭窄，越走越崩溃。中国的文艺家们头上顶着孕育中华优秀审美文化——天人合一思想的璀璨星空，脚下踩着创造中华文明5000年悠久历史的坚实大地，心中内化着坚定的马克思主义文艺观与价值追求，理应将中国人民、中华大地、中华文明作为文艺创作的源头活水，讴歌之，赞誉之，维护之，赓续之，而非虚无之，丑化之，摒弃之，西化之。诚如列宁所言：艺术是属于人民的。它必须在广大劳动群众的底层有其最深厚的根基。它必须为这些群众所了解和爱好。它必须结合这些群众的感情、思想和意志，并提高他们。它必须在群众中间唤起艺术家，并使他们得到发展。文艺创作的目的本应是这样的：从根上来说不是为着获得某个奖去的，而是要锻造一个民族高贵的灵魂、坚贞的信仰和自强不息的精神。文艺与人民的关系、艺术家与人民的关系归根到底就是这样的关系：人民为艺术提供土壤和养料，使艺术家得到发展；艺术使人民群众精神文化生活得到丰富和提高。二者相辅相成，相互促进。这就是共产党人一贯倡导的也是最为根本的立场。

（原载《红旗文稿》2016 年第 16 期）

实现中国梦必须汲取苏联历史虚无主义教训

肖　三　王　乐　李清津

造成今天乌克兰动荡危机的原因有很多，但 20 多年前的苏联解体，导致 2000 多万俄罗斯族人“被迫”留在境外，也是一个重要诱因。面对解体后陷入经济、政治双重危机的乌克兰，当初曾极力推动苏联解体的乌克兰第一任总统克拉夫丘克悔恨地说：“如果在 1991 年，我要是知道祖国会沦落到如此状况，我宁愿斩断自己的双手，也不会签署《别洛韦日协定》!”① 苏联解体的原因是多方面的，从意识形态领域来看，历史虚无主义思潮的盛行造成了党内外的思想混乱，在很大程度上为敌对势力分化、西化苏联提供了有利土壤，其中的深刻教训值得我们认真汲取和反思。

一、历史虚无主义的本质及其特征

所谓历史虚无主义，其本质是打着“反思历史”的旗号，违背实事求是的原则，以支流代替主流，以局部代替整体，片面引用甚至歪曲编造史料、肆意诠释历史，胡乱改变对历史上重要人物、重大事件的科学结论，最终达到一定的政治目的。

作为一种唯心主义历史观，历史虚无主义具有以下三个方面的显著特征。

其一，片面性。历史虚无主义的片面性在于其往往无视客观历史条件和历史过程，以支流代替主流，以局部代替整体。他们要么揪住历史进步人物的失误和错误进行全盘否定，要么极力挖掘历史上反动人物的正面史料，给他们歌功颂德，做翻案文章。对此，列宁曾经指出：“在社会现象方面，没有哪种方法比胡乱抽出一些个别事实和玩弄实例更普遍、更站不住脚的了。……每一个别情况都有其具体的历史环境。如果从事实的整体上、从它们的

---

① 卫建林. 乌克兰动荡对国家安全战略问题的启示 [J]. 红旗文稿，2014 (6)。

联系中去掌握事实，那么，事实不仅是‘顽强的东西’，而且是绝对确凿的证据。如果不是从整体上、不是从联系中去掌握事实，如果事实是零碎的和随意挑出来的，那么，它们就只能是一种儿戏，或者连儿戏都不如”①。

事实上，任何一个历史人物都会是多面的甚至是多彩的，重要的是要在他活动的总和中确定他的主要方面，如果胡乱抽出一些实例来证明自己的观点，那么任何实例都有可能被找出来，任何历史也就都可以被改写。

其二，迷惑性。历史虚无主义往往打着“反思历史”“理论创新”的旗号，高喊“学术自由”“言论自由”以掩盖他们的政治目的和意识形态色彩。他们不惜通过赤裸裸的谩骂来丑化和否定革命历史和革命领袖，但由于这种做法比较容易引起人们的反感，因而他们更多的是借助于各种各样的文化载体，比如文学、艺术等，向不明真相的人们宣扬他们的观点。尤其是当前，他们充分利用各种迎合大众心理和娱乐习惯的方式，把他们的观点隐藏在抓人眼球的文字、图像、视频中，通过报纸杂志、网络新闻、微博微信等各种媒介向大众传播，使人们在轻松娱乐中接受它的侵袭。

其三，目的性。历史虚无主义具有很强的目的性。历史虚无主义并不是对所有历史进行“虚无”，而是有目的、有选择地有所“虚无”。他们“虚无”的是人民革命的历史和历史的进步人物，而对历史的倒退者以及卖国者，则加以美化，做翻案文章。历史虚无主义“虚无”历史的最终目的，并不是为了学术研究，而是企图通过“虚无”历史来否定当前社会的主流意识形态，否定现存的社会制度，从而最终实现他们改朝换代的政治目的。

从学术研究的角度看，历史虚无主义并没有什么学术价值可言，因为他们往往割裂历史，从根本上违背了实事求是的原则。但从政治上看，历史虚无主义的泛滥危害极大，它在虚无历史的同时，会造成民族文化、民族精神、道德信仰的虚无，从而引发社会动荡、民族分裂，甚至国家的解体。

二、苏联历史虚无主义的发展、危害及其破产

（一）苏联历史虚无主义的发展

苏联历史虚无主义产生于20世纪50年代。1956年，在苏共二十大上，

① 列宁全集：第28卷［M］. 北京：人民出版社，1990. P364。

苏联领导人赫鲁晓夫关于批判个人崇拜的秘密报告从否定斯大林的个人崇拜入手，到全盘否定斯大林，把苏共历史的失误完全归咎于斯大林个人，由此拉开苏联历史虚无主义浪潮的序幕。

到80年代中期，苏联历史虚无主义的发展达到了高潮。1985年戈尔巴乔夫上台后，雅科夫列夫先后担任苏共中央宣传部长，中央书记和政治局委员，主管意识形态工作。事实上，雅科夫列夫1960年在美国哥伦比亚大学进修期间就被美国特务机关收买并在苏联"改革"期间接受过美国方面的指示。在雅科夫列夫的推动下，《真理报》《莫斯科新闻》《消息报》《文学报》《共青团真理报》等主流报刊的主编被撤换，一大批主张西化的编辑记者被起用。这些报刊很快成为历史虚无主义的宣传工具，成为反马克思主义、反社会主义的阵地。1986年，别克的小说《新任命》被解禁出版，它以歪曲的手法突出描写斯大林时期的所谓"阴暗面"。1986年12月，格鲁吉亚影片《忏悔》公开放映。影片以寓言的方式攻击斯大林。雅科夫列夫说：《忏悔》的公映是苏共"意识形态崩溃的开始"。1987年，雷巴科夫的小说《阿尔巴特街的儿女们》公开面世，它歪曲斯大林时期的党内斗争，暗示基洛夫遇刺是斯大林一手策划。到1987年，苏联历史虚无主义已经形成一场反思历史、重评历史的运动。1988年以后更是不断升级，一浪高过一浪①。

起初，苏联历史虚无主义者将批判的矛头主要指向斯大林。他们抓住斯大林的错误，把斯大林描写成与希特勒一样的"战犯"，对斯大林的攻击、嘲讽和丑化到了无以复加的地步。正如俄罗斯作家联盟理事会主席博亚里诺夫所言："在那个时期只要能写几笔的人都在抹黑斯大林。……谁先冲上去，谁首先反对斯大林，谁就是英雄。"② 接着，他们把矛头转向列宁，对列宁进行全面的攻击和丑化，雅科夫列夫甚至公然宣称列宁是接受德皇资助从内部瓦解沙皇统治的德国秘密代理人。到1989年下半年，苏联各地掀起了推倒列宁塑像的风潮。之后，他们又把目标转向卫国战争中涌现出来的英雄们，对女英雄卓娅、马特洛索夫等进行歪曲、丑化。最后，他们把矛头指向十月革命和卫国战争，污蔑十月革命是"少数暴徒发动的政变"，是"魔鬼

① 李慎明．苏联亡党亡国20年祭（上）——俄罗斯人在诉说［J］．马克思主义研究，2012（3）。
② 李慎明．苏联亡党亡国20年祭（上）——俄罗斯人在诉说［J］．马克思主义研究，2012（3）。

之歌的序曲”，卫国战争的胜利不过是“大法西斯打败了小法西斯”[①]。就这样，苏联历史虚无主义从否定斯大林到否定列宁，从否定十月革命到否定卫国战争，最后否定整个苏联社会主义。

（二）苏联历史虚无主义的危害

苏联历史虚无主义的盛行，给苏共和苏联社会带来了极其严重的危害。

首先，苏联历史虚无主义的泛滥，改变了人们的信仰，动摇了苏共的执政根基。反共分子公开焚烧列宁像，列宁、斯大林等苏共领导人的塑像严重被毁，苏共在不明真相的群众中的地位急速滑落。广大党员共产主义理想信念动摇，对苏共的前途失去信心，大批党员退党，苏共由1900万党员骤减为1500万，退回到1973年的人数。同时，苏共在军队中的影响也日趋下降。据统计，1988年入伍新兵中自称是“非正式组织”成员的占到13%。1988年军人入党人数下降21%，一年后则达到23.3%。随着苏共丧失领导军队的地位和权力，这支由列宁亲手缔造、历经无数战火考验的强大武装，已由维护苏维埃政权的坚强后盾变成摇摇欲坠的“泥足巨人”。

其次，苏联历史虚无主义的泛滥，搞乱了人们的思想，助推了西方的“和平演变”。苏联历史虚无主义在对苏联历史进行“虚无”的同时，也造成了人们对民族文化、道德信仰的“虚无”。当人们的精神世界变得空虚、迷茫后，西方敌对势力的和平演变思想就乘虚而入，填补了这个空缺。事实上，西方敌对势力对社会主义国家进行和平演变的历史由来已久。早在1947年初，美国驻苏联代办乔治·凯南在给杜鲁门总统的《苏联行为的根源》中就提出：“如果作为一种政治工具的党的团结和效能遭受到破坏的话，苏俄可能在一夜之间就从一个最强的国家变成一个最弱和最可怜的国家。”[②]1953年，美国前国务卿约翰·福斯特·杜勒斯进一步指出：“必须用‘和平的方法’，鼓励苏联世界内部的演化……”[③] 后来，美国中情局局长艾伦·杜勒斯更是露骨地指出：“人的脑子，人的意识，是会变的。只要把脑子弄乱，我们就能不知不觉改变人们的价值观念，并迫使他们相信一种经过偷换的价值观念。一场无与伦比的悲剧——一个最不屈的人民遭到毁灭的悲剧

① 李慎明．苏联亡党亡国20年祭（上）——俄罗斯人在诉说［J］．马克思主义研究，2012（3）。
② 梁柱．苏联亡党亡国的历史思考［J］．新视野，2011（4）。
③ 梁柱．苏联亡党亡国的历史思考［J］．新视野，2011（4）。

——将会一幕接一幕地上演……我们要把布尔什维克主义的根挖出来。我们将以这种方法一代接一代地动摇和破坏列宁主义的狂热。我们要从青少年抓起，要把主要的赌注押在青年身上，要让它变质、发霉、腐烂"[①]。苏联历史虚无主义的泛滥，就这样配合了西方和平演变的战略，将整个国家一步一步引向崩溃的边缘。

最后，苏联历史虚无主义的泛滥，从根本上否定了苏联社会主义制度的合法性，为苏联的最终解体铺平了道路。在苏联历史虚无主义的鼓噪下，苏联的一切几乎都被否定了：从斯大林到列宁，从十月革命到卫国战争，从苏联社会主义革命到苏联社会主义建设……1987 年 7 月，《消息报》载文谴责苏联中小学历史教材，认为以前的历史教科书中的每一个字都充满了谎言。1988 年 6 月，苏联教育主管部门做出决定，取消当年中小学历史课的考试，要求全国所有学校的苏联历史课本在 1989 年全部销毁。1989 年 12 月，苏联国家国民教育委员会颁布命令，全面取消大学和其他高等院校的马列主义课程。这就从根本上否定了苏联社会主义革命和建设的历史，否定了苏联社会主义制度的合法性。至此，苏联的解体已经无可避免了。

苏联历史虚无主义否定现存的社会主义制度，目的就是迎接他们所向往的资本主义新世界的到来。他们坚信，苏联社会主义制度下一切深恶痛绝的问题，都可以通过否定和推翻这个制度而得到根本性的解决。于是，苏联解体了，新的所谓"自由、民主"的国家诞生了。然而，解体后的各加盟共和国并没有实现人们所向往的西方世界的幸福生活，反倒是陷入经济、政治的动荡之中。据统计，从 1991 年苏联解体到 20 世纪末，俄罗斯国内生产总值比 1990 年下降了 52%，工业生产减少了 64.5%，农业生产减少了 60.4%，物价飞涨 6000 多倍。2011 年 12 月 27 日，日本《朝日新闻》发表纪念苏联解体 20 周年的社论指出：当年"戈尔巴乔夫总统在辞职时说：'各民族将繁荣昌盛……'然而 20 年后的今天，几乎没有一个国家实现这个愿望"[②]。原苏联部长会议主席雷日科夫在其著作《大国悲剧》中这样写道：苏联解体"给俄罗斯造成巨大损失"，"苏联统一的经济空间、国民经济和科学遭到破

---

① [俄] 尼·伊·雷日科夫. 大国悲剧——苏联解体的前因后果 [J]. 党建，2010 (2)。
② 李慎明. 苏联亡党亡国 20 年祭（上）——俄罗斯人在诉说 [J]. 马克思主义研究，2012 (3)。

坏，产生了近千万的失业大军”[①]。

（三）苏联历史虚无主义的破产

苏联解体后的种种乱象，使得广大人民清楚地认识到历史虚无主义的严重危害，开始理性地反思和揭露历史虚无主义的本质。从一定意义上讲，揭露历史虚无主义本质和危害最深刻的，恰恰是当年那些否定历史、颠倒历史的“持不同政见者”。

苏联真理报的总编辑阿法纳西耶夫在苏联解体前曾对苏联领导人斯大林、列宁进行完全否定。在苏联解体后，冷静下来的阿法纳西耶夫发出了这样的感慨：“这里我想起了美国首都华盛顿的白宫，白宫大厅走廊上画着美国历届总统的画像，从林肯到里根。而谁也不去回想林肯当初曾把南方各州淹没在血泊之中。在我国却一切相反。斯大林一死，所有的脏水都泼在他的身上，所有的坏事都归罪于他。我们党和我们国家的所有第一号领导人，如赫鲁晓夫、勃列日涅夫、契尔年科，全都不能幸免。他们的肖像早就被丢到垃圾桶里去了”[②]。以坚决反共著称的著名作家马克西莫夫在生前发表的最后一次谈话中再次表示忏悔：“我曾以为（共产主义思想）是妨碍俄罗斯发展、妨碍她成为伟大强国的惟一重负。这是我巨大的悲剧性错误。我到了老年深为此感到悔恨。”[③] 一生大部分时间都是在对斯大林及苏联进行无情批判、20 世纪 30 年代还曾是暗杀斯大林小组成员的作家和学者季诺维耶夫，在目睹了苏联解体后的混乱局面后，感到非常痛心和后悔。他在苏联解体后即得出这样的结论：斯大林是“人类历史上最伟大的人物之一”，20 世纪是“列宁和斯大林的世纪”[④]。当年反共反社会主义十分坚决的作家索尔仁尼琴 1994 年从美国回到国内，当他从西伯利亚乘火车返回莫斯科，在沿途看到俄罗斯一片败落的景象时，也曾十分痛苦地说：“我害了俄罗斯祖国”[⑤]。然而，当年正是这种彻底否定、彻底颠覆历史的虚无主义，为苏联的最终解体铺平了道路。

今天的俄罗斯也清楚地认识到了历史虚无主义的危害，开始重新评价当

---

① ［俄］尼·伊·雷日科夫．大国悲剧——苏联解体的前因后果［J］．党建，2010（2）。
② 张晓红，梅荣政．历史虚无主义的实质和危害［J］．思想理论教育，2009（7）。
③ 李慎明．苏联亡党亡国 20 年祭（下）——俄罗斯人在诉说［J］．马克思主义研究，2012（4）。
④ 李慎明．苏联亡党亡国 20 年祭（下）——俄罗斯人在诉说［J］．马克思主义研究，2012（4）。
⑤ 李慎明．苏联亡党亡国 20 年祭（下）——俄罗斯人在诉说［J］．马克思主义研究，2012（4）。

年历史虚无主义所歪曲的历史。自执政以来，普京大力整顿俄罗斯历史教科书市场。他强调："要对20世纪90年代以来的历史虚无主义思潮、崇洋媚外思想以及由此导致的思想混乱进行清算，改变把苏联看作'一抹黑'的错误认识。"[①] 普京告诫出版社：必须对出版的教科书承担责任；国家要制定统一的教材标准，绝对不容许丑化、歪曲我们民族的历史。在普京的支持下，2003年俄罗斯教育部取消了由伊多卢茨基编写的《20世纪祖国历史》这部严重歪曲苏联历史的教科书。2004年，俄罗斯重新出版了《联共（布）党史简明教程》，进一步打击了历史虚无主义思潮在俄罗斯的嚣张气焰。2007年以来，俄罗斯教育部先后出版了历史教科书《俄罗斯现代史：1945—2006》和《俄罗斯历史：1900—1945》，作为全俄境内历史教学工作的标准。教科书重新肯定了斯大林的历史功绩，称其为苏联历史上最成功的领导人。新版教科书在最后这样写道：断言说苏联体制不能改革、必须摧毁，这种说法至少是非常幼稚的。苏联解体并没有命中注定的必然性[②]。

三、实现中华民族伟大复兴必须高度警惕历史虚无主义

在建设中国特色社会主义的今天，我们正努力朝着实现中华民族伟大复兴的中国梦迈进，然而与此同时，历史虚无主义的思潮也开始泛起。某些历史虚无主义者正继续着20多年前在苏联发生的一切。他们也希望通过对于历史的虚无，达到自己或幼稚或卑鄙的目的。我们只有切实认清历史虚无主义的本质及其严重危害，对社会现实中的各种历史虚无主义思潮保持高度警惕，才能避免苏联悲剧的重演。

（一）历史虚无主义以"虚无"革命领袖为起点，否定中国道路

习近平总书记曾经指出："革命领袖是人不是神。……不能因为他们伟大就把他们像神那样顶礼膜拜，不容许提出并纠正他们的失误和错误；也不能因为他们有失误和错误就全盘否定，抹杀他们的历史功绩，陷入虚无主义的泥潭。"[③] 然而，正如苏联历史虚无主义从否定斯大林、列宁到否定整个

① 何萍．俄罗斯意识形态领域的新变化——评俄官方对历史虚无主义思潮的反击［J］．学习月刊，2010（2）。

② 吴恩远．俄罗斯新版历史教师参考书对苏联历史的新观点［J］．俄罗斯中亚东欧研究，2008（4）。

③ 习近平．在纪念毛泽东同志诞辰120周年座谈会上的讲话［J］．党的文献，2014（1）。

苏联社会主义道路一样，当前我国国内的历史虚无主义也是从否定革命领袖开始，到否定整个中国特色社会主义道路。例如，他们把发动辛亥革命的孙中山视为造成全国军阀混战的罪人，认为辛亥革命是“假革命”。他们从纠正毛泽东同志晚年的错误，到全盘否定毛泽东同志的历史地位和毛泽东思想；从纠正“文化大革命”的“左”的错误，到“纠正”社会主义；从诋毁新中国的伟大成就，发展到否定中国革命和中国特色社会主义道路，等等[①]。

从这里我们可以看到，历史虚无主义在“虚无”历史的同时，正在否定中国道路。我们要实现中华民族伟大复兴的中国梦，就必须毫不动摇地坚持走中国特色的社会主义道路。正如习近平总书记指出的那样：“实现中国梦必须走中国道路。这就是中国特色社会主义道路。这条道路来之不易，它是在改革开放30多年的伟大实践中走出来的，是在中华人民共和国成立60多年的持续探索中走出来的，是在对近代以来170多年中华民族发展历程的深刻总结中走出来的，是在对中华民族5000多年悠久文明的传承中走出来的，具有深厚的历史渊源和广泛的现实基础。”[②]

（二）历史虚无主义以“虚无”民族精神为手段，消解中国精神

鲁迅先生曾经说过：惟有民魂是值得宝贵的，惟有它发扬起来，中国才有真进步。这句话说明，只有充分发扬以爱国主义为核心的民族精神，中华民族才能实现国家的富强和民族的振兴。然而，历史虚无主义的一些鼓吹者却丧失了起码的是非标准和民族良知。他们在虚无历史的同时，也在虚无以爱国主义为核心的民族精神。例如，我们讲热爱祖国，历史虚无主义者却问“这是谁的土地”；我们弘扬中华民族优良传统，历史虚无主义者却讲中华民族的“劣根性”；我们感怀革命烈士流血牺牲，历史虚无主义者却说这是“被忽悠死的炮灰”。此外，他们还大力渲染民族失败主义情绪，公然为帝国主义的殖民统治叫好。他们鼓吹：“中国要进入现代社会，必须先被西方殖民超过100年！”[③] 他们的理由是：“中国人带有丑陋的贱基因，需要经过被殖民几代人进行改造。”在他们看来，我们的民族不仅“愚昧”“丑陋”，而

① 梁柱．历史虚无主义思潮评析［J］．红旗文稿，2009（9）。
② 习近平．实现中国梦必须走中国道路［J］．党建，2013（4）。
③ 张晓红，梅荣政．历史虚无主义的实质和危害［J］．思想理论教育，2009（7）。

且充满“奴性”、安于现状、逃避现实，等等。他们诅咒中华民族文化是一种只能走向“自杀”的“黄土文化”，“除了愚昧和落后”，是“孕育不了新的文化”的[①]。一个民族独立的历史被嘲弄、糟蹋，民族的精神被矮化、丑化，优秀的文化和文化传统被否定、抹煞，这种状况值得我们深思。

从这里我们可以看到，历史虚无主义在虚无历史的同时，正在消解中国精神，我们要实现中华民族伟大复兴的中国梦，就必须坚持弘扬中国精神。这正如习近平总书记指出的那样：“实现中国梦必须弘扬中国精神。这就是以爱国主义为核心的民族精神，以改革创新为核心的时代精神。这种精神是凝心聚力的兴国之魂、强国之魄。”[②]

（三）历史虚无主义以迎合和平演变为目的，瓦解中国力量

鲁迅先生说过：希望是本无所谓有，无所谓无的。这正如地上的路，地上原本没有路，走的人多了，也便成了路。这句话告诉我们，任何伟大的梦想和追求，都离不开千千万万人民群众的团结协作、鼎力支持。然而，历史虚无主义在虚无历史的同时，也在瓦解着中国力量。

一方面，他们通过对英雄人物、模范人物的歪曲、诋毁、恶搞来瓦解榜样的力量。在他们的笔下，《红岩》中的江姐同叛徒甫志高谈情说爱，《白毛女》中的大春爱上地主黄世仁的千金，雷锋是因为帮人太多累死的，黄继光是摔倒了才堵枪眼的……凡此种种，他们在虚无历史、虚无英雄的同时，也正在瓦解榜样的力量。

另一方面，他们配合西方“和平演变”攻势来瓦解民族团结、国家复兴的中国力量。历史虚无主义在“虚无”历史的同时，往往会造成民族文化、道德信仰的虚无，此时，西方资产阶级的和平演变思想就乘虚而入。自世界上诞生第一个社会主义国家以来，西方敌对势力和平演变的历史就开始了。在苏联解体后，他们又把目标对准了中国。正如1999年美国智库兰德公司所提出的那样，美国的对华战略应当分三步走：第一步，西化、分化中国，使中国的意识形态西方化；第二步，在第一步失效或成效不大时，对中国进行全面的遏制；第三步，在前两招都不能得逞时，不惜与中国一战，当然作

① 张晓红，梅荣政．历史虚无主义的实质和危害［J］．思想理论教育，2009（7）。
② 习近平．实现中国梦必须走中国道路［J］．党建，2013（4）。

战的最好形式不是美国直接参战，而是支持中国内部谋求独立的地区……[①]从这里我们可以看到，历史虚无主义在“虚无”历史的同时，有意或无意地配合了西方敌对势力的需要，起到了瓦解中国力量的作用。当前各股民族分裂势力的背后，隐藏着西方敌对势力妄图制造民族分裂、瓦解中国力量的险恶用心。

所以，我们要实现中国梦，就必须反对历史虚无主义，凝聚中国力量。正如习近平总书记指出：“中国梦是民族的梦，也是每个中国人的梦。只要我们紧密团结，万众一心，为实现共同梦想而奋斗，实现梦想的力量就无比强大……全国各族人民一定要牢记使命，心往一处想，劲往一处使，用13亿人的智慧和力量汇集起不可战胜的磅礴力量。”[②]

四、结语

“欲知大道，必先为史；灭人之国，必先去其史。”龚自珍的这句话深刻指明，能否正确对待历史是关系国家治乱兴亡的大问题。历史是一面镜子，20多年过去了，从苏联解体到今天的乌克兰危机，我们可以清楚地看到历史虚无主义思潮乱史灭国的轨迹，看到其所造成的严重危害。今天，面对历史虚无主义的泛起，我们一定要擦亮自己的眼睛，学会甄别和抵制现实中、网络上的种种错误言论，筑牢思想防线，坚持走中国道路，坚持弘扬中国精神，坚持凝聚中国力量，用实实在在的行动为实现中华民族伟大复兴的中国梦贡献自己的力量。

（作者单位：装甲兵工程学院军政教研部）

（原载《南京政治学院学报》2015年第2期）

① 张晓红，梅荣政．历史虚无主义的实质和危害［J］．思想理论教育，2009（7）。
② 习近平．实现中国梦必须走中国道路［J］．党建，2013（4）。

从历史人道主义到历史虚无主义

——苏共乱史亡党的悲剧之路

杨金华

从20世纪50年代开始，苏联领导人高举“人道主义”旗帜，大搞历史人道主义运动。自由派分子从人道主义出发“重新评价历史问题”，掀起一浪高过一浪的历史虚无主义逆流。从否定苏共领导人到否定马克思主义，从歪曲苏共领导下的十月革命到否定社会主义革命与建设道路。历史虚无主义扭曲了苏联共产党形象，瓦解了社会主义的合法性基础，消解了马列主义的指导价值，从而造成了意识形态全面崩溃。震惊世界的苏联解体已经过去二十多年了，但是苏联共产党在对待历史问题上教训十分深刻，需要我党认真总结研究。

一、苏联历史观的人道主义转向

从20世纪50年代中期开始，苏联理论界打着反对“个人崇拜”、“专制独裁”的旗帜，借口讨论“人民群众是历史的创造者”，将人性、人的本质、人道主义等问题作为历史唯物主义范畴进行大肆宣传。1961年，苏共22大通过党纲，强调“一切为了人，一切为了人的幸福”是社会主义的基本原则，公开以抽象人道主义取代马克思主义。随后，在苏共官方鼓吹下，以人道主义历史观取代唯物主义历史观，立即成为苏联理论界更新理论基础的一面旗帜，并且在苏联人文社会科学领域大行其道。历史人道主义渗透在苏联社会生活的各个方面，无论是在研究人本身时，还是在考察社会历史进程和当代全球性问题时，都从抽象人道主义出发，抛弃历史唯物主义原则。自由派分子宣扬抽象人性论和人道主义，将其进一步系统化和理论化，并且将人道主义与民主、自由、市场经济，视为解决苏联问题的灵丹妙药。历史观的人道化倾向与暗藏于苏联理论界的自由主义思潮相互影响，形成一种浓厚的历史人道主义氛围。

1985 年 3 月，被自由派寄予厚望的戈尔巴乔夫成为苏共新一任领导人，上台伊始就重拾赫鲁晓夫的牙慧，声称“一切为了人、为了人的幸福，这个纲领性原则应当以越来越深刻而具体的内容加以充实”[①]。1986 年 12 月苏联科学院成立“人的问题综合研究委员会”，苏联学术界开始集中讨论人性、异化以及人道主义问题。有理论工作者公开宣称：“现代哲学应该更加鲜明地表现出‘人的面貌’。人道主义问题是马克思主义的活的灵魂”[②]。于是，苏联哲学界把历史唯物主义人道化，强调合乎人性和人的本质的人道主义思想观念在决定着历史的发展。甚至有学者号召从人道主义出发重新看待苏联过去的一切，把人道主义作为当前社会主义改革的新纲领以及未来理想社会的基本要求。在苏共舆论机构的鼓动下，苏联理论界重新审视历史唯物主义与人道主义的关系，许多学者抽象地谈论人道主义与人性论，彻底否定生产力、阶级斗争和社会革命的重要历史作用，把人视为历史进步的最终目的，把人道主义视为最高价值和根本尺度。从抽象人道主义出发，有学者认为社会主义是一种真正的、现实的人道主义制度，社会的一切发展，从经济到意识形态，目的都在于满足人的需要。

虽然资产阶级在上升时期提出的人道主义及其历史观，其中某些合理因素被马克思主义的唯物史观所借鉴、改造、吸收，二者有某些同一性，但作为两个阶级的不同历史观，它们在本质上是对立的。恩格斯曾经对历史人道主义的错误给予深刻分析，“‘正义’、‘人道’、‘自由’、‘平等’、‘博爱’、‘独立’……这些字眼固然很好听，但在历史和政治问题上却什么也证明不了。……因此无论如何它只能是一种‘虚无缥缈的幻想’”[③]。苏联官方发起并宣传的人道主义思潮，从理论上否定了苏联走社会主义道路的历史必然性，使不少苏联共产党和苏联人民开始怀疑和否定社会主义产生的政治合法性，并对苏联的未来前途丧失信心。事实上，正是这种抽象人道主义历史

---

① ［苏］戈尔巴乔夫．戈尔巴乔夫言论选集（1984－1986 年）［M］．北京：人民出版社，1987．P39。

② 曹长盛，张捷，樊建新．苏联演变进程中的意识形态研究［M］．北京：人民出版社，2004．P39。

③ 马克思恩格斯全集（第 6 卷）［M］．北京：人民出版社，1961．P325。

观，后来成为戈尔巴乔夫提出“人道的民主的社会主义”政治路线的理论基础。历史人道主义不仅颠覆了历史唯物主义的本质内容，而且动摇了苏共执政的政治合法性，造就了一场“由无产阶级领导的资产阶级革命”。

二、历史评价人道化丑化苏共领导人形象

从抽象的人道主义历史观念出发，自由派分子认为在斯大林时期，社会主义观念中作为发展的中心不是人，而是生产，人不是建设新社会的目的，而是手段；斯大林时期为了虚幻的集体主义，忽视了人的个性，妨碍了个性的发展，其实质是“阉割了社会主义结构的人道本质”，因而，需要根据人道主义原则“重新评价斯大林”。以阿法纳西耶夫等人为代表的史学“激进派”，提出要坚持苏联历史科学的人道主义基础，以人道主义观点“反思”苏联历史人物。事实上，苏联社会始终潜伏着一股全盘否定斯大林的思潮，在历史人道主义理论推动下，这种论调很快成蔓延之势。但是自由派分子打着“重新评价斯大林”的旗号，其目的不是还原斯大林的真实面目，由神变成人，而是借人道主义理论把他变成魔鬼，变成十恶不赦的战争狂人。一些历史学家有择性地公开斯大林时期历史档案，把一些颠倒是非、混淆黑白的“共和国秘史”相继推出，借口平反苏共党史上的冤假错案为开端，通过捕风捉影、子虚乌有的故事来全面否定斯大林。

苏联舆论界对斯大林极尽攻击谩骂之能事，把斯大林描绘成专制暴君、历史上最大的“杀人犯”，毫无政治家的才干，最大本事在于洞察人性之恶。有人千方百计地证明斯大林是沙皇暗探局的奸细，把斯大林看成是“阴险狡猾、精神不健全、道德品质卑劣的人”。在右翼反社会主义势力的推动下，他们无视斯大林领导苏联人民打败法西斯、捍卫世界和平与正义事业的基本事实，污蔑斯大林不仅没有什么历史功绩，反而和法西斯分子一样，是第二次世界大战的罪魁祸首。苏共二十二大后，苏联社会上的非斯大林化运动在此后两年半时间里席卷全国，斯大林的遗体被挖出红场列宁墓，焚尸扬灰打入“地狱”。苏联理论界对斯大林的评价缺乏最起码的历史唯物主义原则，存在大量主观臆断成分，渲染错误、杜撰历史等问题严重。斯大林的丰功伟绩被抹杀，错误被夸大，有关历史事实被歪曲，甚至被加上了种种莫须有的罪名。这种缺乏历史根据、违背历史事实、假想猜测的历史评价，是典型的

历史虚无主义表现。人道主义历史观对斯大林的全盘否定加剧了苏联社会的离心力，非斯大林化导致“解冻”思潮的兴起与泛滥，造成了苏联社会的政治信仰危机。

右翼的反社会主义势力重弹俄国流亡政治家的老调，在丑化完斯大林后又把攻击矛头指向列宁，说斯大林之所以“罪恶累累”，是因为“列宁带了个坏头”。某些右翼政治家鼓吹列宁是党内的尼采主义者，继承了尼采的权力意志论，通过制造分裂和玩弄权术夺得了无限的权力，列宁比历史上的一切独裁者还要藐视和仇恨人类。在否定斯大林、丑化列宁之后，自由派分子又把攻击的矛头指向马克思主义，准备把苏联历史连根拔起。他们诅咒苏联共产主义者是“知识分子自私自利的特殊类型”，声称马克思主义是舶来品，叫嚣将马克思主义从俄国驱逐出境；认为历史唯物主义理论已经过时，阶级斗争理论不符合俄国国情，辩证法是社会丑恶现象的遮羞布，马克思列宁主义是造成社会主义“罪恶”的根源。这些言论实际上已经脱离了历史研究的范畴，是对苏共和苏联国家直截了当的政治批判和攻击。以至于主管意识形态工作的苏共领导人也宣称：“我个人并不相信布尔什维克的马克思主义学说的‘生命力’，我尤其批判反人类的斯大林社会主义模式。”[①] 苏联在丑化苏共领导人、歪曲苏联历史的道路上越走越远，引起了普通民众思想上的混乱，瓦解了社会主义国家的政治认同基础。

三、借历史反思否定苏联社会主义道路

1987年戈尔巴乔夫的《改革与新思维》出版，在书中他再次强调“全人类的价值高于一切”、“全人类利益高于阶级利益”，并明确提出把“人道化”、“自由化”作为“新思维”的核心。在“新思维”的推动下，自由派分子提出要“以人道主义原则重新评价苏联历史”，他们以抽象人性论和人道主义历史观作为理论依据，歪曲无产阶级革命史、否定社会主义道路的必要性。有人认为，社会主义有简单明确的目的，即劳动者的福利，而工业化、公有制都不过是实现这一目的的手段。只有真正保证劳动人民——工人、农民、知识分子——的福利和文化的才能叫做社会主义，否则就不是社会主

① ［俄］亚·尼·雅科夫列夫．一杯苦酒——俄罗斯的布尔什维主义和改革运动［M］．北京：新华出版社，1999．P286。

义。有人认为，斯大林时期的社会主义观念是把人作为建设新社会的手段而不是目的，把人看作是国家机器中的一个普通的螺丝钉，这是社会主义变形的思想根源。正是基于这种观念，戈尔巴乔夫认为“苏联自1929年以来的经验全部是错误的，实际上苏联的经验有四分之三是令人怀疑的，应该予以否定或纠正”[①]。于是，一场“由讨论人道主义转到批判社会主义”，由丑化苏共领导人到否定社会主义道路的历史虚无主义思潮在苏联社会蔓延开来。

根据“任何一种制度如果不为人服务就无权存在”的人道主义历史观，部分激进派史学家把攻击的矛头直接指向苏联的社会主义制度产生、存在的合理性。反社会主义分子认为斯大林代表的苏联体制是典型的“行政命令”体制，不是科学社会主义，是“极权主义”的翻版，是社会异化的万恶之源。有些人则声称斯大林时期建立的高度集权化体制，是“军事封建式的”社会主义，和沙皇专制没有本质区别，并且社会主义是斯大林主观选择的失误，更是人民的一场灾难。七十年来逐步完善的苏联政治体制是“封建社会主义”、“兵营社会主义”，或者说是“粗陋社会主义”。斯大林体制不是在历史进程中发展了列宁主义，也不是科学社会主义的进步，而是倒退至封建社会主义。列宁以后历届领导人都程度不同地犯了重大错误，或是制造或是保存了“军事封建式社会主义制度”[②]。现在应该由控诉斯大林主义更进一步剖析官僚主义体制的黑暗、专制、独裁和非人道性，所以，全面否定并彻底摧毁这种制度是当前理论界的首要任务。

反社会主义势力认为，“少数暴徒”发动的十月革命是“俄罗斯一千年历史上最悲惨的事件”，是“魔鬼之歌的序曲”，从此社会主义的大船就在“血和泪的海上航行”。甚至有人提出，由十月革命引起的国内战争是一场骨肉同胞之间的自相残杀，布尔什维克党是这场战争的“造因者”，应对人民群众为此而付出的代价负责。因为十月革命中断了俄国向自由社会、市场经济发展的历史进程，葬送了刚刚建立起来的资产阶级民主制度，使俄国走上了一条不归路。有历史学家以历史假设为前提，依靠主观臆想和推断，最后

① [美] 兹·布热津斯基. 大失败——二十世纪共产主义的兴亡 [M]. 北京：军事科学出版社，1989. P55。

② 陈启能. 马克思主义史学新探 [M]. 北京：社会科学文献出版社，1999. P296—298。

得出“如果没有十月革命，俄国早就实现现代化了”的所谓新结论。更有甚者，蓄意歪曲历史，制造思想混乱，认为“苏联建立的并不是社会主义社会”①。这些论调从根本上否定了苏联人民七十多年的社会主义革命和建设道路。在历史虚无主义肆虐之下，苏联社会主义道路被描绘成一连串的失误和悲剧，几十年的社会主义成果遭到彻底否定，社会主义制度被说得一无是处，被描写成专制统治下的黑暗王国。正如雷日科夫所言：“当局努力用他们的靴底，去践踏人民记忆中最神圣的事件、日期，甚至连伟大卫国战争胜利日也不放过”②。

四、在公开历史禁区中为苏联历史翻案

从20世纪80年代开始，苏联领导人借口“人民应该知道一切，自行判断一切”，强调“在历史和文学中都不应该有被忘却的名字和空白点”，鼓励发掘历史禁区，煽动人们起来揭露历史和现实中的问题。苏联史学界提出要以“民主化”、“公开性”和“全人类价值”的“新思维”来指导苏联的史学研究，鼓吹“最大限度的公开性”和“苏联历史不应有不受批评的禁区”。根据抽象的人道主义理论，苏联过去的历史几乎受到了全面的重新审视，过去的“禁区”纷纷被打破，开放的档案越来越多。同时，过去的历史学也被大加挞伐，原来外加给历史学的种种限制不断被突破，从而为各种攻击社会主义和诋毁社会主义制度的言论大开绿灯。一些原本的文艺工作者也加入历史翻案队伍，他们添油加醋、捕风捉影，一些鼓吹“去苏联化、去红色化”的野史和艳史纷纷出版。反社会主义者逃避对现实问题的深入研究，不无成见地把眼睛死死盯在苏联社会建设中的消极因素，而对社会主义建设的巨大成就却视而不见。更有甚者抓住实际工作中的缺点错误加以渲染和夸大，不断给社会主义抹黑，公开称颂私有制、鼓吹社会主义失败论。

从1986年开始，在宣传自由化指导下，苏联国内舆论界掀起揭露历史遗留问题、批判苏共历史失误的新一轮浪潮。自由派分子精心编造各种奇谈怪论，捏造各种谎言，炮制真假难辨的资料，通过覆盖全苏联的传播媒介，

---

① 陈之骅. 苏联解体前夕的历史虚无主义［J］. 高校理论战线，2005，(8)。

② ［俄］尼·伊·雷日科夫. 大国悲剧——苏联解体的前因后果［M］. 北京：新华出版社，2008. P18。

实施极具迷惑性的信息战，在苏联社会从上到下掀起“公开化”、“解禁区”的“历史复辟热”，刮起一阵阵反共反社会主义的旋风。他们百般挖苦苏联的十月革命，丑化卫国战场上的阵亡者，亵渎共产主义的神圣感，戏谑革命和建设的失误之处，完全黑白颠倒了20世纪苏联的历史。自由派分子一方面把无产阶级及其领袖人物的革命理论和革命实践说得一无是处、一团漆黑；另一方面挖掘历史早有定论的反动人物的“高风亮节”进行美化和吹捧，完全颠倒了人们对历史人物的评价原则。苏共中央高层原本是想通过纠正历史错误，克服自身缺点，动员人民投身改革，但由于措施不当，超出了限度，搞乱了整个苏联社会的是非观念，为反共、反社会主义势力提供了攻击苏共和社会主义的口实，越来越多的苏联人民开始怀疑、否定苏联七十多年的历史。

“历史禁区公开化”唤起了苏联社会对历史问题的关注，加上苏共领导人鼓吹的“民主化”、“自由化”思想，历史虚无主义像酵母一样极大地膨胀了苏联史学界。苏联历史上大量的原始档案被解密和公开，社会中各种政治倾向和势力派别纷纷出洞，当然也包括形形色色的“持不同政见者”，都在拥护改革和民主化的旗帜下空前活跃起来。他们根据自己的政治意愿挑选零碎的历史事实，加以涂抹和剪裁，肆意歪曲历史事实，当时社会上各种历史著作、影视，可谓良莠混杂、鱼目混珠。由于一些历史回忆录、人物言谈、评论、历史资料等，揭露许多以往视为“禁区”的鲜为人知的历史材料，解密过去被掩盖的所谓历史真相，因而很快在社会上掀起一股更大的历史翻案热潮。面对愈演愈烈的历史虚无主义逆流，一些历史学家充满痛苦和无奈地感叹道：“整个70年苏联历史都逐渐被迅速蔓延开来的污点所覆盖，许多历史画面简直就是一幅幅讽刺性漫画”①。

五、历史虚无主义引发苏联意识形态危机

在这股历史虚无主义浪潮中，苏联的工业化道路和农业发展模式被否定，苏共历史上的一些错误被恣意扩大，卫国战争中苏共的领导作用被诋毁。那些曾经是“忠诚的”苏联共产党员——现在所谓激进分子——随意放

① ［俄］B. A. 利西奇金，JI. A. 谢列平. 第三次世界大战——信息心理战［M］. 北京：社会科学文献出版社，2003. P278。

大历史事实，以达到既定政治目的，他们不知疲倦地寻找苏联历史的“人道主义危机”，通过各种方式宣传社会主义制度的“违反人性”。据苏联报刊透露，非正式组织多达六万个，其中有的扬言要“把苏共赶出政治舞台”、“没收苏共财产”，有的鼓吹民族分离主义，有的是十月革命前保皇派的死灰复燃、提倡复辟君主立宪，有的则是宗教政党。这些非法组织一方面大肆宣扬反共反社会主义的思想观点，一方面大搞街头政治，动不动就举行集会、游行、示威，散发传单，苏共党内的反对派与他们遥相呼应，使局面更加复杂起来。历史虚无主义对历史真相的肆意否定，对历史人物的刻意歪曲，让历史研究失去应有的严肃性，不仅扰乱了广大群众的是非界限，而且冲击了苏联社会主义制度、苏联共产党领导的政治合法性。

历史虚无主义肆无忌惮地对所谓历史遗留问题进行大肆攻击，有的似是而非，有的捕风捉影，他们用幸灾乐祸的口吻谈论过去所谓的“违法犯罪事件”，完全抛弃了历史唯物主义的基本原则。自由派分子用颠倒黑白之术专门挑选苏联历史中黑暗的、阴森的、悲惨的东西加以诋毁，竭力丑化攻击社会主义革命和建设的成就。歪曲和污蔑苏联的历史逆流犹如狂涛恶浪，让社会公众甚至历史学家都黑白难辨，似乎“社会主义就是这样的耸人听闻、惨绝人寰”，似乎出路只有投入资本主义的怀抱，才能峰回路转，跳出“苦海”，步入“天堂”。与理论上的虚无主义相呼应，与苏共有关的历史象征也遭此命运，博物馆中陈列的“红色”展品也被搬出，全苏过去矗立着各种各样的列宁塑像，一夜间，或被推倒，或被打碎。社会上掀起了一股“改名”风潮，地名、街道、刊物纷纷改头换面，努力丢弃与原共产党、社会主义有联系的名称[①]。

历史是一面镜子。从苏共亡党的过程中，我们可以清楚地看到苏联共产党乱史亡党的悲剧之路，看到历史虚无主义所造成的政治危机。苏共的教训说明，一个国家或者民族丧失了历史认同，“数典忘祖”、“认贼作父”也就在所难免；当历史认同发生错乱，政治认同就不复存在，社会主义的自豪感和凝聚力就不可避免地受到侵蚀。在这场历史虚无主义逆流中，马克思主义、社会主义、无产阶级等政治象征都威信扫地，统一的社会思想被搞乱，

① 俞邃. 苏联解体前后 [M]. 南京：江苏人民出版社，1995. P319。

共产党的形象被扭曲，苏共丧失了威望，甚至成为历史的罪人。由于苏联的历史全部被抹成黑色，直接导致了苏共意识形态的变异、滑坡直至崩溃，许多人开始认为社会主义道路是错误的选择，社会主义无法拯救苏联人民，由此引发社会主义信仰的大动摇、大丧失，以致最终与之彻底决裂。在极右翼力量和民族分离主义的冲击下，社会局面失去控制，最终苏共垮台、苏联解体。中国古代学者所谓“国可亡、史不可亡”的警语，在苏联解体的这场历史虚无主义闹剧中获得淋漓尽致的表达。

（作者单位：华中科技大学马克思主义学院）

（原载《中共天津市委党校学报》2013 年第 1 期）